法律解释权的配置研究

Research on the Distribution of Legal Interpretation Power

魏胜强　著

图书在版编目(CIP)数据

法律解释权的配置研究/魏胜强著. —北京:北京大学出版社,2013.7
(国家社科基金后期资助项目)
ISBN 978 -7 -301 -22832 -6

Ⅰ. ①法…　Ⅱ. ①魏…　Ⅲ. ①法律解释 - 权利 - 配置 - 研究
Ⅳ. ①D90

中国版本图书馆 CIP 数据核字(2013)第 153959 号

书　　　名:法律解释权的配置研究
著作责任者:魏胜强　著
责 任 编 辑:李　铎
标 准 书 号:ISBN 978 -7 -301 -22832 -6/D · 3373
出 版 发 行:北京大学出版社
地　　　址:北京市海淀区成府路 205 号　100871
网　　　址:http://www.pup.cn
新 浪 微 博:@北京大学出版社
电 子 信 箱:law@pup.pku.edu.cn
电　　　话:邮购部 62752015　发行部 62750672　编辑部 62752027
　　　　　　出版部 62754962
印　刷　者:北京宏伟双华印刷有限公司
经　销　者:新华书店
　　　　　　730 毫米 ×1020 毫米　16 开本　18.5 印张　302 千字
　　　　　　2013 年 7 月第 1 版　2013 年 7 月第 1 次印刷
定　　　价:45.00 元

国家社科基金后期资助项目
出版说明

后期资助项目是国家社科基金设立的一类重要项目，旨在鼓励广大社科研究者潜心治学，支持基础研究多出优秀成果。它是经过严格评审，从接近完成的科研成果中遴选立项的。为扩大后期资助项目的影响，更好地推动学术发展，促进成果转化，全国哲学社会科学规划办公室按照“统一设计、统一标识、统一版式、形成系列”的总体要求，组织出版国家社科基金后期资助项目成果。

全国哲学社会科学规划办公室

法律解释权研究的意义(代序)

在法治思维和法治方式成为治国理政的重要手段后,加强对法律解释规则的研究成了当务之急。从技术论的角度看,法律解释规则构成了法治思维和法治方式的核心内容。特别是中国特色社会主义法律体系基本形成后,如何落实法律、依法办事就成了法治建设的重点。然而,政治人和一般公众,对如何依法办事采取了比较简单化的认识,认为有了法律,按照“依法办事”的原则办事,法治就能实现,对法治思维过程的复杂性和专业性认识不足,特别是对法律需要通过解释才能运用认识不到位。

当前法学界对法律解释学的研究有三个方面的特点:一是大量翻译介绍西方的研究成果,这是对西方法律解释理论的引进,存在的问题是明显缺乏中国问题意识,学者常在是否真正理解西方法学文本的真谛问题上争论不休。这种对西方经典崇拜甚至战战兢兢的心理,一方面确实有必要性,即只有这样才能真正了解西方的法学,把握西方法律方法论研究的贡献;另一方面把这一思维绝对化,显示的是对自己文化的不自信。二是虽然一部分学者已经注意到对中国问题的关怀,但是对西方法律方法的细腻理论,还难以在短期内准确理解、消化和吸收,多数人的研究仍停留在宏观理论层面。诸如对法律解释的规则或法律解释权的配置这样细腻的问题还没有开展系统的研究。三是我国目前的法律方法论的研究,从主流趋势上看缺少捍卫法治的坚定信念,更多是在要求法律解释更加符合中国国情。这与政治上要求法治的呼声形成了相反的格调,而与西方当代的法学主流比较接近。我们在法律方法研究上缺少对严格法治的认同,在没有形成法律权威和规则意识的时候,已经开始倡导灵活地对待法治。这种以适应社会现实为主调的法律方法论研究忘记了法治的理想,带有严重的实用主义倾向。

实际上,法律解释问题不能仅从司法视角展开,有些问题可以从立法和司法多个角度展开。法律解释权就是这样的问题。十年前我在山东大学威海法学院招收的第一个法理学硕士研究生胡敏敏已经开始着手法律解释权的研究。之所以研究该问题,主要是感觉我国现有的法律解释法过于粗疏,全国人大常委会《关于加强法律解释工作的决议》只规定了机关解释,而对实际存在的法官解释只字未提,以致法官在适用法律时的解释权处于“非法”状态。不承认法官法律解释权的存在并没有阻止他们对法律的解释、续造、甚至创造，法官的自由裁量权依然存在。与其不承认法官解释法律的权力，还不如在制度上予以规范，在程序上予以制约。法律应用离不开法律解释，在具体语境中法官能够比立法者更好地理解法律。但是，这是建立在完善的法律解释制度基础上的，法治建设需要法律解释法。没有法律解释法，法律体系只能是平面的，法律体系向法治体系的转变离不开对司法活动的规制。因而必须研究法律解释权，厘清法律解释权的主体、范围、程序以及解释规范，其中，法律解释权的配置是制定法律解释法的重要内容。

法律解释的体制有两种，一是谁制定谁解释的一体化解释体制，二是制定和解释分离的体制。一般来说，法治国家的立法与解释是分开的，因为以立法的形式作出的解释实际上还是立法。很多国家和地区都有专门的统一解释法律的机构，或者由最高法院负责解释法律。我国实行的是立法机关和最高司法机关共同解释的双轨制，并且在制度上不承认法官有解释法律的权力。我国司法面临着解释体制的难题，结合我国实际情况，在借鉴外国经验的基础上建立适合中国法治建设的统一解释体制势在必行。而已有的《关于加强法律解释工作的决议》过于简单而不完善，创立我国的法律解释法很有必要。这些都需要在认真研究的基础上做出决定。有学者已经认识到，“最糟糕的法律解释者，就是负责起草该法律之人”①。其实，法律解释权最主要的问题也许不是权力，而是对解释权力的规范。西方的法律解释理论表达了这样一种信息，即司法活动是在不确定状态下的裁判。这包含了法律的不确定性、法律解释规则的不确定性、人们价值追求的变动性以及事实认定的主观性等。

魏胜强的这本《法律解释权的配置研究》是在其博士论文基础上的进一步研究，通过对国内外法律解释权配置的知识性梳理，揭示了法律解释权配置的历史发展和配置规律；通过对比研究表达了对我国法律解释权配置方案的看法，为今后法律解释法的出台，做了一些理论准备。然而也必须看到，“把权力集中在法官手中，使定罪更容易了，但是因此也增加了错误定罪的风险”②。实际上在司法过程中，即使有了法律解释权的合理配置也会出现判断的错误，但是没有法律解释权的合理配置肯定会出现更多的错误。

山东大学(威海)教授　陈金钊

2013 年 2 月

---

① 〔美〕腓特烈·坎平：《央格鲁——美利坚法律史》，屈文生译，法律出版社 2010 年版，第 102 页。

② 〔美〕乔治·P. 弗莱彻：《刑法的基本概念》，蔡爱惠等译，中国政法大学出版社 2004 年版，第 268 页。

前　言

法律解释权的配置在法律解释领域处于至关重要的地位，因为法律解释活动最终要落脚到谁来解释法律、如何解释法律的问题上。法律解释权的配置是法律解释体制的决定性因素，研究法律解释体制的利弊得失，只能从研究法律解释权的配置入手。基于这样的认识，本书系统研究了法律解释权的配置问题。

有法律现象就必然有法律解释活动，所有的法律解释活动都明示或者隐含着法律解释权的存在，法律解释权的存在自然会引发法律解释权的配置问题。显然，法律解释权的配置在所有国家和地区都存在，即使这些国家和地区的发展阶段、政治状况、经济基础、历史命运、文化传统等各不相同。研究法律解释权的配置，不能局限于某个国家和地区，也不能局限于某个历史时代，而应当放眼世界，在人类法律文明的长河中汲取材料。我国研究这一问题更应当立足当代中国的实际状况，突出其现实意义。因此，本书分上下两篇，上篇为法律解释权配置的历史考察，下篇为当代中国法律解释权的配置。

上篇关注的是法律发展史上法律解释权配置的基本情况和发展趋势。由于篇幅特别是资料的限制，考虑到在世界法律文明中的影响和对当代中国法治建设的借鉴意义，上篇只考察了大陆法系、英美法系和中华法系的代表性国家——罗马、法国、德国、英国、美国、中国六个国家，按照历史发展的顺序较为详细地梳理了它们法律解释权的配置状况，进而探讨了法律解释权配置的历史演变轨迹。

在上篇研究的基础上，下篇结合我国法制建设的成就，针对我国法律解释体制运行的实际状况，深入研究了当代中国法律解释权的配置。本篇沿着中华人民共和国成立以来特别是新时期法治建设的历史轨迹，归纳和总结了当代中国法律解释权的配置状况和存在的问题，并详细探讨了立法机关、行政机关、检察机关、审判机关、地方国家机关法律解释权的配置和行使，进而立足我国国情，提出了改进我国法律解释权配置的基本思路。

作者谨识

目　录 | Contents

上篇　法律解释权配置的历史考察

第一章　罗马国家法律解释权的配置 / 3

4 一、王政时期与共和国前期——僧侣团掌握法律解释权
9 二、共和国后期——法学家实际上拥有法律解释权
12 三、帝政前期——法学家公开掌握法律解释权
15 四、帝政后期——法律解释权由法学家转至皇帝
18 五、罗马的司法者——一度拥有法律解释权

第二章　法国法律解释权的配置 / 23

23 一、法兰西王国时期——法律解释权由不同主体行使到最高司法机关行使
29 二、自由资本主义时期——立法者拥有法律解释权
34 三、垄断资本主义时期以来——法院和法官逐渐掌握法律解释权

第三章　德国法律解释权的配置 / 40

40 一、中世纪封建国家时期——法律解释权控制在多种主体手中

44 二、封建社会后期到第一帝国时期——由立法者掌握法律解释权到法官行使有限的法律解释权
51 三、魏玛共和国以来——逐渐公开承认法院和法官的法律解释权

第四章 英国法律解释权的配置 / 57

57 一、盎格鲁—萨克逊时期——法律解释权的配置较为模糊
61 二、封建法律体系形成时期——逐步确立法官的法律解释权
66 三、封建社会后期和资本主义社会前期——逐渐巩固法官的法律解释权
71 四、进入垄断资本主义阶段以来——完全确立法官的法律解释权
74 五、关于英国法律解释权配置的说明

第五章 美国法律解释权的配置 / 77

77 一、18 世纪以前——法律解释权的配置不确定
80 二、18 世纪到 19 世纪前期——逐步确立法院的法律解释权
84 三、19 世纪中期到 20 世纪前期——法院保守地行使法律解释权
88 四、20 世纪中期以来——法院与时俱进地行使法律解释权

第六章 古代中国法律解释权的配置 / 93

93 一、奴隶社会时期——王权之下由神职人员和司法官行使法律解释权
98 二、封建社会时期——皇权之下以官府为主私人为辅行使法律解释权
103 三、古代中国法律解释权配置和行使的特点

第七章 近现代中国法律解释权的配置 / 109

109 一、清末和中华民国时期——形式上由最高司法机关行使法律解释权

114 二、新民主主义革命政权中——一度由司法机关和政府行使法律解释权
122 三、近现代中国法律解释权配置和行使的特点

第八章 法律解释权配置的历史演变 / 126

126 一、法律解释权配置的演变规律
131 二、影响法律解释权配置的因素
136 三、法律解释权配置演变的启示

下篇 当代中国法律解释权的配置

第九章 我国法律解释权配置的基本状况 / 145

145 一、我国法律解释权配置的主要历程
151 二、我国法律解释权配置和行使的特点

第十章 我国当前法律解释权配置的不足 / 160

160 一、我国法律解释权配置引发的矛盾
167 二、我国法律解释权的行使凸现的问题

第十一章 立法机关的法律解释权评析 / 176

176 一、我国立法机关行使法律解释权出现的问题
183 二、立法机关行使法律解释权的根据剖析
189 三、立法机关行使法律解释权面临的诘难

第十二章 行政机关的法律解释权评析 / 195

195 一、我国当前行政机关行使法律解释权的状况
199 二、我国当前行政机关行使法律解释权存在的问题
203 三、行政机关行使法律解释权的根据剖析
207 四、行政机关行使法律解释权面临的诘难

第十三章　检察机关的法律解释权评析 / 211

212　一、检察机关行使法律解释权带来检察解释与审判解释的矛盾
216　二、检察机关行使法律解释权面临合法性质疑
220　三、从检察权的属性看检察机关行使法律解释权面临的诘难

第十四章　司法机关的法律解释权评析 / 227

227　一、司法机关行使法律解释权的理由
232　二、司法机关中法律解释权的具体行使者
237　三、我国最高人民法院行使法律解释权的状况
240　四、我国最高人民法院行使法律解释权存在的问题

第十五章　地方国家机关的法律解释权评析 / 246

246　一、地方国家机关行使法律解释权的现状
251　二、地方国家机关行使法律解释权的利弊分析
254　三、地方国家机关行使法律解释权面临的诘难

第十六章　改进我国法律解释权配置的现实思考 / 257

257　一、我国学者关于改进我国法律解释权配置的理论探索
265　二、改进我国法律解释权的配置应当立足的现实条件
271　三、改进我国法律解释权的配置应当关注的重点问题

主要参考文献 / 278

后记 / 283

上 篇

法律解释权配置的历史考察

在人类法律发展史上,有着非常丰富的法律解释权配置的内容。要全面了解法律解释权的配置,需要考察东西方不同国家和地区法律解释权配置状况的产生和发展。考察西方国家的状况,可以考察大陆法系国家和英美法系国家法律解释权配置的演变;考察东方国家的状况,可以考察中国法律解释权配置的演变。

大陆法系是继承古罗马的传统,仿照《法国民法典》和《德国民法典》而建立起来的各国法律制度的总称,欧洲大陆许多国家和拉丁美洲、亚洲一些国家的法律制度都属于大陆法系。大陆法系源于罗马法,经过中世纪后期罗马法在欧洲大陆的复兴以及18世纪资产阶级革命的推动,最终在19世纪和20世纪发展成为一个世界性的法系。在大陆法系的形成过程中,法国和德国起到了巨大的作用。由于今天的法国和德国是大陆法系国家的典型代表,有人把大陆法系细分为以《法国民法典》为代表的法国支系和以《德国民法典》为代表的德国支系。通过考察罗马时期以及法国和德国法律解释权的配置,基本可以掌握大陆法系国家法律解释权的配置状况。

英美法系指的是以英国中世纪以来的法律特别是以普通法为基础而发展起来的各国法律制度的总称。美国与英国在文化上有很大的渊源关系,但是美国法律制度有一定的独创性,不仅对英美法系,而且对世界其他国家的法律也产生了重大影响。英美法律制度影响了数十个国家,在数百年的时间中逐步形成和发展为一个世界性的法系。在英美法系的形成和发展过程中,英美两国起到了决定性的作用,是英美法系的典型国家。由于美国法律制度在某些方面与英国的并不相同,人们把英美法系细分为英国法系和美国法系。通过了解英国和美国法律解释权的配置,大致可以认识英美法系国家法律解释权的配置状况。

古代中国的法律制度是中华法系的基础,也是东方法律文明国家的典型代表。进入近现代以来,中国的法律制度发生了重大变化,古老的中华法系逐渐走向解体,开始向近现代法律制度转型。研究古代中国法律解释权的配置,可以了解中华法系法律解释权的配置状况;研究近现代中国法律解释权的配置,可以看到东方国家在向近现代法制转型中法律解释权配置的改变。

第一章 罗马国家法律解释权的配置

作为国家的罗马在整个人类的历史发展中并不算早，据记载罗马城建于公元前753年，那时候世界上的其他远古文明早已经取得辉煌的成就。但是罗马人的智慧和创造力并未因此而显得有丝毫的微弱。这个从最初意大利半岛中部台伯河畔的狭小城邦发展起来的世界古代史上一个以地中海为中心横跨三个大洲的大帝国，在一千多年的时间里，在政治、经济、艺术、宗教等诸多领域为人类做出了杰出的贡献，对世界文明特别是欧洲文明产生了重大影响。在辉煌的罗马文明中，罗马的法律制度显得尤为醒目。罗马人创立了当时世界上最为完备的法律体系，成为古代最伟大的法律制定者，至少有以下几个方面的原因：首先，罗马的社会建立在简单商品经济高度发达的基础上，这不仅推动了平等交换、意思自治等私法观念的产生，而且各种商品交换带来许多纠纷，使社会关系日益复杂，促进了立法的发展和法学的繁荣。其次，罗马是一个通过武力征服而建立起来的庞大的国家，面临着许多新的问题，单纯靠原始社会流传下来的各种习惯法已经无法调整，需要统治者通过立法进行调整。再次，较为宽松的政治环境和社会分工的进一步发展，导致职业法学家阶层的诞生，职业法学家阶层曾在罗马社会中具有显著的地位，为罗马法的发展做出了重大贡献。

罗马法是世界法律文明中的一颗璀璨的明珠，一直到今天仍在对人类的法律制度产生着重大影响。“在几乎所有其他智力创造的领域，罗马人曾是希腊人虔诚的学生，但在法律方面他们却是老师。在他们手里，法律第一次完全变成了科学的主题，他们从作为法律原材料的细碎规则中提炼出原则并精心构建成一个体系。……如果说法是‘实践的理性’的话，毫不奇怪，罗马人依靠他们在这一实践上的天才，能够在法中找到一块完全适合于他们的智力活动园地。”①考察罗马国家中法律解释权的配置，主要是考察罗马法中法律解释权的配置状况。

一般说来，罗马法（Roman Law）指的是罗马奴隶制国家的全部法律，存

① 〔英〕尼古拉斯：《罗马法概论》，黄风译，法律出版社2004年版，第3页。

在于罗马奴隶制国家的整个历史时期，既包括自公元前8世纪罗马国家产生至公元476年西罗马帝国灭亡这个时期的法律，又包括查士丁尼（Justinianus，又译作优士丁尼，527—565年在位）时期东罗马帝国的法律。为了便于叙述，许多研究者都会对罗马法进行分期。关于罗马法的分期，一直存在很多争论。① 这里采用周枏先生著作中的观点，把罗马法分为四个时期：第一期为"王政时期"（公元前753年—公元前510年），第二期为"共和国时期"（公元前510年—公元前27年），第三期为"帝政前期"（公元前27年—公元284年），第四期为"帝政后期"（284年—565年）。以下我们分别对这些时期法律解释权的配置状况进行考察。

一、王政时期与共和国前期——僧侣团掌握法律解释权

（一）早期立法的发达与僧侣团对法律解释权的垄断

古罗马的立法非常发达。王政时期的法律主要是习惯法，但在王政时代后期已经有成文法。当时的贵族大会、军伍大会通过一些决议即王政法（leges regiae）。据记载罗马第六代王塞维阿·塔里阿（Servius Tullius，约公元前578年—公元前534年）进行改革时，颁布过50条关于侵权行为和契约方面的法律。共和国时代以后的公元前486年，执政官卡西乌斯起草了土地法（未获得通过）；公元前460年和公元前454年，罗马共和国又分别通过了照顾平民利益的分地法律和限制执政官因刑事犯罪而处以罚款的权力的法律。这些成文法由于种种原因而未能保存下来。②

然而，对罗马成文法的发展具有里程碑意义的是公元前451年—公元前450年制定的《十二表法》。《十二表法》以维护奴隶主私有制为核心，同时保存了氏族社会末期的父权家长制和氏族社会某些野蛮行为的残余。它的特点表现在：第一，它的内容广泛，宗教法和世俗法、公法和私法、实体法和程序法兼收并蓄，诸法合一，说明当时的罗马法尚处在发展初期。第二，它突出地表现了形式主义。实行严格的形式主义，有利于统治阶级按自己的需要来稳定和调整当时的社会经济关系，又可以避免法官在司法中徇情偏袒。第三，它将古老的同态复仇和罚金并存、氏族继承和遗嘱自由并列，反映了社会和法律从野蛮到文明的发展过程。第四，它的律文刻薄单一，而无伸缩的余地，

① 关于罗马法分期的争论，参见丘汉平：《罗马法》，朱俊勘校，中国方正出版社2004年版，第9—11页。又见周枏：《罗马法原论》，商务印书馆1994年版，第24页以下。

② 参见何勤华：《西方法学史》，中国政法大学出版社2000年版，第30页。

完全不考虑实际情况的复杂性。①《十二表法》是法律发展历史中的重要成就,在世界奴隶制立法中具有重要地位。

《十二表法》以后,罗马又制定了一系列成文法。如公元前367年的李锡尼乌斯—赛克斯提乌斯法案(Lex Licinia Sextia),公元前326年的波提利阿法案(Lex Poetetia de nexis),公元前287年的荷尔田希乌斯法(Lex Hortensia de plebiscitis),公元前3世纪初的《阿奎利亚法》(Lex Aquilia),公元前2世纪初的《阿提里法》(Lex Atilia),公元前2世纪中叶的《亚提尼法》(Lex Atinia),公元前2世纪的《艾布第法》(Lex Aebutia),公元前81年的《考尔乃里法》(Lex Cornelia),公元前40年的《发尔企弟法》(Lex Falcidia)。随着罗马版图的扩大,经济贸易的频繁,社会关系的复杂化,在市民法之外,又发展了最高裁判官法(Jus Honoralium,公元前366年以后由最高裁判官发布之告示组成)和万民法(Jus Gentium,公元前242年以后由外事裁判官发布之告示而形成)。②

罗马立法的繁荣带来了法律解释的繁荣,因为成文法固有的局限性必然导致法律解释活动频繁。以《十二表法》为例,它的法律条文单一、僵化,难以适应复杂多变的社会纠纷。《十二表法》在法律适用中的缺陷,可以从以下两点看出来:

第一,立法对某些事情规定得太抽象。《十二表法》作为成文法,必然具有成文法的抽象性,一旦遇到具体的案情,就显得太笼统。尤其是它的有些内容是原则性的规定,实际操作起来并不好用。例如,第四表第1条规定:"对奇形怪状的婴儿,即应杀之。"法律作出这一条规定是因为根据习俗,体形怪状的婴儿是不祥之兆,应当杀之以除害。可是到底什么样的婴儿才算是奇形怪状,显然没有一个明确的标准。第八表第12条规定:"夜间行窃,如当场被杀,应视杀死为合法。"第13条规定:"白天行窃,仅在盗窃犯用武器拒捕时,方得杀死。"这两条至少有两处模糊。一是黄昏和黎明时候盗窃是白天盗窃还是夜间盗窃?二是盗窃犯为了逃跑随手端起一盆水泼向抓捕人,或者用其他明显不具有刀剑棍棒等"武器"特征的东西拒捕,可否杀之?第十表第4条规定:"出丧时,妇女不得抓面毁容,也不得无节制地嚎哭。"怎样的嚎哭才是无节制的嚎哭呢?是按照嚎哭的时间长短确认还是按照嚎哭的声音高低确认呢?

第二,立法对某些事情规定得太具体。法律如果太具体,虽然增强了明

---

① 参见周枏:《罗马法原论》,商务印书馆1994年版,第42页。

② 参见何勤华:《西方法学史》,中国政法大学出版社2000年版,第31—32页。

确性，却因不能概括其他应当调整的事项而显得生硬。例如第四表第 3 条规定："家长如三次出卖他的儿子，该子即脱离家长权而获得解放。"问题是，如果被卖的是女儿或者孙子女，是否也能适用这一条呢？第九表第 3 条规定："经长官委任的承审员或仲裁员，在执行职务中收受贿赂的，处死刑。"那么，如果其他官员在执行职务中收受贿赂是否也要处死刑呢？以上实例说明，太具体的规定在适用时也会遇到需要解释的地方。这里只是对《十二表法》在适用当中表现出来的某些缺陷作以说明。而且，这些缺陷不仅是《十二表法》的缺陷，可以想到当时罗马的其他成文法也必然具有同样的不足，完全具有解释的必要性。因此，当时也必然存在着法律解释活动。

那么，在当时的罗马，由谁来解释法律呢？根据许多资料的记载，在王政时期和共和国前期，由僧侣团掌握着法律解释权。笔者认为，罗马早期的法律解释权被僧侣团垄断，并不是一个偶然的现象，而是有其产生和发展的土壤，是一种必然的结果。

第一，罗马早期的法律解释权由僧侣团行使，是远古时期人们认识事物的能力决定的。在远古时期，当人们对一些自然现象和社会现象无法认识时，总会把它们和上天、神灵等联系起来，因而出现了原始的宗教和迷信。在这种情况下，民众眼中能够把神和人联系起来，在神和人之间进行沟通的祭司、占卜官、巫师等职业者往往备受重视，人们有什么疑惑就会求助于他们，他们对一些现象或者事情作出的解释因而具有了较大的权威性。长久下去，他们自然就会垄断解释权。

第二，罗马早期的法律解释权由僧侣团行使，是法律起源的规律决定的。人类最早的法律总是或多或少和神灵有联系，无论是东方还是西方，"法"的古体字都带有神灵的色彩。最早出现的法律形式是习惯法，它由原始社会的习惯演化而来。这些原始习惯必然同原始的宗教和迷信混杂在一起，对法律的解释绝不可能是单纯地去解释法律，而是对宗教、道德和法律等上层建筑的混合体的解释，这样的解释只能由专门的神职人员进行。

第三，罗马早期的法律解释权由僧侣团行使，也是统治者神化其统治的一种手段。在人类法律的发展史中，最早出现的人定法往往秘而不宣，所谓"刑不可知，则威不可测"正是对这种法律神秘主义的描述。法律解释权由神职人员行使，可以增加法律适用中的神秘色彩，使人们对法律充满敬畏，便于统治者管理和差遣，更好地为统治者服务。

（二）行使法律解释权的僧侣团

罗马僧侣团解释法律的活动在很多著作中都有记载。丘汉平先生认为：

"罗马之教侣(pontiff)为贵族之荣誉高贵职,擅解释一切人事之权。斯时罗马,所谓人事,莫不与宗教有密切之关系。如历法之计算,吉凶之决定,嗣续之仪式,家子奴隶之解放,遗嘱之形式等,皆为人事,故其解释权均操于罗马教侣之手。虽其解释,非皆得当,然其有助于罗马法律之生长,则为不可否认之事实矣。"①

意大利罗马法学家朱塞佩・格罗索认为,两个重要的僧侣团出现在早期的拉丁时代,它们就是祭司团体和占卜团体。关于祭司的名称起源,瓦罗内(Varrone)把它和桥联系起来,因为桥在罗马早期的民事和司法制度中具有显著意义。有些人把 ponti(桥)和 pontefici(祭司)同古拉丁语和萨宾人方言中数字五的表示法联系起来,而最初的祭司团恰恰为五人。同 pontem facere(建桥)一词的词源学联系起来促使某些人向更古老的史前沉淀和湖上茅屋时代追溯,在那时,有关建筑的知识和传统是珍贵的和攸关紧要的材料,它们属于传统的财产,体现着具有宗教色彩的礼仪、规程和概念。无论怎样,人们很有根据地提出以下推理:在最早阶段,祭司很可能是所有神圣事物的专家,而不是作为官方的僧侣团(就象在历史时代我们所发现的那样),他们的任务是向集体、首脑或个人提供关于完成宗教义务的方式和意见,维护神的和平(pax deorum),这一使命使他们自古(ab antiquo)就拥有很高权威和威望。由于各种秩序的混合在原始阶段影响着整个法律组织,祭司不仅控制着私人的和公共的信仰并通过这种信仰控制着公共生活,而且在另一方面,正如我们将要看到的,他们也掌管着法律知识,尤其掌管着在私人关系,即在较小群体社会、在家父们的相互关系中形成的法则。因而,在上述法的发展中,在将法转变为由执法官控制的"诉讼(actiones)"的过程中,在法对生活及其发展的适应中,他们成为活的联系因素。在公元前 300 年前,祭司一直是五人。占卜官(auguri)在当时的国家中也举足轻重。他们的权限主要在于解释占卜。如果考察一下占卜对罗马人的重要性(没有任何重大的政治行为会忽略它),如果注意到:执政官虽然自己亲自占卜,但在遇到解释方面的疑难问题时(由于罗马占卜理论的精细,这类问题是经常出现的),仍需要借助作为占卜管家的占卜官作出的解释,那么人们就会重视占卜官的地位以及他借以对公共生活施加影响的方式。② 向祭司寻求帮助的执法官通常是向祭司团提出询问,个人则是向某个祭司提问,人们每年都在祭司中指定谁将负责向

① 丘汉平:《罗马法》,朱俊勘校,中国方正出版社 2004 年版,第 18 页。

② 参见〔意〕朱塞佩・格罗索:《罗马法史》,黄风译,法律出版社 1994 年版,第 39—41 页。

私人解答问题。①

当时的解释权掌握在祭司团体和占卜团体这两个僧侣团手中，它们所行使的解释权似乎略有差别。前者在解释有关宗教事务的同时涉及一些世俗的事务，因为许多法律事务主要是世俗的，而后者涉及的基本上是世俗事务。前者作出解释的目的是调整已经发生的事情，着重考虑的是对于已经发生的事情如何处理，而后者的解释具有前瞻性，是对将要做的事情进行预卜，以防有不祥的后果。前者侧重于处理琐碎的日常事务，而后者侧重于处理一些军政大事，或者说是政治性的事务。从另一个角度说，这两个僧侣团的解释又是相互贯通的。因为所有的法律事务与军政事务是密不可分的，民间的纠纷与国家大事也难以完全分开。尤其是在当时，各种分工尚不明细，人们的许多活动总是交缠在一起。

僧侣团掌握法律解释权，对法律作出各种神化的解释，并利用人们敬神畏鬼的心理要求人们遵守，对法律的发展既有利又不利。从有利的方面说，他们的解释毕竟是对法律的一种发展和完善，对补充法律的各种空缺，依法平息各种纠纷，维护社会的稳定，具有不可忽视的意义。“如用‘拟诉弃权’的办法，解决解放奴隶和收养的问题；用‘铜块和秤’(per aes et libram)的方式，解决结婚和遗嘱等实际问题，就是祭司团的创造。”②特别是他们对法律进行的神化的解释，更有利于人们遵守和服从法律，有利于培养人们的法律意识，树立法律的权威。但是，他们的解释对法律的发展也有很大的负面作用。僧侣团的神化地位加剧了法律的神秘主义，用各种宗教的内容阐释法律不利于人们正确认识法律现象，使人们对法律的认识长期停留在原始的阶段，有碍法律的进一步发展。

即使是在《十二表法》颁布以后的一段时期，法律解释权仍然掌握在僧侣团手中。因为法律虽然公布，但一般人对法律并不了解，具体怎样运用、怎样打官司、怎样理解法律中规定的事项和期间等，还要由祭司团作出解释，法官和当事人还要向他们请教。然而，祭司团的解释毕竟带有愚昧的色彩，是人类认知能力低下的表现。随着社会和法律的发展，当罗马法越来越具有公开性时，当人类的认知能力逐渐增强到可以在一定程度上摆脱某些“神灵”的左右时，祭司团对法律解释权的垄断随着社会的不断进步而逐渐地崩溃，法律解释的任务落到法学家身上。正如尼古拉斯所言：在罗马法形成时期，没有职业法官和正规的法院，因此，在公元前4世纪末，解释的任务由祭司的

① 参见〔意〕朱塞佩·格罗索：《罗马法史》，黄风译，法律出版社1994年版，第101页。

② 周枏：《罗马法原论》，商务印书馆1994年版，第50页。

僧侣(pontifice)团担任,在此之后则由世俗的法学家担任。①

二、共和国后期——法学家实际上拥有法律解释权

(一)法律与宗教的分离

在共和国后期,法律解释权实际上被法学家掌握,是当时社会发展的必然结果。其中最为重要的原因是在当时的罗马,法律已经实现了与宗教的分离而发展成为一个独立的领域和体系。《十二表法》就已经明显地表现出了这一倾向。例如第十表名为"宗教法",但其全部的11条内容大多是对人们提出的节俭要求,其余是对人们正常民事活动的要求。例如不得在市区内埋葬或焚化尸体,禁止丧事铺张,禁止对奴隶厚葬,不得为一人举行两次丧礼或备置两幅棺木,死者不得有金饰随葬,未经所有人同意不得在其房屋60尺内进行火葬或挖坟等。这些内容显然是世俗性的,已经摆脱了宗教的影响。可以说,整部《十二表法》明确公布成文规则,既开始了法律与宗教的分离,又打击了僧侣团对法律解释权的垄断地位,随后颁布的一系列成文法更强化了这一作用。此后,罗马法的发展史中发生的其他事件进一步使法律走向世俗化。公元前304年,执政官阿庇·克劳迪(Appuis Claudius Caecus)的文书聂恩·福劳维(Craeus Flavius)把阿庇·克劳迪编纂的司法年历和《诉讼编》(Liber actionum)公之于众,人们称之为《福劳维法》(ius Flavianum),此举开始打破祭司团垄断法律知识的局面,受到普遍欢迎。② 朱塞佩·格罗索认为,这位文书的行为可能受到阿庇·克劳迪本人的鼓励。而且这些法律程式肯定已经通过实践和日常作法而为众所周知。将一部汇编公之于众,其不应当被抽象地视为一种革命行动,但是这并不否认这一事件具有显著的历史意义。"实际上,在实践中有可能一次一次地了解规范是一回事,让公众掌握一部规范汇编则是另一回事。前一种情况仍然处于祭司们的解释的统治和指导之下,而第二种情况则实际上为摆脱这种解释奠定了基础。因此,古代学者和现代学者均赋予聂恩·福劳维的传播行为以伟大的意义,把它视为对祭司垄断的沉重打击。"③法律知识公开以后,不仅贵族可以研究,平民也有

---

① 参见〔英〕尼古拉斯:《罗马法概论》,黄风译,法律出版社2004年版,第29页。

② 参见〔意〕朱塞佩·格罗索:《罗马法史》,黄风译,法律出版社1994年版,第101页。一说是此事发生在公元前307年,执政官被译为老鸠斯·崔库斯(Appuis Claudius Caecus),其文书(秘书)被译为秘书甫拉维乌斯(Craeus Flavius),该法被称为《甫拉维亚努姆法》(Jus Flavianum)。参见周枏:《罗马法原论》,商务印书馆1994年版,第50—51页。

③ 〔意〕朱塞佩·格罗索:《罗马法史》,黄风译,法律出版社1994年版,第101—102页。

机会学习和掌握。公元前300年的《奥古尔尼法》(*Lex Ogulnia*)允许平民出身的人担任祭司,冲破了贵族在神法和人法之间的联系。公元前254年,平民出身的祭司团首领科伦卡纽士(Teberius Coruncanius,有的写作Teberio Coruncanio)公开讲授法律知识,解答人们提出的各种法律问题,向公众提供法律咨询意见。"自兹之后,教侣之解释法律,不复视为秘宝,罗马人民均得与闻其事,遂开罗马法学自由研究之先声。"①通过这些活动,法律逐渐由秘密走向公开化。而且由于法律知识的普及,越来越多的人参与到对法律的研究,法律的神圣色彩逐渐淡化,最终摆脱宗教的控制而成为一个独立的领域。

何勤华教授认为,在罗马,法律之所以能够比较早地和宗教相分离,主要有四个原因:首先,罗马的宗教具有特殊性。罗马一直信奉多神教,没有形成一种特别有势力的宗教。当后来基督教成为国教时,罗马法早已作为一个独立的领域发展起来了。其次,法律在罗马的对外扩张和巩固奴隶主阶级的统治中发挥了特殊的作用,它与宗教处在同一层次,共同成为统治阶级的工具。有了法律作用的充分和独立发挥,就没有必要再将法律与宗教合而为一了。再次,到共和国末期,罗马的工商业已经非常发达,经济关系相当复杂,从而使建筑在其上的法律体系能够比较早地成熟和发达起来,冲破宗教规范的束缚。最后,罗马人具有较强的务实精神,在具体操作上法律比宗教更为现实。②

(二)法学家在事实上取得法律解释权

在罗马的法律越来越走向世俗的进程中,以世俗身份研究法律的法学家的地位逐渐凸现出来,他们最终取得了对法律的知识以及解释方面的权威。尤其是法学家对法律问题的解答不计报酬,完全是义务性的,必然深受民众的欢迎,甚至连司法人员也转而向他们求教。这样,法学家在事实上取得了对法律的解释权。

对于当时的法学家,尼古拉斯作了这样的描述:现代世界没有与罗马法学家严格对应的职业。在共和国后期,罗马法学家来自于一些大的家族,这些法学家是精通法律的政治家,他们不接受任何报酬,把解释当成是对公共生活的贡献。在共和国末期并在此之后,这一阶层得到一定的扩大,其中少数人虽然极为显赫,似乎在公共生活中只扮演法学家的角色,但他们的基本特点和思维方式仍然是同样的。作为实务工作者,他们更关心的是实践问题

---

① 丘汉平:《罗马法》,朱俊勘校,中国方正出版社2004年版,第18页。

② 参见何勤华:《西方法学史》,中国政法大学出版社2000年版,第33—34页。

而不是理论问题,他们也不像现代职业律师那样沉溺于日常琐事。一方面他们建造了伟大的法学论著大厦并且承担着当时的法学教育工作,另一方面他们又在所有问题上影响着法律实践。他们告诉裁判官如何拟定自己的告示,并且如何在具体案件中提供救济手段;他们指导审判员(iudex)如何庭审并且如何就案件作出裁决;他们帮助个人起草文书和实施其他法律行为,帮助他们在裁判官或者审判员面前进行诉讼。然而他们是顾问而不是具体的实践者,他们并不出席法庭就具体案件进行论说,那属于律师的职责范围。①当时法学家的解释活动主要有四个方面:(1) 口头回答(respondere)。即口头解答民众向他们咨询的法律问题。(2) 书面解答(scribere)。罗马疆域不断扩大,对首都罗马以外的人提出的法律问题,法学家不能用口头方式解答,而必须作出书面回复,亦称“笔复”。(3) 办案(agere)。即为当事人进行诉讼、办案子。(4) 撰约(cavere)。即为当事人拟定书面契约、遗嘱等。②

当然,这时的法学家掌握了法律解释权,并不是说法学家按照法律的规定行使法律解释权,因为在当时僧侣团仍然占据重要地位,法学家还属于民间力量,他们作出的法律解释并不具有约束力。法学家的解释纯属个人意见,对案件并不能产生法律效力。但是,由于法学家在法学上的造诣,他们的解释活动受到了社会公众的认可,具有非常高的个人名望,而那些民间的审判员大多对法律不甚精通,常常向法学家进行咨询,因而往往能够接受法学家的解释。“裁判官不是冒冒失失地进行诉讼,他的工作要求他具备一定的法律知识并明确地了解他所使用的工具,实际上,裁判官法也接受法学理论的指导。……对于裁判官法的手段来说,在实践中,倡议也应当来自于当事人的请求和法学家向当事人提供的程式,当事人向裁判官提出这些程式,要求他给予审判(indicium)。”③那时的法学家已经成为一种显贵阶层,由于对法律的精通而能够对法律作出解释也是法学家的荣耀。法学家的解释不是法律的正式渊源,却起着正式渊源的作用。由此可以明确地说,法学家在事实上掌握了法律解释权。

(三) 法学家行使法律解释权的进步性

法学家在事实上行使法律解释权,对于罗马法的发展来说无疑是一种巨大的进步。这种进步表现在以下三个方面:

---

① 参见〔英〕尼古拉斯:《罗马法概论》,黄风译,法律出版社 2004 年版,第 29 页。

② 参见周枏:《罗马法原论》,商务印书馆 1994 年版,第 51—52 页。

③ 〔意〕朱塞佩·格罗索:《罗马法史》,黄风译,法律出版社 1994 年版,第 265—266 页。

第一,从僧侣团垄断解释权到法学家事实上拥有解释权,表现了法律发展的必然趋势。法学家行使解释权意味着法律已经开始逐渐摆脱宗教的控制,走出了早期的愚昧阶段。正是法学家的解释使被神化了的法律走向人间成为世俗的行为规范。法律走下神坛未必会导致法律在人们心中的地位下降。人们会发现,法律原来并不神秘和可怕,而是一种和自己的生活密切相连的、能够为自己所用的解决纠纷的规则,人和法律由于消除了中间的神秘因素而显得相当接近,人们可以切身感受到法律带来的保护和惩罚。在这种情况下,人们并不会因为法律不具有神圣性而蔑视它,反倒会因为法律具有了世俗性而对它更加信赖。人们对法律,会从出于敬畏而信仰它转化为出于信赖而信仰它,法律在人们心目中同样具有较高的地位。

第二,由于法律不再是神赋予人们的圣物,人们可以大胆地指出法律中存在的问题,企图弥补法律的不足,有利于法律的完善。尤其是在当时,罗马的商品经济已经获得较高的发展,许多新事物新问题不断出现,过去的法律逐渐跟不上时代的步伐,需要不断通过解释赋予它新的内容。法学家所完成的正是这一项任务。他们结合社会的进步对法律所进行的各种解释有助于弥补法律的缺陷,使罗马法越来越具有时代内涵。罗马法的发展也在很大程度上得益于这些法学家的贡献。

第三,由于解释的公开性和无偿性,许多希望学习法律的人加入到咨询的行列,他们信奉法学家的观点并进行广泛的传播,不仅使罗马法进一步世俗化,而且培养了人们学习法律的兴趣,充实了法学家的队伍,使法学家逐渐成为当时社会上的一个显著阶层,又进一步带动了罗马法学的繁荣。法学家在共和国后期的法律解释活动为他们在帝国时期名正言顺地取得法律解释权奠定了基础。

三、帝政前期——法学家公开掌握法律解释权

罗马共和国末叶,奴隶起义,群雄争霸,战乱不息。公元前31年,屋大维(Ottavio)在斗争中获胜。公元前27年,他被元老院授予"奥古斯都"(Augustus)的称号,他在任期间(公元前27年—公元14年)废除共和制,实行君主制,开始了帝政时期。

(一)法学家被授予法律解释权

在共和制后期,法学家在事实上拥有了法律解释权,但还不具有法定的名分。"法家之解答法律,纯系名誉职务,既非官吏,又不若今人之收受公费;

其所恃以为活者，端赖他项职业。虽然，法家之地位，亦非一无利益焉。法家之名，既易博社会之信仰，又居社会之特殊地位，故其转入宦途甚易。”①由于法学家在罗马具有较高的社会地位和声望，已成为一个有重大影响的独立的社会阶层，对于执政者来说是不可忽视的政治力量。在帝政前期，社会发展和经济繁荣在客观上也需要法学家发挥重要作用。“奥古斯都也曾想遵循共和国的发展成果；既然法是深深扎根于罗马意识之中的一种活生生的社会表现，奥古斯都就不仅尊重它，而且希望以某种方式将法学理论的功能同君主权力（auctoritas）联系起来（法学理论曾经独立于官方的限制和认可而发挥着造法功能），并且继续遵循法律传统的发展所深深留下的轨迹。由此出现了‘经君主批准的解答权（*ius respondendi ex auctoritate principis*）’。”②由于奥古斯都授予法学家解答法律的权力，法学家的法律解释权具有了合法性。当然，并非所有的法学家都具有官方认可的法律解释权，奥古斯都只把这种权力授予了精选出的一群法学家，使他们的解释具有了一定的法律约束力。③获得公开解答权的法学家对人们和下级官吏公开解答法律问题，采用书面形式，并加盖私章表示负责。他们的解答仅对有关案件具有约束力，法官办案应当加以采用。在理论上，所作的解答对其他同类案件，法官没有遵循的义务，但由于解答者具有较深的造诣，又是出于皇帝的授权，因而具有较高的权威性，所以实际上在其他同类案件中也多被引用。④ 后来由于具有解答权的法学家越来越多，他们的解答意见也存在很大的分歧，甚至出现过很大的论战，带来法律解释适用的混乱。为了消除这种局面，哈德良皇帝（Emperor Hadrian，117—138 年在位）进一步规定，凡是历代具有公开解答权的法学家，无论其在世或者已故，如果他们对同一问题的意见一致时，这种解释意见即具有法律效力；如果他们的解释意见不一致，则由审判官遵从其中自己所同意的某一种意见，或者另作决定。

奥古斯都创立的解答权制度，对罗马的法律发展有着重大影响。“在以往，法学者的解释活动与国家权力无关，由于解答权制度之设，使法学者的解释活动与国家权力发生直接关联。鉴于共和政体后期法学的自由发展导致法律适用的混乱并严重损害法的安定性的情况，奥古斯都帝通过授予特定法学者以解答权，使少数法学者具有很高的权威地位。这种办法是对法解释学

---

① 丘汉平：《罗马法》，朱俊勘校，中国方正出版社 2004 年版，第 24 页。

② 〔意〕朱塞佩·格罗索：《罗马法史》，黄风译，法律出版社 1994 年版，第 342 页。

③ See Peter de Cruz, Comparative Law in a Changing World, Cavendish Publishing Limited, 1999, p. 50.

④ 周枏：《罗马法原论》，商务印书馆 1994 年版，第 59 页。

的间接规制,目的在于获得法的安定性。”[①]当然,某些法学家拥有了“钦定”的法律解释权,并不意味着是一种学术垄断。在没有获得授权之前,法学家们就在实际上拥有了法律解释权,这种权力来自于当事人和法官对法学家个人威望的信赖。奥古斯都授予某些法学家法律解释权的同时,并没有禁止其他法学家从事法律解释活动。那些没有获得授权的法学家还在继续着他们的活动,他们在某些领域中的法律解释在事实上仍然会受到当事人和法官的青睐。而且被授权的法学家作出的法律解释也仅仅是在适用过程中具有约束力,并不是说他们的观点在理论上具有限制力。学术活动、法学教育活动以及咨询法律意见的活动仍然是自由的,毕竟,当时被授权的法学家所占的比例并不算高,每一个法学家都可以对法律进行自己的研究和作出解释,如果他的声望足够高,他的解释具有足够的说服力,同样会被当事人和法官接受,就像在共和国后期一样。

(二)法学家的活动与贡献

在君主制时代,由于能够公开行使法律解释权,法学家们获得了非常高的社会地位。在奥古斯都及其接班人的统治时期,法学家们通常也取得一些官职。他们当中除个别法学家外,似乎均属于元老院成员,相对于共和国后期,出现了一定范围的限制。后来,有些法学家在帝国的行政管理领域任职,开始是担任只有元老院议员才能担任的职务,从哈德良时期开始,他们也担任骑士级的官职。从哈德良时期开始,尤其是在安东尼时期,出现了所谓的法学理论官僚化的进程。法学家担任着高级官职;设置由执法官或官员担任的常设法律顾问;建立由固定的领薪顾问组成的君主咨询委员会(consilium principis);确定法学家解答(responsa prudentium)的约束力;在法的领域运用批复;由国家组织教学活动。[②] 丘汉平先生说:“考罗马之最荣誉职业有三:一曰军人,二曰辩论家,三曰法家。三者之中,其在帝政时代,尤以法家为最高尚之职。”[③]可见当时法学家在社会上的显赫地位。法学家在当时所从事的法律活动很多,除了坚持过去的解答和教学活动之外,更能代表法学发展的是广泛复杂和发展迅猛的学术创作。他们的著作既有对以个案分析为基础的解答或者争论的汇编,又有对某个法律文本的注解,如《十二表法注解》,既有法学大全,即某一个作者的全集,又有基本的法学材料,如著名的

---

① 梁慧星:《民法解释学》,中国政法大学出版社 1995 年版,第 9 页。

② 参见〔意〕朱塞佩·格罗索:《罗马法史》,黄风译,法律出版社 1994 年版,第 349 页。

③ 丘汉平:《罗马法》,朱俊勘校,中国方正出版社 2004 年版,第 24 页。

《法学阶梯》(institutiones)。

法学家的活动使帝国前期成为一个法学家辈出的时期。从奥古斯都时代开始,罗马法学家产生了两大派别的严重对立。这两个学派是普罗库路士派(Schola Proculus)和萨比努士派(Schola Sabinus),他们的创始人分别为安第斯蒂·拉贝奥(Antistio Labeone)和阿特尤·卡披托(Ateio Capitone)。拉贝奥和卡披托不仅在法学上,而且在政治立场上都是尖锐对立的。拉贝奥向往早期的自由,倾向于共和政体,在官职生涯中只获得过裁判官的职位,在法学上富有创新精神。卡披托拥护帝制,深得奥古斯都宠信,是第一个获得公开解答权荣誉的人,曾获执政官的职位,在法学上因循守旧。两个派别各收门徒,相互论战,长期处于对立状态。"实则他们都是维护奴隶制和私有制的,在本质上并没有什么不同。特别是在私法方面,二者都受希腊斯多葛派自然法观点的影响,他们的争论,只是对一些具体问题的处理意见不同,而谈不上有什么系统的原则性的区别。"①然而,这两个学派的争论在客观上极大地促进了罗马法学的繁荣和进步。也正是在这一时期,出现了许多著名的法学家。如庞波尼乌斯(Sextus Pomponius,?—约160年)以及后来被奉为罗马五大法学家的盖尤斯(Gaius,约130—180年)、帕比尼安(Aemilius Papinianus,约140—212年,一说150—212年)、乌尔比安(Domitius Ulpianus,约170—228年)、保罗(Julius Paulus,?—约222年)、莫迪斯蒂努斯(Herennias Modestinus,?—约244年)。

四、帝政后期——法律解释权由法学家转至皇帝

3世纪时,罗马陷入了严重的社会危机。经济衰败,政局动荡,群雄割据,阶级矛盾尖锐,兵源匮乏。② 284年,地奥克莱迪亚努斯(Diocletianus,亦译作戴里克先,284—305年在位)夺取政权后,进一步加强君主专制,独揽军政大权,神化皇帝,并于286年实行东西罗马两帝执政。君士坦丁一世(Constantinus Ⅰ,306—337年在位)执政时,迁都拜占庭,并改名为君士坦丁堡。395年,帝国正式分裂为东西两个帝国,除立法外,军政财务司法大权由每个皇帝各自管辖。476年,西罗马帝国因日耳曼人入侵而灭亡,1453年,东罗马帝国因奥斯曼土耳其帝国人侵而灭亡。从565年东罗马皇帝查士丁尼死后

① 周枏:《罗马法原论》,商务印书馆1994年版,第60—61页。

② See Peter de Cruz, Comparative Law in a Changing World, Cavendish Publishing Limited, 1999, p.52.

到东罗马帝国灭亡，罗马的法律已经没有多大的进步，一般不再被列入罗马法的研究范围。

（一）君主专制得到加强与法学家的法律解释权受到限制

这一时期是罗马法学发展的衰落期。这是因为帝国的各种危机必然侵入到法学的研究领域，没有社会的进步、经济的发展和政治的稳定，法学家很难进行富有成效的创作活动。社会的动荡引导人们普遍转向宗教而寻求精神寄托，引起基督教的盛行。313 年基督教取得合法地位特别是 392 年被定为国教后，基督教的各种职业在社会上的地位迅速高升，对人们有很大的吸引力。出于政治经济利益和社会地位考虑的年轻人越来越倾向于投入基督教神学当中，有才能的人几乎被基督教囊括一空，投入法学研究的人锐减。再加上实行君主专制以来，各种活动多由君主决断，法律沦为君主专制的工具，昔日罗马人对法律的崇敬和信仰逐渐褪去，法律在社会中的影响力不如以前，法学自然也逐渐黯淡下来。帝国的迁都对于法学的发展也产生了不利影响。首都东迁后，所面临的各种环境和生产关系都发生了一定变化，一些原来的法律未必能够完全适应新的情况了，难以再继续受到重视。

这个时期法学家的法律解释权同样受到了严格的限制。由于共和时期和帝政前期的法律，凡是没有明令废除的，仍继续有效，人们引用旧法时常常为了方便，不是引用旧法简单僵化的条文，而是直接引用各大法学家的解答意见。而法学家的解释往往有较大的分歧，带来引用的混乱，不利于法律的统一，给违法者以强辩、钻空子的机会，因此，罗马皇帝们开始想办法来解决这一问题。君士坦丁一世规定，只有皇帝才有法律解答权；又规定乌尔比安和保罗两人对帕比尼安的见解所发挥的部分无效，他们本人独立发表的见解有效。① 426 年，东罗马皇帝狄奥多西二世和西罗马皇帝瓦伦丁尼安三世发布了所谓“关于援引的法律”，即《致罗马元老院》（ad senatum urbis Romae）。这项谕令承认帕比尼安、保罗、盖尤斯、乌尔比安和莫迪斯蒂努斯的论著具有法律渊源的效力。由以上五人援引的其他法学家也受到同样的承认，但必须与原著进行核对。在发生歧义的情况下，多数人的观点有效；如果持不同意见的双方人数相等，帕比尼安的观点处于优势地位；如果找不到后者的观点，审判员可以根据自己的裁量作出决定。该谕令还重申了君士坦丁关于禁止使用保罗和乌尔比安对帕比尼安论著所做的注释的规定。② 此谕令被后世

---

① 参见周枏：《罗马法原论》，商务印书馆 1994 年版，第 70 页。

② 参见〔意〕朱塞佩·格罗索：《罗马法史》，黄风译，法律出版社 1994 年版，第 399—400 页。

称为《学说引用法》(Lex Citationis)或者《引证法》(Lex Allegatoria)。它的颁行,主观目的是为了统一对法律的解释,便于法律的适用,但在客观上却严重地阻碍了法学的发展和法律的进步。周枏先生认为,《学说引用法》的颁行,统一了法律的适用,便利了司法人员解决纠纷。但其后果则是此后法官办案只要机械地计算赞成某学说的多少,而不必探究哪种意见对本案更为恰当。法学衰落,于斯为甚。① 梁慧星先生说,《引证法》是罗马法解释学衰退情况下的补救措施,其实施的结果更促进了法解释学的衰退。②

(二)皇帝对法律解释活动的禁止与法学家法律解释权的丧失

东罗马皇帝查士丁尼于527年继位时,不同的立法并存,各种学说很不统一,罗马法体系十分混乱,需要对法律进一步统一化。同时,为了通过统一法制来恢复罗马过去的辉煌,查士丁尼进行了系统的、大规模的法典编纂活动。这是罗马法得以传至后世的一个关键性活动,也是古代法律发展史上的壮举。528年,查士丁尼任命以特里波尼(Tribonianus)为首的十人法典编纂委员会,对当时有效的历代皇帝敕令进行整理,对它们作了划分、删改、编排,于次年公布,是为《查士丁尼法典》(534年又作了修正)。随后的几年间,又公布了《学说汇纂》(digesta)和与盖尤斯的著作同名的《法学阶梯》(Institutiones),前者搜集了罗马历代法学家的著作,删除了其中的矛盾和不合时宜之处,后者作为具有法律效力的罗马的钦定教科书。查士丁尼死后,后人将未列入《查士丁尼法典》的敕令汇编为《查士丁尼新律》。这四部著作合称《国法大全》,也就是《罗马法大全》(Corpus iurus civilis)。查士丁尼的法典编纂活动对法学来说虽不能称得上是什么重大的创造活动,但对近千年的罗马法和罗马法学发展的精华部分进行了有效的整理和总结,使罗马法律文化得以保存下来,并流传后世影响世界法律发展进程,不能不说是一项重大的贡献。后人认为,“查士丁尼的《国法大全》是历史上最著名的立法工程之一,它代表了古代罗马法的最终表达和十个世纪里法律进化的最后结果”。③ 因此,人们把查士丁尼时期称为罗马法学的集大成时期。

然而,查士丁尼的编纂活动对法律解释来说,未必是一件幸事。梁慧星先生指出:法典编纂的辉煌时期绝不等于是法解释学的辉煌时期。应当肯定,法典编纂所取得的巨大成就,有赖于此前法解释学的极大发展,可以说

---

① 参见周枏:《罗马法原论》,商务印书馆1994年版,第71页。

② 参见梁慧星:《民法解释学》,中国政法大学出版社1995年版,第13页。

③ R. C. von Caenegem, A Historical Introduction to Private Law, Cambridge University Press, 1992, pp. 17—18.

《罗马法大全》只是此前罗马法解释学极大发展的果实。但法典编纂的成功并非法解释学之福,相反,成为法解释学进一步发展的障碍。优士丁尼帝担心,如果任凭法学者对法典自由解释,势将重新燃起争论,其结果有害于自己作为绝对权力者的权威的危险,因此严令禁止对法典进行解释。虽然此禁令即使优士丁尼在世时已经事实上被打破,但法典编纂的成功阻碍了法解释学进一步的发展,是无可争辩的事实。①

从君士坦丁规定只有皇帝才有解答权和限制法学家的解答权,到查士丁尼编纂法典禁止对法典作出解释,可以看到,在帝国后期,法学家对法律的解释权逐步丧失,而最高立法者最终取得了法律解释权,这一发展结果具有一定的必然性,可以从两个方面寻找原因。

其一,意识形态上的原因。当罗马迁都拜占庭后,西罗马已经发展到了它的尽头,而东罗马成为罗马的政治经济和文化中心。东罗马所延续的文化基本上是希腊世界的,其疆域中使用的语言也是希腊语。"对罗马共和国及其质朴特质的怀旧情感日趋消逝,而自由的希腊久已为人遗忘,随着拜占庭与东方的接触,以古拜占庭为中心的东罗马帝国的氛围越来越东方化;它对东方的心醉神迷导致了以唯唯诺诺的服从为标志的专制君主制的产生,以及对统治者个人的崇拜,——这种崇拜在古典的希腊、罗马时代是为人们所拒斥的。"②在这种意识形态下,最高统治者必然要树立自己的绝对权威,这种权威既然包括立法的权威,就必然包括法律解释的权威。最高统治者之外的人拥有法律解释权,必然是对君主立法的挑战,也就是对最高统治者个人权威的挑战。

其二,经济基础上的原因。在帝国后期,罗马的奴隶制生产关系已经衰落。经过各种内忧外患的打击,旧的奴隶制生产关系即将崩溃,新的封建制生产关系即将确立。当罗马奴隶制开始瓦解和封建制已经萌芽时,在奴隶制时代盛行的法律解释制度必然无法适应社会的发展而逐步退出历史舞台。取而代之的只能是适应封建君主专制体制中最高统治者专制独裁的法律解释体制,皇帝独占法律解释权正是这种体制的要求。

五、罗马的司法者——一度拥有法律解释权

罗马时期难以找到在今天被称为"法官"的职业,那时的司法权不是由

① 梁慧星:《民法解释学》,中国政法大学出版社 1995 年版,第 15 页。

② 〔爱尔兰〕凯利:《西方法律思想简史》,王笑红译,法律出版社 2002 年版,第 78 页。

某一个特定的机关行使，而是不同的主体在不同的领域各自行使着自己的司法权。据史料看来，当时行使司法权的主要是裁判官，同时还有贵族营造司、基层执法官以及审判员等。

（一）裁判官对法律解释权的行使

罗马的法官职务最早设立在公元前367年，名曰裁判官（praetor，或称作大法官）。裁判官是独裁官（dictator）①出于协调平民和贵族政治斗争的需要而设置的在城邦当中行使司法权的官职，是在平民取得执政官职务的同时，创设的一种新的、为贵族独占的官职。他作为两位执政官的下级同僚，也拥有治权（imperium）。公元前337年，平民也被允许担任裁判官。公元前242年，罗马又设置了外事裁判官，负责处理市民与异邦人之间的司法事务，原先的裁判官被称为内事裁判官。按照当时的法律，裁判官决定案件是否审理、被告能否抗辩以及采用什么样的诉讼程序等。当一个案件提出后，如果双方当事人都承认事实，该案件即由裁判官自己审理。如果当事人对事实有争议，裁判官就把案件和审理的方式、程序一并交给审理官（法官），审理官依此进行审判。莫理斯说："罗马的裁判官是一个特殊的官职，即到今日仍难明了。他的职务与其说是行使司法，毋宁说是监督司法。他的职务就是解决上诉于他的种种争执；解释一般的法例；以及选任'法官'（Judices）来从事证据的调查和案件的判决。"②

最初裁判官审理案件处于被动地位，仅仅是机械地按照法律的规定办理。公元前149年到公元前126年间制定的《艾布体亚法》（Lex Aebutia）授予裁判官自行决定诉讼程式之权，他们就有了指挥诉讼过程的主动权力，从而在某种程度上获得了法律的创制权。他们既有对法律的解释权，又可以根据当时的形势发展和经济的需要对法律加以补充，甚至可以纠正法律的不合理之处。公布于共和初年的《十二表法》在罗马经历了数百年的发展之后难以适用了，而罗马忙于战争，无暇制定新的民事法律，所以全靠裁判官来补救。③ 裁判官据以完成其工作的主要措施是发布裁判官告示。裁判官在其任职年度开始时发布一项告示，作出一系列的政策性说明。这些告示在长度

---

① 独裁官是在发生特殊危急情况下紧急任命的非常设的官职，他不是由民众会议选举产生的，而是由元老院从执政官中推举一人担任，统揽军政大权。但独裁官的权力受到严格的时间限制，他在完成特定的任务后应当自动辞职，而且在任何情况下，只要他作为执政官的任期满后，或者经过6个月之后，独裁官当然地停止行使权力。

② 〔美〕莫理斯：《法律发达史》，王学文译，中国政法大学出版社2003年版，第132页。

③ 参见周枏：《罗马法原论》，商务印书馆1994年版，第47页。

和复杂程度上都有很大不同,在语法结构上也有某些差异,但所有这些告示的目的都在于确定裁判官将针对怎样的情形行使他的权力,以便提供新的救济手段。① 裁判官在审理案件的活动中还有广泛的自由裁量权。人们为裁判官的活动开辟了一个范围更广的可能性领域。如果说,一方面,市民法和万民法以同样的方式在裁判官司法审判中被当做先存原则的话,另一方面,裁判官并未因此而受到约束和限制,相反,他根据自己的治权在安排诉讼和处理诉讼手段方面拥有更广泛的裁量权。作为司法活动的表现,他有权作出审判;他可以拒绝某种诉权,即便这种诉权是根据市民法而取得的;他可以在程式中增加一些措施,以便在具备特定前提条件的情况下推翻处罚决定;他可以采纳一些程式,以便将诉权扩展适用于缺乏特定前提条件的情况,或者决定对其他人实行处罚。他甚至可以在不问是否存在某种法律关系的情况下进行诉讼,而使处罚决定仅仅取决于某些不是由法规定的事实条件。② 也有人认为,裁判官的职能不是对诉讼进行审判,而是仅限于使诉讼能够按照他的告示中的程式加以表述,或者在特殊情况下为处理新的案件提供新的程式。程式实际上是为审判员(iudex)提供的方向,要求他在原告的理由得到证实的情况下对被告予以判罚,在没有得到证实的情况下则予以开脱。③

裁判官的告示和法学家的解答有着密切的联系。法学家的解答常常为裁判官所接受,成为指导审判和发布告示的理论依据,而裁判官的告示则为法学家的活动提供了丰富的原材料,它们共同推动了罗马法的发展。显然,作为当时罗马的司法权行使者的裁判官,既有立法权又有法律解释权,是当时非常显赫的人物,扮演着重要的角色。莫理斯在谈到裁判官时说:"至于裁判官(Praetor)本身并不是为我们一般所认为的那种普通的法官,他很像古英伦法律中的大法官(Lord Chancellor)或'司法部长'(Lord Chief Justiciary)。他是罗马法的一个伟大保管人,是当时法理的一个有力的解释者,而且又是一个操纵整个罗马法律之机构的人物。"④

进入帝国后,裁判官的权力逐渐削弱。130—138 年,哈德良皇帝命令大法学家尤利安(Salvius Julianus)对历代裁判官的告示进行汇编,在元老院获得通过,作为审判依据,此后裁判官在发布告示时只能局限于以往告示的精神,不得发布新的原则,裁判官的立法权和法律解释权到此结束。

---

① 参见〔英〕尼古拉斯:《罗马法概论》,黄风译,法律出版社 2004 年版,第 22 页。

② 参见〔意〕朱塞佩·格罗索:《罗马法史》,黄风译,法律出版社 1994 年版,第 248—249 页。

③ 参见〔英〕尼古拉斯:《罗马法概论》,黄风译,法律出版社 2004 年版,第 25 页。

④ 〔美〕莫理斯:《法律发达史》,王学文译,中国政法大学出版社 2003 年版,第 133 页。

（二）其他司法官不具有法律解释权

罗马在设立裁判官的同时，据说也创设了另一个官职——贵族营造司(edilita curule)。它与平民营造司并列，主要负责城市治安和市场治安。贵族营造司在其职权范围内也拥有有限的司法权。罗马共和制时期还有一种官职行使司法权，即基层执法官(questori)，他们是处于官职序列当中最低层的官员。他们的职权很有限，后来权力不断扩大。基层执法官最初的表现形式是杀人罪审判官(quaestores paricidii)，他们作为调查官员负责杀人罪中的故意，后来变成了制裁杀人罪的主角，一般负责涉及死刑的审判。① 关于贵族营造司和基层执法官在审判活动中的职权，各种书籍描述得甚少，说明他们在当时应当不是重要的角色，当然也不可能拥有法律解释权。

关于审判员(iudex)的记载同样很少，主要是在介绍法学家、裁判官时会提到，前文已经略有涉及。梅利曼教授说："罗马的法官在法律活动中并不是重要人物。帝政时期以前，他们仅是根据裁判官(praetor)所提供的程式主持争讼的解决。实际上，他们仅是执行仲裁职能的法律门外汉。法官并不谙熟法律，权力也很受限制，为了征求法律意见，他们转向法学家求教。到了帝政时期，判决争讼的权力越来越多地落到执政官手中。执政官也懂法律，但他们这时的主要作用在于执行皇帝的意旨。这一时期法官没有固有的立法权。"②我们猜测，这里所描述的"法官"可能就是审判员，同时，他们和裁判官在职务上的关系最为密切，因为裁判官也被译为大法官；帝政时期丧失"固有的立法权"的"法官"应当是裁判官。有的学者认为，审判员有临时指定的，其任务于宣判后即终止，有组织法院的，其有一定任期。临时指定的审判员有承审员(judex)、仲裁人(arbiter)和外务仲裁人(recuperatores)，专门法院的审判员由地区大会选举产生，组成三人法庭(triumviri capitales)、十人法院(decemviri judicandis)和百人法院(centumviri)。③ 从有关描述可以推断，就审判员来说，他们应当不具有法律解释权。

从罗马法律解释权的配置状况可以看出，罗马法的发展与法学家掌握解释权具有相生相长的关系。法学家因为促进了法学的繁荣而取得显赫的地位，并取得了解答权。法学家行使解答权又反过来通过自己的创造带动了法律的发展。罗马法在今天具有如此重大的影响，和罗马法学家的活动分不

---

① 参见〔意〕朱塞佩·格罗索：《罗马法史》，黄风译，法律出版社 1994 年版，第 163 页。

② 〔美〕梅利曼：《大陆法系》，顾培东、禄正平译，法律出版社 2004 年版，第 35 页。

③ 参见周枏：《罗马法原论》，商务印书馆 1994 年版，第 930—931 页。

开。就像丘汉平先生所说的那样，“至于法家之著述，影响罗马法尤伟。罗马帝国虽亡，而其法制长存不衰者，端赖此辈之力也”①。然而，这种比较开明的法律制度和法律解释权的配置方式都是罗马商品经济发达所导致的结果。没有商品经济的发展和发达，就不会有成文法的完善，法学家也不可能取代僧侣团而掌握法律解释权。当罗马的经济基础开始发生变更时，自然会引起上层建筑的变化，法学家的解释权最终落到专制君主手中。因此，考察罗马法律解释权的发展历程，不能仅仅就法律解释权本身来看，而应当把它放到处于根本地位的经济基础当中并结合当时的政治状况去理解，才能找到法律解释权配置的最终决定因素。

① 丘汉平：《罗马法》，朱俊勘校，中国方正出版社 2004 年版，第 24 页。

第二章　法国法律解释权的配置

从4世纪末开始，日耳曼人逐渐侵入罗马帝国统治下的高卢地区，建立了许多国家。5世纪末6世纪初，海滨法兰克人首领克洛维（Clovis，约465—511年）统一了高卢地区，建立了强大的法兰克王国。843年，法兰克王国查理曼大帝的三个孙子缔结了《凡尔登条约》，法兰克王国被瓜分为东、中、西三部分，分别演化为后来的德意志、意大利和法兰西。法兰西立国后，经历了封建社会和资本主义社会，经过一系列的社会变革和侵略扩张，最终发展成为发达的现代资本主义国家。资产阶级革命后，随着法国的侵略扩张，法国法不断地向外延伸，对欧洲大陆和其他大洲的法属殖民地国家产生了巨大影响，在大陆法系的形成中起到了非常重要的作用，成为大陆法系的典型国家。考察法国的法律制度，可以把它分成三个阶段：法兰西王国时期、自由资本主义时期和垄断资本主义时期。下面按照这三个阶段的顺序考察法国法律解释权的配置状况。

一、法兰西王国时期——法律解释权由不同主体行使到最高司法机关行使

一般认为，法兰西王国的法律制度指的是从法兰克王国分裂和法兰西王国形成到18世纪末资产阶级革命前的法律制度的总称。法兰西王国立国后，其法律制度在法兰克王国法律的基础上承袭了日耳曼法、罗马法和教会法，是欧洲比较典型的封建法律制度。① 9世纪到12世纪，法国处于封建割据状态，当时通行的司法原则是法随人定，罗马高卢人使用罗马法，日耳曼各部适用他们自己的日耳曼法，基督教适用教会法。法兰西国王虽然形式上是一国之主，但实际上与各大封建领主的地位相差无几。12世纪以后，“法随人定”的原则让位于“法随地定”，即不同的地区实施不同的法律。就全国而言，可以分为两个法区。以罗亚尔河为界，法国南部多采用成文法，其中主要

---

① 参见何勤华主编：《法国法律发达史》，法律出版社2001年版，第14页。

是罗马法,因而被称为“罗马法区”或者“成文法区”。法国北部多采用由日耳曼法演变而来的习惯法,因而被称为“日耳曼法区”或“习惯法区”。13 世纪以后,王权逐渐得到加强,法国趋向统一,法律也有了统一的趋势。尤其是在 16 世纪以后,法国进入君主专制时期,国王法令的效力进一步加强。原本在 12 世纪和 13 世纪有相当重要地位的教会法,尽管受到宗教改革运动的冲击,但 1598 年颁布的南特敕令明确宣布天主教为法国国教,因而教会法在婚姻、家庭、继承等方面的统治地位一直持续到法国大革命。[①] 所以在法兰克王国时期,日耳曼习惯法、罗马法和教会法都在发挥着对社会关系的调整作用,整个法律制度相当复杂。不同的法律制度必然带来不同的法律解释,法律解释权的配置也不统一,只能通过片面的考察来说明这种情况。

(一) 封建社会前期——不同主体行使法律解释权

在法国封建社会前期,习惯法一直占据主导地位。与法兰克王国的习惯法相比,法兰西王国的习惯法越来越走向成文化。从 13 世纪开始,出现了称为 coutumier 的习惯法汇编。然而这些汇编并非官方组织编纂的,而是法学家或司法实际工作者以个人身份撰写的,对法官并无约束力,但对习惯法的统一和成文化做出了贡献,对法院的判决也有重要影响。在这些习惯法汇编中,1250 年前后面世的《诺曼底大习惯法》(Grand Coutumier de Normandie)影响最大。它将直至 1205 年为止的诺曼底公爵领地的习惯法汇编在一起,对当时法国北部地区的司法实践有相当影响,除有些内容为后来的判决和立法所修改以外,它的许多规定至今仍然是泽西岛(Jersey,古代诺曼底公爵领地的一部分,现属英国)的法律渊源之一。[②] 然而法国北部的习惯法主要依赖口传,带有很大的不确定性,对习惯法的解释就成为一个问题。这一时期对习惯法的解释者主要是习惯法适用地区的居民。“不了解有关习惯法的适当规则的法官,要发现这种规则便必须通过一种称为‘向居民进行习惯法调查’(enquete par turbe)的方式,让若干本地居民说明他们记忆中的习惯法的要旨。”[③]在这里,特定的居民对习惯法的含义的说明其实就是在解释习惯法。他们的解释对法官的判决在很大程度上具有决定意义,因而他们在事实上成为当时习惯法的法律解释权的行使者。这种由特定居民解释法律的做法是由当时的客观情况决定的。因为当时的习惯法相当繁杂和分散,法官不

---

① 参见何勤华主编:《外国法制史》,法律出版社 1997 年版,第 287—289 页。

② 参见何勤华主编:《法国法律发达史》,法律出版社 2001 年版,第 15 页。

③ 〔德〕茨威格特、〔德〕克茨:《比较法总论》,潘汉典等译,法律出版社 2003 年版,第 120 页。

可能知道它们的确切含义,甚至对某些习惯法根本就无从知道。据统计,甚至到了 1789 年法国大革命爆发前,法国仍然存在着六十余种区域性(regional)的习惯法和三百种以上的地方性习惯法。当时一位作家曾讽刺说:"一个人骑马从(法国)一个省到另一个省,其所要适用的法律,如同他要更换的马匹一样多。"①尽管如此,特定居民对习惯法的解释毕竟是模糊和混乱的,因为不同的居民对习惯法也会有不同的认识,他们的解释同样会发生冲突,并且会进一步加剧习惯法本身的不精确性。显然,法律解释权的这种行使是不规范的,这种局面非常需要改进,使习惯法统一化。统治阶级也意识到这一问题,着手进行习惯法的统一编纂和解释工作。查理七世在 1454 年发布《蒙蒂·勒·图尔敕令》,要求各地的习惯法应在国王的专家委员会的协助下记录下来,并将那些已经记录在册的予以重新编纂。记录习惯法的任务耗费了比预期更长的时间。查理七世的继位者们不得不把他的命令重申多次,他们也必须克服某些领地尤其是诺曼底的对立情绪。② 到法国封建社会后期,对习惯法的解释权落到最高司法机关手中。

在法国南部,罗马法是主要的法律渊源,那里成为"罗马法区"或"成文法区"。罗马法在法国南部占据主要地位是因为,那里的居民主要是罗马人,有遵守罗马法的传统。而且南部的商品经济相对发达,而罗马法有大量的内容是调整商品经济的规范,比较适合于这一地区。同时,12 世纪在意大利兴起的注释法学所掀起的罗马法复兴运动对法国的影响是从南部开始的,南部因而更易于接受罗马法,注释法学甚至有一些代表人物来自法国南部,可以说明该学派对法国南部的影响。虽然法国南部和北部对罗马法的态度并不相同,但也不是截然对立的,因为在法国南部,同样有习惯法存在,而在北部,也不是对罗马法一概拒绝适用。在法国北部有些法律问题上,如果习惯法没有作出适当的调整,罗马法便会受到青睐。当然,法国北部对罗马法的适用更多的是把罗马法当成是对习惯法的注释和补充。总的来说,在北方,罗马法对于法官、学者或知识阶层的影响较大,但对平民的影响小,因为平民对罗马法的形式有所怀疑。应法国国王的请求,罗马教皇 1219 年颁布一道谕令,禁止律师引用罗马法以对抗习惯法,也阻碍了罗马法在北方的传播。在南方,有些法律形式上罗马法化了,但内容都是原有的习惯法。在适用罗马法时,罗马法不是作为法律而是作为习惯被适用。"美男子"菲利普

① 转引自何勤华主编:《法国法律发达史》,法律出版社 2001 年版,第 16 页。

② 参见〔德〕茨威格特、〔德〕克茨:《比较法总论》,潘汉典等译,法律出版社 2003 年版,第 120—121 页。

(Philippe le Bel)在1312年的一道谕令中说,他同意居民们遵守的并不是罗马法的规则,而是一种与实际适用的法律相符的习惯。① 所以,法国对罗马法的接受并非像德国一样,法国不曾出现德国那样的对罗马帝国的认同感,法国对罗马法的接受更多的是对习惯法的接受。“法国的国王们十分注意维护自己对罗马帝国及皇帝保持独立的主权,保皇派法律家强调如果罗马法在法国被接受,并不是因为它已经由罗马所制定,而是因为它已经被习惯法所接受或者因为其内在的性质:非以其有权力,实因其具理性之权威故(*non ratione imperii sed imperio rationis*)。所以不像在后来的德国,法国从来没有发生过关于是否应该完全接受罗马法的重大争论;如果罗马法曾经发生效力,在法国南部只是因为它是一项地方习惯,而在北部则是基于其内在的性质。”②由此看来,罗马法在法国并没有被视为一项独立的法律体系,而只是习惯法体系的组成部分。罗马法被适用时当然没有独立的地位,对罗马法的解释和对习惯法的解释应当是相同的,不存在由谁来解释罗马法的问题。虽然12世纪后半叶开始,注释法学派的一些代表人物在法国南部运用注释法学派的方法讲授罗马法,对罗马法进行解释,但这种解释都是民间性的,并未得到官方的认可,自然也不具有约束力。当然,这种研究对于后来法国资产阶级民商法的发展起到了积极作用。

教会法也是当时法国重要的法律渊源。教会法独立成为一体,并设有自己的教会法院。在法兰西王国初期,由于教会势力的增强,教会法院的管辖权不断渗入到世俗的纠纷当中。到13世纪以后,由于王权的加强,基督教的地位开始下降,教会法院的势力也随之衰落。自成体系的教会法也存在法律解释权的配置问题。教会法不仅仅是中世纪法国的法律渊源,而且是当时几乎所有西欧国家的法律渊源,它们在许多方面是相同的,因而关于教会法的法律解释权由谁来行使的问题,将在下文德国法律解释权的配置当中一并详细说明。

(二)封建社会后期——最高司法机关行使法律解释权

法国封建社会后期,随着王权的不断增强,法律解释权逐渐落入王室最高法院手中。王室最高法院(Cour en Parlement)简称“巴利门”(Parlement),建于13世纪。Parlement一词源于拉丁语Parlamentum,原来并非一个法律术语,只是指人们边说话边议论的集会(Parloir)而已。它的构成人员因场合的

---

① 参见何勤华主编:《外国法制史》,法律出版社1997年版,第289—290页。

② 〔德〕茨威格特、〔德〕克茨:《比较法总论》,潘汉典等译,法律出版社2003年版,第120页。

不同而变更，既有神职人员，也有身为国王仆从的世俗人员，核心成员则是掌握罗马法和教会法知识的法律家。到 14 世纪时，巴黎的巴利门成为一个常设机构，从每年的 11 月 1 日到次年的 8 月 15 日开庭，负责巴黎地区重大案件的第一审和各地普通案件的上诉审。[①] 一方面，巴利门受理的巴黎地区某些特定的案件包括高级贵族的案件的第一审判决，对其以后以及其他地区的巴利门的审案实践有拘束力；另一方面，作为全国最高的上诉审级，巴黎的巴利门处理的第二审案件的判决，对当时的封建领主法院、教会法院、城市法院等也有指导意义。[②] 因此，巴黎的巴利门既是最高的司法机关，又是行使法律解释权的机关。

巴利门对法律解释权的行使，可以从对《巴黎习惯法》的影响看出来。1510 年出版的《巴黎习惯法》之所以具有日显突出的重要性，要归功于巴黎最高法院富有影响力的判决。这家法院十分广阔的管辖范围几乎包括了布列塔尼和诺曼底之外的所有习惯法地区，所以这个法院的法官必须在广阔的范围内适用各种不同的习惯法。当他们想解决有争议的问题或填补法律缺陷时，便倾向于发展出一种统一的规则。如此连续不断的努力，1580 年新的增订版《巴黎习惯法》便载有巴黎最高法院对于一般问题所作判决的摘要。人们逐渐接受了这样的观点，即《巴黎习惯法》能够在各地普遍适用，甚至可以优先于罗马法，从而填补地区法律中的缺陷。[③]

除了行使司法权和法律解释权以外，巴利门还插手立法事务，表现在两个方面：一是参与起草王室法令（ordonnances）；二是负责登记王室法令，并形成了王室法令未经巴利门登记就不发生效力的惯例。[④] 与此同时，巴利门还可以颁布一些司法惯例，在它的辖区内具有普遍约束力。可以说，巴黎最高法院是一个集各种权力于一身的司法机关，由这样的机关来行使法律解释权也是理所当然的。

（三）封建社会法律解释权主体演变的原因

法国封建社会的法律解释权从最初不规范的行使到后来由最高司法机关行使，是当时的客观情况决定的。在法兰西王国初期，封建割据严重，国家主权还未统一起来，因而法律渊源也显得较为分散。从日耳曼部落脱胎出来的居民更多地遵循日耳曼习惯法，而原来罗马帝国的居民则对罗马法情有独

---

① 参见何勤华主编：《法国法律发达史》，法律出版社 2001 年版，第 30 页。

② 同上书，第 21—22 页。

③ 参见〔德〕茨威格特、〔德〕克茨：《比较法总论》，潘汉典等译，法律出版社 2003 年版，第 122 页。

④ 参见何勤华主编：《法国法律发达史》，法律出版社 2001 年版，第 31 页。

钟,教会势力的不断膨胀也使教会法越来越渗入到人们的生活中。所以在这一时期,法律渊源的复杂性导致法律解释活动比较混乱,法律解释权的行使者也不统一,尤其是习惯法的解释权掌握在特定居民手中,显得更为混乱。到了封建社会后期法律解释权掌握在最高司法机关手中,是由下述原因决定的。

首先,封建制生产关系的确立带来封建王权的加强。法国在14世纪初开始出现三级会议制度,参加会议的分别是高级教士、世俗贵族和城市居民,使法国形成具有等级代表会议的君主制。尽管他们有着不同的等级和社会地位,有着不同的利益,但是他们都反对封建割据,反对关卡林立的分裂状态,要求建立强有力的中央王权,以保障进行通畅的商品交换。这种情况自然也要求建立统一的法律制度并对法律进行统一的解释,中世纪后期法国出现统一编纂习惯法的运动正是这种要求的表现。最高司法机关统一行使法律解释权,迎合了这种局势的客观需要,遏制了地方割据势力。

其次,封建社会后期教会的势力不断衰落。在西欧各国,一直存在着王权与教权的斗争,它们二者在镇压人民反抗和维护封建统治中相互合作,但在统治阶级内部,它们之间斗争不断,是此消彼长的关系。早些时候,由于教会势力过于强大,王权相对弱小,难以建立世俗的机关统一对法律进行解释。从1302年教皇博尼法斯八世(Bonifacius Ⅷ,1294—1303年在位)在与法王菲力浦四世(Philippe Ⅳ,1285—1314年在位)的斗争中失败开始,王权处于主动地位,教权则处于被动防御地位。没有了教权的诸多遏制,王权可以建立统一的最高法院来行使司法权。在各种不同体系的法律并存的情况下,最高司法机关行使法律解释权有利于维护法律的统一并进一步加强王权。

最后,最高司法机关具有行使法律解释权的能力。“到了14世纪,受过法律专业训练并且具有资产阶级背景的职业法官已经在巴黎法院取代了教士、男爵以及贵族朝臣;不久以后他们便由国王任命,这种任命并不限于为了处理某些特定案件或为了特定开庭期间内,还可以为了不确定的期间任命(‘悉随朕意’),并且任命通常要根据巴黎最高法院的提名、从实务法律家和法律顾问中选出。”①这种具有法律专业知识的人担任法官,使巴黎最高法院具有较强的审判能力和创造能力,因而能够较好地行使法律解释权,他们对法律的解释又在很大程度上促进了法律的进步。

---

① 〔德〕茨威格特、〔德〕克茨:《比较法总论》,潘汉典等译,法律出版社2003年版,第123页。

二、自由资本主义时期——立法者拥有法律解释权

爆发于1789年的法国资产阶级革命彻底打碎了法国的封建制度，改变了传统的社会秩序，创立了崭新的法律制度。雅各宾派专政时期，法国颁布了许多激进的法令，扫除了封建残余势力，使资产阶级革命达到高潮。1799年，拿破仑（Napoleon Ⅰ，1769—1821年）推翻了督政府的统治，取得了法国的最高统治权。拿破仑执政后，采取了一系列有力措施巩固资产阶级革命的胜利果实，促进资本主义经济的发展。他的措施中非常重要的一项就是进行全面的资产阶级立法。从资产阶级革命开始，到拿破仑执政时期，法国制定了许多著名的法律，前期的有1789年《人权宣言》，以及随后几年颁布的几部宪法，拿破仑执政时期最能反映资产阶级革命成果的是1804年《法国民法典》，以及随后几年颁布的《法国民事诉讼法典》、《法国商法典》、《法国刑事诉讼法典》、《法国刑法典》，可以从这些法律尤其是《法国民法典》当中考察当时法国法律解释权的配置。

（一）法律解释权明确配置给立法者

在这一时期，法国的法律解释权完全掌握在立法者手中，法院和法官无权解释法律。早在1790年人们就通过法律规定："当法院认为有必要解释一项法律或制定一项新法律时必须请求立法会议。"[①]《法国民法典》同样坚持了立法者解释法律的做法，严厉禁止法官立法和解释法律。它在第5条规定："审判员对于其审理的案件，不得用确立一般规则的方式进行判决。"这就排除了法官作出的判决对以后的案件具有约束力。看起来，联系到巴利门的权力，它潜在的目的是要限制司法官的权力。[②] 法典模仿罗马法学家盖尤斯的《法学阶梯》的结构和风格，结构严谨，概念明确，文字简明而通俗易懂。"拿破仑和法典起草者们抱着让每个公民都能理解法典内容和保护公民不受司法专横的影响的宗旨，尽量使法典做到语言通俗、内容全面、逻辑性强，使每个公民都能轻易地从法典中了解到自己的权利和义务。"[③]法典的这种做法对于法律解释来说，会产生两个效果：首先，法典尽可能地把一切问题都囊括进去，包容所有可能发生的纠纷，并为之提供解决方案。在这个完整的

---

① 〔德〕茨威格特、〔德〕克茨：《比较法总论》，潘汉典等译，法律出版社2003年版，第138页。

② See Peter de Cruz, Comparative Law in a Changing World, Cavendish Publishing Limited, 1999, p. 65.

③ 何勤华主编：《法国法律发达史》，法律出版社2001年版，第230页。

体系之下，法官只要按照法律去推理就能得出最终的结论。其次，当法官把具体的案件事实涵摄于抽象的法律条文时，简明易懂的法律条文不会让人产生模棱两可的认识，法官和当事人都能对法律的含义产生相同的理解。因此，法典实际上是力争使法律解释成为不必要的事情，即使有解释，也是在法典当中由立法者作以说明，这就排除了司法机关行使法律解释权的可能。

然而，审判中的法律解释活动是一种客观需要，并不因为立法者的主观愿望而存废。如果每一个案件的法律解释都需要立法者来进行，那么立法者将被极为琐碎的法律解释活动纠缠得无法开展正常的立法活动。法国的立法者明显地感觉到了这种压力，但是又不愿意放弃解释法律和遏制法官的权力，于是在革命时期就出现了上诉制度。梅利曼教授指出，上诉制度的全部内容在于，立法机关设立一个新的政府机构，并授予它废除法院所作的错误解释的权力。通过立法机关的讨论，在最后颁布的有关法律中明确肯定了这个新的政府机构不属于司法系统的一部分，而是立法机关为保护立法权不受司法机关侵蚀而置备的一个特殊工具。虽然，从外观和活动上看，这个机构与普通法院无异，但是立法机关通过将其称为“上诉法庭”（Tribunal of cassation）和把它说成“类似立法机构的组织”（auprès du corps legislatif），借以表示与普通法院的区别。① 关于上诉法庭，在更多的著作中被译作“最高法庭”（Tribunal de Cassation），“其首要职能是协助立法机关，而不是行使一般法院的职能，它的任务在于监督各类法院，防止司法偏离法律条文，从而侵占立法权”②。上诉制度的设立，充分表露了立法者要把法律解释权牢牢掌握在自己手中的态度，进一步说明了当时立法者对司法机关解释法律活动的严格限制。

（二）法律解释权配置给立法者的原因

法国在当时出现立法者排斥司法机关而垄断法律解释权的局面，有其特定的历史原因。法国是西方历史上资产阶级革命最为彻底的国家，革命不但在制度上砸碎了旧的封建制度，建立了资产阶级新政权，而且也是一场深刻的思想解放运动，使启蒙思想家宣扬的先进思想深入人心。“从经验上观察，法国大革命的过程与英、美革命的过程最重要的区别在于，英美的革命仅

---

① 参见〔美〕梅利曼：《大陆法系》，顾培东、禄正平译，法律出版社 2004 年版，第 40 页。该译著原文中把这里的 Tribunal of cassation 译为“上诉法院”，但紧接着在下文中又谈到“上诉法庭”最终演变为“上诉法院”。Tribunal 本意为“特别法庭；裁判所”。因此，笔者认为，结合英文词义和上下文，Tribunal of cassation 译为“上诉法庭”更为合适。

② 〔德〕茨威格特、〔德〕克茨：《比较法总论》，潘汉典等译，法律出版社 2003 年版，第 185 页。

仅是政治革命、政体革命,革命和立宪的目标始终仅限于重新安排上层的政体;而法国大革命却从一开始就试图成为一场整全的革命,除了在政制层面上建立现代自由民主政体之外,更欲改变基本的社会结构,重新塑造民众的价值观念和生活方式。"①自由资本主义时期法国法律解释权的这种配置必然跟法国资产阶级革命有着内在的联系,可以从资产阶级革命爆发的历史背景当中寻找根源。

首先,启蒙思想家所宣扬的理性主义思想使资产阶级过于相信人类的认识能力和立法水平,而对司法活动作了机械性的理解。在启蒙思想家看来,理性是人类的一种自然能力,一切力量都不能违背理性。恩格斯在评论当时的理性主义思想时指出:"在法国为行将到来的革命启发过人们头脑的那些伟大人物,本身都是非常革命的。他们不承认任何外界的权威,不管这种权威是什么样的。宗教、自然观、社会、国家制度,一切都受到了最无情的批判;一切都必须在理性的法庭面前为自己的存在作辩护或者放弃存在的权利。"②深受理性主义思想熏陶的资产阶级认为人的理性能够洞悉各种社会现象,自然就能编纂一部完美无缺的法典来调整人们的生活和处理各种纠纷。法国编纂法典的运动在革命一爆发就开始了。1790 年制宪会议决定起草一部普遍性的法典,1791 年宪法中也明确规定应制定一部全国共同的民法典,但制宪会议和继起的立法会议均未实现这一任务。1792 年国民公会开始了编纂法典的实质性工作。但是在拿破仑上台之后,法国的法典编纂活动才真正得以实现。③ "民法典编纂者心目中的、给民法典的风格以烙印的理想形象,不是小人物和手工业者,更非领薪阶层的理想形象,而是有产者的市民阶级的理想形象;他们有识别力、明智、敢于负责,同时也精通本行和熟悉法律。"④法国对法典的崇尚显然跟理性主义思想有着巨大的关系,法典也一度被认为是书写的理性,是理性的载体。既然理性能够认识一切,法典就能够涵盖各种社会现象并提供解决各种纠纷的答案,因而不需要被解释,即使要解释也只能由具有理性的立法者进行。而司法活动,则被视为按照理性的法律进行机械地推理的过程,法官被孟德斯鸠认为不过是宣布法律的喉舌而已。"由于成文法是全体意志的表达,并且实施是客观存在的,法官唯一

---

① 秋风:《立宪失败的个案:阿克顿论法国大革命》,载〔英〕阿克顿:《法国大革命讲稿》,秋风译,贵州人民出版社 2004 年版,译者后记,第 434 页。

② 恩格斯:《反杜林论》,载《马克思恩格斯全集》第 20 卷,人民出版社 1971 年版,第 19 页。

③ 参见封丽霞:《法典编纂论——一个比较法的视角》,清华大学出版社 2002 年版,第 92—93 页。

④ 〔德〕茨威格特、〔德〕克茨:《比较法总论》,潘汉典等译,法律出版社 2003 年版,第 144 页。

的作用是得出一个自动生成的结论。”①法国人相信法典已经把各种问题规定得相当明确了,法官总能找到可以适用于某些具体案件的法律,所以《法国民法典》第4条规定:“审判员借口没有法律或法律不明确不完备而拒绝受理者,得依拒绝审判罪追诉之。”

其次,对三权分立思想的机械理解导致资产阶级剥夺司法机关的法律解释权。西方宣扬三权分立的思想家以孟德斯鸠最为著名。法国是孟德斯鸠的故乡,他的三权分立理论得到资产阶级革命家的认可,并在他们的革命实践中得到充分发挥。孟德斯鸠强调三权必须分立,因为任何两种权力结合起来都会导致暴政而给人们带来灾难。在谈到司法权时,孟德斯鸠说:“如果司法权不同立法权和行政权分立,自由也就不存在了。如果司法权同立法权合而为一,则将对公民的生命和自由施行专断的权力,因为法官就是立法者。如果司法权同行政权合而为一,法官便握有压迫者的力量。”②孟德斯鸠的这些话深深地震撼着资产阶级革命家,他们绝不允许三权之间相互交合而带来专断,而是竭尽全力地使它们各自独立地分开。于是,防止司法权干扰行政事务的行政法院产生了,避免司法机关因为行使法律解释权而侵犯立法权的上诉法庭也产生了。资产阶级的这种做法对于权力分立和防止暴政确实是有效的,但他们对三权分立的理解却显得机械了,只看到了三权之间的分立而没有看到它们之间的有机统一,使这种分立成为一种僵化的呆板的制约关系。出于分权需要而设立的上诉法庭的职能就反映了这种现象,梅利曼教授对这种现象作了这样的描述:上诉法庭的设置,既满足了分权原则的需要,也捍卫了立法机关的权威,拒绝了一般法官解释法律的现象,立法机关也不必再行解释法律。但是,上诉法庭并不能对它本身所审理的案件中涉及的法律问题作出权威性的解释,相反,与其独立、非司法的性质相联系,它的根本任务仅在于撤销依据对法律的错误解释所作出的司法判决,然后将案件发回原审法院重新审理。至于发回以后如何处理,取决于审理的司法机关。③ 很明显,带有立法机关性质的上诉法庭和作为司法机关的法院之间的关系较为僵化,二者在工作者并不能有机地统一协调起来。资产阶级宁愿这样也不能容忍司法机关掌握法律解释权,跟他们对三权分立思想的机械理解有着密切的

---

① Interpret Statutes: A Comparative Study, edited by D. Neil MacCormick and Robert S. Summers, Published by Dartmouth Publishing Company Limited, 1991, p.203.

② 〔法〕孟德斯鸠:《论法的精神》(上册),张雁深译,商务印书馆1982年版,第156页。

③ 参见〔美〕梅利曼:《大陆法系》,顾培东、禄正平译,法律出版社2004年版,第40页。这里的“上诉法庭”即原译著中的“上诉法院”,笔者以为,根据译著中的上下文,应当是“上诉法庭”,也就是后来所说的“上诉法院”。

关系。在他们看来,立法机关的职责是创制法律,解释法律属于创制法律的一种方式,而司法机关的职责是适用法律进行审判,法院和法官绝不能行使法律解释权。

再次,法院和法官曾是资产阶级革命的对象导致革命后资产阶级大力削弱司法机关的权力。法国的法院和法官在革命前曾经充当过封建势力的保护伞,阻碍资本主义商品经济的发展。从16世纪开始,资产阶级势力逐渐强大起来,当时的政府采取了一系列有利于资本主义工商业发展的政策。然而,如前文所言,当时的法令必须到巴利门登记备案,否则不生效。法院掌握在封建势力手中,他们常常拒绝登记反映资产阶级利益和要求的法令,成为法国资本主义发展的绊脚石,并加剧了行政机关与法院的矛盾。而巴利门的法官是世袭的封建贵族,即使国王也无力通过撤换来动摇他们的地位。“法官职位可以出售这一事实使得该职业实际上成为不可罢免的,而职位可以继承又形成了为数众多的具有强烈法律传统的家族。……结果便出现了世袭的法律家贵族,即穿法官服的贵族,这样的家庭为其身份以及与之相应的教养和生活方式而骄傲,这种制度还防止了在德国出现的那种司法官僚化。”① 巴利门对王室法令的抵制后来成为法国大革命的起因之一。一方面,巴利门总是试图抵制各种改良,使得革命不得不爆发;另一方面,巴利门在呈给国王的谏议中也传播了许多现代观念,即国王无权改变某些不可更改的法则以及新的法律必须得到国民的同意。② 在资产阶级革命的过程中,法院和法官们同样扮演了不光彩的角色。“法官们是法国大革命最激烈的反对者,而很快大革命的断头台上就砍落了不计其数的他们无比高贵的头颅。”③在革命初期,新成立的国民议会首先将注意力投向法院组织系统。“革命最先关注的是把法院的角色限定为以最为严格的方式理解的司法功能。”④在1789年8月4日那个著名的夜晚,封建领主法院和司法职位买卖制与所有其他的封建特权一并被废除了,教会法院失去了所剩无几的处理世俗事务的审判权。1790年8月16—24日法令废除了商事法院以外的所有法院,并建立了新的法院体系。行使最高法院职能的最高法庭(Tribunal de Cassation)也在几个星期之后建立起来。法令还规定了法官选举制度。为防止新的法官行使与

① 转引自〔德〕茨威格特、〔德〕克茨:《比较法总论》,潘汉典等译,法律出版社2003年版,第123页。

② 参见何勤华主编:《法国法律发达史》,法律出版社2001年版,第432页。

③ 〔意〕莫诺·卡佩莱蒂:《比较法视野中的司法程序》,徐昕、王奕译,清华大学出版社2005年版,第169页。

④ Interpret Statutes: A Comparative Study, edited by D. Neil MacCormick and Robert S. Summers, Published by Dartmouth Publishing Company Limited, 1991, p. 203.

旧的巴利门法院法官相似的职权,该法令禁止他们干预立法或者行政事务,并禁止他们公布法庭规则。作为对法官的限制,他们必须在每份判决书中写明判决的理由。在革命最激进的时期,即所谓的国民公会(Convention)时期,当事人由律师代理诉讼的制度被废除,法院的数量也急剧减少,调解或仲裁被认为是解决纠纷的最好方式。① 在这种革命的大背景之下,作为革命的对象,法院和法官的职权受到了严格的限制,由他们来行使法律解释权也就无从谈起了。

最后,资产阶级通过禁止法官解释法律来使资本主义制度化,并维护法律的安定性。法国资产阶级通过革命打碎封建制度,就是希望建立一个能够让他们自由地发展资本主义的社会制度,并且希望把这种制度固定下来,防止它受到各种来自封建势力的破坏。对法典崇拜的一个原因就在于,他们认为法典是他们心目中理想的资本主义社会的法律化,是用法律的形式把这种社会制度固定下来的方式。对法典的任何改变都是对资产阶级的理想社会制度的改变,都是资产阶级所不允许的。"对法律作出解释的权力受到严格的限制,解释首先被视为是重新改造法律和立法权的行使方式。"②尤其是法院在革命前由封建势力掌握,是资本主义发展道路上的绊脚石,更加剧了资产阶级对法院的仇恨和警惕。法院和法官的恶名使夺得政权后的资产阶级力争用一切手段排斥他们对法律的解释,防止他们通过行使法律解释权而改变已经通过法典被固定化的资本主义社会制度。因此也可以说,对资本主义制度的无限向往,对司法机关可能改变美好的资本主义制度的无限警惕,驱使执政的资产阶级断然剥夺了法院和法官对法律的解释权。

三、垄断资本主义时期以来——法院和法官逐渐掌握法律解释权

19世纪末期以来,法国对民法典作了全面的修订,同时颁布了大量的单行法规,以弥补法典的不足。尤其是第二次世界大战以后形成的民法改革运动,对民法典的修正日趋频繁。相应地,法律解释权的行使主体逐渐从立法者转到法院和法官身上。

---

① 参见何勤华主编:《法国法律发达史》,法律出版社2001年版,第437—438页。

② Interpret Statutes: A Comparative Study, edited by D. Neil MacCormick and Robert S. Summers, Dartmouth Publishing Company Limited, 1991, p.203.

（一）法院和法官掌握法律解释权的历程

法国在革命时期所要求的法院必须将解释的问题提请立法会议作出裁决的原则从来就没有真正实行过。《法国民法典》编纂委员会对这样一种程序曾特别提出反对：立法者的任务当是制定一般的行为规则，假使它在解释问题的裁决中介入个别私人间的争讼，那么就会造成立法者尊严受影响、立法工作负担加重、法律制作的质量下降以及诉讼过程延长等结果。《法国民法典》第4条因此无限制地予以规定，法官如果以法律无规定或不明确不充分为由拒绝依法判决，那么他得因此而负责任。① 革命中严格按照机械的三权分立思想设立的区别于普通法院的具有立法性质的上诉法庭，随着社会的发展而具有了新的职能。"经过一个逐步的然而也是必然的发展过程，上诉法庭又产生了第二种作用。也就是说，它不仅可以指出司法判决是错误的，而且还可对法律作出正确的解释。与此同时，把上诉法庭视为非司法性机构的看法也逐渐消失。上诉法庭逐步演变为司法机关，并成为普通法院系统中具有最高地位的法院——上诉法院。在法国、意大利以及其他仿效法国司法系统的国家，这种法院的全称大多是'最高上诉法院'。"②从19世纪末期开始，许多问题由于法典中没有规定或者规定已经过时，法官就通过解释进行判决，从而使法官在司法实践中的作用得以加强。

关于损害赔偿的严格责任原则就是由法院对法典进行解释而确立的。民法典在损害赔偿问题上最初实行过失责任原则，19世纪以来，随着工业的发展，机器生产和操作造成的工伤事故以及机动车引起的交通事故频繁发生，引发一系列社会问题，司法机关开始采取严格责任原则。1896年最高法院在"泰伏里案"（因拖船爆炸受伤）判决中确认爆炸原因是发动机构造的缺陷，同时扩大解释民法典第1384条，采取了严格责任原则。1930年最高法院对"让德尔案"判决最终确认了这一原则。③ 由此可见，法国的法律解释权逐渐地落入法院和法官的手中，而且法院和法官所掌握的法律解释权还相当大。但是，法院和法官对自己的解释权并没有公开承认，而是"犹抱琵琶半遮面"。达维指出，法国法院"发现"了《法国民法典》第1384条，并依此发展了一整套法律，由此，在许多案件中尽管缺乏被告方有任何过错的证据，仍然可以认定其侵权行为责任。即使在法国，大多数人也认为这种发展是一种法

---

① 参见〔德〕茨威格特、〔德〕克茨：《比较法总论》，潘汉典等译，法律出版社2003年版，第138—139页。

② 〔美〕梅利曼：《大陆法系》，顾培东、禄正平译，法律出版社2004年版，第40—41页。

③ 参见何勤华主编：《法国法律发达史》，法律出版社2001年版，第240—241页。

官制定法(judge-made law);但是大多数法国法官极力否认这样分析的正确性。依他们的观点,他们所做的充其量不过是从立法者发布的文字中提取出其真意而已;他们的判决是基于制定法,无可辩驳的是,如果他们不援引第1384条支持其判决,而是托称适用先例,最高法院便会撤销其判决。①

不管法官们怎样极力否认,法院和法官行使法律解释权已经成为一种事实。《法国民法典》颁布近一百九十年后,波塔利斯(Portalis)对法院在法典化的法律体系中的角色所作的描述,仍然一再地被重复着。他选出了法官在那种状况下的三个主要任务:(1)在提交给法官的各种实际情况中阐明规则的意义;(2)阐明法律中的模糊之处,并填补其空隙;(3)把法律调整到适应社会的进化的需求,达到在法律文本基础上的可能的程度,使法律为当前面对的问题提供充分的解决方案。② 法官的这三项主要任务,概括起来其实就是解释法律。在法律解释中,通常的状况是,一个法院只需要陈述它对法律的含义所作的解释,而无需作出任何正当性证明。而且,最高法院也常常指出,下级法院对法律的解释是"正确"(correct)的,解释的理由也是"充分"(sufficient)的。因此,一个法院的判决从来不会因为在形成决定的过程中考虑或者未考虑某些特别的因素而被推翻。还应当看到,当一个上级法院检查下级法院所提供的理由的有效性时,仅仅是为了控制其解释的原因。确定其解释的有效或者无效的是解释的真正动机而不是表面的证明。所以,如果法院毫无疑问地把它的解释建立在论证中没有提及的原因上,那么所提及的原因就会被认为是解释的真正理由。③ 有时候,为了跟上社会的变化,法国的法院会抛弃成文法的字面意义,采用法律被通过时立法者最初设定的意义之外的意义。④

(二)法院和法官掌握法律解释权的原因

不管在革命时期资产阶级确立的严格限制法官解释法律的设想多么完美,多么富有理性,最终都失败了,法国的法律解释权最终掌握在了法院和法官手中。这是法国资本主义法律制度设计者无法左右的法律解释权发展的趋势,具有一定的必然性。

---

① 参见〔法〕勒内·达维:《英国法与法国法:一种实质性比较》,潘华仿等译,清华大学出版社2002年版,第32页。

② See Peter de Cruz, Comparative Law in a Changing World, Cavendish Publishing Limited, 1999, p.66.

③ See Interpret Statutes: A Comparative Study, edited by D. Neil MacCormick and Robert S. Summers, Published by Dartmouth Publishing Company Limited, 1991, pp.184—185.

④ See Eva Steiner, French Legal Method, The United States: Oxford University Press Inc., 2002, p.60.

首先,法国社会所发生的变化是当时的理性所无法预料的,这种变化必然导致原先法律解释权配置制度的破产。法国资产阶级革命和民法典编纂时期,法国正处在农业社会,当时的工业革命刚刚在英国起步,远未影响到法国。建立在这种落后的社会生产方式之上的民法典无论在多大程度上体现了人的理性,无论体现了水平多么高的理性,这种理性都不可能预见到一个世纪后社会发展的状况和水平。毕竟,理性作为人的认知能力,归根到底都只能来源于一个特定的社会存在,而不能超越它。以当时落后的社会生产方式为基础的理性主义思想和在这种思想指导之下产生的民法典,随着社会的发展逐渐会暴露出其僵化和滞后的一面。特别是经过三次工业革命后,今天的法国社会状况与两个世纪以前相比已经发生了翻天覆地的变化,原先的许多规定已经无法适应社会的发展和满足调整新的社会关系的需要了,对原先的法律制度作以改变的任务就相应产生了。对法律制度的改变,既包括法律条文本身的改变,也蕴涵着对法律解释权配置的改变。于是,立法者不断对法律条文进行修改,使之适应变化的社会现实。“除了立法者以外,首先是司法判例使该民法典的规定与现代社会的需求相适应;同时,司法判例又通过解释对这种社会需求予以发展、补充或限制;既阐发旧的法律思想,又提出新的法律思想。于是,法院减轻了负担。”①“法官参与对成文法进行改变的例子后来不断出现。当他们明显地感觉到自己无法适应新的情况时,他们有时候甚至通过解释除成文法以外(*praeter legem*)或者与成文法相对(*contra legem*)的其他法律渊源,而假定自己就是修改成文法的立法者,不存在对文本的适应问题。”②正是通过法院的活动,民法典不断地被改变并能与社会发展相协调。特别是在现代社会里,由于法典的相对滞后性越来越明显,法院对法律进行解释的活动已经变得相当普遍。“随着民法典逐渐过时,法院也日益大胆,它们灵活而实际地阐述法典的条文,使之适应新的要求,而无惧于这种解释在涵义上与当初的解释不同,甚至相反。”③在这种情况下,法院和法官逐渐地掌握了法律解释权。

其次,《法国民法典》本身为司法者行使法律解释权留下了发展的空间。《法国民法典》虽然是理性主义思想的体现,并一再地排斥法官对法律的解释,但是从开始编纂的那一刻起,它就为法官解释法律留下了可能性。《法国民法典》的编纂者们清楚地意识到,立法者即使尽其最大想象力,也不能

---

① 〔德〕茨威格特、〔德〕克茨:《比较法总论》,潘汉典等译,法律出版社2003年版,第146页。

② Interpret Statutes: A Comparative Study, edited by D. Neil MacCormick and Robert S. Summers, Published by Dartmouth Publishing Company Limited, 1991, p.173.

③ 何勤华主编:《法国法律发达史》,法律出版社2001年版,第236页。

认识所有问题的案件类型并予以判断,因而必然要给司法判决留有余地,即法律在不可预见的个别情况下的具体化和它对不断变化着的社会需要的适应。法典编纂委员会的四位成员之一波塔利斯(Portalis)曾经指出:“那些没有纳入合理立法范围内的异常少见的和特殊的案件,那些立法者没有时间处理的太过于变化多样、太易引起争议的细节,以及即使是努力预见也于事无益、或轻率预见则不无危险的一切问题,均可留给判例去解决。我们应留有一些空隙让经验去陆续填补。”①立法者在制定法律时,为了能够使法典的调整范围更为广泛,不至于出现僵化的结果,使用了相当一部分抽象笼统而不明确的准则,这必然导致其概念不够明确,这些不明确的含义只能由法律的适用者来解释说明。同时,法典要求法官不得以法律不明确或者不完备而拒绝受理,客观上是在要求法官解释法律。“细读民法典,很快就会发现,法官对法典条文的解释拥有广泛的权力。例如,法官在适用法典第1382条时,就需要确定‘损害赔偿’一词的含义,是对人的损害赔偿还是对物的损害赔偿?它是否包括经济损失或精神损害?这都要由法院确定。此外,法院在认为适当的时候,在法典的解释上有很大的自由。”②

再次,法学的发展认可了司法机关对法律的解释权。19世纪法国的注释法学强调的是成文法的法源地位,解释法律时只能探求立法者的原意,强调形式逻辑的演绎方法在法律适用中的作用,把法律解释看成是数学推理,这种学说当然反对法院和法官对法律的解释。但是在19世纪末,以萨莱伊(Raymond Saleilles,1855—1912年)和惹尼(Francois Geny,1861—?)为代表的科学法学派改变了这种传统的理论。萨莱伊将“进化”观念引入法律解释的领域,认为法律是不停地变化着的,而其基础则是法律条文和判例。惹尼认为,成文法的确重要,但与成文法并列,习惯法也是重要的法律渊源,而判例则是习惯的创始者和引导者。法学家的技术,不仅仅是以单纯观察、实验等为基础的实证科学,还包括了形而上学的要素。他主张通过这种实存私法上的科学和技术的运用,来发现法律条文之外的潜在的法律规范,弥补因社会发展而造成的成文法不足的缺陷。③ 惹尼猛烈地批评了法国系统地诉诸立法机关的法律的做法,他提倡摆脱成文法的约束,自由选择解释的方法。④ 在惹

---

① 转引自〔德〕茨威格特、〔德〕克茨:《比较法总论》,潘汉典等译,法律出版社2003年版,第139页。

② 何勤华主编:《法国法律发达史》,法律出版社2001年版,第240页。

③ 参见何勤华:《西方法学史》,中国政法大学出版社2000年版,第143—144页。

④ See Eva Steiner, French Legal Method, The United States: Oxford University Press Inc., 2002, p.56.

尼和萨莱伊的影响下，不少追随者认为，注释法学派或许已经不能证明法官仍能就已经变化的种种关系适用《法国民法典》；用惹尼的话来说，这种对立观点乃是“自由科学研究学派”（Ecole de la libre recherche Scientifique），它给法官一种与法典条文相对立的地位，并要求它不仅考虑逻辑与体系的关联，而且还要首先考虑到发展着的社会需要、涉及交往领域的惯例与习俗以及社会学和比较法学研究的种种成就。① 法学的这种新的发展实际上认可了司法机关对法律的解释权，这种观点很快被社会所接受，而且也在司法实践当中得到证明。于是，法院和法官行使法律解释权已经不再是令人大惊小怪的现象。

① 参见〔德〕茨威格特、〔德〕克茨：《比较法总论》，潘汉典等译，法律出版社2003年版，第147—148页。

第三章　德国法律解释权的配置

作为9世纪在东法兰克王国的基础上形成的国家,德国的历史并不算悠久。919年,萨克森公爵亨利一世(Heinrich Ⅰ,约876—936年)被选举为国王,创立了德意志王国,开始了德国的历史。962年,德国国王奥托一世(Otto Ⅰ,912—973年)创立"神圣罗马帝国",史称"德意志第一帝国"。第一帝国的强大是短暂的,12世纪起,德国陷入四分五裂的封建割据状态,邦国林立,诸侯称雄,王权受到严重削弱。1806年,第一帝国被拿破仑的大军摧毁,德国的封建社会寿终正寝。1871年,普鲁士邦完成了德国的统一,建立德意志帝国,史称"德意志第二帝国",也就是近现代意义上的德国。第一次世界大战导致第二帝国覆灭,1919年后,德国进入魏玛共和国时期。1933年希特勒上台后,建立"德意志第三帝国",直到1945年被盟军消灭。战后的德国出现德意志联邦共和国与德意志民主共和国的分裂,1990年后者加入前者实现德国统一,现在德国的各种制度是以战后原德意志联邦共和国的制度为主体而建立起来的。德国的法律制度基本上可以根据德国的历史发展阶段划分为封建国家时期、第一帝国时期、魏玛共和国时期、法西斯统治时期和现代等几个时期。这里大概按照这种划分,对德国不同时期法律解释权的配置状况作以介绍。

一、中世纪封建国家时期——法律解释权控制在多种主体手中

在封建社会里,国家分裂,基督教与世俗王权存在着权力的争夺,各地封建领主掌握本辖区内的各项大权。这种情况加剧了法律渊源的复杂性,德国不存在比较完整地、系统地适用于整个国家的法律制度。日耳曼习惯法、罗马法、教会法以及各种城市法等,在德国的法律实践当中都具有法律效力。不同的法律必然导致不同的法律解释活动,因而在这一时期,法律解释权的配置也比较复杂。

(一) 教会法中——多种主体行使法律解释权

中世纪的德国,教会在国家政治体制当中占据重要地位,教会法成为一

种重要的法律渊源。尤其是在9世纪中期查理曼统治的法兰克帝国瓦解之后,欧洲进入封建割据时期,基督教会趁机扩大自己的势力,在与各种大小封建领主的斗争中集结了巨大的权力。10世纪时,教会取得了对世俗权力的领导地位,确立了教皇在教会事务中的立法权。1075年,教皇格列高利七世(1073—1085年在位)对教会进行了重大改革,宣布罗马教皇在整个教会中拥有政治和法律上的绝对权威,只有教皇所颁布和核准的教会法律有效,每一种教务职司的取得都必须由教会当局任命。这一时期,教皇明确主张教权高于王权。在经济上,罗马教皇是势力最大的封建领主,拥有西欧封建地产的整整三分之一,教皇每年的财政收入比西欧各国君主收入的总和还要多。在政治上,教皇是最高的封建统治者,教廷拥有一套完备的管理机构,还建立了严格的教阶。罗马教廷有权废立国王,有权在各地设立宗教法庭,而且有权拥有自己的军队——骑士团。13世纪教皇英诺森三世(1198—1216年在位)时,教会的权力达到鼎盛,在取缔异教、废立国王、干涉司法、勒令贵族纳税、调解纠纷方面,他的权威超过了历代教皇。① "从11世纪初到12世纪中叶,新的教会法汇编大量出现,最终导致教会法成为有效使用经院哲学思辨方法的、与复兴的罗马法并列的、独立于世俗国家的法律体系。"②由于教会法以及教会法院成为独立的体系,对教会法的解释就由教会中的有关人员进行。

首先,教皇具有最高的法律解释权。在法律上,从格列高利七世开始,教皇就是最高的立法者、最高的行政官和最高的法官。教皇还是一位在任何地方行使权力的第一审级法官;任何基督徒的任何需要司法解决的事务都可以诉请于他,对于所谓重大案件,诸如涉及对主教的罢免,或关于信仰条款的争议案件,他享有排他性裁判权。他还是教会中的最高的教师,在界定教会教义和确定圣礼规则以及其他崇拜事务规则方面拥有决定性的发言权。③ 教皇拥有这么广泛的权力使他对教会法的解释具有最高的效力,没有其他人的解释可以对抗教皇的解释,而且教皇的解释对整个基督教都具有约束力。

其次,著名的教会法学家有权对教会法进行解释。例如,1139—1141年,波伦亚大学修道士约翰·格拉蒂安对教会法进行编纂和整理,完成了《格列蒂安教令集》(又译作《历代教律提要》或者《教会法规歧异汇编》)。这部教令集汇集了12世纪以前大约4000余种教会法文献。其特点是:对教

① 参见严存生主编:《西方法律思想史》,法律出版社2004年版,第78—79页。

② 彭小瑜:《教会法研究——历史与理论》,商务印书馆2003年版,第25页。

③ 参见何勤华主编:《外国法制史》,法律出版社1997年版,第136页。

会法规不是单纯的照录原文,而是进行整理、分类和编排。对教会法规则,运用圣经、教皇教令等进行解释和说明,消除了各种汇编中的矛盾和歧异,使教会法具有系统性和统一性。它具有很大的权威性,为教会法学家提供了系统的法律资料,也为西欧各地教会法院普遍加以引用,并作为教材,供各高等院校讲授教会法之用。[①] 再比如,约翰·安德里阿(Johannes Andreae,约1270—1348年)给《第六书》和《克莱孟教令集》写的注释很快被公认为是标准注释。教皇英诺森四世(1243—1254年在位)、安德里阿、奥斯蒂恩西斯等都是教皇教令评论集的重要作者。这些评论集对字据有必要的注释,对前人的注解得失也给予讨论,还提出自己对疑难法律问题的分析和见解。[②] 教会法学家们的编纂和整理行为,既可以理解为是学术活动,同时也可以理解为是对教会法的解释活动。这种解释由于其自身的权威性而得到教会法庭的援引时,教会法学家就象当年的罗马法学家一样,在事实上行使着教会法的解释权。

最后,教会法院的司法工作人员也在事实上行使着教会法的解释权。古代的法庭长期是因时因地因案件而设立的临时特别法庭,比如主教法庭并不一定有固定的场所和办案人员以及日常维持费用,主教本人其实就是法官,同时他还有其他一系列职责,手下往往也没有专业的司法人才提供咨询。从12世纪开始,伴随着法律制度的成长、法律条文的繁琐和司法教育的发展,西欧教会和世俗国家开始有专业化的趋势。主教减轻自己司法事务负担的办法首先是依靠主教区会议来处理棘手的诉讼,听取出席会议的众教士对此的意见。到12世纪末叶,许多主教任命法官(officiales principales)来代理自己负责司法,逐渐地,在这些法官的周围出现文书和其他官吏,主教法庭得以制度化实体化。当然,主教本人也会偶尔主持法庭的审判。涉及教徒品行的大量日常司法事务主要还是由大助祭和助祭主持的法庭处理。[③] 在教会法庭的审判过程中,参与审判的各种司法人员,无论是主教、法官还是助祭,其实都在行使法律解释权。只不过在不同的案件中,可能由不同的人进行解释罢了。

(二)罗马法中——法学家行使法律解释权

德国在封建社会时期的另一种极为重要的法律渊源是罗马法。从11世

① 参见何勤华主编:《外国法制史》,法律出版社1997年版,第123页。

② 参见彭小瑜:《教会法研究——历史与理论》,商务印书馆2003年版,第35页。

③ 同上书,第47—48页。

纪开始,罗马法就在欧洲大陆复兴了。不同的国家对罗马法的接受是不同的,有接受早晚和接受程度深浅的区别。德国对罗马法的研究时间始于12世纪,略微晚于其近邻法国和意大利,然而从结果上说,德国对罗马法的研究领域更为广泛,研究的成果也更为显著,远远胜于其他国家。“它不仅导致罗马法律制度和概念的广泛继受,而且还促使法律思想的科学化,而如此规模的继受是其他民族所未曾经历的。”①罗马法在德国能够得到较为广泛的传播有其特定的原因。其一,罗马法是建立在一个统一的大帝国之上的法律,针对复杂的社会关系形成了比较健全的调节机制,并且强调维护君主的权威,有利于德国皇帝同教会和封建主进行斗争,论证其专制统治的合理性。其二,随着商品经济的发展,德国原有的一些法律已经难以适应社会的进步,需要建立一种能够调整商品经济的整套法律制度,而罗马法正好能够完成这项任务。罗马法能够得到确立,“并不是因为其规定在内容上比传统的德国法更好或者更准确,而是由于它提供了丰富的概念设置和思想方法,凭此,人们可以把握困难的法律问题并合理地予以探讨、阐明,同时使之成为理智的讨论对象”②。尤其是罗马法经过在法国和意大利的发展,已经具备了较为发达的立法水平,在当时的社会里呈现出明显的优越性,对德国的统治者来说具有更大的吸引力。其三,由于对罗马国家在观念上的认同感,德国的大小封建主在接受罗马法时具有较少的思想障碍,使罗马法在德国的传播较为通畅,容易成为各个封建主共同接受的法律文化遗产。由于罗马法复兴运动的深入,德国在19世纪形成了概念法学和潘德克顿法学。

当罗马法成为德国封建社会重要的法律渊源时,对罗马法的解释问题就随之而来了。当时的德国,罗马法的复兴是从大学开始的,德国的大学研究罗马法的风气很兴盛,对罗马法的解释主要是由法学家完成的。法学家力图对罗马法作出符合现实需要的解释,以促进当时德国法律的体系化和法典化。到15世纪末叶,罗马法已经被列为各个大学的必修课程。从此,罗马法学家辈出,他们不仅从事司法活动,决断疑难案件,而且跻身于政治舞台。此外,他们还致力于对罗马法经典作品(主要是《学说汇纂》)的注释和改编工作,经过他们撰写的各种《罗马法改编》,在当时具有相当的权威性,成为各法院处理案件时适用的根据。③ 因此可以说,当时对罗马法的解释权掌握在法学家手中。从法律的规定来看,法学家并不具有解释权,但由于罗马法被

① 〔德〕茨威格特、〔德〕克茨:《比较法总论》,潘汉典等译,法律出版社2003年版,第205页。

② 同上书,第206—207页。

③ 参见何勤华主编:《德国法律发达史》,法律出版社2000年版,第22页。

广为接受,法学家对罗马法的精深研究,以及法学家对法律实务的积极参与,使法学家在事实上掌握了对罗马法的解释权。西方法学家对当时德国的法学家行使法律解释权的活动作了这样的描述:受到罗马法教育的法学家们首先在教会、地方领主领地及城市的管理中寻找到了施展才能的场所。15世纪末,他们愈来愈多地取代早些时期那些未曾受过训练的“法律名流”(Rechtshonoratioren)在司法活动中的地位,从而使其本身也加入法官行列。最初,这些法学家们几乎完全是在上意大利(意大利北部)著名的法学院中获得法律知识;这种情况逐步地——同时也因受到地方领主旨在使法律家们后继有人的努力的推动——发生改变,以致德意志诸大学开始固定地开设罗马法课程。16到17世纪期间,这些法律家作为大学的法律教师,法院和市府的文书,法律鉴定人,地方领主的和城市管理的法律顾问,作为各邦与城市法律整理辑录的作者,将被继受的罗马法素材和各地继续生存的本地区法律观念融合汇成“现代学说汇纂实用”(usus modernus pandectarum)。① 1495年,德国设立帝国法院,成为德国国王与各邦君主共同掌握审判权的组织形式。帝国法院的法官必须是学习过罗马法的人,其诉讼过程中适用的也必须是罗马法上的程序,断案以罗马法为依据。帝国法院的设立,对于罗马法的传播起到了很大的作用。

总的来说,是当时罗马法的复兴促进了德国法学的繁荣,造就了当时德国的罗马法学家阶层的辉煌,也给罗马法学家带来对罗马法的解释权。而法学家行使法律解释权在一定程度上是因为罗马法具有精密完备的科学体系,由于基督教一统天下,当时的许多精英分子都转向了基督教,只有少数法学家能够了解和掌握罗马法,只有他们的解释才具有权威性。法学家在事实上对法律解释权的行使,能够使罗马法与当时的社会经济发展情况较好地结合起来,有利于促进社会与法律的互动发展,推动法律的进步。

二、封建社会后期到第一帝国时期——由立法者掌握法律解释权到法官行使有限的法律解释权

(一)从确立立法者的法律解释权过渡到默认法官有限的法律解释权

从14世纪起,西欧的基督教会逐步走向衰落,王权在与教权的斗争中处

① 参见〔德〕茨威格特、〔德〕克茨:《比较法总论》,潘汉典等译,法律出版社2003年版,第207—208页。

于主动地位,教权处于防御地位。随着商品经济的发展和罗马法的广为传播,教会法的影响已经大不如从前,世俗社会中的法律越来越显得重要。13世纪以后,由于大量自由城市的出现,德国逐渐出现了维护城市自治地位和保护商业活动的城市法。同时,由于长期的封建割据,各个诸侯邦取得对邦国的完整的统治权,它们制定许多涉及行政管理和刑事司法方面的法律,被称为邦国法。封建社会末期,城市法和邦国法获得很大的发展,法典的编纂一度兴盛起来。当时著名的法典有《加洛林纳刑法典》(Constitutio Criminalis Carolina,1532年颁布),《巴伐利亚刑法典》(Codex juris Bavarici Criminalis,1751年颁布),《巴伐利亚民法典》(Codex Maximilianeus Bavaricus Civilis,1756年颁布),《普鲁士邦法》(Allgemeines Landrecht,又翻译为《普鲁士民法典》)等。尤其是《普鲁士邦法》条目繁多,内容庞杂,代表德国封建社会后期法律的发展水平,德国当时关于法律解释权的配置状况,在这部法律当中有所体现。

《普鲁士邦法》1791年获得通过,经过几次修改,于1794年6月1日起在普鲁士境内生效。法典包括绪论和两篇正文,共1.9万余条。绪论阐述了法的一般原则,第一篇和第二篇的前半部分主要是私法的内容,涉及人法、物法、法律行为等,即意思表示、契约、侵权行为、占有、所有权取得的方法、债权关系、继承关系和代理,以及商法、团体法等内容。第二篇的后半部分主要是宪法、行政法和刑法。该法典虽然用语比较通俗,一般的民众也能理解,但条文繁多,内容十分庞杂。由于它没有充分吸收启蒙主义的思想成果,仍然致力于维护专制君主制的国家形态,因而有些规定远远落后于时代的发展,甚至显得十分滑稽可笑。比如其第二篇第67条和第68条甚至规定:健全的母亲,负有亲自为自己的儿子喂奶的义务,但是,母亲在什么时间将乳头塞入儿子的嘴里,则由父亲决定。①《普鲁士邦法》试图对各种特殊而细微的事实情况开列出各种具体的、实际的解决办法。其最终目的在于有效地为法官提供一个完整的办案依据,使法官在审理任何案件时都能得心应手地引律据典,同时又禁止法官对法典作任何解释。遇有疑难案件,法官必须将解释和适用法律的问题提交一个专为此目的而设立的"法规委员会"(Statutes Commission)。如果法官对法律进行解释,就是对普鲁士君主的冒犯,会招致严厉的惩罚。② 弗里德里希·威廉二世在《普鲁士邦法》的颁行敕令当中,明确禁止法官对明了确定的法律规定自行作任何偏离解释,无论他是基于某种想象的

① 参见何勤华主编:《德国法律发达史》,法律出版社2000年版,第22页。
② 参见〔美〕梅利曼:《大陆法系》,顾培东、禄正平译,法律出版社2004年版,第39页。

哲学推理的理由或者借口出于一种法律目的和观念而予以延伸解释。

显然,法典作出这样繁杂的规定是希望解释成为不必要的事情。法典导言第 6 条也规定:“将来法院判决对于法律学者的观点或法官先前的判决意见不应加以考虑。”这种规定实际上是要排除法官个人的理解对案件的影响力。然而,法典中的规定虽然来自于生活经验和现实意识,语言上也常常采用形象力强和直观鲜明的形式,但它们终究还是使这部法律作品的理解变得极为困难,从理论和实践上几乎都不能把握。由于它那没完没了的决疑和由此而对法官的法律臣仆(Rechtsuntertanen)的束缚,孔科尔索性将其称为“一个奇异的,有悖睿智的实践”。① 由此证明,在封建社会末期德国的法律制度当中,只承认立法者的法律解释权,对法官的法律解释权是绝对禁止的。

法国资产阶级革命后,拿破仑掌握了政权。在拿破仑帝国的军事扩张之下,“神圣罗马帝国”于 1806 年宣告解体,德国进入逐步走向统一时期。这个时期的普鲁士邦通过一系列自上而下的改革,迅速走上资本主义道路。1862 年,俾斯麦(Otto. F. von Bismarck—Schonhausen,1815—1898 年)出任普鲁士首相,他在位期间通过三次战争统一了德国。1871 年,普鲁士国王在凡尔赛宫宣告为德意志皇帝,德意志帝国成立,即“德意志第二帝国”。德意志帝国时期是德国的政治、经济和军事发生重大变化时期,也是德国近代法制的创建时期。德国颁布宪法、刑法典、刑事诉讼法典、民事诉讼法典、民法典、商法典等一系列的法律,确立君主立宪的资产阶级法律制度,成为大陆法系国家的又一个典型。这一时期,能够反映德国法律解释权变化的主要是《德国民法典》。

经过罗马法的复兴和理性法思想的传播之后,德国各邦兴起了编纂成文法的运动。1814 年,自然法学派在德国的代表人物、海德堡大学法学教授蒂鲍特(Thibaut,1772—1840 年)在《法国民法典》所取得的辉煌成就的鼓舞下,发表了一篇题为《论统一德意志民法典的必要性》的文章,呼吁以“自然正义”、“理性”为指导思想,制定一部清楚、详尽、统一的法典,以促进工商业和法律的发展,进而促进国家的统一。他建议以当时的三部主要法典,即 1794 年《普鲁士邦法》、1812 年《奥地利民法典》和 1804 年《法国民法典》作为民法典的编纂模式。② 尽管蒂鲍特的主张受到以萨维尼为代表的历史法学派的反对,导致自然法学派和历史法学派的论战,但德国统一以后,编纂统一的民法典的时机已经到来。1874 年,联邦议会任命一个第一委员会起草民法典,该

① 参见〔德〕茨威格特、〔德〕克茨:《比较法总论》,潘汉典等译,法律出版社 2003 年版,第 211 页。

② 参见何勤华主编:《德国法律发达史》,法律出版社 2000 年版,第 237—238 页。

委员会一直工作到1887年。1888年初，委员会起草的第一草案发表，但人们批评它不简练、不切合实际、缺少大众性，纯粹是一个"书斋"产物。1890年设立第二委员会，根据批评意见对第一草案进行审核修订，于1895年形成第二草案。第二草案被稍作修改后，形成"帝国国会法律议案"。1896年，这一议案获得帝国国会通过并经德国皇帝签署而公布，于1900年1月1日生效。①

从法典的语言和立法技术上看，《德国民法典》用语抽象而准确，概念严谨而科学。民法典以"潘德克顿法学"发展的各种概念为依据，每一个用语，甚至非专业用语，在整个法典中始终保持相同的含义，同一用语总是指称同一概念。民法典创设许多基本概念，如法律行为、法人、权利能力等，这些概念通过抽象而专业的法律术语来表达，从而使上述概念显得严谨而具有科学性。同时，法典适用一些抽象的原则性规定，法官可以把一般条款适用各种不同的案件中，根据具体案情作出判决。例如，规定"诚实信用"原则、"善良风俗"、"重大理由"等。《德国民法典》对一般条款的创设，使法官获得一定的"自由裁量权"，当法典没有明确规定时，可依照"一般规定"类推运用。②拉伦茨指出："法官可以根据这些一般条款或不确定的法律概念，进一步发展法律规定，使它们适应生活关系的不断变化。唯有如此，以19世纪末叶的经济关系和社会关系为基础制定的《德国民法典》，依然能够适用至本世纪下半叶，适用于已经发生天翻地覆的变化的社会环境。"③因此，从《德国民法典》的上述特征来看，法典对各种用语的严谨性说明它总体上是拒绝法官解释法律的，是把法官当成法律推理的机械操作者。然而，由于一般条款的规定，当时的法官具有自由裁量权，可以根据自己在个案中对案情的理解来自由地取舍法律的某些抽象条款的含义，也就是说，法官对这些一般条款拥有法律解释权。所以，在这一时期，法官拥有相当有限的法律解释权。

（二）法律解释权主体发生改变的原因

从《普鲁士邦法》严厉禁止法官行使法律解释权，到《德国民法典》赋予法官有限的法律解释权，跟当时的具体情况有密切的关系。

《普鲁士邦法》之所以严厉禁止法官行使法律解释权，首先是因为受到了理性主义思想的影响。《普鲁士邦法》制定在18世纪末，当时西欧的文艺

---

① 参见〔德〕拉伦茨：《德国民法通论》（上册），谢怀栻等译，法律出版社2003年版，第23—24页。

② 参见何勤华主编：《德国法律发达史》，法律出版社2000年版，第249—250页。

③ 〔德〕拉伦茨：《德国民法通论》（上册），谢怀栻等译，法律出版社2003年版，第35页。

复兴运动和资产阶级思想启蒙运动已有很大影响。由于受到文艺复兴运动以及后来的资产阶级启蒙思想的影响,德国一些学者开始从理性出发,来反思传统的政治、宗教和法律问题,使自己摆脱中世纪的偏见,恢复和建立理性的世界观。“这里,理性法渐渐脱离了一般的哲学起源而拓展成为一种有教育意义和教学意义的私法原理体系。普芬多夫(Pufendorf)、托马斯(Thomasius)和克里斯坦·沃尔夫(Christian Wolf)乃是最杰出的系统化专家,他们总是以严谨的、逻辑数学的演绎从最一般的、有牢固理性法基础的基本原理中获得最具体的个别法律规定,以至于其法律制度就像是完全艺术化分类的、系统而明确设计的建筑。理性抽象的思维方法愈来愈渗入到大学里面,它为寻求学理上的概念和逻辑上博弈自由制度的设立所做的努力常常要多于它寻求与社会现实的联系。而现代学说汇纂实用——虽然如此笨拙迟钝,不明确并经常过时——却毕竟还曾是有意识地维系了这种联系。”[①]德国在这一时期制定的《普鲁士邦法》明显受到了理性主义的影响,它的颁布者弗里德里希·威廉二世是法国启蒙哲学的追随者,他相信人的理性能够制定足以解决社会上所有问题的逻辑严密的规则体系。在这种思想的指导下,《普鲁士邦法》实现了理性精神与开明专制主义精神的结合。同时,由于受分权理论的影响,人们普遍认为应当通过法典编纂限制法官对法律的解释,面面俱到的法律规定可以使法官只能成为机械的法律适用者。《普鲁士邦法》坚持的正是这一思想,它在告诉人们,对法律的制定和解释是立法者的事情,法官所做的只能是按照法律的规定进行审判,如果法官可以行使法律解释权,则是对立法权的侵犯。

《普鲁士邦法》严格限制法官的法律解释权,还在于受到了沃尔夫自然法思想的影响。沃尔夫(1679—1754年)的代表作是1740—1748年陆续出版的八卷本著作,被命名为《依据科学方法处理的自然法》(*Jus naturae methodo scientifica pertractatum*,或译为《科学学术方法的自然律》)。书名宣布了一个设想,因为沃尔夫已经发展了这种观点,即法律原理必须通过现代科学方法而建立。他的著作的特征在于,自然法的公理是依靠详细的具体例子而精心构建的,根据几何学的证据,科学的方法可以用来演绎所有的法律规则。他的方法影响到法院的判决,使它们从基本的规则和一般的概念而不是先例进行逻辑的演绎。[②] 同时,沃尔夫的自然法理论不把法秩序看作流动

---

① 〔德〕茨威格特、〔德〕克茨:《比较法总论》,潘汉典等译,法律出版社2003年版,第209页。

② See R. C. von Caenegem, A Historical Introduction to Private Law, Cambridge University Press, 1992, pp. 119—120.

化的东西，而看作使实定秩序固定化、正当化的东西。它要求将身份制的实定秩序，作为“义务的体系”予以法典化。《普鲁士邦法》是在沃尔夫自然法理论的强烈影响之下编纂的，是以身份制社会作为前提的“义务体系”。与沃尔夫认为法（权利）乃是以义务为基础的思想相符，《普鲁士邦法》不承认私的自治，不是将各种各样的法关系的形成委之于个人的意思自治，而是针对各种不同身份规定特别详细的义务目录。权利义务依各种各样的特别身份，个人依所属的身份，而成为相应的权利义务主体。但是这里的身份已经不同于前国家的身份制，而是以国家承认为存在根据的身份，传统意义上的身份制已经崩溃。这是绝对王制同各种各样的自立的权力进行斗争所取得的成果。该法典的目标正是在于，将从绝对主义的国家的意志所导出的身份制的秩序固定下来。① 在沃尔夫自然法理论的指导之下，每一个主体都有其在法典当中的特定的身份以及这种身份所决定的特定的位置，这种位置是固定好的，也是不能改变的。对法律的解释将会导致法律的改变，也会导致每个主体的身份和位置的改变，因而是不允许的。而且，立法者和法官的身份和位置也是固定的，它们分别行使着各自的立法权和司法权。如果法官可以解释法律，就等于是对法律的变更，显然已经动摇了法典为法官所预先设计好的位置。如果立法者不能解释法律，则它的位置也将难以维持。所以，应当严厉禁止法官行使法律解释权，如果法律需要解释，只能由立法者来解释。“《普鲁士邦法》的制定者不但希望法学家能理解法典，而且希望每一个受过教育的市民也能够从法典中了解他在某种关系中享有哪些权利、负有哪些义务。因此，法典不需要解释，法官的判断和裁量范围也应尽量予以限制。”②

当社会发展到德意志帝国时，情况已经发生了很大的变化。

首先，理性主义思想在德国已经不再像以前那样备受推崇。“当18世纪、19世纪之交普鲁士和奥地利编纂的法典相继生效之时，理性法这颗明星可以说已经开始坠落。它的理想主义的存在基础，即凭借人类理性而发现放之四海而皆准的伦理标准，在康德认识批判的观点来看似乎不复长久。这种理性法同时也由于它在中部欧洲曾与开明专制主义携手为盟并常常体现为法律而失去其启蒙与改革的昂扬活力。对19世纪处于上升时期的市民阶层来说，理性法愈来愈成为地方极权国家的一种手段和对市民阶层严密管束的纯粹工具。此时，新思潮获得成功并取代了理性主义。”③这一时期，萨维尼

① 参见梁慧星：《民法解释学》，中国政法大学出版社1995年版，第47—49页。

② 〔德〕拉伦茨：《德国民法通论》（上册），谢怀栻等译，法律出版社2003年版，第32—33页。

③ 〔德〕茨威格特、〔德〕克茨：《比较法总论》，潘汉典等译，法律出版社2003年版，第211—212页。

的历史法学兴起来了。萨维尼反对蒂鲍特关于基于理性的法律会成功地适用于一切地区的乐观论调，认为法律不是依据立法者的理性而创造出来的，而是一个逐渐发展演化的连续不断的过程，是在一定程度的文化发达基础上由民族法发展起来的，是由各个民族历史发展所决定的民族共同意志、共同信念的反映。萨维尼的思想受到保守主义政治家们的欢迎，并获得了统治者的支持，对当时的理性主义思潮是一个很大的打击。而从法律实践上看，理性主义的法典最终都难逃被解释的命运。尽管《普鲁士邦法》规定得极为详尽，但是仍然无法为一切案件提供现成的答案，法官在其正常的审判活动中仍然不能避免对法律作出解释，《普鲁士邦法》和"法规委员会"对法官解释法律的禁止最终都失败了。法国为了限制法官对法律的解释而设立的上诉制度越来越暴露出其缺陷，也在很大程度上影响着德国人。因此，德国在制定民法典时，承认了法官在某些情况下的法律解释权。比如在法律的体裁上，《德国民法典》抛弃了《普鲁士邦法》的个案列举式，而采用了抽象概括式，并通过指令准则式纠正抽象概括立法方式所产生的缺陷。①

其次，德国的潘德克顿法学获得了很大的发展并影响了德国民法典的制定。到19世纪中期，当年萨维尼反对编纂统一法典时所看到的困难随着社会的发展已经不存在了，制定法至上思想逐渐显露出来，德国开始出现统一的立法趋势。人们相信，如果对《民法大全》进行整理使之系统化，会发现许多可以为今天所用的法律财富。萨维尼及其追随者一直致力于对罗马法的体系化的整理和研究工作，在强调制定法的时代，历史法学发展成为潘德克顿法学，其代表者有耶林（Rudolph von Jhering，1818—1892年）以及温得海德（Bernhard Windscheid，1817—1892年）。他们认为法律是一个金字塔式的封闭体系，由一系列有严密定义的分层次的概念组成，人们可以从简单的推理中得出逻辑上正确的法律规则。这些正确而公正的规则可以使整个法律体系达到完善和严谨的状态，通过逻辑的因而也是科学的适用，就能获得对所有法律问题的判决。"在这种情况下，法律的适用就降为一种纯'技术'过程，一种只听从抽象概念那种臆想的'逻辑必然性'（Denknotwendigkeiten）的计算过程，而对实际的理智、对社会的评价、对伦理的、宗教的、法律政策及国民经济的权衡斟酌则根本没有发生联系。"②《德国民法典》以《学说汇纂》为

---

① 〔德〕拉伦茨：《德国民法通论》（上册），谢怀栻等译，法律出版社2003年版，第34页。拉伦茨指出："如果立法者意识到自己不可能预见到所有可能发生的情形，因此准备让法官来决定如何将一般规则适用于具体案件，那么立法者就会选择抽象概括式或指令准则式的法律体裁，或者将两种体裁结合起来使用。"见该书第33页。

② 〔德〕茨威格特、〔德〕克茨：《比较法总论》，潘汉典等译，法律出版社2003年版，第214页。

蓝本而制定，温德海德就是起草法典的第一委员会的头脑人物。由于深受潘德克顿法学的影响，《德国民法典》的结构比《法国民法典》更为科学和合理，通篇逻辑体系非常严谨。该学派既然把法律适用看成是逻辑推理的“科学”过程，就排斥对法律作出解释，因而努力限制法官的法律解释权。所以说，《德国民法典》总体上是反对法官解释法律的，只是在某些一般条款上默认了法官有限的解释权。

三、魏玛共和国以来——逐渐公开承认法院和法官的法律解释权

（一）魏玛共和国和第三帝国时期法院和法官法律解释权的不正常行使

1918年，德国战场上的失败和国内的革命运动导致了德意志帝国的瓦解，专制统治全面崩溃，德国成为共和国，政权落入社会民主党手中。1919年，德国在魏玛召开国民会议，组织起草共和国宪法，同年公布并实施，德国进入魏玛共和国时期。魏玛共和国的建立，在德国法律发展史上具有重要的意义。一方面，它宣告了君主专制政体在德国的终结，开始了按照资产阶级法治原则改造德国社会，进行现代民主政治建设的尝试；另一方面，在沿用帝国的法律维护法律制度整体上的稳定性的同时，针对资本主义发展进入垄断阶段德国面临的许多社会矛盾，制定了经济和劳工保障方面的新的法律，对现代德国法律的发展和完善起到积极的作用。① 因此，魏玛共和国的法制建设，主要体现在宪法和经济法方面，开创了许多历史之最。然而，这一时期的魏玛共和国是一个衰弱的共和国，内忧外患不断，法官行使的有限的法律解释权主要体现在为政治斗争服务方面。“绝大多数法官与政治上极端右翼的德国国家人民党结盟；他们与共和国若即若离，仍然以残留下来的旧价值观为其行动指南。他们颇愿意接受一战末在保守分子圈中流行的一句话，即战场上的凯旋之师却在自家门口被破坏分子暗算。他们要致力于剪除‘内奸’。”②

当时的德国，社会矛盾十分尖锐，垄断资产阶级将希特勒（Adolf Hitler，1889—1945年）推向了前台。1933年1月30日，希特勒出任德国政府总理，开始了纳粹党在德国的法西斯统治。希特勒政权通过了一系列破坏资产阶

① 参见何勤华主编：《外国法制史》，法律出版社1997年版，第358页。

② 〔德〕穆勒：《恐怖的法官》，王勇译，中国政法大学出版社2000年版，第8页。

级民主与法制、强化希特勒个人专制独裁的法律,对各种进步势力和有色人种进行残酷镇压。1933 年发表的《国社党刑法之决书》要求司法机关根据“人民健全的正义感”和“刑法基本原则”,对法律未加规定的行为进行处罚,主张法律未作明文规定处罚者,法官可以适用类推原则予以处罚,并认为刑法惩罚的对象不一定要有犯罪的行为和结果,只要有犯罪的意图和思想就应当受到惩罚。[①] 希特勒在执政时期对德国的法院组织进行了彻底改造。“早在第二次世界大战爆发前,凡不赞同纳粹政权者都惨遭清洗,而纳粹党徒在司法部攫取要职。那些保住了职位的人都因甘心附逆,为讨好纳粹而不惜亵渎正义而声名狼藉。对刑事审判的改动和歪曲最为严重。法律和司法审判成为国家迫害其视为不良分子的工具。”[②]这一时期的法院,完全沦为服务于法西斯独裁的专制工具。“法院成了政治的附庸,这不仅表现在刑事案件和歧视性的种族法上,在所有法律领域,在所有的法院,一切真正的或假想的政府敌人都被剥夺其法定权利。”[③]

因此,从魏玛共和国建立到法西斯统治结束,整个这段时间是不正常的发展时期,德国法律解释权的行使虽然掌握在法官手中,但被更多地运用到了政治斗争和维护法西斯统治的活动中。这种不正常的局面随着法西斯政权的垮台而终结。

(二)当代德国公开承认法院和法官的法律解释权

第二次世界大战结束后,英、法、美、苏四国对德国分别实施军事占领,导致德国分裂为德意志民主共和国和德意志联邦共和国。20 世纪 80 年代末国际局势的变化为德国的统一创造了条件,促使德意志民主共和国于 1990 年解体而并入德意志联邦共和国,德意志联邦共和国的法律施行于德国全境。因此,研究当代德国的法律制度,主要是研究德意志联邦共和国的法律制度。德国现行的根本法是 1949 年 5 月公布和生效的《德意志联邦共和国基本法》(简称《基本法》),它确立了德国包括司法制度在内的各种法律制度。当代德国法律解释权的配置,可以从《基本法》当中找到法律依据。

《基本法》第 92 条规定:“司法权赋予司法官:它由联邦宪法法院、联邦最高法院、本基本法所规定的各联邦法院和各州法院行使之。”这些规定确立了德国最基本的司法制度。德国现在主要设有宪法法院、普通法院、行政

---

① 参见何勤华主编:《外国法制史》,法律出版社 1997 年版,第 362—363 页。

② 宋冰编:《读本:美国与德国的司法制度及司法程序》,中国政法大学出版社 1998 年版,第 54—55 页。

③ 〔德〕穆勒:《恐怖的法官》,王勇译,中国政法大学出版社 2000 年版,第 125 页。

法院、劳动法院、社会法院、财政法院、军事法院和惩戒法院等。这些法院从上到下，自成系统，各自独立行使职权，同时又相互协调，保证了整个司法机器的正常运转。① 在众多的法院当中，联邦宪法法院居于显著地位。“这个法院在整个法律系统中起着核心作用，尽管绝大多数州也有宪法法院，它们都没有它重要。”②联邦宪法法院的权限包括：(1) 解决联邦与州之间及各州之间的争端；(2) 解决联邦各机构的争执；(3) 审查联邦法律是否合宪，州法律是否符合联邦法律；(4) 受理公民个人或团体的宪法控诉。③ 显然，联邦宪法法院拥有了司法审查权。“联邦宪法法院有权宣布与宪法相抵触的法律无效。它常常动用这种权力，甚至在激烈斗争的政治性问题上，它也曾反对过国会的多数派。”④从 1951 年成立至 1990 年底，联邦宪法法院宣布同期由联邦议院通过的 4298 件法案之中的 198 项联邦法律无效或违宪。因此，联邦宪法法院已使所有联邦法律的 4.6% 变为无效。⑤

联邦宪法法院拥有司法审查权也就意味着拥有对法律的解释权。“联邦宪法法院通过行使法律解释职能以影响法律的发展。”⑥与一般法院相比，联邦宪法法院审理裁决的主要是与宪法有关的重要争端，而在其审理过程中对法律意义的说明实际上就是对法律的解释。而且，联邦宪法法院对法律的解释是受到《基本法》确认的具有法律效力的解释。联邦宪法法院所拥有的这种法律解释权实际上是对立法决策的参与。“在议员们寻求政治问题解决方式的同时，他们也必须考虑到位于卡斯鲁厄的宪法法院的宪法解释，在判决摘要与判决附论的迷宫中找到自己的出路。”⑦所以在今天的德国，联邦宪法法院的法律解释权在整个法律解释体制当中处于非常重要的地位，不仅解决司法领域的冲突，甚至会越过司法领域而解决一些政治冲突。当然，也有人对联邦宪法法院的巨大权力表示担忧，认为它有越权之嫌，甚至会被一些政党操纵而失去其应有的独立性和公正性。但不管怎么说，联邦宪法法院拥有的法律解释权所具有的法定性和权威性是不容置疑的。

---

① 参见何勤华主编：《德国法律发达史》，法律出版社 2000 年版，第 450 页。

② Interpret Statutes: A Comparative Study, edited by D. Neil MacCormick and Robert S. Summers, Published by Dartmouth Publishing Company Limited, 1991, p.74.

③ 参见何勤华主编：《外国法制史》，法律出版社 1997 年版，第 374 页。

④ Interpret Statutes: A Comparative Study, edited by D. Neil MacCormick and Robert S. Summers, Published by Dartmouth Publishing Company Limited, 1991, p.107.

⑤ 参见宋冰编：《读本：美国与德国的司法制度及司法程序》，中国政法大学出版社 1998 年版，第 572 页。

⑥ 何勤华主编：《德国法律发达史》，法律出版社 2000 年版，第 175 页。

⑦ 宋冰编：《读本：美国与德国的司法制度及司法程序》，中国政法大学出版社 1998 年版，第 580 页。

不仅联邦宪法法院拥有法律解释权,其他法院和法官也拥有对法律的解释权。"除了宪法法院,所有的其他法院有权拒绝适用在1949年基本法之前制定的法律,如果这些法律与基本法不一致。例外情况仅仅是,那些旧的规则已经被1949年以后的立法机关整合到自己立法意图中的判例。只有联邦宪法法院有权宣布这些旧的规则由于与基本法相反而违宪。这就保护了立法机关的意图不至于受到司法的漠视。"①魏德士说:"任何法院都可以对法律的合宪性进行审查。因为正义的传统标准在基本法关于基本权利的规定中得到确定('实证化'),所以也就暗示着法官有权对正义进行检验。如果他认为宪法产生之前(1949年以前)的某个法律是违背宪法的,他就可以根据这一理由而不予适用。对于宪法产生之后的法律,他可以根据《基本法》第100条第1款,依照程序将该有疑问的法律提交联邦宪法法院或者有管辖权的州法院进行合宪性审查。"②《基本法》第97条规定:"法官具有独立性,只服从法律。"它确立了法官的独立审判权。享有独立性的法官不仅包括独立审判某一案件的法官,还包括组成合议庭的每一个法官。"任何人无权以任何方式干涉法官的审判,无论是其顶头上司(法院院长)还是其他国家机关,司法部长或者政府,或者是议会。"③法官的独立审判其实就是独立地行使对法律的解释权,法官在个案中对法律的解释除了按照正当的司法程序要在某些特定的情况下受上诉法院的约束外,不受其他各种力量的影响。德国法院和法官的职权使法院具有了显著的地位,德国的学者指出,"在德国,法院扮演着非常重要的角色,这种角色建立在宪法的基础之上,并且得到了社会的广泛接受"④。因此可以说,在第二次世界大战以来,德国的法律解释权已经掌握在法院和法官手中。

当然,法院和法官对法律的解释权并不是不受限制的,法律是对他们最基本和最直接的限制。宪法中包含的法律原则,如社会福利国家原则和法治国家原则(《基本法》28条第1款第1句),是需要进一步具体确定其内容的准则。对这些原则作具体解释的任务,首先由普通立法者承担,法院只有在立法者赋予权限的范围内才有义务做这项工作。根据宪法规定(《基本法》

---

① Interpret Statutes: A Comparative Study, edited by D. Neil MacCormick and Robert S. Summers, Published by Dartmouth Publishing Company Limited, 1991, p.108.

② 〔德〕魏德士:《法理学》,丁小春、吴越译,法律出版社2003年版,第412页。

③ 宋冰编:《程序、正义与现代化:外国法学家在华演讲录》,中国政法大学出版社1998年版,第15页。

④ Interpret Statutes: A Comparative Study, edited by D. Neil MacCormick and Robert S. Summers, Published by Dartmouth Publishing Company Limited, 1991, p.107.

第97条第1款),法官受法律约束,因此立法者对"具体化"享有"优先权"。[①]这就是说,法院和法官的法律解释权实际上是在立法者的立法权限范围外来行使,不得侵犯立法者的立法权和把某些法律原则具体化的权力。当法律出现漏洞时,法院可以对漏洞进行补充,这种补充是对法的续造,也就是法官的法律解释活动的继续,但这种补充必须受到宪法的约束。"根据其宪法规定的任务,法院不能够通过判决从而追求具有法政策动机的改革策略(从改变法律秩序和社会制度的意义上而言)。他们的任务是保障法律秩序,而不是改变它。因此,在平衡私人利益的时候,法院可以补充法漏洞。但是,如果涉及大众利益,法院则不能进行漏洞填补。对联邦宪法法院同样如此。"[②]

(三)法院和法官的法律解释权得到公开承认的原因

当代德国承认法院和法官的法律解释权,具有其历史必然性。

首先,从社会现实情况来说,各种社会关系的复杂性导致了法官必须拥有法律解释权。进入20世纪以来,德国面临着许多新问题,这是以前的立法者在立法时不可能预见到的,如果还按照原来的法律规定去机械地审判,必然导致判决的非正义性,这就在客观上宣告了过于推崇理性主义的法律思想的破产。法律必须与社会实际相结合,在审判时必须具体问题具体对待,不能靠简单的法律推理来解决。尤其是在整个20世纪,德国一直处于动荡之中,政权接连更迭,国家分裂又统一,政治体制不断发生变更。这些都要求法律必须能够机动灵活地适应社会的变革,而不能一劳永逸地停步不前。法律对社会的这种适应在很大程度上是由法院和法官来完成的,法院和法官必须能够结合案件具体情况对法律作出有针对性的解释。

其次,法律制度的不断变革有利于明确确立法院和法官的法律解释权。随着政权和政治体制的不断更迭,法律也相应地发生了变化。这种变化有利于打破过去法律中对某些问题的僵化的规定,因时因地制宜地进行变革。德国过去的法律基本上排斥法院和法官的法律解释权,只是到了19世纪后期才承认了法官有限的法律解释权。如果法律不发生变化,这种规定有可能持续很长时间。然而20世纪以来德国政权的更替改变了这种局面,过去的一些法律由于政权的变化而陆续成为历史,因而也不会阻碍新的法律承认和明确赋予法院和法官对法律的解释权。

再次,20世纪以来德国法学的发展也促进了法院和法官的法律解释权

---

① 参见〔德〕拉伦茨:《德国民法通论》(上册),谢怀栻等译,法律出版社2003年版,第114页。

② 〔德〕魏德士:《法理学》,丁小春、吴越译,法律出版社2003年版,第389—390页。

的确立。德国法学中,在19世纪后期一度占据统治地位的是潘德克顿法学,它被讥讽为“概念法学”。这种强调法律的逻辑自足性的法律思想,如果说在19世纪要求维护法律的安定性的情况下还能成立的话,那么到了20世纪就难以立足了。随着“活的法”观念的兴起和社会法学各种流派的出现,人们越来越认识到法律绝不仅仅是一种规则体系,而是一种扎根于社会当中的活的法,它需要理解和解释,尤其是在被适用时需要理解和解释。在这些法学思想的影响下,作为法律适用者的法院和法官,自然会被作为法律解释权的主体提出来。今天德国确立法院和法官的法律解释权顺应了社会发展的潮流,无疑是一种巨大的进步。

第四章　英国法律解释权的配置

与欧洲其他国家不同,英国的法律发展一直比较平稳,很少发生大的震荡,因而在法律发展史上没有比较显著的突变。由于英国法千年来一以贯之,没有发生过中断,它今天的许多制度与封建社会有着非常密切的渊源关系,因此,考察英国法律解释的配置需要从它早期的法律制度开始。人们谈论英国的历史,一般是从5世纪盎格鲁—萨克逊人侵入英国开始。1066年,诺曼人征服了英国,开创了近现代英国的许多法律制度。爆发于17世纪的资产阶级革命使英国迅速走上近代化和疯狂的侵略扩张之路。自此之后,英国的社会制度和法律体制再也没有非常大的变化。倒是19世纪70年代的司法改革对英国的法律制度产生了重大的影响。可以按照这些历史阶段,对英国法律解释权的配置作以考察。

一、盎格鲁—萨克逊时期——法律解释权的配置较为模糊

英国曾经被罗马帝国所统治,但罗马人占领英国时期的法律状况,人们知之甚少。有文献记载的英国法的起源,开始于盎格鲁—萨克逊时期。① 410年,最后一批罗马军团(legion)撤离了英国②,身为欧洲大陆的日耳曼部落一支的盎格鲁—萨克逊人趁机侵入英国,逐渐在英国建立了一些国家。

(一) 法律解释权的主体尚不明确

盎格鲁—萨克逊人所用的主要是习惯法,他们统治英国后,罗马法便被清扫出了英国。正是在这一时期,盎格鲁—萨克逊人的社会关系发生了根本的变化,原有的氏族制度逐渐解体,氏族习惯开始演变为习惯法。

盎格鲁—萨克逊人最初的习惯法口耳相传,因部落人群而异,但由于6世纪基督教会势力的介入,谙熟罗马法的神职人员的观念深深影响了不列颠

---

① 参见何勤华主编:《英国法律发达史》,法律出版社1999年版,第3页。

② See Roger T. Simonds, Rational Individualism: The Perennial Philosophy of Legal Interpretation, Amsterdam-Atlanta, GA, 1995, p. 127.

政治,加上受欧洲大陆各日耳曼王国争相编纂法典的启示,盎格鲁—萨克逊各王国也结合当时的社会状况,相继对原有的习惯法进行编纂。率先将习惯法成文化的是肯特王国,它于600年前后编纂的《埃塞伯特法典》包括90条粗略的条文,将保护基督教会及其神职人员的利益列于首位,体现了基督教对不列颠社会的影响。与这部法典大致处于同一水平的还有694年西撒克斯王国的《伊尼法典》和759年以后梅西尼亚王国的法典。随着不列颠的统一和丹麦的入侵,英国的立法活动又有所发展。总之,在诺曼征服以前,英国的法律发展状况与欧洲大陆大致相当,但是英国社会及其法律的封建化过程显然比欧洲大陆缓慢。盎格鲁—萨克逊人的习惯法也具有日耳曼法的一般特征,例如属人主义、团体本位、注重形式以及等级特权等。但与欧洲大陆的"蛮族法典"不同,盎格鲁—萨克逊人的法典多以本民族的文字制定,而没有采用拉丁文。虽然英国在诺曼征服前两个世纪就已经在形式上统一,并在反抗丹麦的斗争中进一步团结起来,但在诺曼征服以前,不列颠基本处于割据状态,地方习惯法占据统治地位,缺乏全国统一的"普通法",其基本原因是缺乏统一的司法机构。①

当时英国的国家机构,分为中央政府、贤人会议和地方政府三种。中央政府包括国王、王室以及其他人员。贤人会议(Witena gemot)由古代盎格鲁—萨克逊的民众大会演变而来,成员主要是高级教士和世俗大贵族,一般为100人左右,由国王召集和主持,它拥有十分广泛的权力,除了立法权之外,还有权参与和决定国家的重大政策,参与国王封地仪式和决定税收,受理各种诉讼案件,选举新的国王以及废黜不称职的在任国王。地方政府主要有郡区、百户区和村镇。郡区是在入侵过程中形成的,其领导机构有郡的首长和郡区议会;百户区由百户长和百户区议会领导,处理各种政务、财税和司法事务。村镇是一种政社合一的组织,设有选举产生的村长和村镇议会。此外,盎格鲁—萨克逊时期,还有一些自治城市,它们一般都设有由长老控制的城市议会,独立于郡区和百户区之外,行使对市政和司法事务的管理权。关于司法体制,在盎格鲁—萨克逊人统治末期,英国已经形成四级法院体系,即村镇法庭、百户区法庭、郡区法庭和贤人会议。村镇法庭的权限很小,只能处理轻微的不端行为和调节居民的一些纠纷。百户区法庭每四周开庭一次,它的权力相对比较大,可以处理有关财产权、继承权、土地转让、地界争端和契约纠纷等民事案件,以及盗窃、抢劫、凶杀等各种刑事案件。郡区法庭每年开庭两次,由郡长主持,受理各种刑事民事案件。贤人会议为中央一级法庭,直

① 参见何勤华主编:《外国法制史》,法律出版社1997年版,第181—182页。

属国王。当时的诉讼制度体现出如下特点:(1) 当时的上诉制度尚未发达,贤人会议、郡区法庭和百户区法庭,事实上并无管辖级别上的区别,任何案件一经某个法庭判决,便不得上诉。(2) 主持百户区法庭和郡区法庭的分别是百户长和郡长,但真正的法官是出席法庭的全体人员,集体判决是当时法庭的根本属性。(3) 审判程序带有浓厚的原始迷信和愚昧的色彩。当时验明证据主要有三种方法:一是证人誓证法(witness),强调的是被告和证人的誓言;二是公正昭雪法(compurgation),强调的也是被告的誓言;三是神判法(ordeal),强调上帝神灵的无所不知和公正无私。①

从当时英国的法律制度、国家机构和诉讼制度来看,英国的法律解释制度还不成熟,尚处在起步阶段。它的法律制度呈现出如下特点:(1) 以习惯法为主的各种法律渊源并存。从盎格鲁—萨克逊人入侵英国带去了大量的习惯法到后来对习惯法进行编纂可以看出,习惯法一直在英国占据主导地位。但是,后来的立法活动也有了一定的发展,贤人会议就是行使立法权的机关。(2) 司法活动和立法活动、行政活动混淆在一起,互不分开。例如贤人会议既是立法机关,也是司法机关,百户长、郡长本身应当是行政机关的首领,但同时也操持司法事务。独立于郡区和百户区之外的城市议会同样是肩负行政和司法事务的机关。(3) 司法活动相当粗糙,大多数制度还没有建立起来,尤其是证据制度更显得原始和野蛮。在这种情况下,英国法律解释权的行使尚不明确,没有哪些主体被法律授予法律解释权,而事实上但凡司法者在司法过程中必然都在对法律进行解释,只不过这种解释并没有被认识到罢了。所以这一时期英国法律解释权的配置是模糊的,没有确定的法律解释者。

(二) 法律解释权配置模糊的原因

盎格鲁—萨克逊时期法律解释权配置的模糊性跟当时的社会发展和法律发展的状况有关。

首先,在这一时期,盎格鲁—萨克逊人正从氏族社会向阶级社会过渡,处在社会的大变革时期。这种变革不是从一种发达的文明社会向另一种发达的文明社会转变,而是从"蛮族"向文明人转变。因此,许多法律制度都是空白,至多由一些习惯来调整。这一时期的国家机关及其职权都只是处在萌芽阶段,权限划分并不明显,司法机关这种现代意义上的精确称谓及其活动范围在当时是不可能明确的。在这种原始的、苍白的法律制度当中,一切都是

① 参见何勤华主编:《英国法律发达史》,法律出版社 1999 年版,第 6 页以下。

含混不清的，也不可能出现明确的法律解释权问题。

其次，盎格鲁—萨克逊人缺乏可以继承的法律制度。在盎格鲁—萨克逊人侵入英国以前，罗马人统治着这片岛屿。罗马人曾经建立辉煌的帝国文明和发达的法律制度，应当说盎格鲁—萨克逊人具有可以继承的丰富的法律遗产，然而他们并没有从罗马法那里继承多少东西。“野蛮民族也当侵入不列颠境内，在这种盎格罗萨克逊的野蛮人民足迹所到之处都有残余的遗迹。繁盛的城市毁灭了，或则沦为荒芜的村落。肥沃的田地荒废了，繁盛的商业衰落了，罗马文化全然消灭。”①于是，盎格鲁—萨克逊人更多地继承了日耳曼部落的习惯法，“这似乎预示着英国从一开始就不像欧洲大陆国家那样对罗马法有着天然的好感”②。盎格鲁—萨克逊人在英国建立自己的国家和法律体系基本上是从头开始的，他们的创造毕竟有着各种各样的疏漏，自然也不利于法律解释权的发展。

总的来说，盎格鲁—萨克逊人统治时期的英国，法律制度显得非常落后和原始，一切都像刚刚开始，一切都还处在懵懂阶段，因此法律解释权的问题也就几乎不存在了。

为什么罗马人能够建立发达的法律制度，而在几个世纪后的盎格鲁—萨克逊人却远远落后于罗马人呢？可以从两个层面来分析。

从上层建筑层面上说，罗马很早就建立统一的国家，在国家统一的基础上才向外侵略扩张，最终建立了庞大的帝国。国家的统一对于法律的发展有极大的促进作用，因为有许多新问题单靠原来的习惯法已经无法再调整了，需要增强国家的立法活动，制定统一的法律制度。统一的立法又反过来保证统一国家的正常运转。市民法和万民法就是在这种情况下产生的。然而，盎格鲁—萨克逊人统治英国之后，建立的是四分五裂的小国家。这些王国至6世纪前后数量不少于十个，其中最主要的是七个。8世纪中叶以后在抗击丹麦的战争中各王国相互交流和支援，以及6世纪起各个国王相继皈依基督教而使世俗势力与宗教势力合而为一等原因，持续了近三百年的“七国时代”才结束，英国开始统一。827年左右，威塞克斯国王埃格伯特（Egbert，802—838年在位）被各国尊为“不列颠的统治者”。至10世纪中叶，英国才收服丹麦占领区，征服威尔士和苏格兰，建立统一的英国。③ 英国长期的不统一直接阻碍了社会的进程，延缓了法律制度的发展。

---

① 〔美〕莫理斯：《法律发达史》，王学文译，中国政法大学出版社2003年版，第201页。
② 何勤华主编：《外国法制史》，法律出版社1997年版，第182页。
③ 参见何勤华主编：《英国法律发达史》，法律出版社1999年版，第3—4页。

从经济基础上说，罗马国家建立在简单的商品经济高度发达的经济基础之上，尤其是随着版图的扩大，罗马的经济来往遍及世界上许多国家和地区。商品经济的发展带来各种纠纷的发生，导致社会关系的复杂化，客观上向国家提出了立法的要求，同时又加剧社会分工，促进法学家阶层的出现，并为法学家研究法律现象提供丰富的素材。而盎格鲁—萨克逊人统治英国时，他们自身还处在氏族社会向阶级社会的转化时期，社会分工以及商品交换对于他们来说都还相当陌生。缺少商品经济的推动，他们的法律制度只能以一种非常缓慢的速度向前发展。

尽管如此，盎格鲁—萨克逊时期的法律制度对以后英国法的发展还是产生了一定的影响。但这一点常常为学者们所忽视。有的学者甚至认为，威廉一世在 1066 年征服英国之后虽然没有立即废除盎格鲁—萨克逊人的传统法律，也没有在英国法中实现任何突变，但后来，诺曼诸王及其官吏对司法的影响极大，从而我们可以大胆地对早期法律的任何影响不予考虑。① 这种观点突出了威廉一世等人对英国法的改造是值得肯定的，但过于淡化盎格鲁—萨克逊时期的法律制度对后来英国法的影响，似乎不妥。盎格鲁—萨克逊人的封建等级法律制度、立法体制、犯罪与刑罚等，成为诺曼人创制法律制度的历史渊源之一。尤其是它的“贤人会议”传统和“国王在法律之下”的观念，更是英国近代立宪主义思想的滥觞。② 以至于长期以来英国上议院作为最高司法机关，也能从贤人会议作为最高司法机关那里找到渊源。

二、封建法律体系形成时期——逐步确立法官的法律解释权

1066 年，欧洲大陆的诺曼人在威廉公爵的率领下侵入英国，并确立了其统治地位。威廉加冕称王，即威廉一世（William Ⅰ, the Conqueror, 1066—1087 年在位）。威廉征服以后，在英国建立中央集权的统一国家，对英国的法律制度产生了深刻的影响。“富有戏剧性的是，尽管诺曼底公爵、征服者威廉一世为了不致于引起被征服者的反感，尽力以英国王位合法继承人的身份出现，明确宣布盎格鲁—萨克逊习惯法继续有效，但是他对英国的统治却使英国社会发生了根本性的变化。”③这一时期，逐渐形成了作为英国法律的主要渊源的普通法和衡平法，并确立了法官的法律解释权。

---

① 参见〔德〕茨威格特、〔德〕克茨：《比较法总论》，潘汉典等译，法律出版社 2003 年版，第 273—274 页。

② 参见何勤华主编：《英国法律发达史》，法律出版社 1999 年版，第 11 页。

③ 何勤华主编：《外国法制史》，法律出版社 1997 年版，第 182—183 页。

(一) 普通法的形成与巡回法官法律解释权的确立

英国的普通法(Common Law),是指11世纪威廉征服不列颠以后,从御前会议中分设出王室法院,实行巡回审判制度,巡回法官回到伦敦,集中在威斯敏斯特办理案件时,经过互相磋商使各地分散的习惯法冶于一炉,逐渐形成为一种普遍适用于全国的法律体系。① 它是中央集权制度和司法统一的后果。

威廉一世在英国确立等级森严的中央集权封建统治。"这帮征服者觉得当时大陆极端流行的封建制度是一种适于团结他们征服地的方法。于是威廉就树立了一种黩武的专制主义,曾一度成为欧洲最暴虐最专制的国家。"②他没收了盎格鲁—萨克逊贵族的土地,宣布自己是土地的最高所有者,然后将一部分土地分给自己最重要的臣属,要求这些臣属以及他们的附庸必须宣布向国王效忠,以避免封建领主割据称雄。因此,全部土地所有权都直接或者间接源于王权这种观点在英格兰很早就被接受。威廉一世及其后继者有意识地将他们的臣属所领有的土地在地域上分散开,只有在国家的边陲地区,才准许大封地存在,在那里,大封地的领有者负责防御敌对的苏格兰和威尔士的进攻,以保卫边疆,使中央政权免受任何真正的威胁。因而英格兰贵族从未取得像法国和德国国王授予广大采邑的领主那样的地位,这些大采邑领主的政治影响极大,往往压倒国王或皇帝的中央政权。③ 这些措施保障了王权的统一行使。诺曼征服以前,英国并无统一的司法机构,司法活动由郡区法院、百户法院以及后来出现的领主法院和教会法院管辖,司法权的分散对于中央集权的建立不利。威廉在宣布保留这些机构、尊重其审判权的同时,要求这些机构根据国王的令状并以国王的名义进行审判,从而巧妙地将他们纳入国王的审判机构中,有效地防止其扩大权力。同时,威廉建立由僧俗贵族及高级官吏组成的"御前会议"(Guria Regis, the king's Council)它不仅是国王的咨询机关,还行使立法、行政和司法职能。起初它只是在王国的安宁受到重大威胁,而各地法院又无法满足正义要求时才行使最高审判权,后来它的司法职能受到重视,逐渐从中分离出一系列专门机构,分别行使皇家司法权。④

亨利一世(Henry Ⅰ,1100—1135年在位)从御前会议中分出理财法院,并

① 参见何勤华主编:《英国法律发达史》,法律出版社1999年版,第24页。
② 〔美〕莫理斯:《法律发达史》,王学文译,中国政法大学出版社2003年版,第206页。
③ 参见〔德〕茨威格特、〔德〕克茨:《比较法总论》,潘汉典等译,法律出版社2003年版,第274页。
④ 参见何勤华主编:《外国法制史》,法律出版社1997年版,第182—183页。

做了一件对英国法的发展有重大意义的事情，即派出司法长官，以监督国王的诉讼的名义，到全国各地去巡回。这些巡回法官乘机抓住这个机会，扩大自己的权限，将巡回审判的管辖权扩张至所有归王室法院管辖的案件，从而为普通法的诞生迈出了实质性的一步。亨利二世（Henry Ⅱ，1154—1189 年在位）进一步完善法院组织系统，从御前会议中分离出普通诉讼法院，扩大巡回审判的范围，创立陪审制度。[①] 亨利二世的改革极大地促进了普通法的产生。巡回法官们在各地陪审员的帮助下既了解了案情，又熟悉了各地习惯法。回到威斯敏斯特以后，他们在一起讨论案件的难点，交换法律意见，彼此承认各自的判决，并约定在以后的巡回审判中加以适用。久而久之，形成了通行于全国的普通法。[②]

亨利三世（Henry Ⅲ，1216—1272 年在位）进一步发展了英国的法院组织和诉讼制度，从御前会议中最终分离出三个王室高等法院，即前述理财法院、普通诉讼法院以及王座法院。王室高等法院组织健全以后，对地方上的、直接受各领主或主教控制的法院，如郡区法院、百户区法院、封建法院以及教会法院实行严格的监督。他们以英王的名义行使司法权，凡涉及王室利益的案件，他们都有权处理且不断扩大自己的管辖范围。王室法院的法官还经常在各地巡回审判，撤销不合理的地方法院判决，适用自己的法律。[③]

在 12 世纪和 13 世纪，通过这种方式，皇家司法从对有关国事的特别管辖权，发展成为广泛的具有普遍性的司法管辖权；从御前会议中逐渐发展起来的三种永久性的中央法院，它们设在威斯敏斯特，由专业法官任职，在国王不参加的情况下，也可以主持审判；它们的管辖权在 1300 年以前得以确立，持续不变到 17 世纪。[④]

从普通法的形成过程来看，巡回法官起到极为重要的作用。普通法源于盎格鲁—萨克逊时期流传于各地的一些习惯法。巡回法官到各地巡回审判时，需要收集和掌握这些习惯法。而习惯法带有很大的模糊性，在适用时会出现很大的分歧，巡回法官在审理案件时对它们的核心内容作出解释，并把这种解释运用到自己的审判过程中。于是，巡回法官对习惯法的解释便具有了法律效力。然而这种有效的法律解释并没有到此为止。当巡回法官回到威斯敏斯特后在相互交流时，把自己对某些习惯法的解释转告给其他巡回法官，并接受了其他巡回法官对其他一些习惯法的解释。于是，某个巡回法官

① 参见何勤华主编：《英国法律发达史》，法律出版社 1999 年版，第 13—14 页。
② 参见何勤华主编：《外国法制史》，法律出版社 1997 年版，第 182—183 页。
③ 参见何勤华主编：《英国法律发达史》，法律出版社 1999 年版，第 15—16 页。
④ 参见〔德〕茨威格特、〔德〕克茨：《比较法总论》，潘汉典等译，法律出版社 2003 年版，第 275 页。

对某些习惯法的解释不仅在他自己的审判过程中具有法律效力，而且对以后其他法官的判决也产生了法律效力。因而，巡回法官的判例的效力已经超越个案本身，对以后发生的其他案件也具有约束力，法官对法律的解释就变成一种具有普遍效力的解释，也即是解释性的立法，法官进一步成为立法者。由法官创立的普通法最终要被法官用来审判案件，法官当然地成为法律的适用者。显然，巡回法官在英国具有非常大的权力，既创制法律又解释法律，还具体适用法律。

（二）衡平法的形成与大法官法律解释权的确立

在英国除了普通法之外，还有另一种重要的判例法形式，即衡平法。从12世纪起，英国的手工业和商业得到迅速发展，新兴的市民阶级成为一支重要的社会力量。随着社会的发展，在13世纪以后，英国形成了新的经济关系和社会关系，需要新的法律规范来调整。然而这一时期的普通法对商人的帮助非常有限，于是在王权的护翼下，衡平法应运而生。在13世纪中至15世纪末等级君主制时期，王权与市民结成了联盟。国王需要市民在政治上、财政上的支持，以反对封建贵族割据的倾向，市民主要是商人需要利用王权保护手工工业和商业的发展。这是衡平法形成的历史前提。而普通法程式较为死板，例如普通法法院只对那些当事人签字盖章的正式书面契约受到破坏的案件才予以受理，而大量的简便契约的当事人却得不到保护。其他在实际生活中发展起来的经济关系如信托、土地的遗嘱继承等，仍然得不到普通法的承认。普通法对于侵权行为造成的损害只能给以有限的赔偿，对于侵权行为本身的制止与纠正则无能为力。在这种情况下，案件得不到公正处理的当事人可以根据英国法律传统向国王提出申诉，国王交给王室顾问、大法官，由他们根据“公平”原则加以审理。1475年英国成立大法官法院，专门处理当事人的诉状，从而形成一套有别于普通法的法律原则体系，这种法律体系就是衡平法。衡平法的格言“公平”、“正义”、“良心”等概念来源于罗马法的“自然理性”、“自然正义”和教会法的宗教道德观念。衡平法实际上是罗马法在英国的具体运用。①

衡平法也是判例法，只不过它是大法官作出的判决。大法官运用衡平法审理案件时，对法律具有了更大的解释权。因为他像普通法法院的巡回法官那样既通过判决来立法，又对法律进行解释和适用。更重要的是，他是根据

---

① 参见潘华仿：《英美法论》，中国政法大学出版社1997年版，第54—55页；何勤华主编：《英国法律发达史》，法律出版社1999年版，第29—30页。

“公平”“正义”观念来审理案件,而公平、正义、良心等观念本身就是难以确定的概念,不同的人可能做出完全不同的理解,大法官的理解往往跟他个人的认识有关,他完全可能以自己的认识来进行解释,这种解释不可避免地会带有一定的主观性。还应当看到,衡平法与普通法相比形式简便,大法官审理案件也不需要陪审员,因而受到的约束较少,审理过程中可能会带有更大的随意性。由此看来,大法官所行使的法律解释权与巡回法官相比有过之而无不及。所不同的是,由于普通法和衡平法是两种不同的法律体系,巡回法官在普通法的法院行使对普通法的法律解释权,而大法官在大法官法院当中行使对衡平法的法律解释权。

(三) 确立法官法律解释权的原因

正是从这一时期开始,英国的法律解释权逐渐掌握在由国王产生的巡回法官和大法官手中。这一由法官解释法律的制度一旦确立起来,就生根发芽,一直持续下来,对整个英国法和英美法系产生了重大影响。时至今日,法律解释权的这种配置仍没有发生根本的改变。在英国的封建法律体系形成时期,巡回法官和大法官逐渐掌握法律解释权有其特定的历史原因。

首先,原先的法律较为落后,社会的发展需要新的法律调整社会关系,而法官正好完成了发展新的法律的历史使命。在诺曼人征服英国之时,英国的封建制生产关系正在形成,新的社会矛盾和问题不断出现,而盎格鲁—萨克逊人的粗糙的习惯法已经落后于时代的发展,难以用来调整新的社会关系了,需要新的法律出现。巡回法官审判案件运用了原来的习惯法,通过对习惯法进行解释正好能够达到创制新法律的要求。“英国法从未像民法国家那样接受罗马法。普通法程序的僵化性、遵守已经建立起来的法律框架的需要、中央集权的法院,都有助于把多样化的地方习惯和盎格鲁—萨克逊人的粗糙的惯例塑造成为整个国家所遵循的法律,这就是普通的、统一的法律。”①12 世纪特别是 13 世纪以后手工工厂的兴盛和商品经济的发展带来的新的社会关系同样需要新的法律调整,但由巡回法官发展起来的普通法毕竟是由个案而来的,不可避免地会有各种疏漏,大法官则通过对公平正义观念的运用在很大程度上弥补了普通法的缺陷。所以,原先法律的落后给法官通过行使法律解释权创造法律提供了机会,法官对法律进行解释也被认为是理所当然的事情。

---

① Peter de Cruz, Comparative Law in a Changing World, Cavendish Publishing Limited, 1999, p. 100.

其次,强大的王权的支持是巡回法官和大法官行使法律解释权的政治保障。威廉一世及其后继者所建立的是中央集权的封建国家,它把封建领主割据势力的活动范围压缩得非常小,地方势力难以抵抗中央权力的运作。而无论是巡回法官,还是后来的大法官,都是由王权产生的,代表国王行使审判权。"巡回法官在巡回中,由国王赋以全权,审判讼案时,可不注意地方的法令。"①由于王权的强大,他们的审判活动以及在审判活动中解释法律和创造法律原则的做法得以在各地畅通无阻地贯彻下去。衡平法的形成和大法官对衡平法的解释,更是在国王的权威之下出现的。久而久之,法官解释法律的做法得到了社会的认同,成为了一种惯例,以至于后来在人们看来,法官行使法律解释权是理所当然的事情。

最后,英国的法官阶层是一个优秀的法律家阶层,能够完成通过解释创制法律的历史使命。英国很早就形成一个法律家阶层,他们以行会的形式组织和发展起来。这些人最初以僧侣为主,后来一些世俗人员逐渐增多。在中世纪,僧侣多是受过教育的人,尤其精通法律。他们这些人在诉讼中从事辩护和代理业务,并组织了律师公会。到后来,从律师中选拔法官的做法成为一种习惯,法官实际上是英国当时的法律精英分子。"英国法的特征无疑带有以下事实的烙印:领头的法律家从来不是教授或官吏,而一直是实务者,在主要法院集中的地方,法官和律师一样,他们在生活中保持着密切的社会交往和职业接触,……"②法官具有了精深的法律知识和技能,遇到各种案件时,能够对法律作出较为恰当的解释,他们的解释也能够为所在的社会接受,因而,他们比其他阶层更有能力行使法律解释权。

三、封建社会后期和资本主义社会前期
——逐渐巩固法官的法律解释权

英国16世纪以来,特别是17世纪,在都铎王朝和斯图亚特王朝统治时期,英国的封建专制统治走向顶峰。国王设立皇家法院和准司法机构,用以贯彻国王的意志。特别是星法院,专门负责处理政治犯。议会与主张君主专制的国王发生了激烈的冲突,冲突的背后是新兴的资本主义生产关系的发展和以国王为代表的封建专制统治对资本主义生产关系的严重束缚,同时还有其他社会矛盾的汇合。这些冲突的不可调和性最终导致了1640年英国资产

---

① 〔美〕阿瑟·库恩:《英美法原理》,陈朝璧译注,法律出版社2002年版,第16页。
② 〔德〕茨威格特、〔德〕克茨:《比较法总论》,潘汉典等译,法律出版社2003年版,第288页。

阶级革命的爆发。革命中，为迫害政治犯而设立的星法院等机构被撤销，王国查理一世被处死，英国一度进入克伦威尔的军事独裁时期。1689 年，新任英国国王威廉接受议会的《权利法案》(Bill of Rights)，1701 年接受议会的《王位继承法》(Act of Settlement)。这样，英国资产阶级革命取得了胜利，资本主义法律制度得到确立，英国进入资本主义迅速发展的时期。

英国的资产阶级革命并不彻底，保留了大量的封建残余。在这种基础上建立起来的资本主义法律制度是对原来的法律制度的继承和改造。一方面，英国资产阶级法律全盘继承了封建法的形式和诉讼程序，具体表现为：保留普通法、衡平法和制定法的基本分类；保留财产法、契约法、侵权行为法三大块部门法的结构体系；沿用封建法中的一些具体制度和名称，如陪审制度、巡回审判制度、遵循先例制度以及不动产、约因、信托和损害赔偿等。另一方面，英国资产阶级法律对封建法律体系进行了许多改造，具体表现为：重新解释普通法、衡平法的原理和原则，使其逐步适合资本主义经济关系的发展，这方面有突出贡献的是爱德华·科克法官、曼斯菲尔德法官以及布莱克斯通法官等，他们的作品为英国封建法向资产阶级法的过度架起了桥梁；利用议会大量制定新的法律，宣布资产阶级法律原则，确认资产阶级的权利，推动资本主义经济的发展。① 封建传统的深刻影响使英国的法律具有了很大的保守性，其发展较为缓慢。这一时期在法律解释权的行使方面，封建社会由法官解释法律的做法得到了巩固。

(一) 法律家的贡献与法官法律解释权的巩固

英国的封建专制统治走向顶峰时期，正是英国的普通法受到威胁时期。这一时期，普通法曾面临被罗马法完全驱逐或至少被排挤到一边的危险。在这场争议中，罗马法对于保皇党分子有很大的吸引力，因为它能够用于支持他们的政治主张：凡是国王喜欢的都有法律效力。当时的知识界也有利于接受罗马法，那些僧侣和受过教育的俗人，虽然不是法律职业者，也非常热衷于文艺复兴和人文主义运动，从而他们对普通法"原始的"和形式主义的特征多有怨言，并且赞成采用那种他们看来是较为明确和容易把握的大陆法。然而英格兰最终还是没有全面接受罗马法，因为英国的法律家阶层已经有三百余年的历史，形成了严密的组织结构、较强的职业内聚力和政治影响，他们致力于维护普通法，为了原则，也为了利益。同时，法律家们有意识地在议会背

① 参见何勤华主编：《英国法律发达史》，法律出版社 1999 年版，第 21 页。

后施加影响，而议会是那个时代政治斗争中的最终胜利者。①

在这场斗争中，反对君主专制的领袖人物是当时英国最著名的法律家之一爱德华·科克爵士。科克(Edward Coke，约1551—1634年)于1606年被任命为普通法法院首席大法官，在位期间他领导了普通法法院与受到英王詹姆士一世(James Ⅰ,1566—1625年)支持的英国其他法院以及法律部门的冲突。当时有人鼓吹王权至上，法官像任何其他文官一样，只是国王任命的官员，国王认为有必要的话，可以取代法官。而科克却对此予以反驳。在1612年11月10日这次"星期日上午会议"上，科克说，根据英格兰法律，国王无权审理任何案件，所有案件无论民事或者刑事，皆应依照法律和国家惯例交由法院审理。国王说："朕以为法律以理性为本，朕和其他人与法官一样有理性。"科克回答说："陛下所言极是。上帝赐陛下以丰富的知识和非凡的天姿，但微臣认为陛下对英国的法律并不熟悉，而这些涉及臣民的生命、继承权、财产等的案件并不是按天赋理性(natural reason)来决断的，而是按人为理性(the artificial reason)和法律判决的。法律是一门艺术，它需经长期的学习和实践才能掌握，在未达到这一水平前，任何人都不能从事案件的审判工作。"詹姆士一世恼羞成怒地说，按照这种说法，他应当屈于法律之下，这是大逆不道的犯上行为。科克引用布雷克顿的话说："国王不应服从任何人，但应服从上帝和法律。"②由于科克一再地为争取普通法的至高无上的权威地位而不断与专制王权作斗争，终于在1616年11月被免除职务。1620年，科克回到下议院，成为国会中反对国王的反对派领袖。1625年，他又倡导起草了著名的《权利请愿书》(Petition of Right)，要求保护人民的基本权利和自由。1625年继位的查理一世(Charles Ⅰ,1600—1649年)不得不同意这一文献中的要求。③ 科克同英王的斗争，实际上是在宣布普通法在英国是最高的法律，法官是法律的唯一阐述者和适用者，因而也是法律的唯一解释者。除了法律之外，法官不受任何机关和个人的约束和控制。尽管科克被免除了首席大法官的职务，但他所宣扬的思想符合资产阶级建立法治国家的要求，得到后人的接受和认可。

资产阶级政权建立起来之后，议会掌握了最高统治权，对普通法的各种威胁也逐渐消失，英国进入了国内长期的稳步发展时期。"在这个时期，英

---

① 参见〔德〕茨威格特、〔德〕克茨：《比较法总论》，潘汉典等译，法律出版社2003年版，第290—291页。

② 这场冲突参见〔美〕庞德：《普通法的精神》，唐前宏等译，法律出版社2001年版，第41—42页。

③ 参见何勤华主编：《英国法律发达史》，法律出版社1999年版，第56—57页。

国法律界出现许多杰出的法官，普通法与衡平法在他们手中和睦发展，并且使自己适应国家的需要。"①这个时期对英国普通法的发展作出重大贡献的法律家主要有曼斯菲尔德、布莱克斯通等。

曼斯菲尔德（Lord Mansfield，1705—1793 年）1756 年任王室法院首席法官，1788 年辞去法官职务，被认为是罗马法方面的专家和英国商法的奠基人。在三十余年的法官生涯中，曼斯菲尔德留下了许多影响后世的判决。在审判实践中，曼斯菲尔德在占有、所有权、契约、信托、侵权、奴隶贸易、不动产继承、遗嘱的解释以及民事责任等各个领域，都提出了自己的改革设想和建议。这些设想和建议，有的被法学界采纳，成为新的立法和判例原则的源泉；有的虽未接受，但作为法庭少数意见，对当时的学术界产生了影响，受到后世学者的重视。②

布莱克斯通（William Blackstone，1723—1780 年）1750 年获得法学博士学位，1761 年担任国会议员，1770 年后辞去教授职务担任民事诉讼法院和王座法院的法官。他的作品很多，其中给他带来巨大声誉的是《英国法释义》（Commentaries on the Laws of England）。在这部著作中，深受自然法思想影响的布莱克斯通，将自然法思想同历史主义结合起来观察和认识英国的法律制度。布莱克斯通的重要地位在于，他在历史上首次对英国判例法中那种粗糙原始和杂乱无章的判例法进行了编排整理，而过去，这些判例法还往往因为制定法的介入而变得更加混乱；他以清晰和简单的形式，并且是以一种从文学和教育学的观点来看都是十分成功的方式阐述了判例法；他的著作使受过教育的外行人士也能够像法律职业者那样了解英国法。③ 何勤华教授认为，从法学史的角度来看，布莱克斯通的作品有两个重大意义：第一，作者不满足于仅向法律实务家提供技术性的知识，而是将英国法作为一个发展了的统一体看待，将法学从与其他学科分离的状态下解放出来，将其与其他社会学一起考虑，开创了一门真正学术意义上的法学学科。第二，在布莱克斯通的时代，普通法已经趋于稳定，从基本原则到各项制度，都已有充分的研究。这时赋以法学家的历史使命就是将各项普通法予以具体化、定型化。而布莱克斯通的著作恰恰做到了这一点。因此，他的作品为英国普通法定型化并传到后世（包括世界各地）奠定了基础。④

---

① 〔德〕茨威格特、〔德〕克茨：《比较法总论》，潘汉典等译，法律出版社 2003 年版，第 292 页。

② 参见何勤华：《西方法学史》，中国政法大学出版社 2000 年版，第 320 页。

③ 参见〔德〕茨威格特、〔德〕克茨：《比较法总论》，潘汉典等译，法律出版社 2003 年版，第 293 页。

④ 参见何勤华：《西方法学史》，中国政法大学出版社 2000 年版，第 305 页。

（二）法官法律解释权逐渐巩固的原因

从这一时期的英国法律的发展和著名法官对法律发展的影响来看，法官行使法律解释权的做法逐渐得到了巩固。科克大法官与英国国王的斗争使法官阐释法律的观念深入人心，而曼斯菲尔德、布莱克斯通等人在担任法官的时候，法律解释权已经牢牢地掌握在法官手中了。这些法官们不仅在自己的审判活动中对法律作出解释以满足个案审理的需要，而且通过对法律进行解释使法律不断获得新的意义，以适应社会的发展。法官的法律解释权在这一时期得到巩固的原因在于以下两点：

第一，社会生产关系的发展要求法官通过确立其法律解释权来发展新的法律原则，调整新的社会纠纷。这个时期英国的资本主义生产关系获得迅速发展，需要统治阶级制定新的法律规范来调整。英国在传统上成文法就不发达，国王也很少通过制定重大的法律来对社会关系进行规范，而法官则是法律的实际上的制定者和发展者。作为法律的适用者，当法律在适用中出现不正义的结果时，法官必然要努力阐发法律在新的社会关系中的意义。正义观念不是凝固不变的永恒的东西，一个社会的正义观念是由它的生产关系来决定的。法官虽然适用的是过去的判例法，但在适用过程中根据资本主义生产关系的需要而不断赋予法律新的时代内涵，就实现了传统的封建法律向近代资本主义法律的转变。

第二，法官行使法律解释权是防止专制的有效手段。英国的资本主义生产关系发展起来时，封建专制统治也不断得到加强。专制统治是资本主义商品经济发展的巨大障碍，是资产阶级革命的对象。虽然英国的法官行使法律解释权曾依赖强大的王权支持，但这种制度一经形成，就使法官们逐渐在一定程度上脱离王权的控制而独立审判，独立解释法律。在资产阶级革命前，法官们行使法律解释权就是对专制王权的限制。英国13世纪的著名法官布雷克顿（Bracton，约1216—1268年）就宣扬反抗王权和法律至上的精神，受到市民阶级的欢迎。后来的科克与英王的斗争中重申了布雷克顿的理论，强调国王必须服从上帝和法律。法官们主张法律高于国王、反对国王专制独裁的立场对于新兴的资产阶级非常有利，因而能够得到资产阶级的支持。在革命后，由法官行使法律解释权防止专制独裁的做法在资产阶级国家中得到确认。

总的来说，在英国资本主义的形成和自由发展时期，法官行使法律解释权对当时的社会发展起到了积极作用。它使英国能够继承传统的法律制度并获得新的法律意义，维护法律的稳定，进而维护社会的稳定。当然，由于革命的不彻底性，英国的法律保留了很多过去的因素，具有较大的保守性，也在一定程度上阻碍了英国资本主义的迅速发展。

四、进入垄断资本主义阶段以来——完全确立法官的法律解释权

进入19世纪以来，经历了工业革命的英国经济得到迅速发展，工商业成为经济活动的中心。但是，英国的议会两院仍由保守的世袭贵族、教会贵族和土地贵族把持，普通法院和衡平法院在管辖权上的交错和繁琐程序也不利于解决日益增加的社会矛盾，英国陷入严重的社会危机之中。在这种情况下，一些进步人士认识到需要对法律制度进行变革，以挽救资产阶级的统治。

（一）司法改革与遵循先例原则的最终确立

在这一时期，英国的制定法不断增加，法律制度的改革涉及许多方面。其中，对司法活动进行重大改革的是1873年通过、1875年生效的《司法法》（The Judicature Act），它至今仍是英国法院组织的基础。它使英国的法院组织产生了根本性转变，成为英国法院组织改革的里程碑。它设立了最高法院（Supreme Court of Judicature），由高等法院和上诉法院组成，普通法院和衡平法院都被置于它的领导之下。这样就实现了普通法和衡平法的统一，无论是在普通法还是在衡平法中发展起来的法律规则和原则，在高等法院和上诉法院所有分庭都适用，当衡平法与普通法在就同一问题发生冲突时，衡平法优先适用。《司法法》还废除了繁琐的令状制（writ system）。最高法院名为最高，却并非民事刑事案件的最高审级。1876年的《上诉权限法》（The Appellate Jurisdiction Act）设立了上议院司法委员会，它由大法官和被提升为终身贵族的其他法官组成。他们可以参加上议院的会议并拥有表决权。上议院不是法院系统，却行使着审判权，是英国的终审法院。1973年，英国成为欧洲共同体（今天的欧洲联盟）的成员国，欧洲法院因而成为了今日英国的终审法院。然而欧洲法院只处理涉及具有欧洲因素的案件，所以它对英国司法活动的影响有限。由于英国是议会至上的国家，法院的地位相对较低。“在英国，没有哪个法院的权力可以比得上美国联邦最高法院或者德国联邦宪法法院。就是说，法院并不承担那种以一部在形式上和实质上作出规定的全面

的宪法性法典为蓝本而对立法的合宪性进行监督的职责。"[①]但是，这并不影响法院和法官的法律解释权的行使。

在这一时期，最能显示英国法律解释权配置的是它的"遵循先例"原则的最终确立和运行。遵循先例(stare decisis)是普通法的一项重要原则。在中世纪普通法的形成过程中，遵循先例原则就一直在贯彻着，没有这一原则的实施就不可能有今天的普通法。但是那时候遵循先例更多的被认为是一种惯例，而不像现代人所认为的那样，即判例本身具有法定的约束力。随着19世纪官方判例集制度的建立，遵循先例原则最终确立下来。时至今日，英国已经建立了完整的遵循先例制度，英国成为名副其实的判例法国家。"法院必须考虑根据被适用的法律的上下文或者同一部成文法的其他相关部分的解释而形成的司法先例。"[②]所谓遵循先例，简单地说就是一个法院所作出的判决对于以后发生的类似案件具有约束力，同样的问题同样处理。然而由于当今英国法院系统的复杂性，遵循先例原则在实际操作起来并不是这样简单。根据英国近现代的司法实践，遵循先例原则在具体运用中主要包括以下含义：(1) 上议院的判决对所有的英国法院有拘束力；(2) 上诉法院的判决对所有下级法院具有拘束力；(3) 高等法院的判决对所有下级法院有拘束力，但对其自身无拘束力；(4) 所有下级法院均受以上高级法院的判决的约束；(5) 欧洲法院在解释欧洲共同体法律时所作出的判决，对所有英国法院都具有拘束力。[③] 遵循先例原则一方面体现了英国法中法官造法的特点，另一方面体现了法官法律解释权的充分行使。因为高级法院的法官作出的判例对下级法院具有约束力，实际上就是他们作出的法律解释对下级法院具有约束力。尤其是官方判例集的出现，使法官的法律解释权超出了实际行使的界限，以官方的名义得以确立。

(二) 制定法对法官法律解释权的依赖

法官的法律解释权不仅在判例当中得到确立，而且渗透到制定法当中。英国传统上是判例法国家，但是进入垄断资本主义时期以来，制定法也得到了较大的发展。制定法的增多来自于两个方面的原因：一是当时英国社会的发展需要新的规范进行调整，而传统的普通法在调整方面的有限性日益显示出来，二是功利主义法学的推动。功利主义法学的代表人物边沁(Bentham,

---

① Interpret Statutes: A Comparative Study, edited by D. Neil MacCormick and Robert S. Summers, Published by Dartmouth Publishing Company Limited, 1991, p.395.

② Ibid., p.375.

③ 参见何勤华主编：《英国法律发达史》，法律出版社1999年版，第28页。

1748—1832 年)主张对法律制度进行改革。他要改变法律的评价标准,指出好的法律应当能够增进最大多数人的最大的幸福。根据此标准,过去的法律并不理想。因此,他主张对法律进行改革,用一部以特定的哲学为基础而制定出来的法典来代替普通法。边沁的主张并未得到施行,但对英国的立法产生了重大影响。尤其是进入 20 世纪以来,英国的制定法获得了长足的发展。

制定法的发展不但没有遏制法官的法律解释权,反而进一步依赖法官的解释。"甚至这些立法,也只能借助于不成文的普通法背景才能理解,因为它们使用的概念和范畴都以法院发展起来的权利和原理为其前提。1925 年《财产法》是这方面很好的例子。除了涉及其他问题,这个制定法构成了对英国土地法的根本改革和简化,但通篇使用的是普通法中传统的基本概念,而在这个领域里,它们是特别老式的。因此,外国的法学者会感到这个制定法无异于一部天书,除非他掌握了英国土地法的基本概念;而这项法律本身并没有对这些概念作任何解释。"①因此,虽然英美法系在制定法上向大陆法系靠拢,但法官解释法律的做法并没有改变,法官在一如既往地行使着法律解释权,不仅解释判例,而且还解释制定法。

(三) 法官法律解释权完全确立的原因

由于缺乏一部专门的宪法,英国主要的法律论据的文献来源是成文法和判例法。② 由以上法官对判例和制定法的解释可以看到,一直到今天,法官仍然在行使法律解释权,法官的法律解释权不但没有随着法律制度的严密化和制定法的发展而削弱,反而由于法律自身的发展而扩大了解释对象的范围。很明显,英国进入垄断资本主义社会以来,完全确立了法官的法律解释权。形成这一局面的原因可以从以下两点来说明:

第一,英国的传统要求法官行使法律解释权。在普通法近千年的发展过程中,法官一直通过行使法律解释权起着重要作用,这种做法已经得到了人们的认可,即使发展到当代社会,对法官解释法律的做法突然改变也是不现实的。所以,当代英国的法律制度承袭了传统,进一步保障了法官的法律解释权。

第二,法官行使法律解释权是维护英国社会稳定的安全阀。法官是英国社会一个较为独立的职业阶层,对法律的发展起着其他群体无法取代的作

---

① 〔德〕茨威格特、〔德〕克茨:《比较法总论》,潘汉典等译,法律出版社 2003 年版,第 297—298 页。

② See Interpret Precedents: A Comparative Study, edited by D. Neil MacCormick and Robert S. Summers, Published by Dartmouth Publishing Company Limited, 1997, p. 324.

用。每当社会发生重大的变动,甚至可能爆发革命时,法官通过解释法律使法律逐渐适应社会发展的新要求,从而避免了法律制度的剧烈震荡,既促进了法律的进步,又维护了社会的稳定。

五、关于英国法律解释权配置的说明

纵观英国法律解释权配置的历史演变可以看出,自从11世纪诺曼征服以来,英国的法律解释权一直掌握在法官手中,法官行使法律解释权已经长达千年。因此在英国,凡是说到法律解释,人们就会理所当然地想到法官,法官解释法律是天经地义的事情,以至于即使对英美法系不甚了解的人也知道英国的法官可以解释法律和创造法律。维尔伯福斯勋爵(Lord Wilberforce)的经典名言可以说是对英国法律解释权配置的概括。他说:"在英国,立法由国会通过,并且赋予其书面语言的形式。这种立法依靠法院判决而在特定的主题中获得了法律效果。法院的职责是,指出在特定的案件中或者特定的个人身上,被适用的语言是什么意思。从最早开始就被移交到法官手中的这种权力,是宪政活动的实质部分,国民因此而处于法律的统治之下——这一点区别于国王的统治或者国会的统治,……"①事实上,英国的情况也确实是这样。然而,这并不是英国法律解释权的全部,关于英国的法律解释权还有一些情况需要说明。

(一)法官行使法律解释权限于高层级法官和大部分地区

英国的法律解释权配置给了法官,已经成为广为人知的事实。但对于英国法官行使法律解释权这一判断,还需要两点补充。

第一,行使法律解释权的法官是特定的法官。英国的法律解释权由法官来行使,但并非所有的法官都在行使法律解释权和通过解释法律来发展法律,而是部分法官。在中世纪时,是由国王派出的巡回法官和大法官来解释法律,他们都是高层级法官,那些郡区法院、百户区法院等低级法院的法官并不具有通过解释创造法律的权力。在资本主义上升时期和垄断资本主义时期,同样是这些高级法官把持着法律解释权。那些低级法院的法官即使行使法律解释权,其解释也仅仅是针对个案有效,不可能对法律的发展起到创制作用。真正创制法律的是那些高层级的法官,而不是一般的基层法官。

---

① F. A. R. Bennion, Understanding Common Law Legislation: Drafting and Interpretation, New Yoke: Oxford University Press Inc., 2001, pp. 17—18.

第二,法官行使法律解释权存在于英国的大部分地区,而不是全部国土。英国的法官行使法律解释权,主要是指英格兰地区的情况,其他地区未必完全与英格兰地区一样,至少苏格兰地区与之有差异。中世纪的苏格兰虽然曾经在短暂的时间内被英格兰所统治,但他们很快获得独立。为了保持独立和抵御英格兰的侵略,苏格兰人认为他们必须同英格兰的某个敌国结盟,这个敌国就是法国。于是苏格兰在很大程度上向法国学习并接受了罗马法。尽管在 18 世纪时,英格兰和苏格兰开始成为一个国家,但这时苏格兰的法律体系已经融入罗马法系之中,因而苏格兰的许多法律制度都没有采用英格兰的模式。进入 19 世纪以后,苏格兰的法律制度才大量地受到英格兰法的影响。但是,苏格兰人一直努力保持自己法律体系的独立性,直到今天它仍在很多方面不同于英格兰。因此,关于英国法官行使法律解释权的状况,主要涉及的是英格兰地区的法律制度,而不是全部的英国国土。

（二）英国的法律解释权配置给法官的原因

一千多年来,英国的法律解释权一直由那些高级法官来行使,以至于法官解释法律成为一种制度,并成为英美法系的显著特征。这种法律解释制度之所以能够存在和发展,并坚持到今天,并不是一种偶然现象,而是由英国的特定国情所决定的。产生这种法律解释制度的原因,主要有以下两个方面:

第一,英国没有发生剧烈的社会革命。现代意义上的英国一般从诺曼征服算起,此前的盎格鲁—萨克逊人虽然也创立了自己的法律文明,但并不发达,以至于他们的法律文明能够很快地融入后来诺曼人的法律制度中。从此之后,英国的法律制度几乎没有发生重大的变革,诺曼人创立的法官解释法律的制度也一直坚持下来。这里面固然有判例法比较适合英国发展的因素,但一个不可忽视的原因在于英国一直没有发生较大的社会革命。英国虽然爆发过资产阶级革命,但这种革命的力度不能与一个世纪后的法国革命相提并论。法国的革命是一种彻底的改变,它完全打碎了旧政权,建立了一个新世界。而英国的资产阶级革命带有很大的不彻底性,资产阶级最终通过向封建势力妥协而草草收场。所以,英国不可能抛弃封建社会时期的东西,甚至很多具体的法律制度也被继承下来了,法官行使法律解释权的做法当然也在继承的内容之列。到了 19 世纪和 20 世纪,工业革命的推动导致许多旧的制度难以适应社会的发展了,社会矛盾不断激化,这时候英国仍然是通过改革而不是革命来解决问题。因此,由于革命的先天性不足导致英国的法律可以更多地依靠传统,法官解释法律的做法也得以保留下来。

第二,英国法官阶层的独立和强大。从中世纪开始,英国就出现了一个强大的法律家阶层，其中包括法官和律师。他们是英国社会的精英分子，垄断着英国的法律教育和研究，是英国法律发展的引导力量。而英国从法官当中选任律师的做法又使法官和律师紧密团结起来，共同维护法律家阶层的独立地位和利益。这种局面一直持续到现在，无论是法官还是律师在英国都分得很细，他们有着千丝万缕的联系，形成了一种自治性的法律家职业共同体。"实际上，法官从业绩卓著的出庭律师这个有限的范围中选拔，确保了那些非常有能力而又富有实践经验的法官在高级法院任职，从而使他们能够赢得整个法律职业界的尊重。但在许多人看来，这种有限的选择原则也有弊端，它使得英国法官具有极端保守的倾向：一位长期享受光荣职业生涯之乐的人，很难愿意批评和改革那种使其受益匪浅的环境。"①获得尊重使法官们的地位更加牢固，其他力量很难剥夺他们在传统社会中获得的法律解释权；保守的倾向又使他们不愿意改变过去的思维方式，自然会抵制一切英美法系以外的法律解释权配置方式。甚至可以说，法官阶层的相对独立性使他们受到外界变革的震荡非常小，无论社会怎样发生变化，他们都一如既往地行使着法律解释权。

① 〔德〕茨威格特、〔德〕克茨：《比较法总论》，潘汉典等译，法律出版社 2003 年版，第 312 页。

第五章　美国法律解释权的配置

在西方主流文化看来，美国的历史从1492年意大利航海家哥伦布（Colombo，约1451—1506年）发现新大陆开始。以16世纪前期西班牙在北美洲大西洋沿岸建立殖民据点为起点，法国、荷兰、英国等先后在北美洲侵占了广大的土地。在侵夺北美殖民地的活动中，英国取得了巨大的战果，不但抢占了印第安人的广袤土地，而且逐步吞并了欧洲其他国家的殖民据点。到18世纪前期，英国已经在北美建立了十三个殖民地。1776年，这十三个殖民地宣告独立，美国独立战争和组建美利坚合众国的活动正式拉开帷幕。美国独立后，随着生产力的发展和社会的进步，南方的奴隶制越来越不适应资本主义制度，北方资产阶级和南方奴隶主阶级的矛盾导致19世纪中期美国内战的爆发。内战为美国资本主义的发展扫清了道路，加上美国独立以来不断侵占北美印第安人的领地和其他国家在北美的殖民地，到19世纪末时，美国已经成为世界上强大的资本主义国家。研究美国的法律制度，可以顺着美国社会的历史发展，从其早期的殖民地时期开始。需要说明的有三点：(1) 由于英国曾是美国的主要宗主国，美国法一直受英国普通法的影响，但这种影响在18世纪才越来越明显，普通法也因此才在美国（英属北美殖民地）确立起来。因而，可以把美国18世纪以前和以后的法律解释权配置状况分开探讨。(2) 社会的发展虽然与政治历史事件的发生有很大的关系，但二者往往并不是完全同步的，因而这里对美国司法制度特别是法律解释权的发展阶段的划分，并不完全以美国的政治历史事件的发生为依据。(3) 美国联邦最高法院在美国法院系统中处于非常显著的地位，代表美国司法机关的权威和在国家机构中的地位，因此在考察美国立国以后法律解释权的配置状况时，要着重考察美国联邦最高法院的法律解释权。

一、18世纪以前——法律解释权的配置不确定

美国法开端于16世纪以后的殖民统治时期。但在当时的北美各个殖民地，法律制度比较混乱。这是因为：(1) 各个殖民据点相对孤立地存在于北

美大陆。这些殖民地规模较小,人数不多,不但它们与宗主国的联系比较松散,而且它们相互之间的联系也不密切。(2) 殖民地建立之初所面临的主要任务是维持生存,是同恶劣的自然环境作斗争,同印第安人争夺土地和其他财产,而这一切几乎都不是靠法律和法院解决的。(3) 不同的宗主国在各自的殖民地范围内更多地采用自己的法律,不同宗主国法律制度的差异导致殖民地法律制度的差异。(4) 从 17 世纪前期以来,欧洲不同国家的人大量移民到北美,不同的法律文化背景给他们带来了法律适用上的混乱。这一时期的法律制度不可能统一起来,形成了法律多元化局面。

在殖民地初期,法院的组织非常简陋,也无所谓司法等级,制定法律、执行法律、决定案件、宣布判决以及管理殖民地的其他事务等,往往都是同一个机关或者同一批人进行的。随着殖民地的发展,各种法律纠纷和刑、民事案件逐渐增多,法院组织开始建成。到 17 世纪中叶,各个殖民地形成了三级审判组织:(1) 低级法院(治安法院),审理轻微刑事案件。治安法官除了审理案件外,还有权命令居民修复桥梁、公路,有权处分流浪和酗酒的印第安人,有权鞭笞流浪的异教徒,还有权参与教会的其他事务。(2) 中级法院(郡法院),审理较大的刑、民事案件,除司法业务外,还处理遗嘱检验和管理,批准修理桥梁的申请,向牧师供应政府的资助费用,惩罚干涉教会选举的行为,命令公路的设计、投资,决定穷人的定居和教养院的设定,批准新的会议厅,惩罚高价出售货物的卖主等。(3) 高级法院(上诉法院),受理各种上诉案件,由总督和殖民地议会组成,开庭次数很少。这种法院在有的殖民地叫做 General Court(议会)。除作为殖民地的一个最高司法等级之外,高级法院还具有立法和部分行政的功能。① 此外,在马萨诸塞和宾夕法尼亚等许多殖民地,存在宗教的统治,对于出现的争议,由牧师根据《圣经》而不是由法律家依照普通法加以解决。② 在宾夕法尼亚,教友派的威廉·潘恩(William Penn)于 1682 年在各个管辖区建立由三个"共同调解人"(Common Peacemakers)组成的机构,他们的仲裁决定被承认具有与法院判决一样的法律效力。③ 从这种司法制度看,当时的法院设置较为混杂,法官既行使司法权,也行使其他与司法活动无关的职权,职权划分不清,各个法院之间所适用的法律也不统一。因此在这一时期,法律解释权的配置并不明确,不同的法律体系和不同法律体系之下的法院在审理案件过程中的法律解释活动自然也有一定的差异。

---

① 参见何勤华主编:《美国法律发达史》,上海人民出版社 1998 年版,第 6—7 页。

② 参见〔德〕茨威格特、〔德〕克茨:《比较法总论》,潘汉典等译,法律出版社 2003 年版,第 352—353 页。

③ 参见何勤华主编:《美国法律发达史》,上海人民出版社 1998 年版,第 9 页。

随着英国对北美殖民地的统治地位的确立，英国的普通法也得以在北美殖民地施行。但是在当时，英国的普通法在那里并没有取得支配地位。这主要是因为：其一，普通法被一种古老的程序所束缚，需要有老练的法律专门人员才可以实施，而当时的北美，缺乏精通英国法的法学家，殖民地人民也并不真正了解普通法。其二，普通法赖以产生的那个社会与北美殖民地的经济结构和社会关系存在较大的差距。英国普通法产生于封建社会，具有极强的封建性和保守性。北美殖民地时期，奴隶制因素、封建制因素和资本主义因素并存，普通法对殖民地居民面临的全新的问题无法提供十分满意的回答。其三，殖民地的其他法律渊源排斥了普通法的适用。当时的北美，有的殖民地法律适用以《圣经》为基础，有的殖民地地方当局发布一些特别规定；此外，从 1634 年到 1682 年，马萨诸塞、宾夕法尼亚等一些殖民地编纂了简要的法典。其四，殖民地人民对英国的殖民统治不满，他们对普通法有一种本能的排斥，即使是英国移民，由于他们中间的很多人都是为逃避英国的迫害而被迫移居国外，他们对普通法也持反感态度。[①]这些因素的存在，导致殖民地人民对普通法的排斥，因此英国普通法当中法官行使法律解释权的做法在当时的北美并没有确立起来。

北美殖民地在 18 世纪以前法律解释权配置的不确定性主要取决于当时的社会环境和法律发展水平。从外在因素上说，一方面，在殖民地建立之初，北美大陆更大的地域是印第安人的控制区，殖民地的活动范围比较狭窄，而且各个殖民地的欧洲移民人数也较为有限，法律纠纷相对较少，这在客观上不利于促进诉讼法律制度的发展。另一方面，欧洲殖民者一直处于相互之间争夺殖民地和从印第安人手中抢占土地的斗争状态中，这种敌对状态不利于他们学习他方法律制度中的优点，而只能照搬自己宗主国的法律，导致法律的孤立发展。从内在因素上说，当时北美殖民地的生产关系相当复杂，不同的移民带来不同的生产技术和劳动方式，社会生产力的发展水平相差很大，加上被贩卖到美洲的黑人成为白人的奴隶，形成了处于显著不同发展阶段和水平的社会生产关系，这些不同生产关系并存的局面不利于同一历史类型法律制度的形成。所以在这一时期，北美殖民地并没有形成较为发达的法律制度，法律在社会纠纷的解决当中处于并不重要的地位。法律制度的落后也意味着法律解释制度的落后，法律解释很难受到关注而成为司法活动中的一个重要内容。尤其是在当时较为落后的社会经济体制当中，法律的形式化程度相当低，更限制了法律解释权的发展。

---

① 参见何勤华主编：《外国法制史》，法律出版社 1997 年版，第 242—243 页。

二、18世纪到19世纪前期——逐步确立法院的法律解释权

（一）普通法支配地位的取得与最高法院司法审查权的确立

到1722年,英国在北美殖民地的争夺中战胜其他殖民国家取得优势地位,在北美建立了十三个殖民地。在1756年到1763年英法争夺殖民地战争中,英国击败法国,在北美夺取加拿大和密西西比河东岸的土地,从而进一步确立它在北美殖民地的统治地位。从18世纪初期开始,北美就出现接受普通法的趋势,英国在殖民地争夺中的胜利又有力地推动了英国普通法在北美的传播。到北美独立战争前,普通法在北美殖民地的支配地位就已经确立了。“到那时,英国法已经受到高度重视,而且,它确实能够满足不断增长的商事活动的需要和有效地支持表达给英王的不满。”①

这一时期普通法在北美殖民地取得支配地位,有三个原因:(1) 政治因素。英国是北美殖民地的宗主国,对北美殖民地的各种法律活动都进行干预,并把自己的法律制度强行贯彻到北美殖民地,使北美殖民地被迫接受普通法的约束。英国枢密院是海外殖民地的司法机关的最高审级,也使北美殖民地各级法院在审理案件的过程中适用普通法。(2) 经济因素。英美经济的连贯性导致法律制度的连贯性。北美殖民地是英国的工业原料供应地和商品出口地,它们之间有着非常密切的经济联系,这种经济联系并不因为它们之间存在掠夺与被掠夺的关系而改变。而英国经过工业革命的推动,封建性质的普通法已经接受了资本主义改造,这种法律可以直接搬到北美殖民地调整当时的资本主义经济关系。(3) 文化因素。北美殖民地的欧洲移民当中,英国人居多,他们深受英国法律文化的影响,也习惯于接受普通法,尤其是当时北美的法律家阶层学习的也是英国法。“一个法律家阶层开始形成,其中许多法律家在移居北美之前曾在伦敦四大律师公会受过培训。英国输入的法律书籍也逐渐广泛流传,特别是布莱克斯通的《英国法释义》,在当时人口较少的北美殖民地的销售量竟几乎与在英国本土上一样多。”②随着普通法在北美殖民地的确立,普通法中法官解释法律的原则也在北美殖民得以确立。

1776年《独立宣言》宣告北美独立,为美国法的形成和发展创造了条件。

---

① Peter de Cruz, Comparative Law in a Changing World, Cavendish Publishing Limited, 1999, p. 109.

② 〔德〕茨威格特、〔德〕克茨:《比较法总论》,潘汉典等译,法律出版社2003年版,第353页。

美国法在形成过程中,表现出了独立化的倾向。这是因为美国人在当时与英国处于敌对状态,总想摆脱英国法的影响走独立发展的道路。这种独立化的最明显的表现就是美国禁止引用英国判例法,并着手制定成文法,各个州纷纷制定宪法典,美国联邦也制定了 1777 年《联邦条例》、1781 年《联邦组织法》和 1787 年《美利坚合众国宪法》等,这也使美国法与英国法在一定程度上表现出不同。然而,美国脱胎于英国的殖民地这一历史事实使英国普通法已经深深地扎根于美国社会,成为美国无法摆脱的一种法律文化。即使美国独立之后采取一系列措施来创制自己的法律体系,仍然是在普通法的基础上进行的。毕竟,美国是一个刚刚成立的国家,各种法律制度还没有建立起来,需要借鉴其他较为先进的法律制度和法律理念,而此时的英国普通法已经完成了资本主义的改造,具有维护资本主义生产关系的社会功能,与美国的社会状况相适应。“对于刚刚独立的美国来说,英国普通法在法学理论上和司法实践上都表现出强大的优势,庞大的普通法法学家和法官队伍以及他们的努力工作已使普通法深入人心。”①英国承认美国独立后,英美之间的民族矛盾得到解决,消解了美国人对英国法律的敌对心态,英美之间的经济往来和语言文化的相同又拉近了两国的距离。因此,虽然与英国的法律相比,美国的法律具有一定的民族特点,但总体上采用了普通法的各项原则和制度。这一时期,美国不但坚持普通法中法官行使法律解释权的制度,而且又作了进一步的创造,确立最高法院通过解释宪法和法律来完善美国宪政的制度,它主要体现在法院的司法审查权上。

在北美殖民地时期和独立战争时期,受英国枢密院审查北美殖民地立法的司法判例影响,州一级的法院已经出现了类似司法审查的判例。1786 年罗德岛州的“特维特诉维登”案(Trevett v. Weeden, Rhode Island, 1786),就是最著名的一个案例。此案的基本情况是,罗德岛州议会立法规定纸币为合法货币,但州最高法院法官认为该法案“不得人心并违反州宪法”(repugnant and unconstitutional),使其失去了法律效力。② 而最终确立美国司法机关的司法审查权的是 1803 年联邦最高法院在“马伯里诉麦迪逊”(Marbury v. Madison)一案中的判决。联邦最高法院明确宣布“违宪的法律不是法律”,“阐明法律的意义是法院的职权”。这一判决虽然受到不同政治势力的反对,但反对没有上升为对联邦最高法院的严厉攻击,因而按照普通法“遵循

---

① 何勤华主编:《外国法制史》,法律出版社 1997 年版,第 245 页。

② 参见任东来等:《美国宪政历程:影响美国的 25 个司法大案》,中国法制出版社 2005 年版,第 38—39 页。

先例”的原则,此案将作为宪法惯例而被后人遵循,联邦最高法院的司法审查权得以确立。联邦最高法院拥有司法审查权,也就拥有对宪法和法律的解释权,因为只有拥有解释权才能说明宪法和法律的含义,才能对其他机关的行为是否符合宪法和法律进行审查判断。

(二)法院的法律解释权得以确立的原因

从普通法被广为接受和最高法院得以行使司法审查权的发展过程看,这一时期是美国法院的法律解释权最终确立的时期。而美国最高法院行使司法审查权的意义已经远远超过了法律解释权本身,它是一种使司法权可以与立法权、行政权抗衡的巨大权力,在英国普通法的发展过程中是从来没有的,是美国最高司法机关在宪政上的创造,也是美国法律体制与英国法律体制的重大区别。美国法院的法律解释权在这一时期最终确立起来,有较为复杂的原因。

第一,美国宪政的设计者们主张法院应当拥有法律解释权。美国在制定宪法时,宪政的设计者们就为制定一部什么样的宪法而进行深入的思考和争论,其中就涉及法律解释权的配置问题。汉密尔顿明确指出:“解释法律乃是法院的正当与特有的职责。而宪法事实上是,亦应被法官看作根本大法。所以对宪法以及立法机关制定的任何法律的解释权应属于法院。……法官在相互矛盾的两种法律中作出司法裁决可举一常见之事为例。时常有两种在整体上或部分上相互矛盾的法律存在,且均无在某种情况下撤销或失效的规定。在此种情况下,法院有澄清之责。”①法院要澄清相互矛盾的法律,就必然对它们进行解释,根据解释来进行法律意义的取舍。这就是美国宪政的设计者为美国开出的防止权力滥用而实现权力制约的良方。通过赋予司法机关解释法律的权力,地位弱于国会和政府的法院具有同他们相互制衡的力量。美国早期的不少思想家同时也是美国的开国元勋和杰出的法律家,他们不但呼吁实现分权制衡,而且通过亲自参加宪法的制定把自己的思想融入联邦宪法当中。虽然当时的宪法并没有明确规定法院有权解释法律,但在深受这种思想影响的美国,法院掌握法律解释权是早晚的事。所以在“马伯里诉麦迪逊”案中,联邦最高法院宣告自己拥有对宪法和法律的解释权以及对国会立法的司法审查权,并不会让人感觉出乎意料。

第二,英国普通法的传统使法院行使法律解释权成为理所当然的事情。尽管美国法的发展表现出独立化的倾向,与英国的普通法有较大的区别,但

① 〔美〕汉密尔顿等:《联邦党人文集》,程逢如等译,商务印书馆 1980 年版,第 392—393 页。

是美国法总体上说是脱胎于英国普通法,因而英国普通法当中法院和法官拥有法律解释权对美国有着非常重要的影响。庞德指出,北美殖民地起初一直适用的是没有法律基础的英国司法审判制度,直到 18 世纪中叶,随着法院体系的设立和学习英国法律的风行,才出现根据英国的法律进行的司法审判。独立战争后,美国公众对英国以及英国所有事物产生敌对态度,源自英国的普通法亦难逃厄运。法官和议院大多受此情绪的影响,训练有素的律师也无人坚持。在这种思想的影响下,新泽西州、费城和肯塔基州均通过立法禁止法庭在审判案件时引证英国的判例。新罕布什尔州就颁布一项禁止引用英国判例的法规,在此之前其他州许多法官就已经否定了对英国判例的引证。① 由此看来,当时北美的司法制度在很大程度上是根据英国普通法的传统建立起来的。独立战争时期美国虽然极力排斥英国法,但所排斥的只是英国的法律制度和英国的判例在美国的运用,并不意味着排斥英国的判例法传统本身。而在当时,美国的许多法律家所接受的是英国的法律教育,研读的是英国法律家的著作,普通法的精神已经融入美国早期法律家的思想当中,造就了他们的法律思维方式。尽管后来他们排斥英国法,但仍然会接受法官解释法律的做法。由于普通法在美国的广泛运用,无论是普通民众还是法律家都不会对法院和法官行使法律解释权持有太多的异议。

第三,美国法律家的杰出创造使法院的法律解释权最终确立。美国在成立之初就出现党派斗争。除开国总统华盛顿是"无党派人士"外,此后的所有总统都来自政治斗争中的不同政党。华盛顿担任总统期间,国务卿杰弗逊(Thomas Jefferson)和财政部长汉密尔顿(Alexander Hamilton)两人意见相左,勾心斗角,形成了两大政治派别,也即所谓的民主共和党和联邦党。亚当斯担任总统期间,美国的党派斗争愈演愈烈,马歇尔被任命为联邦最高法院首席大法官和马伯里被任命为治安法官,以及新任总统杰弗逊命令他的国务卿麦迪逊扣押对马伯里等人的委任状,就是当时政治斗争的结果。在这样的政治环境中,"马伯里诉麦迪逊"一案的出现使联邦最高法院陷入进退两难的境地。然而联邦最高法院却作出了使国会和总统找不出借口与最高法院作对又能维护最高法院权威的判决。"通过对马伯里案的裁决,马歇尔一方面加强了联邦司法部门与其他两个政府部门相抗衡的地位,使司法部门开始与立法和行政两部门鼎足而立,另一方面增强了联邦最高法院作为一个政府机构的威望与声誉,使最高法院成为宪法的最终解释者。可以说,这是美国政

① 参见〔美〕庞德:《普通法的精神》,唐前宏等译,法律出版社 2001 年版,第 80—81 页。

治制度史和人类政治制度史上的一个伟大里程碑。”①“马伯里诉麦迪逊”案的判决对美国法律制度的影响相当深远,而这一伟大的创造出自于像马歇尔这样杰出的法律家。本来棘手的案件,在法律家手中却成为一种制度创新的起点。正是这些杰出的法律家推动了美国法治的进步,使司法机关的法律解释权能够最终确立起来。

三、19 世纪中期到 20 世纪前期——法院保守地行使法律解释权

(一) 法院对奴隶制的维护和对黑人的歧视

在 19 世纪中后期,美国联邦最高法院行使法律解释权的保守性主要体现在对奴隶制的维护和对黑人的歧视上。

由于独立战争为资本主义的发展扫除了殖民统治带来的障碍,加上美国的开国先贤们设计了较为合理的制度,进入 19 世纪以来,美国的资本主义生产关系获得较大的发展。然而美国的奴隶制在独立战争中并没有受到触动,仍然存在于南方诸州。罪恶的奴隶制一直受到开明人士的批评,奴隶逃亡和反抗奴隶主的斗争不断出现,废除奴隶制的呼声越来越高。在美国统治阶级当中,反对奴隶制和维护奴隶制的力量相差无几,北方资本主义经济和南方奴隶制经济在美国的经济发展中所占的分量都很大。随着资本主义生产关系在北方诸州日益发达,奴隶制生产关系作为美国资本主义发展的障碍越来越凸现出来,北方工商业资产阶级要求废除奴隶制以建立统一的资本主义大市场,而这一切受到南方奴隶主阶级的强烈反对。因而在 19 世纪中期,统治阶级内部的斗争主要是围绕着奴隶制的存废问题进行的,广大奴隶和主张废除奴隶制的开明人士同南方奴隶主的斗争也逐渐激烈,废除奴隶制还是维护奴隶制成为美国需要解决的焦点问题。在这一时期,联邦最高法院站在奴隶主阶级的一方,充分运用其法律解释权,维护没落的奴隶制。

1857 年,联邦最高法院在“德莱德·斯科特诉桑德福德”案(Dred Scott v. Sandford,1857)中,以绝对多数作出了臭名昭著的判决,驳回了斯科特的上诉。该判决声称,黑人奴隶不是美国公民,他即便曾在一个非蓄奴州生活了一段时间仍不能成为美国公民。该判决还宣布,根据联邦宪法,国会无权在

① 任东来等:《美国宪政历程:影响美国的 25 个司法大案》,中国法制出版社 2005 年版,第 35 页。

联邦领地禁止奴隶制,因而旨在限制奴隶制扩张的1820年《密苏里妥协案》是一项违宪的法案。这是联邦最高法院在1803年第一次以创立的方式行使司法审查权后,第二次行使司法审查权,其结果却是确认奴隶制的合法性。这个判决引起了北方的强烈不满,谴责之声此起彼伏。“这个判决不仅从宪法高度维护了奴隶制,堵塞了以法律手段解决南方奴隶制问题的道路,而且坚定了南方蓄奴州依法捍卫奴隶制的决心,使1861年执政的林肯总统处于‘违法乱纪’的被动地位,对南北战争的爆发起到了推波助澜的作用。”①南方奴隶主阶级和北方工商业资产阶级的矛盾终于导致了美国内战的爆发。

内战结束后,国会和各州批准宪法第13、14条修正案,宣布废除奴隶制,承认黑人是美国公民。奴隶制终于被废除了,但获得自由的广大黑人的地位仍然很低下,处于“除了自由一无所有”的状况,他们备受歧视,各种权利受到限制,甚至还受到白人极端种族主义者的迫害。对于黑人的种种歧视,联邦最高法院予以了认可。1896年,在“普莱西诉弗格森”(Plessy v. Ferguson, 1896)案中,联邦最高法院的判决确立了“隔离但平等”的原则,承认南方种族隔离制度的合宪性。该判决宣布,路易斯安那州“隔离但平等”的法令并不违反宪法第13、14条修正案,承认了南方种族隔离制度的合宪性。可见在这一时期,美国联邦最高法院行使法律解释权时,没有积极地顺应社会的发展,拥护作为社会革命成果的新制度,而是极力维护腐朽没落的旧制度,具有很大的保守性。

废除奴隶制是美国在19世纪资本主义发展中的一个重要任务,没有通过废除奴隶制扫清资本主义发展道路上的障碍,就不可能有美国在19世纪末期赶超英法而成为世界头号经济强国的辉煌。但是,联邦最高法院却通过保守地行使法律解释权来维护奴隶制和种族歧视制度,似乎对黑人奴隶制情有独钟。早在北美殖民地时期,南方的经济发展就一直与对黑人奴隶的残酷剥削有关。包括华盛顿在内的许多美国开国元勋们都是大奴隶主,当他们在《独立宣言》中宣布人的“生命权、自由权和追求幸福的权利”是“不言而喻”的时候,这里的“人”就不包括黑人,也没有提及废除奴隶制问题。虽然一些主张涉及这一问题,但当时出于团结一致对抗英国的需要,奴隶制问题不可能得到解决,甚至在制定1787年宪法时,奴隶制问题也没有受到触动。因此,奴隶制在当时的美国根深蒂固,处于不可动摇的地位,只是后来资本主义商品经济的发展使北方工商业资产阶级在追求利益最大化时,才不得不提出

① 任东来等:《美国宪政历程:影响美国的25个司法大案》,中国法制出版社2005年版,第90页。

废除奴隶制。在19世纪中期,作为社会保守力量的美国联邦最高法院的法官,有相当一部分来自南方蓄奴州,他们深怕废奴运动会打碎他们所认可和习惯的奴隶制秩序,因而企图通过解释宪法的"原意"来宣告奴隶制的正当性。当奴隶制最终在宪法上被废除后,美国社会对黑人的种族歧视相当严重,这种甚嚣尘上的种族主义思潮又勾起联邦最高法院保守法官们对过去奴隶制的怀念和对黑人的歧视。于是,"隔离但平等"原则的确立在所难免。

(二) 法院对社会变革的阻碍

进入20世纪以来,随着资本主义由自由竞争阶段向垄断阶段过度,美国社会发生了很大的变化,国家开始采取一些措施限制资本主义的自由发展,对经济活动进行宏观调控。然而,这种有利于社会进步的措施同样遭到联邦最高法院的抵制。例如在1905年,在"洛克纳诉纽约州"案(Lochner v. State of New York,1905)的判决中,最高法院认为纽约州的一项法规违宪而将其宣布无效,这项法律禁止受雇的面包工人每天工作时间超过10个小时,每周超过60小时。最高法院占多数法官判决意见认为,制定这样一个法律等于是未经"正当的法律程序"而剥夺工人与雇主订立雇佣契约的自由,违反了宪法第14条修正案。在1918年"哈默诉达根哈特"(Hammer v. Dagenhart,1918)案的判决中,最高法院还推翻了一项联邦法律。这项法律规定,在某些条件下,禁止运输其中包含14岁以下童工生产的货物。罗斯福试图使美国摆脱20世纪巨大经济危机的头一项新政立法,就被联邦最高法院以微弱的多数作为违宪的法律宣布为无效。但这里法院走得太远了。1936年秋罗斯福获得众多选票,足以表明大多数人支持他的立法计划。于是罗斯福提出了他的"改组法院的计划"相威胁,声称"我们已经到了国家必须采取行动从法院的手中拯救宪法和拯救法院本身的时候了"。最高法院的一位法官改变了态度,才使最高法院支持新政立法的法官由少数变为多数。① 可见在20世纪前期,联邦最高法院在行使法律解释权时仍然具有很大的保守性,总是运用其法律解释权遏制立法机关和行政机关的种种改革措施,阻挠社会的进步。

从当时的情况看,由于资本主义进入垄断阶段,社会发生了很大的变化,原先的一些资本主义法律制度在调整社会关系时已经有些不适应了。作为国家的积极开放力量的立法机关和行政机关,提出具有一定进步性的改革方

① 最高法院的这些活动,参见〔德〕茨威格特、〔德〕克茨:《比较法总论》,潘汉典等译,法律出版社2003年版,第359—360页。

案，这些方案对化解社会矛盾、促进社会发展和挽救资本主义制度具有一定的积极作用。而联邦最高法院频频行使司法审查权来限制社会的改革，以下两个方面可能是其主要原因：

一是联邦最高法院对当时的改革并不看好。当资本主义进入垄断阶段时，许多社会矛盾越来越激化，立法机关和行政机关都在寻找解决方案，但是这些解决方案的效果怎样，甚至对于方案的设计者们来说也是个未知数，他们都不过是在尝试和探索。而司法机关可以被看做是资本主义社会的"安全阀"，总是极力维护当时的社会制度。他们害怕社会危机的爆发，更害怕改革派的方案不但不能解决现存的危机，反而会导致更大的危机，不能建立新的资本主义社会秩序，反而会破坏现存的资本主义社会秩序。出于维护资本主义秩序的本能，他们对改革持的是谨慎的态度，力争把改革带来的动荡压制到最低程度。例如在 1934—1936 年，联邦最高法院宣布违宪的法律多达十三件①，可以想象罗斯福的改革时期是当时美国社会的巨大动荡时期，这种动荡使联邦最高法院感到不安。

二是联邦最高法院大法官具有明显的保守滞后的思想。从年龄构成上看，联邦最高法院的法官都属于"高龄"人士。本来能够成为联邦最高法院的大法官的人都属于年龄偏大者，而在 20 世纪 30 年代，他们的年龄也显得太大了。罗斯福之所以能够提出"改组法院"，是因为当时九名大法官中，至少六人已经超过了七十岁。所以罗斯福要求国会授予他以下权力：每逢一名终身任职的最高法院法官年龄到七十岁仍没有退休时，总统可以提名增补一名法官。② 尽管他的要求国会难以批准，因为这样等于在一定程度上改变了美国的宪政，但这至少说明当时老迈年高的大法官们的思想已经无法跟上时代的需要，留在他们记忆中的或许永远都是几十年前他们处于青壮年时期的社会状况，一旦成为大法官，"深宫"中长期隐居般的生活使他们对外界的变化了解得并不多，此起彼伏的社会矛盾也很难影响到他们，因而他们不会理解革新派的政治主张，而是用保守的眼光予以批判，甚至动用其法律解释权来阻挠社会的变革。

---

① 参见《合众国最高法院宣布全部或部分违宪的联邦法规》，载何勤华主编：《美国法律发达史》，上海人民出版社 1998 年版，第 96 页。

② 参见〔德〕茨威格特、〔德〕克茨：《比较法总论》，潘汉典等译，法律出版社 2003 年版，第 360 页。

四、20世纪中期以来——法院与时俱进地行使法律解释权

（一）法院与时俱进行使法律解释权的表现

20世纪中期以来，尤其是在第二次世界大战以来，联邦最高法院在很多方面都表现出了较为进步的立场，在法律解释权的行使上，体现出了与时俱进的倾向。最明显的表现是，它通过行使法律解释权努力消除种族歧视，保护种族平等。

例如1957年，联邦最高法院首席法官厄尔·沃伦（Earl Warren，1953—1969年在任）在法院作出的对“布朗诉教育委员会”案（Brown v. Board of Education）及其相关案件的一致裁决结论中说，到按照法律隔离的学校就读，给少数族群的儿童带来低人一等的感觉，对他们的学习能力产生不良影响。因此，在这样的学校受到的教育绝不是平等的，绝不符合宪法第14条修正案所规定的保证“平等保护”的要求。次年，在第二个一致裁决（Brown Ⅱ）中，沃伦指令各下级法院和各教育委员会“稳步全速地”实施公立学校的非种族隔离化。在1969年沃伦首席法官退休之前，最高法院和一些下级法院推翻了存在于国家生活其他许多领域中的种族隔离方式，其中包括弗吉尼亚州的禁止不同种族的人通婚的法律。

在沃伦·伯格（Warren Burger，1969—1986年在任）和威廉·H.伦奎斯特（William H. Rehnquist，1986年就任）两位首席法官的先后主持下，最高法院准许各级法院法官在对学校种族隔离问题的诉讼案中行使广泛的补救措施决定权，其中包括由法院下令用校车接送学生，以保证设在种族隔离居民区内的学校实现种族混合，并且规定学生中和教职工中的种族比例。对于那些向反歧视行动项目提出挑战的诉讼案，最高法院的裁决结果不一。在第一件主要案子中，即1978年的“加利福尼亚州大学董事诉巴基”案（Regents of the University of California v. Bakke）中，法院面对的是配额制度问题。在审理这个案件中代表主导裁决意见的刘易斯·鲍威尔（Lewis Powell）法官，对最高法院的决定发挥了关键作用。鲍威尔代表自己和另外四位法官推翻了受到起诉的配额规定。他裁定，一切种族分类，无论涉及的是哪个种族，都必须受到严格的司法审核；无论多么有力的理由，都不能成为实行单纯基于种族因素的录取政策的根据。但是，鲍威尔和另外四位法官同时表示，一个州对学生成份多元化的关注，足以构成在录取决定过程中将种族与其他因素一并考虑的根据。在次年裁决的“美国钢铁工人联合会诉韦伯”案（Steelworkers

v. Weber)中,最高法院的多数法官维持了一家公司及其工会共同作出的决定,即将某些职位中的50%分给少数族群的成员,直到少数族群的员工所占的百分比接近于少数族群在当地劳动力中所占的百分比。在伯格首席法官余下的任期内,最高法院既肯定也废止了多种反歧视行动措施。在1980年的"富利洛夫诉克卢茨尼克"案(Fullilove v. Klutznick)中,最高法院确定,国会通过的一项将联邦公共工程经费的一个百分比专门留给少数族群企业承包的规定是合法的,法官们明确表示,联邦一级的这种反歧视行动项目应该比类似的州和地方项目更受到司法上的尊重。在伦奎斯特担任首席法官以后,各位法官最初仍然奉行伯格主持下的最高法院的这个立场,但是在1995年的"阿达兰德建筑公司诉佩纳"案(Adarand Constructors, Inc. v. Pena)中,大多数法官认定,无论是联邦项目还是州项目,都要受到同等严格的司法审核。最高法院近年来对反歧视行动的反对态度也在选举问题上反映出来。在1990年的人口普查后,在司法部的压力下,有些州划分出一些非洲裔美国人或西班牙语裔美国人占多数的选区;在这些选区中,少数族裔的候选人更有可能当选为国会议员。从一个意义上说,鉴于最高法院维持了1982年做出的对1965年《投票权法案》的各项修正案,它支持了这种特别选区的划分。1982年的这些修正案规定,不但含有歧视意图的州选举法无效,而且如果州的选举法具有分散少数族裔选民、使他们难以选出他们所中意的候选人的效果的话,亦将无效。但是,在对"肖诉亨特"案(Shaw v. Hunt)等一些案子的裁决中,最高法院允许白人选民对划分这种所谓少数占多数的选区的做法提出挑战。最高法院还以微弱多数裁定,如果主要是出于保证少数族裔候选人当选的种族目的来划分选区,这种少数族裔占多数的选区是违宪的。①

除了在消除种族歧视方面的贡献外,联邦最高法院还通过行使法律解释权来化解空前严重的政治危机,真正发挥"安全阀"的作用。例如1973—1974年,国会要求总统交出录音带以接受调查,尼克松总统声称事关国家安全,以总统享有"行政特权"为由拒绝国会的要求,国会与总统之争诉至法院。1974年在"美国诉尼克松"案(United States v. Nixon,1974)中,联邦最高法院裁决总统在任何情况下都不享有绝对的、不受限制的行政特权,下令总统交出录音带。由于司法权的支持,国会弹劾势不可挡,尼克松被迫辞去总

① 关于联邦最高法院在消除种族隔离和种族歧视方面的这些活动,转引自〔美〕廷斯利·亚伯勒:《保护少数族群权利》,见 http://www. qglt. com/bbs/ReadFile? whichfile = 29749&typeid = 39&openfile = 0,[如苍生何]于2005年7月29日上传。

统职务。[①] 2000 年的“布什诉戈尔”案(Bush v. Gore)主要涉及对联邦以及州的选举法的解释、美国总统的选举程序、州司法机关在有争议的选举中的司法行为等内容。联邦最高法院最终裁定推翻佛罗里达州最高法院命令继续人工计票的决定。联邦最高法院多数意见认为,佛罗里达州最高法院的判决存在宪法问题,违反了平等保护条款,必须给上诉一方(布什阵营)补救。联邦最高法院的裁决使戈尔失去了最后一根救命稻草,沸沸扬扬的美国总统大选危机尘埃落定。[②]

(二) 法院与时俱进行使法律解释权的原因

在这一时期,联邦最高法院法律解释权的行使开始摆脱前一阶段的保守性,呈现出与时俱进的特征,而且这些法律解释和审判活动,有利于促进美国的社会进步和维护美国的国家利益。这一时期联邦最高法院法律解释权的行使之所以具有与时俱进的特征,与以下原因分不开:

首先,社会进步力量的影响。在第二次世界大战以后,全世界掀起了民族解放运动的高潮,一些殖民地相继摆脱宗主国的控制而独立,一些社会主义国家也相继成立。帝国主义国家苦心经营的殖民统治秩序迅速瓦解了,世界总体上的进步力量不断增强。而美国战后则发生了一系列的社会危机,在世界范围内进步力量的影响下,黑人、印第安人以及其他少数民族的民族意识逐渐增强,争取民权的要求越来越强烈。经过两次世界大战的震撼,美国国内的社会秩序也被动摇了,进步力量在美国社会发展中的作用日益受到重视。国会开始制定法律,禁止在投票、就业、公共设施、住房以及联邦资助项目等公共与私人活动领域中实行种族歧视。这些进步力量自然也会影响到处于美国精英阶层的法官们,他们开始转变思想,正视社会变革,并在自己的法律解释活动中体现出来。于是在一些涉及种族的案件中,联邦最高法院开始致力于维护种族平等和保护处于弱势地位的人种的合法权利。

其次,美国法律家阶层的转变。在美国以前的法律教育中,一般只要在英国的律师公会接受过培训,或者在律师事务所当过学徒,了解审判过程和律师业务技巧,就可以成为一名律师。但是到 1870 年兰德尔(Langdell)出任哈佛大学法学院院长以后,这种情况发生了改变。他进行了一系列的改革,使美国的法律教育上了一个新台阶。20 世纪以后,美国的法律教育和法学

---

① “美国诉尼克松”案,转引自何勤华主编:《美国法律发达史》,上海人民出版社 1998 年版,第 96 页。

② “布什诉戈尔”案,参见任东来等:《美国宪政历程:影响美国的 25 个司法大案》,中国法制出版社 2005 年版,第 448—449 页。

研究有了进一步的发展，法律教育牢牢掌握在法学院之手，报考法学院竞争非常激烈。[①] 美国的法律家阶层成为社会的精英分子，美国律师在全国人口中的比重也是英、法、德、日等国无法相比的。20世纪以后特别是第二次世界大战以来，资产阶级法学的研究中心转移到美国，社会学法学在美国有着很大的影响，它强调在社会当中而不是在法律文本当中寻找法律和作出判决。“美国许多法官的判决都显示出‘社会学法学’的影响，这表现在这些判决对学理所持的怀疑态度，表现在法官们的现实感和对利害攸关社会利益的权衡。”[②]20世纪前期尤其是第二次世界大战以来的美国法官，是深受美国法律教育的法律家，他们的判决越来越注重与社会现实的联系，因而，在审判中他们会跟随社会进步作出与时俱进的判决，他们的判决也越来越受到社会的认可和尊重。

再次，维护分权制衡原则的需要。这也是美国法院行使法律解释权的根本原因。1803年确立联邦最高法院的司法审查权，虽然是出于党派斗争的目的，但在客观上有利于维护美国资产阶级思想家所设想的三权分立和分权制衡的资本主义制度，因而这一原则一旦确立就得到其他国家机关和社会大众的认可。当社会发展到20世纪时，尤其是在第二次世界大战以来，由于人类活动能力的增强和社会事务的繁杂，行政权和立法权越权现象越来越突出。如果要防止这些权力过于强大而失去制约，破坏分权制衡的原则，就需要司法权来予以牵制。法院在司法审查时行使法律解释权是牵制的最好方式，它可以有效地制约其他两权的滥用，保障资产阶级政局的稳定，并能够化解一些政治危机。“美国诉尼克松”案和“布什诉戈尔”案就是由于联邦最高法院的出面而使狼烟四起的统治阶级内部斗争最终以平静的方式得到解决，维护了资产阶级的政治统治。美国之所以被称为资产阶级三权分立的典型国家，正是因为它的司法机关拥有法律解释权。而且这一制度在客观上确实起到了资产阶级所希望起到的作用，为美国资产阶级民主与法治的发展作出了贡献。

关于最高法院在美国权力体系中的角色，西方学者做了这样的描述：“美国联邦最高法院拥有非常大的权力，它可以使与联邦宪法相抵触的法律归于无效，并且在这个过程中，创造宪法性的判例。美国最高法院在联邦体系中拥有解释成文法的最终局的权威。最高法院拥有填补成文法的空缺的相当大的权力，特别是在公法领域。……如果没有特别的宪法性的或者立法

① 参见何勤华主编：《美国法律发达史》，上海人民出版社1998年版，第18—19页。

② 〔德〕茨威格特、〔德〕克茨：《比较法总论》，潘汉典等译，法律出版社2003年版，第364页。

性的授权，联邦最高法院无权创制普通法，但是州最高法院拥有很大的创制普通法的权力。……总之，可以说，美国联邦最高法院（以及其他一般的高层级的法院）的创制法律和宣布法律的使命非常大。”[①]在美国，联邦最高法院有着如此重大的权力，由司法机关和法官行使法律解释权自然也会被认为是理所当然的事情。

---

① Interpret Statutes: A Comparative Study, edited by D. Neil MacCormick and Robert S. Summers, Published by Dartmouth Publishing Company Limited, 1991, pp. 449—450.

第六章　古代中国法律解释权的配置

作为世界四大文明古国之一,中国有辉煌的历史和灿烂的文化,古代法律制度相当发达。从公元前21世纪的夏朝到公元20世纪初期的清末,中国的法律在几千年的历史发展中一脉相承,未曾中断,对周边国家产生重要影响,东亚和东南亚地区形成以中国封建法律制度为蓝本的中华法系,在世界古代法律发达史上占有重要的地位。古代中国法律解释权的配置,代表中华法系法律解释权配置的基本情况,因而研究中华法系法律解释权的配置问题,可以把古代中国法律解释权的配置状况作为研究的主要对象。古代中国基本分为奴隶社会和封建社会,这两种社会形态都经历较为成熟的发展,法律制度相对来说比较完善,因而研究古代中国法律解释权的配置,可分别研究奴隶社会和封建社会法律解释权的配置状况。

一、奴隶社会时期——王权之下由神职人员和司法官行使法律解释权

自从公元前21世纪中国第一个国家政权成立时起,中国开始进入奴隶社会,其间经历了夏、商和西周,到春秋时期奴隶社会开始解体。在这一时期,法律解释活动处于较为原始的阶段,法律适用也非常简单。尽管如此,法律解释权的配置方面仍有许多值得关注的地方,这一时期由神职人员和司法官在王权之下行使法律解释权。

(一) 王权之下由神职人员和司法官行使法律解释权制度的产生

夏朝的法律主要是习惯法,其中包括礼和刑两部分,由于年代久远,具体内容已经不可考了,但从后来的文献中可以了解到当时的某些内容。例如孔子说:“殷因于夏礼,所损益,可知也;周因于殷礼,所损益,可知也。”[①]在许多文献的记载中,夏的法律与一个叫做皋陶的人的创造有很大关系。皋陶据说

---

① 《论语·为政》,见孔子:《论语》,杨伯峻、杨逢彬注,岳麓书社2000年版,第16页。

是古代黄淮地区一些氏族部落的首领，与夏禹同时代，长期担任士（司法官）的职位。夏朝的一些法律制度来自于皋陶，“昏、墨、贼，杀，皋陶之刑也。”[①]“昏”是“恶而掠美”，“墨”是“贪以败官”，“贼”是“杀人不忌”，这三种罪都是死罪。夏朝统治者用宗教迷信来维护其统治，当时神明裁判方法盛行，据说皋陶审判案件就是这样。“皋陶治狱，其罪疑者令羊触之，有罪则触，无罪则不触。”[②]皋陶既是法官，运用神灵的“指示”进行判决，又是通过司法实践创制法律的立法者。显然，在皋陶的审判过程中，他在理解和解释法律，但这种解释带有很大的神明色彩。

商朝时期神明裁判得到进一步发展，“神判”与“天罚”是商代统治者假借鬼神意志进行审判和处罚的概括。在商代，商王是全国最高审判官，握有对重大案件的最终裁判权。在商王之下，中央设最高司法机关司寇，司寇之下设有正、史佐理司法。地方司法官称士，基层称蒙士。从甲骨卜辞看，商朝大量的审判主要是由卜者进行的，通过卜者占卜向神请示作出判决。如甲骨卜辞有：“贞：王闻惟辟？”“贞：王闻不惟辟？”即敬问神明，王命用刑，宜否？王命不用刑，宜否？卜辞由从事占卜的人解释。神明对这些卜问的答复，实际就是卜者代表国王和司法官的旨意作出的决断。[③] 在商朝国家机关中，见于卜辞的主要官职有乍册、卜巫、史等，通称作史官，掌管祭祀、占卜和纪事，他们是所谓神和人之间的媒介，是神权的掌握者，也是国家的重要执政官，地位相当高，权力也很大，对国家活动具有重要影响。商朝后期，随着王权的进一步加强，史官的权势相对下降，武乙以后商王取得亲自占卜的权力，进一步削弱了史官的职权。[④] 很明显，商的统治者一直在用所谓的“天罚”来欺骗人民，借助所谓天的神威，用严刑峻法维护其统治。史官，也就是神职人员，掌握审判过程中对上天旨意的解释，因而也就掌握对法律的解释权。“商人凡事无不通过占卜向鬼神请示，占卜官就成为鬼神与社会之间的媒介。作为神的旨意的法律，也是通过占卜官的解释传布于社会的，甚至定罪量刑都要诉诸鬼神。在神明裁判的古老司法模式中，占卜官实际上充当了法官的角色。”[⑤]

到了西周时期，中国的奴隶制法律有了很大的发展。西周统治者一方面继承夏商“受命于天”的思想，仍然强调“代天行罚”，另一方面吸取商王滥施

---

① 《左传·昭公十四年》，见左丘明：《左传》，覃遵祥等注，岳麓书社2001年版，第582页。
② 《论衡·是应》，见王充：《论衡》，上海人民出版社1974年版，第270页。
③ 参见薛梅卿、叶峰：《中国法制史稿》，高等教育出版社1990年版，第18—19页。
④ 参见张晋藩等编著：《中国法制史》（第一卷），中国人民大学出版社1981年版，第33页。
⑤ 陈兴良：《法的解释与解释的法》，载《法律科学》1997年第4期，第24页。

刑罚而灭亡的教训，提出"以德配天"、"敬德保民"的思想。同时，西周的统治者根据社会发展的需要，制定一系列行为规范调整不同地位的人之间的关系，维护统治阶级的根本利益。这种规范形成一套典章制度和礼节仪式，史称周礼。周礼以奴隶制宗法等级制度为核心，涉及社会生活的各个领域，它的许多规定依靠国家强制力保障实施，具有法律效力。由于周礼突出人的色彩，神的色彩在西周的法律当中不断淡化。有学者指出，西周时期，神权观念开始动摇，神明裁判不再盛行，但其影响似乎还保留下来，如当时的誓审，就是神明裁判的遗迹。① 西周的诉讼制度较商朝有一定的发展。周王拥有最高审判权，他可以处理诸侯之间的争讼。周王以下，中央设置专门从事司法审判的司寇。② 司寇之下，设士师和士，其中士师掌管中央政府的"五禁（宫禁、官禁、国禁、野禁、军禁）之法"及"官中之政令"，解释法律，审理士一级的案件。士作为属吏，人数较多，故称群士，各负一责。③ 到了春秋时期，随着奴隶制生产关系的逐渐瓦解，世卿制度逐渐崩溃，官僚制度开始萌芽，管理祭祀鬼神和占卜的神职人员的地位在国家机关中处于次要地位，掌握司法权的官职司寇在国家机关中的地位有了明显的提高。④ 从这一时期来看，一度掌握法律解释权的神职人员开始让位给司法官，由世俗的司法官行使法律解释权。

（二）王权之下由神职人员和司法官行使法律解释权的原因

总的来说，在夏商周时期，主要有三种人员行使法律解释权，其一是神职人员，其二是司法官，其三是王。在中国奴隶社会里，这三种主体能够行使法律解释权，有其特定的原因。

神职人员行使法律解释权，跟当时生产力极为低下，人们在恶劣的自然界面前无能为力而转向求助神灵有关，也是原始宗教在奴隶社会得以延续的表现。在世界古代史上任何国家的早期发展阶段，宗教都存在并对政治法律制度产生重大影响，中国也不例外。尤其是在商朝，统治阶级达到迷信神灵的地步，占卜非常盛行，以至于商王一切听命于上帝，按照鬼神的意志行事。而当时的法律同样被冠以神灵色彩，其具体内容并不公开，以刑罚神秘主义著称。在这个充满宗教和迷信的社会里，神职人员掌握对神灵意志的解释

---

① 参见陈涛：《中国法制史》，陕西人民出版社 2001 年版，第 295 页。

② 参见张晋藩等编著：《中国法制史》（第一卷），中国人民大学出版社 1981 年版，第 63 页。

③ 参见陈涛：《中国法制史》，陕西人民出版社 2001 年版，第 259 页。

④ 参见张晋藩等编著：《中国法制史》（第一卷），中国人民大学出版社 1981 年版，第 74—75 页。

权,当然也就掌握对法律的解释权。他们的解释就是所谓的上帝的意志,能直接施用于案件的审判中。神职人员行使法律解释权也是统治阶级以上帝的名义维护其统治的需要。夏启改变了原来的禅让制,有扈氏不服,夏启出兵讨伐时宣称:"有扈氏威侮五行,怠弃三正,天用剿绝其命,今予惟恭行天之罚。"[①]商朝统治者更是宣称上帝是自己的祖先,才有"天命玄鸟,降而生商"[②]之说。成汤攻打夏桀时说:"有夏多罪,天命殛之。……夏氏有罪,予畏上帝,不敢不正!"[③]西周统治者也宣称:"昊天有成命,二后(文王、武王)受之。"[④]统治者在以代表天意进行政治法律活动时,必然要寻找一个能够沟通人与神之间的渠道,这种渠道就是占卜,于是神职人员起到解释神的意志的作用。通过解释所谓的神意,统治者的活动便披上神圣的光环,其司法审判就成了所谓的"天罚"。要垄断神权,就需要专门的人对占卜进行解释,神职人员理所当然地成为行使法律解释权的主体。

司法官行使法律解释权主要是由当时太简单太原始的法律形式决定的。当时的法律渊源主要是原始的习惯法,内容相当粗略,适用时表现出很大的不明确性,因而必然会遇到解释的问题。在当时法律解释问题并没有引起重视的情况下,对习惯法进行解释的任务只能由具体的司法官来完成。皋陶作为司法官,就在行使法律解释权,当然他实际上也在行使立法权,毕竟在那个法律几乎是空白的年代,法律不可能对各种权力作出明显的区分。到了西周,司法官解释法律的做法得到充分的发展。这是因为,以上帝的子孙自居的夏商最终都被取代使西周统治者认识到,单纯地以宣扬"天命"来维护自己的统治已经起不到预期的作用了;再之到西周时期社会生产力已经有较大的发展,新的问题层出不穷,需要制定新的统治规则。于是建立在宗法血缘基础之上的周礼出现了,它大大降低"天"的色彩而突出了"人"的地位,进一步增强了司法官在审判过程中的法律解释权。司法官不仅解释着法律,而且他们的裁判对法律制度的创建也起到积极作用。当时为了制定客观有形的标准作为裁判依据,统治者将个别命令性的裁判进行积累和整理,选择那些具有普遍意义的裁判并赋予其以先例的意义和作用,这就是最初的判例。判例越积越多,统治者便通过文字将其记载下来并予以分类汇编。夏商周三代

---

① 《尚书·甘誓》,见《尚书》,周秉钧译注,岳麓书社 2001 年版,第 49 页。

② 《诗经·商颂·玄鸟》,见《诗经全译注》,樊树云译注,黑龙江人民出版社 1986 年版,第 609 页。

③ 《尚书·汤誓》,见《尚书》,周秉钧译注,岳麓书社 2001 年版,第 56 页。

④ 《诗经·周颂·昊天有成命》,见《诗经全译注》,樊树云译注,黑龙江人民出版社 1986 年版,第 555 页。

在其建立之初都编制判例汇编，称为刑书。这一过程就是《左传》所载的下列内容："先王议事以制，不为刑辟。……夏有乱政，而作禹刑；商有乱政，而作汤刑；周有乱政，而作九刑。三辟之兴，皆叔世也。"①由于当时的习惯法非常落后，必然需要法律的适用者对法律进行创造性的解释，以适应调整越来越复杂的社会关系的需要。司法官的判例能够成为后来的法律，正说明司法官在审判过程中通过对法律行使解释权而使落后的习惯法不断完善。

王行使法律解释权在奴隶制时期的中国应当是不言而喻的。中国的奴隶社会不曾经历过像古希腊、古罗马历史上的那种发达的民主与共和制度，也不存在西方奴隶制国家中的执政官（王）、元老院、监察官以及平民大会等不同机关之间的权力制约。中国一进入阶级社会就开始了君主制，君主在国家的政治、经济、军事等领域处于绝对领导地位，掌握不受限制的权力。"家天下"的局面使国家的一切活动都变成了君主个人的私人问题，君主个人的私人问题又同时变成国家的问题，君主是国家也即是他的私家的所有问题的决策者，其他各种官员的活动都是在君主的授权下，秉承君主的意志而行事。司法活动当然不会例外，无论是夏商周当中的哪个朝代，王都是最高司法机关，也都是最高司法官。尽管中央一级设有全国最高司法机关，但它不过是王之下的最高司法机关，是代表王行使司法权。它的一切决策，一切审判活动都必须遵循王的旨意。因而，神职人员、司法官等行使法律解释权的结果要上报王，由王来决定，王成为法律解释权的最终行使者。即使在神职人员占据重要地位的商朝，对占卜的解释权一度垄断在史官手中，史官对占卜的解释也只能顺从商王的意志，运用占卜为商王的活动镀上一层神光，而不是商王听命于史官的解释。后来商王取代史官而亲自占卜，更赤裸裸地表明商王是法律解释权的最终行使者。因而可以认为，在夏商周时期，尽管有专门的人员行使法律解释权，但他们的权力都是从王权派生出来并在王权之下行使的，他们权力的行使要听命于王权。

---

① 《左传·昭公六年》。见左丘明：《左传》，覃遵祥等注，岳麓书社 2001 年版，第 540 页。这种由判例到判例汇编再到《左传》中所讲的刑书的观点，来自陈涛教授。他认为，经过整理汇编的判例集在夏商周三代时期就是刑书。其中"议"指评判，"事"或系事字误认，实为古"争"字，指争讼。"刑"为"侀"字省笔，指一成不变的常制。"辟"原指审理案件取信于民，引申为判例。"有"与"佑"通，作助讲。"乱"借为断，指裁判。"政"借为正，正与定通，指定罪量刑。"作"字有增益义，引申为整理、编订。"叔"系"俶"字省笔，俶（音 chù）有始初之义，可指初期。参见陈涛：《中国法制史》，陕西人民出版社 2001 年版，第 42 页。

二、封建社会时期——皇权之下以官府为主私人为辅行使法律解释权

春秋战国时期是我国历史上的奴隶制瓦解和封建制形成时期。这一时期,由于社会生产力获得空前发展,生产关系开始发生改变,引起上层建筑的巨大变革,法律制度也随之发生改变,最明显的变革是成文法的出现。公元前536年,郑国执政子产铸刑书于鼎,被认为是中国最早公布的成文法。此后,其他诸侯国也相继公布成文法。成文法的公布摧毁奴隶主贵族对法律的垄断,限制他们的一些特权,对于法律解释权的发展起到重大推动作用。战国时期,代表地主阶级利益的法家人物如商鞅、李悝、吴起等,进入诸侯国的决策层。他们崇尚法治,相信通过严刑峻法规范人们的行为,能够调动人们的积极性,促进国家的发展。他们执政时大力推进立法,促进了封建制法律的形成,又进一步推动法律解释权的发展。在法家众多代表人物的改革中,商鞅在秦国的变法取得的成就最大,对中国封建社会法律制度的影响最深远。因此,可以从商鞅在秦国的变法开始,按照历史的发展顺序对中国封建社会法律解释权的配置状况进行探索。这一时期形成了皇权之下以官府为主私人为辅行使法律解释权的制度。

(一)皇权之下以官府为主私人为辅行使法律解释权制度的形成和发展

公元前359年,取信于秦孝公的商鞅开始在秦国实施变法。他认为要治理好国家,必须以法律为后盾,赏罚分明,把法律当作判断是非功过和行使赏罚的标准。因而,法律应当公布于众,取信于民,让人们都能知道法律的规定,并按照法律的要求行事。战国时期成文法的出现相应地带来了对法律的解释问题,不同的人所作出的解释各不相同,为了保证法律的统一适用,防止出现对法律的错误理解,商鞅主张,“为置法官,置主法之吏,以为天下师,令万民无陷于危险。”①于是,封建中国开始了由官方解释法律的制度。秦国和统一后的秦朝基本采用商鞅创立的法律制度,并作了很大的修订和补充,使秦律的内容得到不断发展。为了防止有人以古非今,秦始皇实施焚书坑儒的严厉措施,加强思想专制,推行愚民政策。同时为了保证法律的统一实施,秦始皇下令,只有国家官吏才有权解释法律,严禁私人解释法律,“若欲有学法

① 《商君书·定分》,见商鞅等:《商君书》,章诗同注,上海人民出版社1974年版,第83页。

令，以吏为师”①。这就是说，只有执行政府法令的官吏才能做法律教师，教学的内容也只能是政府公布的法律，也即“以法为教”。这就把对法律的解释权牢牢控制在官吏手中。这种做法有利于刚刚建立的专制集权的封建统治制度的巩固，但它使法律解释活动仅仅局限在特定的领域，不利于正处在发展初期的封建法律制度的完善，而且还会引起人们对法律的恐惧而不是崇敬。中国几千年来视法律为刑罚和统治工具的思想与秦朝的严刑峻法和以吏为师的做法不无关系。“从此中国古代律学便走上了以注释法律为根本特征的道路，而秦简的‘法律答问’便是注释律学的滥觞。”②

自从秦朝开始由官吏行使法律解释权以来，在中国封建社会两千多年的发展过程中，其间虽然有部分变革，但这一法律解释权的配置制度一直保留下来。汉朝初期，统治者吸取秦朝因暴政而致其灭亡的教训，开始注重综合运用儒家和法家的理论治理国家。尤其是在“罢黜百家，独尊儒术”的背景下，儒家经典被奉为神明，董仲舒利用自己的儒学声望和社会地位，对《春秋》进行注解，用以裁判案件，形成“春秋决狱”制度。所以，董仲舒根据儒家经义对法律的解释绝不是民间的私人注律行为，他的解释是与他的官员身份以及朝廷的授权分不开的，董仲舒以政府官员身份成为法律解释权的行使者。由于春秋决狱的盛行，两汉时期有许多儒家大师如马融、郑玄、叔孙宣等竞相以儒家经典注律，使得法律更加繁杂，带来法律适用的困难。到了三国曹魏时期，天子下诏，只用郑氏章句，不得杂用余家。这些儒家大师们的解释本来是私人行为，是私家注律活动，虽不具有法律效力，却对司法实践产生影响。其中个别儒家大师的解释经过皇帝的认可而具有法律效力，他们成为法律解释权的行使者。

西晋时期，法律解释权进一步控制在封建官员手中。曹魏末年，权臣司马昭命贾充、杜预、羊祜、裴楷等重臣名儒着手删改曹魏律，晋武帝泰始三年（公元267年）修订完毕，次年“班行天下”的《晋律》（也称《泰始律》），随着西晋的统一而成为三国两晋南北朝时期唯一推行全国的法典。在晋律颁行的同时，张裴、杜预又为之作注，注解经武帝批准，“诏班天下”，从而成为具有法律效力的解释。历史上总是把张裴、杜预的注解与晋律视为一体，后人称之为“张杜律”。③ 张杜二人皆为朝廷命官，他们对法律进行解释意味着法律解释权回归到了官方。

---

① 《史记·秦始皇本纪》，见司马迁：《史记》，中州古籍出版社1996年版，第39页。

② 张晋藩：《中国法律的传统与近代转型》，法律出版社2005年版，第182页。

③ 参见张晋藩主编：《中国法制史》，群众出版社1982年版，第175—176页。

唐朝是中国封建社会的全盛时期,封建制度发展到成熟阶段,政治经济文化的发展都超过前朝。唐朝的国土非常广大,对外交往频繁,不同国家的人共同生活在唐朝的国土上,法律纠纷较为复杂。这一切都在客观上促进了唐朝立法的发达,立法的发达自然带动法律解释的发达。唐朝立法的杰出代表是《永徽律》。在唐朝的社会经济获得巨大发展以及立法司法方面取得较为丰富经验的情况下,唐高宗于永徽初年命太尉长孙无忌、司空李勣、左仆射于志宁等,以武德、贞观两律为基础,编纂《永徽律》十二篇,于永徽二年(公元651年)颁行全国。永徽三年,高宗下诏由长孙无忌等人负责,对《永徽律》逐条进行注解,叫做"律疏"。律疏经皇帝批准,于永徽四年颁行。律疏附于律文之后,与律文具有同等效力。疏与律合在一起通称《永徽律疏》,后世又叫做《唐律疏议》。① 《唐律疏议》是中华法系的代表性法典,对唐以后的整个中国封建法制和中华法系其他国家的法律制度产生了重大影响,在世界法律发展史上也有重要地位。《唐律疏议》由立法和法律解释组成,法律解释者本身又是立法者,对永徽律的解释实际上是由立法者进行的,这种解释也就是今天所说的立法解释,因而通过这部法典可以看到,法律解释权掌握在立法者手中。由立法者解释法律对法律的适用有很大的现实意义,这种根据立法意图而作出的解释,可以澄清法律在概念术语方面的模糊性,提高司法官吏的办案能力以及适用法律的准确性,弥补法律在适用中的漏洞。

唐朝以后,中国的封建社会开始走下坡路,整个法律制度并没有多大的进展。由于唐律的重大影响,宋元明清时代的法律都以唐律为蓝本,其所取得的成就难以超过唐律,在法律解释方面建树也不多,法律解释权跟前朝比起来无甚大变。宋朝的《宋刑统》相当多的内容只是唐律的翻版,加上南宋时期与适用性较强的律学相对的理学的兴起,使官方的法律解释活动受到冷落。倒是官员以私人身份进行的法律解释活动影响较大,如郑克的《折狱龟鉴》、宋慈的《洗冤录》等,它们本身并不具有约束力,但影响甚广,事实上成为一些司法官判案的依据。

明朝初期,由于朱元璋用重刑治国,法律解释活动开始复苏,但法律解释被严格限制在官府中。尤其是《大明律》制定后,除了编撰者奉命进行的官方注解外,朱元璋严禁对其进行议论和改动,私家注律失去存在的环境。明朝中后期,由于经济关系发生了变化,社会矛盾越来越尖锐,导致官方原来的注解难以适用。"然而明中叶以后,政治极端腐败,官吏擅权,皇帝昏庸,政府

---

① 参见张晋藩等编著:《中国法制史》(第一卷),中国人民大学出版社1981年版,第252—253页。

已无力组织较大规模的官方注律，不得不委之于私家。只要体现国家的立法意图，符合当政者的利益需求，有利于现行法律的贯彻实施，私家注律不仅被认可，而且受到鼓励。"①明朝的法律解释权由早期的官方垄断逐渐转向由官方和被认可的私人行使。

清朝的法律解释体制变化不大，官方注律主要是由奉旨修订法律的立法者在制定法律的同时对法律进行简单的解释，解释附于法律条文背后，与法律具有同等效力。与此同时，私家注律在清朝相当兴盛，这种解释虽不具有法律约束力，却并非无足轻重。"清代政府对私家注律较为重视，认为是'备律所未备'，尤其是私家注律的广泛性和注律家身份的特殊性，使私家注律活动的影响力较官方注释更巨大。"②由此看来，私人在清朝虽不具有法律解释权，但私人的解释却成为官方解释的补充。

（二）皇权之下以官府为主私人为辅行使法律解释权的成因

纵观中国封建社会法律解释权配置的发展演变历程，可以看出法律解释权由两大主体掌握和行使。其一是官府为主私人为辅行使法律解释权，其二是封建皇帝掌握最终的法律解释权。

自从秦朝开创"以吏为师"的制度以来，中国的法律解释权一直掌握在官府手中。在秦朝以及秦以后的几个朝代中，都是由官吏来代表政府解释法律。在西晋时期由参与立法的杜预对法律的解释经皇帝批准而具有立法解释的雏形，唐朝长孙无忌等对《永徽律》的注解明显就是今天所谓的立法解释了，这种由立法者对法律进行解释的做法一直影响到后世的几个朝代。无论是特定官吏的解释，还是立法者的解释，都是官方进行的解释。在中国古代立法、行政、司法不分的政治体制下，这些官方的解释都是以官府名义作出的，因而可以说，中国在封建社会是由官府行使法律解释权。法律解释权配置给官府是中国封建统治者确立统一的思想和制度、维护专制统治的需要。为了防止出现对法律制度的不同见解和评论，损坏法律的权威性，进而危及君主的神圣性，几乎所有的封建统治者都要求特定的官员代表官府解释法律，这种做法发展到顶端就是由立法者在立法的同时对法律作出解释并赋予解释具有与法律同等的效力，例如唐代的立法性解释。

官府的解释毕竟具有一定的局限性，至少它不能及时地随着社会的发展

---

① 张晋藩：《中国法律的传统与近代转型》，法律出版社2005年版，第192页。

② 何敏：《从清代私家注律看传统注释律学的实用价值》，载梁治平编：《法律解释问题》，法律出版社1998年版，第327页。

而发展，而且这种解释在被具体运用时同样会显得不够具体。而私人解释在一些方面正好可以弥补这些缺陷，特别是那些站在统治者立场上维护统治者利益的私人解释，既能满足法律适用的需要，又能为统治者辩护，深受统治者青睐，所以私人解释具有一定生存的空间。当然，并非所有的私人解释都具有法律效力，只有经过皇帝批准的私人解释才是有权解释，他们成为法律解释权的另一部分行使者。从整个封建社会法律解释权的发展历史看，少数私人行使法律解释权只是对官府行使法律解释权的补充，私人不是法律解释权的主要行使者。即使在汉朝确立儒家思想一统天下的政治环境中，广大儒生纷纷注律，形成私人注律的潮流，也并非随便一个儒生的解释都能具有法律约束力，仍然只是少数被统治者认可或者授权的私人所进行的解释才是有权解释。尽管在某些朝代或者某些朝代的某个时期，私人注律受到严格限制，但从总体上看，私人解释一直延续下来，并对立法和司法实践产生重大影响。

在中国封建社会中，官府是法律解释权的主要行使者，而私人是法律解释权的次要行使者，二者相互补充，相互促进，共同促进古代法律解释活动的发展，对封建法律的进步作出了贡献。

中国封建社会的一个显著特征是君主专制，封建君主独揽一切大权，操纵国家的所有活动。从秦始皇开始，封建君主成为国家一切活动的最高决策者，其他任何官吏的任何职权都来自于皇权，都是根据皇帝的授权行使的，所有的活动最终都要听命于皇帝，皇帝集全国的立法、行政和司法权于一身，因而皇帝是全国最高的立法者和司法者，当然也就拥有对法律的最终的解释权。无论官府的还是私人的法律解释权，都是经过皇帝恩准而行使的，因而他们都只能按照皇帝的意志进行解释，或者他们的解释必须符合皇帝的意志，经过皇帝认可而具有法律约束力。

皇帝行使最终的法律解释权是中国封建专制独裁制度的必然结果。一方面，从秦朝开始，在两千年的封建社会历史发展中，中国总体上是一个统一的大帝国，为了防止地方势力过于强大而危及中央，皇帝把国家的一切大权都集中到中央，把中央的一切大权都集中到自己手中，最终掌握了生杀予夺的大权。在中国封建社会中，任何一个朝代建立之初所要做的第一件事就是削弱地方势力，巩固中央集权和君主专制统治，树立皇帝个人神圣不可侵犯的崇高地位，法律解释权自然也就掌握在皇帝手中。另一方面，中国封建社会从来没有出现过像西方基督教那样的一种可以与皇权抗衡的宗教力量，皇帝个人的专制独裁活动可以肆无忌惮地进行。西方中世纪，基督教一度势力极大，几乎统治了一切，一度连封建君主都要听命于教皇。基督教后来尽管衰落下来，但一直在国家政治法律活动中占据重要地位，它的存在在很大程度上遏制了皇帝的专制,实现了权力的制约。而中国封建社会根本不存在这种情况。中国虽然有一个一统天下的儒家理论,但它的存在不是为了限制皇权,而是替专制皇权辩护的,它所宣扬的理论又反过来进一步巩固了封建专制统治。即使是作为秦朝立国思想的法家理论,同样为专制统治服务。所以在精神信仰上,中国封建社会既没有反对君主专制的思想,也没有可以制约君主专制的宗教力量或其他理论,使封建皇帝的所作所为成为不受限制的特权,皇帝解释法律成为理所当然的事情。

在中国封建专制统治之下,由皇帝行使最终的法律解释权虽然有利于树立法律解释活动的权威性和法律解释内容的统一性,但其弊端是显而易见的。由于皇帝的法律解释活动不受限制,他可以根据自己的个人爱好和情感上一时的喜怒哀乐,随意地对法律作出解释,而且他的解释又成为最高的法律,因而这种解释必然会破坏法律的稳定性,使许多案件仅仅凭皇帝个人的意愿而不是法律来审判,带来案件审判的不公正性,同时也破坏了并不牢固的封建法律制度。

三、古代中国法律解释权配置和行使的特点

从奴隶社会时期王权之下由神职人员和司法官行使法律解释权,到封建社会时期王权之下由官府为主私人为辅行使法律解释权,中国古代法律解释权的配置和行使经历了一个非常平稳的发展过程,具有明显的特点。

(一) 法律解释权从属于立法权

法律解释权到底是什么性质的权力,在不同国家有不同的答案。从中国古代法律解释权的配置状况看,古代中国的法律解释权从属于立法权。判断法律解释权从属于立法权还是从属于司法权,标准大约有两点。一是看法律解释权由立法主体行使还是由司法主体行使。由立法主体行使的法律解释权应当被认为从属于立法权,由司法主体行使的法律解释权应当被认为从属于司法权。二是看法律解释权用来解决什么问题。如果法律解释权主要用来说明法律的含义或者对法律进行完善,使人们认识、明确法律的意义,这样的法律解释权应当被认为从属于立法权。如果法律解释权主要用来解决纠纷,其中当然也少不了对法律意义的说明,这样的法律解释权应当被认为从属于司法权。依据这两个标准来看,古代中国的法律解释权从属于立法权。

首先,从行使主体看,无论是在奴隶社会时期还是在封建社会时期,法律解释权最终都掌握在君主手中,而君主是理所当然的最高立法者,“法自君

出”已经成为古代中国万世不易的立法原则。尽管有其他主体在一定程度上或者在一段时间内掌握法律解释权,但他们的法律解释权只能依附于君权而不可能独立于君权。当然,君权包含最高立法权,也包含最高司法权,但难以由此推出法律解释权从属于司法权,原因有两方面。一方面,君权虽然集各种权力与一身,但其最核心的权力是立法权。作为最高的政治统治者,古代中国君主的主要活动是发布诏书,下达最高指令,要求下级遵照执行,而不是亲自实施自己的旨意。即使有君主亲自实施自己的旨意,也往往是结合实施中的情况而纠正自己以前的旨意,实际上是以新的立法取代旧的立法。另一方面,中国古代并不存在独立的司法权,只有立法权和法律实施权,而法律实施权是由立法权派生出的权力,法律实施权显然低于立法权。无论是司法官还是其他各种官吏、公职人员,对案件的审理和裁决都是依据其法律实施权进行的,他们对法律的实施必须“谨遵圣命”,以君主的意志为最高标准,他们对法律的解释自然也必须服从君主的“立法本意”,站在君主这一最高立法者的立场上说明法律的含义。即使有些熟读圣贤书的司法官认为法律有某些不当之处,他们也会通过美化君主的旨意,假借君主的权威而对法律作出符合天理、人情的解释。这样的法律解释虽然体现的可能是法律实施者的个人意志,但法律实施者打出的旗号仍然是贯彻最高立法者的旨意,法律实施者实际上是代表立法者实施法律的,其维护的不是法律实施者的权威,而是立法者的权威。

其次,从主要功能看,法律解释权是用来明确法律的含义而不是解决纠纷。调整人们的行为和解决社会纠纷都是法律的重要功能,但在古代中国,法律的存在主要是为了让人们明白行为的界限,端正自己的行为,而不是解决社会纠纷。或者说,法律的作用是指引人们的活动,使人们对自己的行为后果作出大概的预测,至于产生纠纷后是不是按照法律的规定进行处理,如何按照法律处理,则是另外一回事。显然,这样的法律所发挥的主要作用是事前调整而不是事后调整,这可以从法律解释权的配置状况和人们对法律的基本态度中表现出来。从法律解释权的配置状况看,君主掌握的最高法律解释权是希望把法律说明白,让各级官吏和平民百姓能够了解法律的含义,进而安排自己的行为,而相关官吏行使法律解释权的主旨同样是便于下级认识法律以贯彻法律的本意,至少在大多数情况下法律解释权的行使是出于这样的目的。例如,张杜律以及《唐律疏议》的出现,主要都是基于说明法律而非应用法律的考虑,这样的解释因而被今人称为立法解释,一些私家注律更是脱离具体案件的应用环境而说明法律的含义。从人民对法律的态度看,除少数朝代和个别君主实行严刑酷法治理国家外,在古代中国的绝大多数时期,法律并未得到严格遵守,更没有成为处理纠纷的主要标准和最高依据,倒是伦理道德、儒家经义成了主要的断案依据。法律在解决社会纠纷中地位不高,也在一定程度上意味着法律解释权的行使主要不是存在于纠纷裁判领域。

以上两点充分说明,古代中国的法律解释权与近现代社会中的司法权关系不大,而与行政权和立法权的关系较大,其与行政权虽然有一定的关系,但总体上说是为立法权服务的。因而,法律解释权与立法权的关系最为密切,法律解释权可以被看做是立法权的延伸,古代中国的法律解释权从属于立法权。

（二）法律解释权的配置体现集权要求

法律解释权作为一项解释说明法律的权力,对法律的运作具有重要的影响。因此,把这种权力配置给什么主体行使,一直是统治者非常慎重的问题。从奴隶社会和封建社会时期中国法律解释权的配置状况看,法律解释权越来越集中到君主手中,体现了权力集中的要求。

奴隶社会中的神职人员最初拥有法律解释权,是当时法律极其落后的状况造成的,而不是君主的授予。在法律神秘主义大行其道的社会里,神职人员的地位自然很高,而且在很多情况下君主也需要神职人员发挥先知先觉、安抚人心、裁判是非的作用,神职人员因而具有法律解释权。而且在当时,神职人员本身就属于国家统治阶级的重要组成部分,甚至成为核心的统治集团成员,神职人员行使法律解释权并不会危及君主的利益,因而君主对神职人员的法律解释权持认可的态度。然而随着法律的神秘色彩逐渐褪去,进一步维护君主权威的问题越来越突出地摆在君主面前,以致于后来的商王亲自占卜解释法律,实现了权力的集中。在奴隶社会中,世俗的司法官本身就是君主任命的,他们在司法中对法律的解释不可能不顺应君主意志和维护君主利益,因而由他们行使法律解释权本身就是权力集中的体现。到了封建社会,法律解释权越来越明显地集中到君主手中。自从秦朝确立中央集权制度后,所谓的以法为教、以吏为师,说到底不过是以遵从君主的意志、维护君主的权威为法律解释权行使的根本目的。在整个封建社会,官方行使法律解释权自然是维护君主权力的体现,而私家注律要想获得权威性必须得到官方认可,因而私家注律不可能不投靠官方,不可能不为君主的意志辩护。至于封建皇帝把一些官员对法律解释的注疏诏颁天下作为法律的补充,更是强化了法律解释权的集权性。在古代中国,君权至上,一切权力皆从君权中衍生出来,或者得到君主的认可,因而法律解释权最终必然掌握在君主手中,集权是法律解释权配置的非常明显的特点。

从奴隶社会到封建社会,法律解释权的行使也进一步走向集权。奴隶社会时期,神职人员和司法官尽管是在王权之下行使法律解释权,但他们的法律解释权还有一定的自主性,在不违背王权的前提下有较大的自由裁量空间。就神职人员来说,他们对法律的解释由于带有很大的神秘主义,“专业”色彩较为明显,他们可以通过专业化的神秘行为而影响王权的行使,他们的解释有时会与君主的意志有分歧,否则商王不会取代神职人员而亲自占卜。奴隶社会中世俗的司法官在行使法律解释权时固然不能对抗王权,但由于当时的法律非常粗糙,司法官在裁判中也不可能过多地向上级或者君主请示,因而司法官可以较为自由地行使法律解释权,根据自己的理解和解释而作出判决。进入封建社会后,情况发生较大变化。一方面,法律越来越完备和严密,实施法律的官员自由裁量的空间明显变小。秦朝的法律就很繁杂,而此后的几个朝代都制定了更为繁杂法律,再加上被作为立法解释的法律注疏与法律同时施行,法律几乎形成疏而不漏的局面,实施法律的官员很难有解释和创造的空间。另一方面,封建中国的社会状况并没有明显改变,已经制定的法律在调整社会生活中并不需要过多的解释。一般来说,完备的立法之所以需要较大范围和程度的解释,主要是因为社会的变迁导致原来的法律难以适应社会实际情况。而在整个封建中国,除了改朝换代之外,社会并未发生较大程度的变化。借助农民革命而建立的新朝代所面临的社会问题与前朝的差别不大,而前朝较为完备的法律却可以通过改头换面直接使用。因而,在封建社会里,法律越来越完备,而社会问题并无明显的增加,也导致实施法律的官员无需过多行使法律解释权,无需在较大的范围和程度上行使法律解释权。再一方面,进入封建社会后,秦朝确立的中央集权制度不断得到加强,君主专制统治甚至走向极端,封建官吏的各种活动越来越取决于上级的意志,也在一定程度上压缩了实施法律的官员对法律的解释权。

(三) 法律解释权的配置和行使并无根本变化

无论是奴隶社会法律解释权由王权之下的神职人员和司法官行使,还是封建社会法律解释权由官府为主私人为辅行使,都是在强调君权的至上性,法律解释权始终依附于君权,服务于君权,在君主的总体控制之下,法律解释权由某些主体在职权范围内行使。因此,在奴隶社会和封建社会中,法律解释权的配置尽管有一定的区别,但基本上是一致的。古代中国法律解释权的配置具有明显的传承关系,从奴隶社会到封建社会并无根本变化。

奴隶社会时期的中国虽然尚未建立君主专制独裁制度，但并不存在一种可以与王权相抗衡的权力，君主占有一切，“溥天之下，莫非王土，率土之滨，莫非王臣”①。臣民的一切都是君主的恩赐，“予之在君，夺之在君，贫之在君，富之在君”②。到了封建社会，君主专制统治得到全面加强，君主制定的法律当然要维护君主的利益，维护专制独裁和集权，“天下之事无小大皆决于上”③成为必然的结果。因此，古代中国的法律解释权无论由哪些主体行使，都不过是在实施王法中迎合和贯彻君主的意志而已。虽然封建中国的法律获得了长足的发展，法律解释活动非常发达，带动了对法律进行注解的“律学”的繁荣，但法律解释权配置状况本身并未出现明显的变动。

古代中国法律解释权的配置和行使并未发生根本变化，究其原因有两方面：首先，从社会存在方面说，除奴隶社会向封建社会的转型外，中国古代社会的发展并没有发生质的变化，每一个旧的朝代取代新的朝代，从一定程度上说都不过是历史的反复而已，国家的经济基础和社会结构始终没有变革。而且即使是奴隶社会和封建社会这两个有着重大区别的社会形态，在中国的区别也不大，二者在经济基础、上层建筑等领域的差异远不像西方那样明显。虽然在几千年的历史进程中，中国的社会生产力有很大的进步，在科学技术领域有明显的表现，但这种进步都限定在一个非常狭小的范围内，而不具有根本性。举一个极为简单的例子，中国古代的四大发明很早就完成了，一千多年后西方人通过运用中国的四大发明而研制成的坚船利炮侵略中国时，清军居然还在用冷兵器时代的战术和武器进行防御，由此可见中国在两千年的历史发展中社会的变革多么缓慢。其次，从意识形态方面说，中国自古以来就有“天无二日，国无二主”的观念，自从秦开始建立君主专制统治以来，从来没有人怀疑过君主制，人们认为君主制是理所当然的制度，所谓“国不可一日无君”成为中国人根深蒂固的思想观念。即使有人对封建皇帝所宣扬的君权神授论表示怀疑，也只是怀疑某家王位的神圣性；即使有人对某些皇帝的专制统治不满，也只是对这些皇帝个人的专制独裁不满；即使有人想推翻某个朝代或者想推翻某些皇帝的统治，其所希望建立的仍然是君主专制统治，只不过是由自己做君主罢了；即使明末思想家黄宗羲、顾炎武等人对君主制作了批判，但他们并不想废除君主制，只是想改进君主制。所以，中国在几千年的社会发展进程中，虽然经过了朝代的更迭，但整个社会的政治法律制

① 《诗经·小雅·北山》。

② 《管子·国蓄》。

③ 《史记·秦始皇本纪》。

度并没有发生根本性的改变。法律解释权的配置作为国家政治法律制度中一个不大引人关注的部分，自然不会发生多大的变革。这些原因决定了古代中国法律解释权的配置虽然历经数千年，却始终保持较大的稳定性，受朝代更迭、国家分合、外族入侵、农民起义、政府革新等因素的影响甚小。

第七章　近现代中国法律解释权的配置

近现代中国的历史虽然不长，但所发生的变革无论在内容上还是在影响上都是古代中国的平稳发展所不能比的。这一时期，政治事件层出不穷，外敌入侵接连不断，革命战争风起云涌。在这种局势下，法制建设尽管步履维艰，但也取得一定的成就，其中涉及法律解释权配置的政权有两类，一是具有继承关系的清末和中华民国政权，二是中国共产党领导的新民主主义革命政权。清朝晚期，在革命力量的打击下，中国封建君主制度土崩瓦解，大地主大资产阶级建立的中华民国在清末修法的基础上大量学习和照搬西方法律制度，使法律发生很大变化，实现了法律向近现代的转变。与此同时，中国共产党领导的革命根据地的法制建设也取得很大成就。在近现代中国的法律发展中，有许多内容涉及法律解释权配置的问题。研究近现代中国法律解释权的配置，理应关注这两个政权中法律解释权的配置状况。

一、清末和中华民国时期——形式上由最高司法机关行使法律解释权

（一）最高司法机关行使法律解释权制度的确立

19 世纪中期以来，西方列强的隆隆炮声打开中国的大门，惊醒了满清统治者天朝上国的迷梦。接下来的半个多世纪中，由于外敌竞相瓜分侵略和国内革命浪潮此起彼伏，满清的统治一直处于山穷水尽的困境。为了挽救摇摇欲坠的政权，满清统治者在其苟延残喘的最后几年开始向西方学习，从形式上改变在中国运行两千年的封建法律制度，传统的中华法系逐渐走向解体。

1902 年，清廷宣布改革司法制度，1906 年正式进行。清廷采用资本主义国家司法与行政相分离的原则，先行对中央及京师地区的审判机构进行改革，并颁布《大理院审判编制法》，改刑部为法部，专职司法行政事务，不兼审判，改大理寺为大理院，作为全国最高审判机关，在京师效仿西方国家采用四级裁判所主义，分设高等审判厅、地方审判厅及城谳局，在大理院及各级审判厅内附设检察厅，负责检察事务，封建社会盛行的朝审、秋审、热审、九卿会

审、三法司会审等制度一并废除。[①] 大理院的职权在于,"正卿掌审枉理谳,解释法律,监督各级审判,以一法权。少卿佐之"[②]。这应当是近代中国第一次宣布最高司法机关行使统一的法律解释权,相对于封建社会的法律解释体制来说,具有明显的进步意义。随后的几年,清政府又对司法制度作了进一步的改革,其中对后来影响较大的是 1910 年颁行的《法院编制法》。按照《法院编制法》,审判衙门分为初级审判厅、地方审判厅、高等审判厅和大理院,实行四级三审制,大理院为最高审判机关。在审判制度上采用资产阶级法律中的回避、辩护、公开审判等原则和制度,规定了审理程序,从而在法律上开始打破封建司法制度的束缚。[③] 然而,这种改革在当时的情况下没有也不可能真正实现,清政府所面临的主要任务是利用所谓的立宪骗局蒙蔽人民和镇压各地的革命运动,司法制度的改革并不能掩盖其封建专制的实质。1911 年,资产阶级革命派推翻了清朝的反动统治,使清廷确立的由最高司法机关行使法律解释权的制度仅仅成为一种历史文献。

中华民国成立后,由于资产阶级革命派的努力,临时政府颁布了一些进步的资产阶级法律,对中国法律制度的改变起到一定的作用。但是,资产阶级革命的胜利果实很快被北洋军阀骗取,这个时期的中华民国北京政府同清末政府在本质上是一致的,清末的许多法律在北京政府同样受到欢迎。袁世凯一上台就下令"暂时援用"清末的法律,清末的《法院编制法》就在援用之列,一直到 1932 年国民党南京国民政府颁布《法院组织法》之前,中华民国一直采用清末的司法制度,最高司法机关行使法律解释权这种创立于清末的法律解释制度在中华民国时期得以延续下来。我国台湾地区学者廖与人对当时最高司法机关行使法律解释权的状况作了这样的概括:"关于宪法与法律命令之解释,在民国初年,其解释权属之大理院。(自民国二年一月起,至十六年十月止,共解释二千零十二件。)其后大理院改称最高法院,亦如之。(自十六年十二月起,至十七年十一月止,共解释二百四十五件。)"[④]然而在中华民国的这一时期,由于群雄争霸,政局动荡,以武力维系统治地位的北洋军阀政权并不重视法律制度的建设,最高司法机关法律解释权的行使受到军阀政权的左右,而为军阀政权的统治服务。

1927 年,国民党武汉国民政府将国民党原广州国民政府的大理院改名

---

① 参见陈涛:《中国法制史》,陕西人民出版社 2001 年版,第 475 页。谳,音 yàn,审判定罪。

② 《清史稿·职官志》,见赵尔巽等撰:《清史稿》,第十二册,中华书局 1976 年版,第 3464 页。

③ 参见范明辛、雷晟生编著:《中国近代法制史》,陕西人民出版社 1988 年版,第 58 页。

④ 廖与人编著:《中华民国现行司法制度》(上册),台湾黎明文化事业股份有限公司 1982 年版,第 107 页。

为最高法院,作为国家最高审判机关,由它继续行使法律解释权。1927 年,国民党蒋介石集团篡夺国民革命的胜利果实,建立南京国民政府。1927 年 10 月,国民党南京国民政府公布《最高法院组织暂行条例》,将北洋军阀政府的大理院改称最高法院,作为最高审判机关,同时将各级审判厅一律改称法院。1928 年,随着对全国的逐渐统一,南京国民政府即按照五权分立制度,分设行政院、立法院、司法院、考试院、监察院。同年 11 月公布司法院组织法,当月成立司法院,所属机关设有司法行政部及最高法院。[①] 司法院院长总理全院事务,经最高法院院长及所属各廷廷长会议议决后,统一行使解释法令及变更判例之权。[②] 1932 年,南京国民政府颁布《法院组织法》,于 1935 年 7 月 1 日实施,该法仿效法、德的司法体制,对法院设置采取三级三审制,即地方法院、高等法院和最高法院。隶属国民政府司法院的最高法院不设分院,以统一全国法律之解释。[③] 1947 年 1 月 1 日,南京国民政府公布《中华民国宪法》,该法第 77 条规定:"司法院为国家最高司法机关,掌理民事、刑事、行政诉讼之审判及公务员之惩戒。"第 78 条规定:"司法院解释宪法,并有统一解释法律及命令之权。"第 117 条规定:"省法规与国家法律有无抵触发生疑义时,由司法院解释之。"第 171 条规定:"法律与宪法有无抵触发生疑义时,由司法院解释之。"依据《宪法》,南京国民政府同年 3 月重新制定《法院组织法》,1948 年 7 月 1 日司法院改组成立,司法院设大法官会议及所属最高法院、行政法院、公务员惩戒委员会三机关。"司法院大法官会议,行使解释宪法及统一解释法律及命令之权。在解释宪法方面不但阐明宪法之真谛,并不许任何法令与之抵触;更应因应时间与空间之因素,使宪法不为情势所格,而能彻底实行。在统一解释法律命令方面,使分歧之意见趋于一致,予政府与人民以共同之依据。"[④]国民党从执掌中华民国的政权以来,就继承了由最高司法机关解释法律的制度,并对此作了修正,尤其是在《中华民国宪法》颁布后,对司法院法律解释制度的改革基本定形。

通观清末和中华民国时期法律解释权的配置,无论是在满清贵族苟延残喘的统治时期、北洋军阀统治时期还是在国民党统治时期,都确立了由最高司法机关行使法律解释权的制度。尽管最高司法机关在不同的时代有不同

① 参见廖与人编著:《中华民国现行司法制度》(上册),台湾黎明文化事业股份有限公司 1982 年版,第 59 页。

② 参见薛梅卿、叶峰:《中国法制史稿》,高等教育出版社 1990 年版,第 18—19 页。

③ 参见怀效峰主编:《中国法制史》,中国政法大学出版社 1998 年版,第 496 页。

④ 廖与人编著:《中华民国现行司法制度》(上册),台湾黎明文化事业股份有限公司 1982 年版,第 107—108 页。

的称谓,其行使法律解释权的具体机构和方式也发生一些变化,但最高司法机关行使法律解释权的基本制度并没有发生变化。由清末和中华民国前期大理院行使法律解释权到后期司法院大法官会议行使法律解释权,说明法律解释权的行使越来越细化,法律解释制度逐渐走向完善。《中华民国宪法》颁布两年多,代表大地主大资产阶级利益的国民党政权就被代表革命力量的中国共产党推翻,国民党所确立的由大法官会议行使法律解释权的制度在中国大陆被废除,因而它对中国大陆产生的影响并不大。然而,国民党政权退居台湾地区后,这些法律制度继续有效,虽然国民党执政的台湾地区在法律制度上也做过一些变革,但由司法院大法官会议解释法律的制度一直坚持下来,并经过不断完善,至今仍在台湾发挥作用。所以,应当充分重视中华民国法律解释权的配置制度,不能因为它在中国大陆的历史短暂而忽略它的意义和影响。

(二)对最高司法机关行使法律解释权制度的说明

清末和中华民国时期由最高司法机关行使法律解释权这一权力配置制度的成因较为单一,而且这种制度并没有真正得到实施。对此需要说明如下两点:

第一,清末和中华民国时期确立由最高司法机关行使法律解释权的制度是向西方尤其是大陆法系国家学习的结果。早在鸦片战争后,被西方列强的枪炮声惊醒的先进的中国人就开始扔掉妄自尊大的心态,主张向西方学习。尤其是19世纪中后期洋务派抱着“师夷制夷”的目的而大搞洋务运动却仍然摆脱不了受洋人侵略的命运后,一批先进的中国知识分子开始从洋务运动的失败中反思中国的社会制度本身。他们考察欧美的社会制度后认识到,要改变中国的命运就必须从社会制度改起,而改革社会制度就必然要改革法律制度。中国在甲午战争中被昔日的邻国日本打败也使得满清统治者深受震动,他们开始探寻变革的出路。日本经过明治维新学习德国的社会制度后迅速崛起,使更多的中国人开始注重学习德国的法律制度,所以清末沈家本等人的修法在很大程度上是参照德国法律进行的。而当时的德国等大陆法系国家经过不断的变革,已经认可了最高司法机关的法律解释权,使清末的司法改革也主要仿效德国确立最高司法机关的法律解释权。尽管由于满清政权的迅速垮台,清末所修订的各种法律并没有真正得到实施,但它所确立的许多制度却为中华民国所继承。这是因为,北洋军阀时期的中华民国与满清末期的政府在本质上并没有多大区别,都是反动透顶的腐朽政权,因而可以继承清末法律改革的成果,而且中华民国成立之初许多制度都不完善,军阀们忙于内战无心创立新的法律制度，传统封建社会的法律又不能搬来运用，照搬清末的一些法律制度就成为最便捷的选择。国民党蒋介石集团建立南京国民政府时，同样面临夺取对全国的统治权和镇压进步力量的问题，自然也无心进行法制建设，因而中华民国前期的法律制度便是其法律的来源之一。同时，在国民党政权时期，为了标榜其所谓的资产阶级民主，国民政府在许多制度上也向德国等欧洲大陆国家学习，进一步受到大陆法系的影响，因而在宪法当中明确宣布由最高司法机关行使法律解释权。当然，应当承认，虽然中华民国的法律解释权由最高司法机关行使在很大程度上是受西方国家的影响而确立的，但这种制度对中国来说是一种进步，毕竟它在总体上是符合资产阶级民主的法律解释制度，在一定意义上有利于实现权力分立和限制专制统治。

第二，最高司法机关行使法律解释权在当时的中国只具有形式意义。在清末和中华民国时期最高司法机关行使法律解释权，只是就法律来说的，其实际上的内容怎么样，则是另外一回事。如果单单就法律来说，中华民国有相当一部分法律都具有形式上的进步性，但在实际上却完全不同。比如曹锟贿选当上总统后于 1923 年颁布的“贿选宪法”，从形式上看不失为一部资产阶级民主制的宪法，但它的颁布丝毫不能限制曹锟的军阀专制独裁统治。清末修订的具有西方立宪君主制色彩的法律，不等实施就被卷入历史的洪流中。而在中华民国时期，中国虽然是一个主权国家，却四分五裂，军阀战乱不断，大独裁者处处设立各种秘密组织进行各种暗杀等恐怖活动，法律的规定可能会令人满意，但军阀统治者根本不会遵守，这些规定更多的是一纸空文。法律虽然确立了最高司法机关的法律解释权，但在当时的政治局势下，最高司法机关不可能独立于军阀统治之外而处于超然地位。国民党掌握中国大陆政权二十二年，打了二十二年的仗，既有新旧军阀之间的利益争夺和军事斗争，又有与代表中国革命力量的共产党之间的殊死搏斗。为了剿灭共产党和压制其他进步势力，国民党政权采取许多血腥手段，特务组织遍及全国，广泛实行“保安处分”，大力推行白色恐怖统治。在这种法西斯式的统治当中，很多活动绝不可能遵守最高司法机关的法律解释，而是奉行蒋介石的手谕和密令，它们比最高司法机关的法律解释更具有法律效力。明确授予最高司法机关法律解释权的 1947 年《中华民国宪法》是在国民党集团向共产党领导的解放区发动进攻打响内战时公布的，在军事上的胜败决定一切政局的当时，司法院大法官会议又怎么可能作出哪怕是只在国民党政权内部受人遵守的法律解释呢？因此，在民主革命风起云涌、满洲贵族的统治摇摇欲坠的清末，在内战连绵、一盘散沙的中华民国，虽然法律规定最高司法机关行使法律解释权,但这种权力的行使仅仅是法律的规定,是形式上的,而不可能真正得到实现。只有在相对稳定的民主自由的社会中,法律的规定才会变成现实,而当时的中国没有而且也不可能营造出这种社会局面,由最高司法机关行使的法律解释权实际上只能控制在依靠武力掌握国家政权的大军阀手中。

二、新民主主义革命政权中——一度由司法机关和政府行使法律解释权

中国共产党在同中国国民党合作进行的第一次国内革命战争以国民党蒋介石集团叛变和篡夺革命果实而失败后,中国共产党开始通过武装斗争夺取政权的革命事业。各个革命根据地在进行武装斗争的同时,也在探索新民主主义法制建设。虽然当时的条件极为艰苦,军事斗争非常严峻,但共产党领导下的根据地人民既注重吸收苏联的经验,又注重在实践中摸索和总结,为新中国的社会主义法制建设积累了宝贵的经验。在新民主主义革命政权的法制建设中,有一些涉及法律解释权的内容,对法律解释权的配置做了有益的探索,成为近现代中国法律解释权配置的组成部分。中国的新民主主义革命,一般又细分为第一次国内革命战争、第二次国内革命战争、抗日民族革命战争和第三次国内革命战争四个阶段,其中从第二次国内革命战争时期开始,共产党便着手建立人民政权,进行法律制度的建设。因此,可以从第一次国内革命战争失败后,共产党领导下的第二次国内革命战争时期开始,探讨中国新民主主义革命时期法律解释权的配置状况。

(一) 第二次国内革命战争时期——临时最高司法机关行使法律解释权

工农武装割据政权在建立初期,就设置一些行使审判职能的机构,但名称很不统一,例如叫做裁判肃反委员会、裁判部(科)、裁判委员会、政治保卫局、革命法庭、惩治反革命委员会等,还有些地方未设置专门的司法机关,而是由革命政府来行使司法权。这种司法机关的不统一状况是由当时的割据状态和法律不统一导致的。

1931 年中华苏维埃共和国成立后,制定和发布了《处理反革命案件和建立司法机关的暂行程序》、《中华苏维埃共和国裁判部暂行组织及裁判条例》、《中华苏维埃共和国军事裁判所暂行组织条例》、《中华苏维埃共和国国家政治保卫局组织纲要》等,在各根据地逐步建立起统一的司法机关。对于一切反革命案件的侦查、逮捕、预审、提起公诉,统一由国家政治保卫局行使;一切反革命案件和其他刑事案件及民事案件的审判权,统一归国家司法机关

行使。这一时期的司法机关有政治保卫局、肃反委员会、临时最高法庭、裁判部(科)、军事裁判所。工农民主政权的司法机关实行检审机关合一的原则,在各级审判机关内设立检察人员,行使检察权。① 临时最高法庭为中华苏维埃共和国最高法院成立前的国家最高审判机关(最高法院一直未成立),它受中华苏维埃中央执行委员会的领导,具有以下职权:(1) 对一般法律作出法定解释;(2) 审查各省裁判部以及高级军事裁判所的判决书和决议;(3) 审查中央执行委员以外的高级干部在执行职务期间内的犯法案件(中央执行委员犯法案件,由中央执行委员会或其主席团另行处理);(4) 审查不服省裁判部或高级军事裁判所的判决的上诉案件,或检察员不同意省裁判部或高级军事裁判所的判决而提起抗诉的案件。②

从这一时期的法制建设看,法律解释权掌握在临时最高司法机关手中。中华苏维埃共和国法律解释权的这种配置,可以从两个方面进行理解。

一方面,这说明中华苏维埃共和国对法律解释问题的重视。毕竟当时各个革命根据地的法律并没有实现统一,适用起来容易出现偏差。而且根据地政权刚刚建立不久,遇到的问题很多,除了需要用军事手段处理的外,有相当一部分需要用法律解决,而法律非常不健全,难以充分发挥应有的调整功能,维护革命根据地政权的稳定。这一切都需要加强统一的法制建设,而中华苏维埃共和国成立后,法律制度也是刚刚起步,无力制定完善的法律,需要通过解释来满足对法律的需求。临时最高法庭(最高法院)作为专门的最高法律适用机关,显然是行使法律解释权的最好主体。而且当时中华民国的法律解释权也掌握在最高法院手中,共产党成立的中华苏维埃共和国在配置法律解释权时,不可能不受此影响。毕竟旧民主主义革命中的法律制度并非都是错误的,有一部分是人类法律文明的精华,可以在批判的基础上加以借鉴和吸收。

另一方面,这说明当时法律解释权的配置具有很大的理想化色彩。中华苏维埃共和国的机构设置从一定程度上说是比较完善的,也是比较激进的。从《中华苏维埃共和国宪法大纲》中可以看出,它是在王明左倾路线占据统治地位时期制定的,具有某些"左倾"的特点与错误,例如它规定政权只归工农劳动群众所有,而排斥了其他反帝反封建的阶层参加;"九·一八事变"后民族矛盾已经上升为主要矛盾,它却不注重建立抗日民族统一战线来反击日本帝国主义及其走狗这个中国革命的主要敌人;承认民族自决;限制资本主

① 参见怀效峰主编:《中国法制史》,中国政法大学出版社 1998 年版,第 523—524 页。

② 参见范明辛、雷晟生编著:《中国近代法制史》,陕西人民出版社 1988 年版,第 348 页。

义的适当发展等。这些错误在共产党后来的路线方针政策中都作了纠正。由临时最高法庭行使法律解释权的做法大抵也是如此。最高司法机关行使法律解释权的制度,在社会状况较为稳定和法律制度相对发达的社会应当是合理的,但在当时的中华苏维埃共和国却不现实。虽然革命根据地的建设已经取得很大成就,但从总体上说,中华苏维埃共和国既面临国民党蒋介石集团多方面的进攻,又肩负抗击日本侵略的重任,在这种情况下法制建设显然处于相对较轻的地位,临时最高法庭行使法律解释权的目标也难以实现。显然,法律解释权的这种配置方式是从理想的状态出发,忽视了中国当时的实际情况。在共产党当时的主要领导人坚持"左倾"冒险主义路线和国民党反动派的疯狂进攻下,红军主力被迫转移,临时最高司法机关行使法律解释权的制度也随之丧失其实际意义。

(二)抗日民族革命战争时期——边区政府审判委员会行使法律解释权

抗日战争爆发后,中国共产党与中国国民党实现了第二次合作,这一时期的新民主主义法制建设以共产党领导下的陕甘宁革命根据地的成就最为突出,这里着重介绍陕甘宁革命根据地的状况。

国共合作后,共产党承认国民党领导下的国民政府为中央政府,国民党承认共产党领导下的陕甘宁革命根据地为中华民国特区政府,1937 年 9 月 6 日,经中共中央提议,改组为陕甘宁边区政府。边区政府承认国民政府的最高法院为国家最高审判机关,为了同国民政府的三级三审制相一致,陕甘宁边区设两级法院。边区设高等法院,县市设司法处。由于边区高等法院从来不同国民政府的最高法院来往,因而边区高等法院实际成为边区的最高司法机关,它管理全边区的审判工作和司法行政工作,实行司法行政权与司法审判权合一制。边区高等法院管辖以下案件:(1) 关于重要刑事第一审案件;(2) 关于不服地方法院第一审判决而上诉的案件;(3) 关于不服地方法院之裁定而抗告的案件;(4) 关于非讼案件。在各分区专员公署所在地设高等法院分庭,作为高等法院的派出机关,代表高等法院指导和管理该地区的审判工作、司法行政工作及属于高等法院管辖的诉讼案件。军队系统设军法机关,负责审理违反军法的案件及其他依法由军法机关审判的案件。① 从边区高等法院的职权看来,作为边区最高司法机关的它并不具有解释法律的权力。

---

① 参见范明辛、雷晟生编著:《中国近代法制史》,陕西人民出版社 1988 年版,第 417—418 页。关于高等法院职权中所说的"地方法院",应当是指县市司法处。

然而,也有学者对陕甘宁边区的司法机关提出了不同的看法。陈涛教授认为:“抗日战争时期,边区(省)级司法机构在实际上是各抗日根据地的最高司法机构。陕甘宁边区级司法机构有高等法院和边区政府审判委员会。”①他在著作中仅仅提及边区政府审判委员会,而对边区政府审判委员会的有关问题,诸如组织性质、职权、人员组成等并无介绍。政府审判委员会实际上是一种综合性的组织,是为了限制司法独立而设置的机构。陕甘宁边区的司法体制是行政领导司法的体制,这是根据《陕甘宁边区议会及行政组织纲要》确立的。这个纲要规定,边区法院独立审判,但隶属于主席团之下,防止行政与司法的分立,同时保持审判独立,以免行政包办司法。当时确立这种体制,一是借鉴参考了苏维埃时代的司法制度和经验,二是考虑到时局变动,审判应当受政治领导。1939 年,边区第一届参议会制定颁布的《陕甘宁边区高等法院组织条例》更具体地确认了这种体制。该条例第 1 条规定:“高等法院受中央最高法院之管辖,边区参议会之监督,边区政府之领导。”第 2 条规定:“边区高等法院独立行使其司法权。”但是,对于这种体制,在中共中央西北局、边区参议会、边区政府和边区高等法院的领导同志之间,始终存在严重分歧,一有机会和条件便会发生尖锐的争论。1941 年,在边区第二届参议会召开前夕,边区政府提出了克服游击习气、实现各种制度正规化的要求。边区高等法院的负责人和边区司法界某些知名人士,鉴于行政领导司法出现的弊端,提出了司法独立的建议。这种建议尽管有旧型教条主义的影响,脱离农村与战争环境,但毕竟是中国革命法制史上改革行政领导司法产生诸多弊端的最初探索与尝试,有着很大的合理性和不可忽视的积极意义。可这些建议很快被边区政府某些领导人所否定。边区政府对司法工作进行了初步检查,并采取了大量措施:第一,对“闹独立性”的同志进行批判和斗争,责令其检讨、停止工作或调离法院。有的戴上特务分子、暗害分子的帽子。第二,在组织上进行司法改革。到 1943 年春,这种“司法独立”的倾向,已经大体纠正。②

在当时行政领导司法的体制下,各级司法机关必须接受同级党委的一元化领导,同时实行司法与行政相统一的原则,各级司法机关由各级政府统一领导,它既是审判机关,又是司法行政机关,下级司法机关还必须接受上级司法机关的领导。在审判工作上采取合议制与领导审批相结合,反对“审判员

① 陈涛:《中国法制史》,陕西人民出版社 2001 年版,第 533 页。

② 关于陕甘宁边区行政领导司法的体制,参见杨永华:《陕甘宁边区法制史稿》(宪法、政权组织法篇),陕西人民出版社 1992 年版,第 261—263 页。

独立审判不受任何干涉”的主张。为了加强司法工作,当时采取的措施有三种:第一,由县长兼司法处长,由专署专员兼高等法院分庭庭长。第二,设立由政府有关主要领导成员组成的裁判委员会或联席会议,讨论对重大案件的处理。例如,陕甘宁边区各县设立裁判委员会,由县委书记、县长、裁判员等人组成,讨论解决司法处的重要案件。1942 年至 1944 年间,陕甘宁边区设立边区政府审判委员会,由边区政府正副主席兼任审判委员会正副委员长,负责审理不服高等法院判决之上诉案件、行政诉讼案件、死刑复核案件及法令解释。第三,实行复核审批制度。对于县级一审判处一定刑期的案件,如果犯罪人不上诉,须报上级审判机关复核,待批准后始得执行。判处死刑的案件,不论上诉与否,须报陕甘宁边区政府主席批准后始得执行。① 直到 1946 年 4 月,边区政府召开第三届参议会,边区政府领导人林伯渠在政府工作报告中把“健全法律与制度”作为今后第二个任务提出来,“健全司法机关和检察机关,司法机关对法律负责,进行独立审判,不受任何地方行政的干涉”。由此揭开了中国革命法制史上司法独立的第一页。②

从陕甘宁边区的法制状况来看,陕甘宁边区的法律解释权由边区政府审判委员会行使。而边区政府审判委员会显然是针对“司法独立”的要求设立的加强政府领导司法的机构,它的性质很难准确地定位。它的组成人员有司法人员,但显然以政府领导人为主,而且政府领导人占据领导地位,起着决定作用。从组织编制上说,边区政府审判委员会既不是司法机关,也不是行政机关,但它行使着司法职能和法律解释权,成为边区真正的最高司法机关和终审机关。它的设置在当时具有一定的合理性,这是因为:

一方面,名义上的最高司法机关中华民国最高法院不可能参与边区的司法事务,必须由边区内部人民政权产生最高司法机关和法律解释机关。在法律不够健全和边区高等法院有些司法人员思想又较为幼稚和理想化的情况下,通过建立边区政府审判委员会,由审判委员会行使终审权和法律解释权,可以在一定程度上减少判决的错误,提高司法水平,树立司法权威。

另一方面,当时正处于抗日根据地同日本帝国主义、汉奸及国民党右派势力作斗争的艰苦时期,共产党领导下的边区政权采取各种各样的措施团结一切可以团结的人,结成具有广泛代表性的抗日民族统一战线。边区政府审判委员会以按照民主集中制原则建立起来的政府为其主导力量进行审判和

---

① 参见范明辛、雷晟生编著:《中国近代法制史》,陕西人民出版社 1988 年版,第 419—420 页。

② 参见杨永华:《陕甘宁边区法制史稿》(宪法、政权组织法篇),陕西人民出版社 1992 年版,第 267 页。

解释法律,而边区政府对共产党在这一时期的路线、方针和政策有着明确的理解和把握。以边区政府为主体组成的边区政府审判委员会,对法律进行的解释更能阐明法律的意义,作出的判决更能立足当时的实际情况,特别是在边区阶级成分和政权组成人员较为复杂的情况下,这样做有利于维护抗日民族统一战线的团结大局。

所以,从总体上说,边区政府审判委员会行使法律解释权和某些重大案件的终审权,是一种时代的必然选择。但也应当看到,这种非司法机关超越司法机关之上行使司法权的做法毕竟有一定的弊端,并给作为司法权主体的法院带来一定的影响。1945 年 12 月 28 日,中共中央西北局讨论司法工作时,“再次肯定了现行司法体制,认为这种体制是适合边区战时和农村环境的。同时又承认这种体制确实遇到了不少困难和矛盾,是过渡时期的权宜之计,对司法独立问题的认识,有了重大的进步”①。一年后,陕甘宁边区就提出了司法独立的主张。

（三）解放战争时期——法律解释权的不明确行使

抗日战争胜利后,国民党蒋介石集团迅速撕毁重庆谈判签订的“双十协定”,于 1946 年 6 月发动全面内战,中国共产党一方面同国民党开展军事斗争,另一方面在解放区内加强人民政权的法制建设。当时主要有关于政权建设的法律、关于土地改革的法律、关于建立革命秩序的法律和关于司法建设的法律。

（1）关于国家政权建设的重要法律。主要有 1946 年 4 月 23 日陕甘宁边区第一届参议会第一次会议通过的《陕甘宁边区宪法原则》,1947 年 10 月 10 日中国人民解放军总部发布的《中国人民解放军宣言》(也称《双十宣言》)以及各解放区人民政府的施政纲领等。这些法律文件都是原则性的宏观性的纲领,涉及具体制度的较少。其中《陕甘宁边区宪法原则》在中国新民主主义法制史上第一次规定司法独立的原则,它宣布:“各级司法机关独立行使职权,除服从法律外,不受任何干涉。”

（2）关于解放区的土地改革的法律。中共中央于 1946 年 5 月 4 日发出《关于土地问题的指示》(简称“五四指示”)。1947 年 7 月至 9 月,中共中央召开全国土地会议,制定并通过《中国土地法大纲》,10 月 10 日由中共中央公布施行。1948 年,中共中央又对土地改革政策作了调整。

---

① 杨永华:《陕甘宁边区法制史稿》(宪法、政权组织法篇),陕西人民出版社 1992 年版,第 266—267 页。

(3) 关于建立革命秩序的法律。例如,1949 年 4 月 25 日,中央军委和中国人民解放军总部发布《中国人民解放军布告》,向全国人民"约法八章"。1949 年 1 月 4 日,华北人民政府颁布《解散所有会道门封建迷信组织的布告》。

(4) 关于司法建设的法律。1949 年 2 月,中共中央发布《关于废除国民党的六法全书与确定解放区的司法原则的指示》,确立解放区司法工作的基本原则,要求人民的司法工作必须以人民政府的新法律为依据,在新的法律未系统颁布前,应该以共产党的政策和人民政府的法令为依据。有人民政府和人民解放军所发布的各种纲领、法律条例、决议者,以此类法规为依据;无此类规定者,以共产党的新民主主义政策为依据。

当时解放区的司法体制也发生了变化,在土地改革运动中设置人民法庭,在军事管制区设置军事法庭,各级人民政府的司法机关统一改为人民法院。根据《中国土地法大纲》的规定,各解放区在土地改革中都设置人民法庭,作为专门审理土改运动中的案件的临时司法机关和司法工作贯彻群众路线的一种组织形式。被人民法庭判处死刑的案件,按照犯罪性质分别经过省或县政府批准执行。被告对人民法庭的判决不服可以上诉,属于土改案件者,县政府为终审机关;属于政治案件者,省政府为终审机关。解放战争时期,在新解放的大中城市实行军事管制,各军事管制委员会之下设立军事法庭(或特别法庭)。特别法庭之判决,经大行政区政府批准,为最后的判决,由军事管制委员会布告执行。1948 年以后,各地逐步建立起人民代表会议制度,强调民主与法制建设,统一人民政权的司法机关及其体制成为迫切的任务。1948 年秋,东北行政委员会、华北人民政府先后通令其辖区司法机关一律改称人民法院,建立大行政区、省(行署)、县三级法院体制。新解放的大中城市也建立人民法院。①

从这一时期的法律状况来看,诸多法律当中并没有关于法律解释的规定,法律解释权的行使也不明确。出现这种局面,完全是由当时的特殊政治局势决定的。因为抗日战争胜利后,中国的政治形势和阶级关系发生很大变化,中国的民主革命力量与代表大地主大资产阶级的国民党反动集团之间的矛盾上升为主要矛盾,国民党反动集团不惜发动内战来消灭中国的革命势力,中国的民主革命力量与反革命力量进行了一场最后的决战。由于共产党领导的革命力量本身具有进步性和采取了正确的斗争策略,而国民党蒋介石

---

① 关于解放战争时期的法制建设状况,参见范明辛、雷晟生编著:《中国近代法制史》,陕西人民出版社 1988 年版,第 438 页以下。

集团本身具有反动性和腐朽性，革命力量以摧枯拉朽之势，用短短的三年时间就迅速摧毁国民党反动派的主要军事力量，控制了中国大陆绝大部分地域，建立多个解放区，建立解放区的时间之短暂和地域之广大是显而易见的。在这种情况下，各个解放区面临诸多任务，难以迅速建立完备的解放区政权，也不可能通过解放区政权建立完备的法律制度。于是，以中国共产党和中国人民解放军发布的各种文件、方针、指示作为临时的主要法律、法令成为一种必然选择。在解放战争时期发布的主要法律当中，除了《陕甘宁边区宪法原则》等少部分是通过政权机关制定的外，《中国人民解放军宣言》、《中国土地法大纲》、《关于废除国民党的六法全书与确定解放区的司法原则的指示》等相当一部分法律、法令是由中共中央、中国人民解放军制定和发布的，这些法律、法令都是为了维持解放区的秩序和建立解放区新民主主义政权而暂时适用的，是过渡时期的调整规则，在这种较为短暂的时期内，虽然也存在法律解释问题，但法律解释问题显然不属于需要解决的紧迫问题，因而不可能在新的法律体系尚未建立起来的情况下专门规定由哪些主体行使法律解释权。当然，由于当时的各级司法机关都在政府的领导之下，政府在实际上会成为法律解释权的主要行使者。

综合分析中国新民主主义革命政权中法律解释权的配置状况，可以看出两点：

第一，法律解释权的配置与当时的具体情况存在密切的关系。第二次国内革命战争时期，由于各个根据地的法律不统一，容易带来适用上的偏差，因而规定由中华苏维埃共和国临时最高司法机关统一行使法律解释权。在抗日民族革命战争时期，为了维护抗日民族统一战线的团结，由边区政府审判委员会行使法律解释权。在第三次国内革命战争时期，由于解放全中国是当务之急，解放区的法律制度总体上还未建立起来，因而没有明确专门的法律解释权行使主体。

第二，新民主主义革命政权中的司法权和法律解释权的配置符合否定之否定的规律。第二次国内革命战争时期由临时最高司法机关行使法律解释权，带有理想化的色彩，因而不太切合实际。抗日民族革命战争时期显然克服了第二次国内革命战争时期的状况，根据当时建立抗日民族统一战线的需要而进行调整。第三次国内革命战争时期开始对司法机关的名称和建制进行改革，法律制度较为发达的陕甘宁地区已经注意司法独立问题，在一定程度上克服了抗日民族革命战争时期司法权和法律解释权行使中的缺点。

三、近现代中国法律解释权配置和行使的特点

清末和中华民国的政权与新民主主义革命政权属于两种性质完全不同的政权,但由于二者所处的时代背景相同,面对的社会矛盾和需要解决的问题具有相似之处,因而二者在法制建设方面具有一定的相似性,它们从不同角度展示了近现代中国法律发展与转型中所取得的成就和存在的问题。在政权建设的指导思想、政权所代表的阶级利益等方面,近现代中国这两种政权是对立的,但它们从不同角度反映了近现代中国法律解释权的配置和行使的特点。

(一) 近现代中国的法律解释权从属于司法权

清末和中华民国时期由最高司法机关形式上行使法律解释权,新民主主义革命政权中一度由司法机关和政府行使法律解释权,都在一定程度上说明,近现代中国的法律解释权总体上从属于司法权。当然,新民主主义革命政权中的法律解释权并不完全由司法机关行使,甚至在中后期由行政机关行使,但在整个近现代中国的历史中,就中国政权的整体来说,法律解释权是从属于司法权的。把近现代中国的法律解释权归结为司法权,至少有两方面原因。

其一,司法机关行使法律解释权受到西方司法制度和观念的影响。清朝末年中国向西方学习,在法制上的一个最为明显的进步就是使中国认识了司法,加强了司法建设。沈家本修法中制定的诉讼法,是中国最早的诉讼专门法。尽管清末修法随着清政府的垮台而成为历史,但它对司法的重视,对西方司法观念的传播,却为后人所认可,也被中华民国政权所继承。中国共产党领导的新民主主义革命政权虽然不采用西方的政治法律思想和制度,但由于当时司法机关行使法律解释权这一观念已经广为接受,新民主主义革命政权不可能不受影响。而且对于当时的革命政权来说,如何分配国家权力,如何实现权力的良好运行,它自己并没有明确的答案,需要在摸索中调整,因而必然会受中华民国现有的权力配置模式的影响。

其二,司法机关行使法律解释权具有较大的合理性。在当时的观念中,封建中国集权政治下的法律解释权配置模式已经广受诟病,必须寻找一种新的行使法律解释权的主体。在中华民国政权已有的国家机关中,无论把法律解释权配置给立法机关还是行政机关,都与封建中国法律解释权的配置相似,难以为人们所接受,而司法机关是专职依据法律裁判案件的机关,由它行

使法律解释权再恰当不过了。即使在新民主主义革命政权中，把法律解释权配置给司法机关也被认为是正当合理的，没有其他机关比司法机关更适合行使法律解释权。

把法律解释权配置给司法机关，在中国法律发展史上具有非常重要的意义，因为这种配置突出了司法机关的地位，强化了司法机关的作用。中国历史上尽管有司法活动，但司法并没有受到应有的重视，行政与司法不分已经成为一种常态。用现代法治观念来看，司法机关在国家机关中的地位是一个国家法治化程度的重要标志，没有真正的司法就不可能有真正的法治。近现代中国把法律解释权配置给司法机关，确立了司法机关解释法律审理案件的观念，突出了司法机关的地位，增强了司法机关的权力，推动了中国法制由古代向近现代转型，其影响是不言而喻的。

（二）法律解释权的配置体现权力分立要求

近现代中国的法律解释权由司法机关行使，是中国法制建设上的一个重大进步，因为这种配置体现了权力分立的要求，是对封建中国专制统治的否定，是中国的政治制度朝着理性方向发展的一种努力。

把法律解释权配置给司法机关，使司法作为一种专门的活动走上中国法制建设的舞台，强化了司法权对其他权力的制约。中国自古就强调中央集权，强调各种法律实施活动无非是贯彻王法和君主意志，从来不认为法律实施活动是专业性、技术性的活动，以至于中国古代杰出的司法官往往是儒学家而非法学家，司法官的首要职责是忠于君主而非忠于法律。近现代中国法律解释权配置的转变，在很大程度上改变了人们传统的看法。司法权、司法机关、权力的分立与制约这些概念、观念，正是随着近现代中国把法律解释权配置给司法机关而逐渐在社会大众中广泛传播的。清末的法律解释权配置给最高司法机关尽管没有机会真正实施，但开启了人们认识司法关注司法的大门。中华民国时期的法律解释权配置给最高司法机关，使中国的法律充分借鉴西方法治国家先进的法律制度，在形式上走向完善。法律解释权的这种配置，正是基于西方三权分立的理念，结合中国的情况而进行的制度设计，有助于推动司法独立，发挥司法机关对其他机关的制约和监督。新民主主义革命政权中的法律解释权配置给最高司法机关，同样是出于对专制制度的否定、对民主自由的追求和对人民权利的保障，是中国共产党对司法活动的最早探索和对司法权性质的最早认识。

把法律解释权配置给司法机关，从法律上否定了国家最高统治者的最高权威，推动了司法走向世俗和大众。在古代中国的观念中，国家的最高统治者在政治、法律、道德、信仰等各种领域都具有最高权威，集各种最高权威于一身，是神而不是人，因而被尊称为“天子”、“圣上”，不容人们有丝毫质疑。法律解释权最终由最高统治者掌握，有些重大案件需要皇帝御批才能作出最终结果，导致司法具有一定的神秘色彩，远离世俗和社会大众。近现代中国把法律解释权配置给司法机关，至少从法律上否定了国家最高统治者的最高权威，使法律的权威主要取决于司法，司法的神秘主义色彩也显著削弱，司法越来越走向大众和世俗。在近现代中国的不同政权中，如果按照当时关于法律解释权由最高司法机关行使的法律规定来审判案件，国家最高统治者御批案件的情况将不会发生，人们心目中所树立的将是法律的权威而不是最高统治者的权威，这在客观上有助于淡化最高统治者的神秘性和权威性，否定最高统治者的专制集权和独裁统治。

尽管由于种种原因，近现代中国关于法律解释权配置给司法机关的制度并没有真正实施，但法律解释权的这种配置方式所体现的权力分立的要求是值得肯定的，其所蕴含的进步性十分明显。

（三）法律解释权的配置和行使只具有象征意义

近现代中国法律解释权的配置从总体上说符合权力配置的发展趋势，符合自由民主社会的要求，符合中国法制进步的要求，然而这种法律解释权配置的意义相当有限，因为这种配置没有在多大程度上得到实施，它主要存在于制度设计中而不是法律实践中，它所具有的只是象征意义。

从主观上说，当时的政权执掌者难以真正实施法律，法律解释权的配置所设计的理想图景可望而不可及。清政府进行法制变革的目的不是建设法制，而是希望借助于法制变革来迷惑人们，挽救其摇摇欲坠的反动政权。因而，清末把法律解释权配置给最高司法机关尽管看上去法制有所改变，但清政府专制独裁的本性并没有改变，它不可能实施这样的法律，而且事实上它也没有能力实施这样的法律，清王朝即将覆灭的命运注定了清末法律解释权的配置最多只是昙花一现的设想。中华民国法律解释权的配置基本上是简单继承清末法制改革的文本和照搬西方的制度设计，这种仓促的立法活动一开始就注定了法律解释权的配置不会有太好的结局，资产阶级革命者的妥协性使他们对法治的追求成为空中楼阁。依靠暴力起家的蒋氏政权上台后所面临的主要任务是镇压革命势力和人民的反抗，通过法律规范权力的运行只是其实施独裁统治的遮羞布。在新民主主义革命政权中，法律解释权配置给最高司法机关由于具有过多的理想色彩，再加上革命政权所面临的各种困难，这种理想的配置也无从实现。在陕甘宁边区政府中，法律解释权由兼具司法和行政性质的边区政府审判委员会行使，足以说明当时的法制建设要服从革命的要求，真正实施法律是不现实的。总之，不管出于什么样的原因，当时各种政权的执掌者难以真正实施法律，法律解释权的配置看似美好却无从实现。

从客观上说，当时的社会状况不利于法制建设，法律解释权的配置只能服从时势的需要而成为摆设。近现代中国法律解释权配置的真正变革是20世纪以后，从清末司法改革到解放战争结束这段时间，连头带尾不足半个世纪。在这么短的时间内，中国经历相当多的变革，各种政治势力先后登上政治舞台，政权更迭频繁，再加上外敌入侵，地方割据，整个中国呈现一盘散沙的局面，国家仅仅实现形式上的统一。而法制建设需要统一的国家政权、稳定的社会环境和长期的法律实践，这些要求在近现代中国显然都无法满足。在当时的环境中，无论是革命力量还是反革命力量都认识到，武力是解决问题的唯一途径。各种政权总是想方设法增强自己的武力，法制不可能成为人们思考的主要问题，法律解释权的配置自然要根据时势的要求来进行。即使法律解释权的配置设计得很完美，其是否能够实施，实施到什么程度，都要看时势情况。

第八章　法律解释权配置的历史演变

古罗马、法国、德国、英国、美国和1949年以前的中国，分别跨越了不同的历史时代，属于不同的法系，在法律制度和法律文化等方面存在极大的差异，但它们都属于所处时代中法律制度比较发达的国家，而且对人类法律的发展产生了重大影响。通过对它们法律解释权的配置状况进行历史考察，会发现它们尽管差异显著，但仍存在一些共同的方面。总结这些共同的方面，或许能够发现法律解释权配置的大致发展脉络和其背后的影响因素，并引发对当代法律解释权配置的思考。

一、法律解释权配置的演变规律

各个国家法律解释权的配置都经历了漫长的演化过程。有些国家法律解释权配置的演变从国家初具雏形开始，一直持续到现在，有些国家由于解体或者旧政权被彻底推翻而导致其法律解释权配置的演变仅仅成为一种历史。纵观这些国家法律解释权配置演变的历程，可以看到法律解释权配置的基本演变规律，这些规律体现在法律解释权的基本概念、配置目的、行使主体和行使方式等方面，可以用四个“走向”来概括。

（一）从模糊走向明确——法律解释权基本概念的演变

只要有法律，就必然存在法律解释问题，只要法律被实施，就必然涉及法律解释权问题。从理论上说，哪些主体行使法律解释权在法律实施中应当是明确的。然而法律解释权并没有随着法律的出现而自然地成为一个问题，它引起人们的关注有一个过程。

从不少国家的历史来看，在法律发展的早期，法律解释权几乎没有被当作一个问题，至于法律到底由哪些主体来解释，也并没有引起多大的争议。例如在罗马的王政时期和共和国时期，僧侣团和法学家先后掌握法律解释权，而法、德、英、美诸国在国家形成之时，法律解释权的配置都很模糊。随着法律的发展和法律纠纷的增多，法律解释权问题才引起应有的重视。罗马帝国时期,法律解释权首先由皇帝授权的法学家公开行使,后来转到皇帝手中。法、德、英、美等国家或者在立法中公开宣布法律解释权配置给某些主体,或者某些主体行使法律解释权得到国家的认可。中国的统治者在奴隶社会和封建社会中对法律解释权虽然有一定的关注,但并没有完全明确,直到清末才学习西方而把法律解释权配置给最高司法机关。这一漫长的过程表明,法律解释权的基本概念是从模糊逐渐走向明确,这表现在以下三个方面。

第一,法律解释权的称谓从模糊走向明确。法律解释权尽管一开始就存在,但在早期它仅仅是在事实上被一些主体行使,行使法律解释权的主体没有意识到他们握有宣告法律意义的权力,其他社会主体也往往把法律解释权理解为法律执行权,或者只看到法律执行权而忽视法律解释权。罗马皇帝明确授予一些法学家对法律的解答权,可以称得上是法律解释权在西方最早具有的明确的称谓。后来,一些国家的法律中陆续出现解释法律的权力,法律解释权逐渐在称谓上获得法律的明确认可。

第二,法律解释权的地位从模糊走向明确。法律解释权的称谓从最初的模糊走向后来的明确,也意味着它在逐渐引起统治者的重视,它的地位在逐渐提升。罗马皇帝授予一些法学家法律解答权,说明罗马皇帝注意到了法律解释权对于法律实施的重要性。后来罗马皇帝干脆从法学家手中收回解答权,更说明了法律解释权的重要地位。在中国,商朝后期的商王亲自占卜,秦朝的以法为教、以吏为师,都意味着统治者越来越重视法律解释权,法律解释权在国家权力体系中的地位越来越突出。近代欧美国家法律解释权的演变同样说明了这一点。特别是美国联邦最高法院的权威,很大一部分来自司法机关的法律解释权。

第三,法律解释权的主体从模糊走向明确。早期法律解释权的主体是模糊的。罗马曾经由僧侣团、法学家、法官等主体掌握法律解释权,中国曾经由史官、司法官行使法律解释权,法、德、英、美等国早期法律解释权的主体同样较为混乱。然而随着法律的发展和进步,法律解释权的主体越来越明确,如罗马最终由皇帝行使法律解释权,其他多数国家最终由司法机关行使法律解释权。尽管不同国家法律解释的主体有很大的差异,但至少可以看到,法律解释权的主体逐渐从模糊走向明确。

法律解释权的称谓、法律解释权在国家权力体系中的地位、法律解释权的主体,都由模糊走向明确,表明法律解释权这一概念从模糊到明确的走向。经过一个逐渐演化的过程,不同的国家、不同的统治者、不同的法律制度都接受和认可了法律解释权这一基本概念。时至今日,法律解释权已经成为法律制度和法学研究中的重要概念和研究领域。

（二）从集权走向分权——法律解释权配置目的的演变

认识到法律解释权的重要性后，如何合理配置法律解释权的问题随之而来。合理配置法律解释权在客观上有利于弥补法律的各种缺陷，促进法律充分发挥其作用。但是掌握法律解释权就意味着在很大程度上掌握了法律实施的权力，统治者怎么会轻易放弃这种权力呢？各国统治者总是费尽心机，想尽各种办法配置法律解释权，努力使之既能为自己所掌控，又不至于妨碍法律的实施。于是，关于法律解释权的各种各样的配置就出现了。从总体上说，在古代社会里，法律解释权配置的目的是集权，到了近现代社会，法律解释权配置的目的逐渐走向分权。

古代社会法律解释权配置的集权目的显而易见。罗马建立帝制后，政治统治逐渐走向专制，法律解释权的配置自然呈现出集权色彩。获得解答权的法学家显然不是一般的法学家，他们已经成为“御用”法学家。而且，这些法学家一般担任官职，因而他们必然丧失自由学者的身份和独立思考判断的能力，很难想象他们的解答活动会有悖于皇帝的旨意。虽然罗马法学家内部出现过严重的对立，但在服从皇帝旨意方面，他们不会有差别。到了帝国后期，罗马皇帝逐步限制并最终剥夺了法学家的解答权，法律解释权由罗马皇帝独占。罗马法律解释权的这种配置，显然是出于服务于皇帝的集权目的。在专制集权发展得尤为突出的中国，法律解释权的配置更是基于集权的目的。除以法为教、以吏为师这种赤裸裸的集权外，无论是在奴隶社会还是在封建社会，无论法律解释权由哪些主体行使，法律解释权始终处于王权或者皇权之下，其主要功能是服务于集权统治。即使在封建法律体系形成时期的英国，法律解释权配置给法官也在一定程度上带有集权的目的，英王委派巡回法官和大法官解释法律并作出判决，是英王加强集权统治的手段之一。法国在革命前由王室最高法院巴利门行使法律解释权，也是当时权力集中的体现。尽管巴利门与法王之间会有权力的冲突，但他们在维护集权方面是没有本质区别的。

进入近现代社会后，法律解释集权的配置逐渐转向分权的目的。从法、德、英、美等国法律解释权的配置状况看，法律解释权正在一步步地基于分权的目的而配置给法院和法官。法国在革命后剥夺司法机关的法律解释权，把法律解释权配置给类似立法机关的“上诉法庭”，正是出于限制权力集中、实现权力制约的目的。而且，无论是德国《普鲁士邦法》对法官法律解释权的绝对禁止，还是《法国民法典》和《德国民法典》对法官法律解释权的严格限制，都在一定程度上受了理性主义和分权思想的影响，只不过当时人们所理解的理性主义和分权思想是僵化的，因而从总体上反对把法律解释权配置给法官。后来随着社会的发展和对司法活动以及分权思想的进一步理解,法国和德国最终都认可了法院和法官的解释权。英国尽管把法律解释权配置给高层级法官的初衷是扩大和维护王权,但后来的发展显然走向了限制王权的道路。英王詹姆士一世与首席大法官柯克的交锋,表明了司法权对王权的限制和王权对这一限制的认可。最终,英国的司法领域由职业法律家所垄断,法律解释权所呈现的分权目的不言而喻。在美国,行使法律解释权的联邦最高法院对联邦政府和国会的制约作用举世闻名。近现代中国把法律解释权赋予最高司法机关,显然是学习西方分权制衡的结果。总之,在近现代社会里,法律解释权的配置以分权制衡为目的,只不过在有些国家这一目的实现了,在有些国家这一目的没有实现或者没有完全实现而已。

(三) 从多元走向一元——法律解释权行使主体的演变

纵观历史上法律解释权的行使主体,可以见到形形色色的人物。罗马王政时期和共和国前期法律解释权的行使主体是僧侣团,共和国后期和帝政前期变为法学家,帝政后期变为是皇帝,而且罗马的司法者也一度拥有法律解释权。中国在奴隶社会和封建社会时期,神职人员和司法官、官府和私人都曾行使法律解释权,而法律解释权的最高行使者是君主。法、德两国的法律解释权一度由立法者行使,最终演化为由法院和法官行使。英、美两国在法律制度的形成时期就逐步确立法官的法律解释权,直到现在仍然没有改变。显然,法律解释权的行使主体在演变过程中从多元逐步走向一元。

早期法律解释权的行使主体必然是多元的。这是因为,法律解释权这一概念并不是法学家或者统治者提出来的,而是在法律实施活动中逐渐被人们认识到的。法律只有在实施中才会产生解释的需要,但在法律实施中应当由哪个或者哪些主体来解释法律,则取决于多种因素。在法律发展的早期,不但不同国家的法律存在很大差异,而且同一个国家的法律也难以形成统一的体系,各种形式的法源都在调整着人们的生活。不同的法源在实施中必然产生不同的解释者,如在早期的罗马和中国,原始的宗教法的解释者只可能是神职人员。在早期的法国,由于习惯法、教会法和罗马法各自独立发展并在不同的地域发挥作用,当时法律解释权的主体必然是混乱的,不同的法律由不同的主体进行解释。德国、英国、美国在法律发展早期的情况也大致如此。法律解释权的主体正是出现了如此混乱的状况,才引起了统治者和社会的广泛关注,法律解释权这一概念才真正进入人们的头脑中,统治者在设立国家机关和分割国家权力时才会考虑如何配置法律解释权。

西欧诸国经过封建社会法律解释权配置方面的探索后,认识到法律解释权的重要性和法律解释活动的基本规律,在近现代社会里逐渐把法律解释权配置给司法主体。美国早期的法律家们由于深受英国法制的影响,在美国立国之初就强调司法机关的法律解释权,并充分发挥其法律智慧创造性地确立司法审查权,使法律解释权更加牢固和强大地融入司法权中。清末和民国时期的中国把法律解释权配置给最高司法机关是学习西方的结果,因而它的配置没有多少值得称道的地方。从这些情况可以看出,在近现代社会里,法律解释权的行使主体正在走向一元,即由司法主体行使法律解释权,除此之外的其他主体均不再行使法律解释权。出现这种结果的原因大约有三点:(1)法律解释权越来越受到重视。经过历史上法律解释活动的蓬勃发展,法律解释权的行使给法律活动带来的巨大影响使各国统治者充分认识到法律解释权的重要性,因而不少国家不得不在法律制度中明确法律解释权的地位,法律解释权越来越成为一种公开的权力。(2)国家的法制越来越统一。不少国家早期的不同法源往往各自为政,随着社会的发展和国家权力的加强,法律越来越走向统一,逐渐形成较为完备的法律体系。在同一个法律体系内,法律解释权的主体应当是一致的,因而法律解释权的主体只会越来越单一。(3)法律解释权配置给司法主体具有较大的合理性。法、德、英、美等国最终都毫无例外地把法律解释权配置给司法主体,必然是经过长期的司法实践作出的慎重选择,而不是随意的安排或者偶然的巧合。司法主体行使法律解释权,应当是具有较大的合理性,并且得到了司法实践的证明。

(四)从神圣走向世俗——法律解释权行使方式的演变

与法律解释权的行使主体从多元走向一元相对应,法律解释权的行使方式也从神圣走向世俗。

早期法律解释权行使方式的神圣性,主要体现在神职人员的解释活动中。如在罗马共和国时期的僧侣团往往通过占卜的方式解释法律。这些僧侣团作为神职人员所作的法律解释之所以能够产生约束力,一方面是因为当时的法律并不为世人所知道,他们垄断了法律知识,另一方面是僧侣团利用人们对神秘事物的敬畏心理,通过神圣方式增强他们解释的权威性。一般来说,带有神秘色彩的法律在解释中都需要通过神圣的方式进行,如西欧中世纪教会法的解释和中国商朝占卜官对法律的解释。通过神圣的方式行使法律解释权不仅限于宗教法,世俗的法律也在一定程度上受到神圣方式的影响。如中国古代的统治者在进行重大政治、军事或者法律活动时常常举行神圣的仪式,打出“天意”、“天命”、“天机”等旗号为自己的活动进行注解;即使在民间案件的审理上,司法官也会用“乩仙批语”为法律的实施辩护。

在近现代社会里，法律越来越走向世俗，法官对法律的实施一般是公开的，法官行使法律解释权的方式也越来越世俗，这可以从如下两点看出来：(1) 法官对法律意义的解释越来越公开。法官不但要在判决书中表达他对法律的理解和解释，而且不同法官在同一案件审理中对法律的不同理解也逐渐公开。这一点在不少国家的司法中有明显的体现，有些国家甚至要求法官必须公布不同意见。(2) 一些法官甚至通过行使法律解释权来表达司法对社会上某些重大事件的态度，用司法裁判引导社会的变革。而在司法权较为强大的国家如美国，法官甚至通过行使法律解释权来对抗政府和国会的改革措施。这两点说明，法官对法律解释权的行使充满世俗味道。在法律至上的国家，法律无论多么神圣，无论被人们以什么样的方式信仰着，它都不能脱离世俗，它的使命始终是解决世俗的纠纷。在司法能动主义思潮的影响下，司法对国家政治、经济、文化等各个领域的参与日益明显，法律解释权行使的世俗性日益突出。

二、影响法律解释权配置的因素

任何事物的外在现象背后必然隐藏着一定的内在规律，历史上法律解释权的配置状况及其演变所呈现的四个“走向”的规律，离不开某些因素的作用。摒除法律解释权配置的纷繁复杂的外在表象，深入分析影响法律解释权配置的内在因素，可以看到政治体制、法律状况、解释原理和历史事件对法律解释权的配置所产生的重大影响。

(一) 政治体制——左右法律解释权配置的总体框架

有些国家法律解释权的配置呈现出多阶段、多主体、跌宕起伏的特征，不同时期法律解释权的配置变化很大。有些国家法律解释权的配置比较平稳，虽然经历漫长的时代，法律解释权的主体变化不大。法律解释权配置的变化状况是多种原因引起的，但政治体制无疑是一个非常重要和显著的原因，这可以用三个典型国家的具体情况来说明。

第一个国家是罗马，根据政治体制的不同，它的历史一般被分为王政时期、共和国时期、帝政时期(包括帝政前期和帝政后期)，不同时期法律解释权的配置存在着很大的差异。第二个国家是 1949 年以前的中国，它的政治体制可以分为奴隶社会时期、封建社会时期、清末和中华民国时期三个阶段，这三个阶段中，前两个阶段法律解释权的配置差别不大，都是在君权之下由某些主体行使法律解释权，而第三个阶段中法律解释权在形式上由最高司法机关统一行使，与前两个阶段明显不同。第三个国家是美国，它的法律解释权在立国之初配置给法院后一直由法院行使，除了法院行使得越来越明目张胆之外，并没有什么变化。这三个国家在法律解释权的配置方面产生如此大的不同，可以从它们政治体制的差异中找到答案。

罗马经历了多个政体，每一个政体在权力格局、执政理念、统治方式等方面存在很大不同，不同政体下法律解释权的配置必然不同。尤其是在帝政时期，罗马逐渐走向君主专制，只有代表君主意志的法律解释才能成为有效的解释，因而秉承君主意志的法学家自然会掌握法律解释权。而在帝政后期，随着专制统治的加强，法学家的解释权逐渐被君主收回，由君主亲自行使。"没有多久，法学家的延续关系就断了。在半个世纪中，帝国一直处于生死攸关的时期，专制君主制正是从这一时期开始的，在此时期没有个人解释(interpretatio)的余地，即使对于像帕比尼安、乌尔比安和保罗这样的供职于皇帝服务机构的法学家来说也同样如此。现在，法的唯一渊源是皇帝，法学家的位置已由皇帝文书处的无名民事勤杂吏所取代，生活脱离了罗马法。"①

中国的古代社会虽然可以分为奴隶社会和封建社会，但从政治体制上说，这两种社会的差别并没有想象的那么大。无论是奴隶社会还是封建社会，中国的政治体制都具有明显的集权色彩，除极少数时代如周朝外，各种权力都集中在最高统治者手中。奴隶社会与封建社会在政治体制上的相似性使它们的法律解释权始终掌控在君主手中，其他主体所拥有的法律解释权是非常有限的，而且是为君权服务的。因此，整个中国在几千年的奴隶社会和封建社会里，法律解释权的配置状况并没有发生多大的改变。倒是清末和民国时期，由于革命力量的冲击，国家政治体制在形式上发生巨大变化，法律解释权的配置才发生显著变化。

美国自立国后，尽管社会随着人类文明的进步而发生了巨大的变化，但开国元勋们所设计的政治体制并没有多大改变。内战、经济危机、对外战争等重大事件并未对政治体制带来冲击，三权分立、分权制衡的政体模式不但没有受到影响，反而在某些事件的解决中进一步得到加强。因此，资产阶级民主自由的政治体制得到高度发展，法官掌握法律解释权的做法除了得到加强以充分维护法官所坚信的民主和自由外，不会有什么改变。

从这三个国家法律解释权配置的历史演变中可以看出，政治体制是左右法律解释权配置的总体框架，法律解释权只能在这一框架内进行配置。专制政治体制下法律解释权的配置只能服务于专制统治，维护君主权威，而民主

---

① 〔英〕尼古拉斯：《罗马法概论》，黄风译，法律出版社2004年版，第31页。

政治体制下法律解释权的配置必然服务于该政体所认可的民主,维护法律权威。政治体制的改变必然引起法律解释权配置的改变,法律解释权的配置始终受政治体制这一总体框架的左右。

(二) 法律状况——制约法律解释权配置的具体条件

法律解释权是解释法律的权力,它既是国家权力体系中的重要组成部分,又是受制于法律并作用于法律的权力,因而法律状况对它的影响不言而喻。法律状况的好坏可以从表现形式和完备程度等角度来衡量,而这些角度自然也成为考量法律解释权配置状况的一个切入点。关于法律状况对法律解释权配置的影响,可以从罗马、中国和英国法律解释权的配置中看出来。

从表现形式来说,人类早期的法律无非是原始的宗教法和习惯法,这两种法律具有模糊性,在实施起来会发生很大的分歧,因而都会引发法律解释权问题。在早期的罗马和中国,法律的宗教色彩很明显,对法律的解释自然会落到神职人员手中。无论是罗马的僧侣团还是中国的史官,都必然会成为法律解释权的主体,这也是法律起源于原始宗教和习惯这一规律在法律解释领域的延伸。英国的历史一般被认为从公元5世纪开始,当时主宰英国的主要是从欧洲大陆侵入的盎格鲁—撒克逊人。这一时期,人类早已摆脱了原始宗教的影响,而调整盎格鲁—撒克逊人的法律主要是习惯法,其宗教色彩并不强。即使该法后来受到宗教的影响,也只可能受基督教而不是原始宗教的影响。因而在这一时期英国的法律解释权并没有像罗马和中国那样由神职人员掌握。

从完备程度来说,无论法律是否完备都会对法律解释权的配置产生重大影响。法律如果过于粗糙和简陋,必然需要大量的解释,法律解释权问题随即凸现出来。如英国即使在诺曼征服之后,也没有建立较为完备的法律体系,对法律的解释势在必行。作为法律实施者的法官,特别是英王出于加强集权的目的而派出进行巡回审判的法官,自然会成为行使法律解释权的首要人选,否则其审判活动就无法进行。于是,法律解释权很自然地配置给了法官。而帝政时期的罗马和封建专制时期的中国,立法都非常发达,它们分别成为古代西方和东方创造的杰出法律文明的代表。一般来说,立法的发达也意味着需要解释的法律很多,因而法律解释应当是发达的。然而这两个国家的立法在当时的社会中过于发达和完备,再加上维护君权的需要,统治者自然不能容忍对法律进行较大程度的解释。于是,罗马最后干脆不允许君主之外的主体解释法律,中国仅仅允许官方和民间在很小的空间里对法律进行注释。在这种环境下,法律解释权很难发展成为一项独立的权力,而只能附属于君权。罗马曾一度由法学家行使法律解释权，也与当时法律的完备程度有关。法学家行使法律解释权时期，正是罗马法开始摆脱宗教的影响而向世俗发展的时期，这一时期出现的许多问题需要法学家予以解决。当法律逐渐完备时，法学家的使命已经完成，他们的法律解释权必然会被剥夺。

通过对比可以发现，法律状况是制约法律解释权配置的具体条件。在一个国家中，如果法律表现形式多样，形成不同的法律体系，法律解释权的主体就会混杂，不同体系的法律由不同的主体解释。如果法律的表现形式单一，形成一个比较完备周全的体系，法律解释权就会集中到个别或者单一的主体上，法律解释活动也会受到诸多限制。

（三）解释原理——支配法律解释权配置的内在规律

从历史上法律解释权的配置状况看，大约有三类主体掌握着法律解释权。第一类是法律的实施者，如英美的法官。这类主体对法律的解释是站在实施法律的立场上进行的，他们的解释活动受立法者的影响不大，以至于出现司法权与其他权力相抗衡的局面。第二类是立法者或者立法参与者，如罗马皇帝对法律的解释，中国唐朝的长孙无忌等人对《唐律》进行注解等。这类主体对法律的解释一般是站在立法的立场上进行的，他们的解释实际上是对立法的补充，因而他们行使的法律解释权实际上是立法权的一部分。第三类是介于立法者和法律实施者之间的主体，如罗马和中国早期的神职人员，罗马帝政前期获得法律解答权的法学家。他们往往不是因为自己握有立法权或者法律实施权而进行法律解释活动，他们是靠自己所具有的某种权威而在名义上或者在事实上行使法律解释权。

这三类主体中，第一类主体的法律解释权随着社会的发展而不断得到巩固，并在有些国家中成为最终的法律解释权主体。如英美的法律解释权一直由法官行使，法律解释权的这种配置不但没有受到质疑，反而日益加强。法、德两国曾禁止或者严格限制法官解释法律，但最终承认了法官的法律解释权。第二类主体的法律解释权在历史上曾经非常强大，其最终的命运却大相径庭。如法国和德国在遏制法官的解释权时，都尝试着建立一个类似立法机关的主体行使法律解释权，然而法律实践宣布了这种尝试的失败。罗马和封建中国由于国家灭亡或者政治体制被推翻，它们实行的由立法者解释法律的做法也归于消灭。第三类主体的法律解释权持续的更短，它们仅仅存在于人类法律发展的特定时期。

三类不同的主体行使法律解释权，所得到的历史命运截然不同，其中的原因固然很多，但支配法律解释权配置演变的最基本的原因应当是法律解释活动的规律。作为一种解释活动，法律解释活动必然不能违背解释原理。从解释原理看，理解、解释和应用是三位一体的过程，没有理解和解释就没有应用，所有的应用过程都必然包含理解和解释活动。显然，法律解释与法律实施应当属于同一个过程，法律的解释者应当是法律的实施者，法律的实施者必然要解释法律，法律解释权只能配置给法律实施者。立法者或者立法参与者所掌握的法律解释权，实际上不过是立法权而已，他们对法律的解释更像是立法而不是解释，因而他们没有必要行使法律解释权。而介于法律实施者和立法者的主体行使法律解释权，使他们作出的解释既不属于立法的延伸又不属于针对实施而对法律的说明，显得不伦不类，因此这类主体不能行使法律解释权，他们的法律解释权被剥夺是早晚的事。

尽管在人类法律发展的早期，法律解释权的主体很多，但法律解释的发展趋势是法律解释权配置给法律实施者。这种配置结果不是哪个国家或者哪种法系的主观选择，而是法律解释活动的客观规律，是解释原理的必然要求。不同国家法律解释权的配置结果，正是在这种原理和规律的支配下实现的。

（四）历史事件——改变法律解释权配置的直接动力

事物的发展都按其自身的规律进行，但对事物发展的进程产生直接影响的往往是一些重大的历史事件。就像美国联邦最高法院利用“马伯里诉麦迪逊”案件的审判取得司法审查权一样，在法律解释权配置的发展历程中，历史事件同样发挥着重要作用，成为改变法律解释权配置的直接动力。历史事件的这种作用，在一些法律解释权的配置出现较大变化的国家中表现得较为突出。

一个国家内部统治者的某些重大决定，会对法律解释权的配置产生重大影响。在这方面，罗马法学家法律解释权的取得和丧失都是很好的例证。把法律解释权配置给法学家在法律发展史上是独一无二的，而这一制度的创立要归于帝政前期的罗马统治者奥古斯都的决策。此前罗马并无官方法律意见，任何以学识著名的人都可以发表咨询意见。但奥古斯都认为，法律应该得到更多的尊重和权威，于是规定某些意见具有如同其敕令一样的权威性。此后法学家们就开始追求获得这种特权。奥古斯都的措施使罗马法有可能成为一种科学，导致其不同于希腊法的命运，从而形成了法律发展史上一种新的法制类型。[①] 在人类历史上，认为应当统一不同法律意见的君主不在少

① 参见〔美〕威格摩尔：《世界法系概览》，何勤华等译，上海人民出版社 2004 年版，第 340 页。

数,但建立把统一不同法律意见的权力交给某些法学家这一制度的只有奥古斯都,罗马法学家也因此而获得法律解释权。而罗马法学家法律解释权的丧失,则是查士丁尼编撰《国法大全》导致的直接结果。《国法大全》颁布后,查士丁尼立即禁止再行参阅其他任何法学家的著作。得到他承认的著作都被收录在《国法大全》中,因此只能参考《国法大全》。这样,同时又排除了其中收录的著述的原始权威。查士丁尼还禁止对其编撰的法典作任何评注。换言之,查士丁尼试图废除《国法大全》所未曾收录的一切先前法律。① 可见,罗马法学家法律解释权的取得和丧失,都直接取决于当时罗马统治者作出的重大决定。正是这些历史事件,直接改变了罗马法学家在法律解释权配置历史上的命运。

革命对一个国家法律解释权配置的改变影响更大,这可以从英、法两国法律解释权配置演变的对比中看出来。英国自立国以来,社会发展较为平稳,虽然发生过"光荣革命",但革命最终以不同势力的妥协而收场,对旧制度的改变并不大。因此,英国早期由法官行使法律解释权的做法一直沿用下来,历经千年而不衰。法国大革命是近代西方最为激烈、影响最大的革命,彻底颠覆了法国的旧制度,革命前法律解释权的配置方式在革命后被彻底抛弃。肢解法院系统,由立法机关解释法律,严格限制法官的法律解释权等做法,成为法国大革命在司法和法律解释领域取得的重大成就。直到进入垄断资本主义时期后,在对一些案件的审判中,法国才逐渐纠正革命中的错误认识,开始承认法官的法律解释权。

三、法律解释权配置演变的启示

对法律解释权的配置进行历史考察,探讨法律解释权配置演变的规律,分析影响法律解释权配置的各种因素,不仅是为了把历史事实弄清楚,把相关问题说明白,而且是为了寻找对当前法律解释权的配置有益的借鉴。通过对大陆法系、英美法系和中华法系代表性国家法律解释权配置的相关问题进行总结,可以感受到一些启示。

(一)法律解释权的配置应当遵循相关原理和规律

无论是在历史上还是在当前的法律解释体制中,不同主体都可以解释法律。然而真正的法律解释只能存在于法律适用领域。法律解释只有在法律

① 参见〔美〕梅里曼:《大陆法系》,顾培东、禄正平译,法律出版社2004年版,第7页。

的意义不明确时才能产生,但法律只有在同具体的案件事实相结合时才会暴露其缺点。一方面,法律的僵化性决定了法律需要被解释。法律的僵化性首先表现为法律的不周延性,即法律作为抽象的行为规范,并不能涵盖社会生活的各个方面,有许多情形法律不可能作出规定,也不可能规定清楚。法律实施者不能因为某些案件法律没有规定就拒绝实施法律,他需要做的是进行解释,通过解释把模糊的法律意义说明白或者填补法律的空缺。法律的僵化性还表现为法律的滞后性。随着社会的发展,法律所规范和调整的对象会发生很大改变,但法律本身却不能随便修订。比较可行的方案是对法律作出与时俱进的解释,由法律的实施者不断赋予法律中的文字以新的意义,使法律不断适应新的社会需要。另一方面,法律之间的冲突决定了法律实施者需要解释法律。尽管法律体系具有明显的层次性,但其内部的复杂性决定了法律之间不可避免的冲突。无论是同一效力层级的法律还是不同效力层级的法律,在具体案件的处理中都可能发生冲突。法律实施者在冲突当中无论是对它们进行调和还是作出取舍,其实都是在对法律进行解释。因为这些法律都是有效的,当法律实施者拒绝适用某些法律或者对相互冲突的法律进行协调时,就意味着他已经对这个法律作出某些改变,尽管只是细微的改变,但他毕竟没有原封不动地适用立法者制定的法律,而是适用自己所理解的法律。由此看来,法律只有在适用过程中,在被应用于具体案件时才需要解释。

从法律解释权配置的历史看,有权作出法律解释权的主体最终是司法主体,也即是法院和法官。“法院的一个非常重要的任务,是把成文法实施到特定的案件中,通过审判对争议的问题作出具有权威性和法律效力的判决。在完成这一任务的过程中,它们必须在每一个案件中对成文法的意义作出可以运用到个案中的恰当的意见。这是清晰的意见,特别是当法院对成文法应当被怎样理解而公开表述意见时,应当认定法院的活动是一种解释。”①这番话道出了法律适用与法律解释的关系。法律进入适用阶段后,抽象的法律同具体的案件相结合的过程就是发现成文法的缺陷和漏洞的过程,也是司法机关对法律进行理解和解释的过程。原因在于,司法机关不可能把有缺陷的法律退回到立法机关那里,由立法机关再作出说明,而且即使立法机关再作出说明,这种说明也是抽象的,适用起来照样有缺陷。而且,司法机关也不能求助于其他机关对法律进行解释,因为该其他机关如果不是法律适用机关,它对法律的解释同样是抽象的,它的解释最后还要由司法机关来解释;该其他

① Interpret Statutes: A Comparative Study, edited by D. Neil MacCormick and Robert S. Summers, Published by Dartmouth Publishing Company Limited, 1991, pp. 11—12.

机关如果是法律适用机关,就等于司法机关背后还有一个最终的司法机关真正地掌握着司法权,它剥夺了现在正在审理案件的司法机关的司法权。所以,无论在什么情况下,司法机关要适用法律都必须对法律进行解释,否则它将无法处理案件。司法权被称为维护社会正义的最后一道防线,司法机关不能以法律规定模糊或者有缺陷为由而拒绝审理案件,凡是需要司法权作出最终裁决的案件,它必须依法审判。只要司法机关掌握了法律解释权,法律上的模糊和矛盾问题都会迎刃而解。

总之,尽管解释是任何主体都能做的事情,而且不同主体的不同解释在客观上有利于人们更为全面、客观地分析和探讨问题,但法律解释活动并不是任何主体都可以进行的,只有特定的主体才能作出法律解释。毕竟,法律解释不同于一般的解释。一般的解释活动带有探讨、抗辩、争论而把问题说明白的目的,而法律解释却是为了平息法律实施中不同意见的争论,促进法律的实施。从法律解释的原理看,法律解释权只能配置给司法主体。

(二) 法律解释权的配置应当与法制状况相适应

法制的完备、统一状况不仅制约着法律解释活动,而且制约着法律解释权的配置。一些法治国家法律解释权的配置往往比较规范、统一,而正在走向法治的国家法律解释权的配置就显得粗糙和混乱。认识到法律解释权的配置应当与法制状况相适应,对于正在建设法制的国家和法制基本完备的国家来说显得更有意义,因为前者需要充分吸收已有的经验,避免可能的曲折,而后者法律解释权的配置未必合理,结合法制状况对法律解释权的配置进行改进和优化,能更好地推进法治建设。

正在进行法制建设的国家,在法制建设中既要充分发挥法律解释权主体的作用,又要避免出现法律解释主体杂乱的情况。法制建设在客观上要求加大法律解释的力度,通过法律解释不断完善和修正法律,促进法制的进步,推动法律的实施,这已经成为一种共识。加大法律解释的力度,无非有三种方案,第一种是把法律解释权配置给不同的主体,使它们在各自的职责范围内对相应的法律作出解释。第二种是先把法律解释权配置给各种不同的主体,等它们充分行使法律解释权推动法制进步后,再统一取缔它们的法律解释权,把法律解释权配置给应然的主体。第三种是把法律解释权配置给一种主体,扩大该主体解释法律的权限,使该主体在不同法律领域都可以充分解释法律。从法律解释权配置的历史轨迹看,法律解释权的主体正在走向一元,也即是只有司法主体才应当被授予法律解释权。采用第一种方案虽然可以调动不同主体解释法律的积极性,从不同领域推动法制的进步和完善,但最终会带来法律解释权行使的混乱,各种法律解释相互冲突的局面不可避免。采用第二种方案同样会对法制建设带来破坏,因为法律追求的是连贯性和可预测性,突然取消一些主体的法律解释权将侵害法律的连贯性和可预测性。采用第三种方案既能充分实施法律,使法律不断适应社会的进步,又可以避免日后法律解释混杂的局面。显然,第三种方案具有更大的可行性,对于正在建设法制的国家来说,在其法律过于粗疏、各种具体制度尚未完全建立之时,最好的选择就是把法律解释权一步到位地直接配置给司法主体,充分发挥司法在法制建设中的重要作用,避免在法律解释权配置的问题上走弯路。

法制基本完备的国家,应当及时纠正法律解释权配置中的不合理的做法,改进和优化法律解释权的配置,实现法制的统一。当前一些国家的实际情况是,国家为了推动法制的进步,在法制不完备时就把法律解释权分别配置给不同主体,调动这些主体在法律解释方面的积极作用。经过一段时间的法制建设,法律解释活动获得长足的发展,除了带来法制基本完备统一的良好局面外,还出现各种法律解释相互冲突的不良局面,甚至出现法律解释的数量和规模远远超过法律本身的结果。这种情况继续发展下去必然不利于法治建设,因为法律解释过多不但会导致法律本身的权威受到挑战,而且不同主体的法律解释相互矛盾也会加剧法制的混乱。对于这些国家来说,需要做的是尽快理顺不同法律解释权主体的关系,根据法律解释原理和法律解释权配置的基本规律,在经济社会发展较为稳固、法律体系基本建成的条件下,有计划、有步骤地逐步取消一些主体的法律解释权,使法律解释权和法律解释回归其本位。这种做法是法律解释权的配置与法制状况相适应的客观要求,是法律解释权配置的必然趋势,虽然会带来法律解释领域的“阵痛”和一定程度的波动,但从长远来说有利于法治建设。

(三)法律解释权的配置应当结合现代法治精神

神职人员、法学家、君主、官吏、立法机关、司法机关等主体都行使过法律解释权,然而法律解释权最终被配置给司法主体。法律解释权主体的演变,从一定意义上说是法律解释权的配置逐渐走向合理的表现。因此,现代国家在借鉴历史上法律解释权的配置时,应当以现代的眼光审视历史,摒弃不合理的配置方式,充分吸收法律解释权配置的合理做法,结合现代法治精神合理地配置法律解释权。具体来说,现代国家配置法律解释权应当做到如下三点:

首先,要摒弃多主体行使法律解释权的做法,把法律解释权配置给单一的法律实施主体。当前有些国家存在多种主体行使法律解释权的局面,尽管这种局面带来法律解释杂乱的结果,但取消一些主体的法律解释权,把法律解释权配置给单一的主体却会带来其他一些不好的结果,既然如此,维持现有的局面或许被认为有利于法律和社会的稳定。这种观点有一定的道理,因为任何事物都有其好的一面和不好的一面。每一种主体行使法律解释权都会为法律解释活动的发展和人类法律文明的进步作出贡献,同时也可能会带来不好的结果。在多个主体行使法律解释权的情况下,是否取消多数主体的法律解释权,把法律解释权配置给单一的主体,是一个不好回答的问题。但是,应当看到,历史上多种主体行使过法律解释权,是当时的特定条件决定的。由于人类对法律的认识不深入,对法律解释活动的规律把握不准确,对君主集权的认可和接受,对司法活动的轻视,以及一些历史事件的推动等原因,法律解释权的主体几经变迁。这些情况的出现,都有其特定的历史背景,是人类在探索法律解释权配置的历程中不可避免会经历的曲折。当今一些法治国家的法律解释权最终配置给单一的司法主体,这种配置不能说没有一点问题,但它明显比把法律解释权配置给多种主体更有优势,更能推动法律的发展和法治的进步。因此,现代国家在建设法治的进程中,应当注重吸收最有利于法治建设的制度设计和权力配置方式。把法律解释权配置给单一的司法主体,才是当前法律解释权配置的最好选择。

其次,要摒弃集权观念下法律解释权的配置方式,以分权观念指导法律解释权的配置。历史上无论是君主操纵法律解释权,还是立法机关行使法律解释权,都带有明显的集权色彩。集权观念是古代社会的产物,现代的法治强调权力的分立与制约,通过以权力制约权力的制度设计来维护公民的权利和自由。法律解释权尽管常常被人所忽视,但它实际上是一种比较大的权力,把它配置给哪个主体,哪个主体的权力就明显扩大了。如在自由资本主义时期的法国,不能解释法律的法官就像是机械的法律操作者,而在美国,联邦最高法院因为行使法律解释权而具有抗衡国会和政府的资本。在现代社会的权力体系中,司法权明显处于弱势。如果把法律解释权配置给司法主体,则可增强司法主体的权力,更有利于通过权力的分立与制约维护公民的自由和平等。否则,司法权将一直处于弱势地位,其对法律发展和社会进步的贡献会小得多。因此,现代国家在配置法律解释权时,应当注重吸收分权观念指导下的配置方式。

再次,要摒弃法律解释权配置中意识形态的干扰,按照法律解释规律的要求配置法律解释权。通过考察不同国家法律解释权的配置方式,对比它们的优势和不足,最终得出的结论是英、美、法、德等国当前采用的由法院和法官行使法律解释权的做法具有更大的合理性。这种结论并不是说,只有当代西方资本主义国家法律解释权的配置方式才是科学的，才是其他国家法治建设的模本。比较恰当的说法可能是，英、美两国数百年来一直沿用的法律解释权的配置方式经过它们的法治实践，被证明符合法律解释活动的规律，比其他典型国家（如古代的罗马和中国）法律解释权的配置更为合理，后来法国和德国也采用了这种方式并且实践效果良好。英、美、法、德等国当今的法治建设取得公认的成就，它们法律解释权的配置方式自然也值得关注。对此，现代国家在法治建设中应当摒弃意识形态的干扰，客观地看待英、美、法、德等国法律解释权配置的合理性，按照法律解释规律的要求，中肯地吸收这些国家的有益做法，这样才能促进自身的法治建设。

下　篇

当代中国法律解释权的配置

当代中国虽然只有半个多世纪的历史，却经历了诸多的社会动荡和变革。新中国自成立以来的半个多世纪中，既有社会主义法制建设的可贵探索，例如1954年第一部社会主义宪法的出台，1978年以后加强社会主义民主与法制建设的各项活动，1997年中国共产党明确提出建设社会主义法治国家的治国方略等，也有社会主义法制建设上的惨痛教训，例如从1957年反"右"倾斗争开始的二十年中，经历一系列的"左"倾运动，特别是"文化大革命"十年浩劫更是对中国法制建设的严重破坏。1978年中国共产党召开十一届三中全会后，中国日渐重视社会主义民主与法制建设，社会主义法律体系不断得到充实和完善。在新中国社会主义法制建设的历程中，有不少内容涉及法律解释权的配置问题，并由此构成当代中国法律解释体制的基本框架。

改革开放三十多年的发展，使我国的法治建设获得了长足的进步。近年来，我国改革开放初期制定的不少重要法律因社会的变迁而被修订，许多新的法律随着经济社会的发展而相继出台，变革法律解释体制、重新配置法律解释权的呼声也随之而来。当代中国的法律解释体制，既有其合理之处，也存在一定的不足。特别是随着法治建设步伐的加快，在中国特色社会主义法律体系建成后，当前法律解释体制的问题越来越明显。因此，立足于中国法治建设的实践，结合法学原理和法律解释活动的基本规律，对当代中国法律解释权的配置问题进行深入研究，指出其利弊得失，提出改进我国法律解释权配置的建议，重新确立我国的法律解释体制，已经成为一项非常迫切的任务。

第九章　我国法律解释权配置的基本状况

尽管“法律解释权”这一概念在我国学界并没有引起足够的关注，但法律解释问题算得上是老问题，新中国在成立之初就在相关法律中对法律解释作了较为明确的规定。半个多世纪来，法律解释一直受到应有的重视，我国法律对法律解释的规定越来越明晰，这些规定中大部分内容关涉法律解释权的配置问题。对关涉我国法律解释权配置的法律进行梳理，探寻我国法律解释权配置的发展历程，理清我国法律解释权配置的基本特点，是深入认识我国法律解释权配置问题的基本前提。

一、我国法律解释权配置的主要历程

（一）1949—1978 年法律解释权的配置

1949 年新中国成立后，面临着许多任务，既要镇压各种反革命势力和解放全中国，又要加强新生国家政权的建设。新生国家政权的运转在很大程度上依靠法律，法制建设因而也被提上日程。在社会主义法制建设当中，中国一直没有忽视法律解释问题，既在某些法律当中规定法律解释活动，又制定专门法律对法律解释进行统一规范。

从已有的资料看，新中国最早规定法律解释问题的法律，当是 1949 年 9 月 27 日中国人民政治协商会议第一届全体会议通过的《中央人民政府组织法》①，该法第 7 条规定了中央人民政府委员会的职权，其中第 1 项是“制定并解释国家的法律，颁布法令，并监督其执行”。当时的国家机关设置还不完备，在普选的全国人民代表大会召开前，由中国人民政治协商会议全体会议执行全国人民代表大会的职权，而中央人民政府委员会是集各种权力于一

① 《中央人民政府组织法》即《中华人民共和国中央人民政府组织法》的简称。在后文中，为了叙述的简便，除了引用有关规范性法律文件的原文外，凡是全国人民代表大会及其常务委员会制定的《中华人民共和国××法》，一律简称《××法》；凡是国务院或者其他机关制定的《中华人民共和国××法实施条例》、《中华人民共和国××法实施细则》、《中华人民共和国××法实施办法》等，一律简称《××法实施条例》、《××法实施细则》、《××法实施办法》等。

身的国家机关,成为事实上的最高国家机关。因此,中央人民政府委员会既是行使立法权的机关,又是行使法律解释权的机关。

1954 年,第一届全国人民代表大会第一次会议召开,于 9 月 20 日通过新中国第一部社会主义宪法(以下简称“1954 年宪法”),该法第 31 条规定的全国人民代表大会常务委员会的职权中,第 3 项是“解释法律”。这是中国第一次在法律当中确立全国人民代表大会常务委员会的法律解释权,而且是以根本法的形式确立的,开了全国人民代表大会常务委员会行使法律解释权的先河。此后,全国人民代表大会常务委员会行使法律解释权的制度得到延续,并在一些法律中不断体现出来。

1955 年 6 月 23 日,全国人民代表大会常务委员会第十七次会议通过《关于解释法律问题的决议》(以下简称“1955 年《决议》”),全文如下:“一、凡关于法律、法令条文本身需要进一步明确界限或作补充规定的,由全国人民代表大会常务委员会分别进行解释或用法令加以规定。二、凡关于审判过程中如何具体应用法律、法令的问题,由最高人民法院审判委员会进行解释。”从这个决议可以看出,全国人民代表大会常务委员会非常重视法律解释工作,同时还可以看到,它又对法律解释权作进一步的细分,把宪法赋予自己的法律解释权中的一部分授权给最高人民法院审判委员会。

1975 年 1 月 17 日第四届全国人民代表大会第一次会议通过的中国第二部社会主义宪法(以下简称“1975 年宪法”),在第 18 条规定了全国人民代表大会常务委员会解释法律的职权。

1978 年 3 月 5 日第五届全国人民代表大会第一次会议通过的中国第三部社会主义宪法(以下简称“1978 年宪法”),在第 25 条规定了全国人民代表大会常务委员会的职权,其中第 3 项为“解释宪法和法律,制定法令”。在法律解释权的规定上,1978 年宪法与前两部宪法不同的地方在于,它规定全国人民代表大会常务委员会还具有解释宪法的权力。

尽管 1975 年宪法和 1978 年宪法存在很大缺陷,特别是由于“文化大革命”的冲击,当时中国的法制建设受到很大破坏,但是它们对法律解释问题表现出异常的重视,以至于专门列出来进行规定。而这两部宪法所坚持的法律解释权的主体仍然是全国人民代表大会常务委员会,与 1954 年宪法具有相通之处。

从新中国的成立到 1978 年宪法的制定这一时期,我国的法律解释权配置给全国人民代表大会常务委员会,至于 1955 年《决议》规定“凡关于审判过程中如何具体应用法律、法令的问题,由最高人民法院审判委员会进行解释”,只是一种转授权,而且最高人民法院审判委员会所行使的法律解释权也不是法律解释权的主体部分。新中国在这一时期把法律解释权配置给最高权力机关的常设机关，固然有多方面的考虑，但其中有两个原因可能是最重要的。

一是受当时苏联法律的影响。新中国建立之时，既不能沿用国民党政权中的法律制度，也不能参照英、美发达国家的法律制度，而新民主主义革命时期的法制建设成就一放到整个国家当中就显得单薄。在这种情况下，已经取得社会主义建设重大成就的苏联自然成为中国学习借鉴的榜样，中国对苏联的学习和模仿甚至达到盲目的程度。苏联 1936 年《宪法》第 49 条规定的苏联最高苏维埃主席团所行使的职权中，第 3 项为“解释苏联现行法律”。苏联对法律解释权的这种配置深深地影响到新生的社会主义中国，中国国家机构中与苏联最高苏维埃主席团相对应的是全国人民代表大会常务委员会，由全国人民代表大会常务委员会行使法律解释权显然符合以苏联为蓝本的社会主义国家性质的要求。

二是与国民党政权中法律解释权配置方式的决裂。新中国作为一个崭新的国家政权，必然要彻底废除旧中国的各种政治法律体制，表现出政权的革命性和人民性。国民党统治下由最高司法机关行使法律解释权的做法当然会被否定，而作为人民的代表机关的最高权力机关既然行使立法权，它的常设机关通过行使法律解释权来弥补法律不足的做法就成为理所当然的选择。尤其是当时的中国处于“左”倾路线的指导之下，国家的许多活动都表现出激进的“革命性”，人民是国家的主人，就应当由人民来制定和解释法律，全国人民代表大会的法律解释最能代表人民的意愿和法律的原意。然而全国人民代表大会每年召开一次会议，由它行使法律解释权难以跟上各种活动各个方面中人们对法律解释的需求，由全国人民代表大会常务委员会行使法律解释权，既能体现人民的意志，显示人民的专政地位，又能满足对法律解释的需要。因此，尽管在 1978 年以前，中国的法律在社会调整体系当中并不占有重要地位，甚至在“文化大革命”中一度出现“无法无天”的局面，但全国人民代表大会常务委员会的法律解释权却得以延续下来，并在各部宪法当中得到明文规定。

（二）1978 年以来法律解释权的配置

1978 年中国共产党十一届三中全会的召开，翻开中国社会主义建设史上新的一页。党的基本路线作了顺应社会发展规律的调整，在“以阶级斗争为纲”的指导思想下制定的各项法律都难以适应社会发展的需要而逐渐被淘汰，在十一届三中全会所确定的党的基本路线指导之下制定的新的法律相继出台,历尽动荡的中国步入社会主义民主与法制建设的新时期。由于我国法制建设的基础薄弱,新制定的法律有许多不完善的地方,加强法律解释工作显得非常必要。

1979年7月1日,第五届全国人民代表大会第二次会议通过的《人民法院组织法》①在第33条规定:“最高人民法院对于在审判过程中如何具体应用法律、法令的问题,进行解释。”这一规定可以称得上是当代中国现行有效的法律当中涉及法律解释权的最早规定。它把法律适用中的法律解释权赋予最高人民法院,显然是考虑到人民法院作为法律的适用机关,处理的法律纠纷最多,而我国的法律又不健全,不赋予最高人民法院法律解释权将严重影响人民法院的正常审判工作。最高人民法院在法律适用中行使法律解释权,不仅是它的工作性质和当时的法律状况决定的,也是当时人民法院的任务决定的。1978年以后,人民法院处理陈年积案的任务相当繁重,立法者意识到仅仅由全国人民代表大会常务委员会行使法律解释权并不能适应社会的发展,并不能满足司法领域对法律解释的需求,而由最高人民法院行使司法领域中的法律解释权可以使问题在很大程度上得到解决。于是,赋予最高人民法院法律解释权既延续了1955年《决议》,又满足了现实的客观需要。

1981年6月10日,第五届全国人民代表大会常务委员会第十九次会议通过《关于加强法律解释工作的决议》(以下简称“1981年《决议》”)。该决议指出:

第五届全国人民代表大会第二次会议通过几部法律以来,各地、各部门不断提出一些法律问题要求解释。同时,在实际工作中,由于对某些法律条文的理解不一致,也影响了法律的正确实施。为了健全社会主义法制,必须加强立法和法律解释工作。现对法律解释问题决定如下:

(1) 凡关于法律、法令条文本身需要进一步明确界限或作补充规定的,由全国人民代表大会常务委员会进行解释或用法令加以规定。

(2) 凡属于法院审判工作中具体应用法律、法令的问题,由最高人民法院进行解释。凡属于检察院检察工作中具体应用法律、法令的问题,由最高人民检察院进行解释。最高人民法院和最高人民检察院的解释如果有原则性的分歧,报请全国人民代表大会常务委员会解释或决定。

---

① 该法1979年7月1日第五届全国人民代表大会第二次会议通过,1983年9月2日第六届全国人民代表大会常务委员会第二次会议修订,2006年10月31日第十届全国人民代表大会常务委员会第二十四次会议修订。

（3）不属于审判和检察工作中的其他法律、法令如何具体应用的问题，由国务院及主管部门进行解释。

（4）凡属于地方性法规条文本身需要进一步明确界限或作补充规定的，由制定法规的省、自治区、直辖市人民代表大会常务委员会进行解释或作出规定。凡属于地方性法规如何具体应用的问题，由省、自治区、直辖市人民政府主管部门进行解释。

1981年《决议》是对当代中国现行法律解释体制的第一次较为全面的规定，并对法律解释权的配置作出原则性划分。法律解释权的这种配置方式影响深远，对当代中国法律解释体制的建构起着决定性的作用，我国学者据此把中国的法律解释分为立法解释、司法解释（包括审判解释和检察解释）、行政解释和地方解释。无论是在法学教科书中还是在法律实践活动中，立法解释、行政解释和司法解释的划分非常明确，行政解释和司法解释系统内部又有进一步的细分。从纵向看，1981年《决议》同1955年《决议》具有历史延续性，1981年《决议》生效的同时，1955年《决议》废止。1981年《决议》显然是在1955年《决议》的基础上对法律解释权作出的进一步划分，它在继承1955年《决议》中把法律解释权配置给全国人民代表大会常务委员会和最高人民法院的同时，又赋予国务院及其主管部门、最高人民检察院、省级人民代表大会常务委员会以及省级人民政府主管部门解释法律的职权，从而构建一个看起来较为完整和严密的法律解释体制。

1982年12月4日，第五届全国人民代表大会第五次会议通过新中国第四部《中华人民共和国宪法》（以下简称“现行《宪法》”），它在继承1954年宪法的基础上对我国国家机关的职权作出部分调整，开创了中国现行的宪政体制。关于法律解释权的配置，它和前三部宪法一样，明确授权全国人民代表大会常务委员会行使。它在第67条规定：“全国人民代表大会常务委员会行使下列职权：（一）解释宪法，监督宪法的实施；（二）制定和修改除应当由全国人民代表大会制定的法律以外的其他法律；（三）在全国人民代表大会闭会期间，对全国人民代表大会制定的法律进行部分补充和修改，但是不得同该法律的基本原则相抵触；（四）解释法律；……”从该条文可以得出如下两点结论：（1）现行宪法把对宪法的解释和对法律的解释分开规定，似乎意味着法律解释不包括宪法解释，或者是为了突出宪法解释的特殊地位而把对宪法的解释和监督宪法实施单列为全国人民代表大会常务委员会的一项职权。（2）在对全国人民代表大会常务委员会职权的规定中，把解释法律紧紧列于制定和修改非基本法、部分补充和修改基本法的后面，具有视法律解释权为立法权的一部分或者是立法权的延伸之意。

2000 年 3 月 15 日，第九届全国人民代表大会第三次会议通过《立法法》，它在分别规定全国人民代表大会和全国人民代表大会常务委员会的立法程序后，专列一节规定法律解释问题。其第 42 条规定："法律解释权属于全国人民代表大会常务委员会。法律有下列情况之一的，由全国人民代表大会常务委员会解释：（一）法律的规定需要进一步明确其含义的；（二）法律制定后出现新的情况，需要明确适用法律依据的。"第 43 条规定："国务院、中央军事委员会、最高人民法院、最高人民检察院和全国人民代表大会各专门委员会以及省、自治区、直辖市的人民代表大会常务委员会可以向全国人民代表大会常务委员会提出法律解释要求。"第 44 条到第 46 条规定全国人民代表大会常务委员会解释法律的程序。第 47 条规定："全国人民代表大会常务委员会的法律解释同法律具有同等效力。"从《立法法》的上述规定看，它延续了现行宪法关于全国人民代表大会常务委员会行使法律解释权的规定，并进一步具体化，使全国人民代表大会常务委员会垄断法律解释权。而且，立法者在《立法法》中对全国人民代表大会常务委员会的法律解释权作专门规定，并宣告全国人民代表大会常务委员会的法律解释同法律具有同等效力，实际上是在宣告法律解释活动为一种特别的立法活动。

2006 年 8 月 27 日，第十届全国人民代表大会常务委员会第二十三次会议通过《各级人民代表大会常务委员会监督法》（以下简称"《人大常委会监督法》"），它在第五章规定规范性文件的备案审查，其第 31 条规定："最高人民法院、最高人民检察院作出的属于审判、检察工作中具体应用法律的解释，应当自公布之日起 30 日内报全国人民代表大会常务委员会备案。"该法第 32 条规定有关单位认为最高人民法院、最高人民检察院作出的具体应用法律的解释同法律相抵触的，可以提请全国人民代表大会常务委员会审议；第 33 条规定最高人民法院、最高人民检察院作出的具体应用法律的解释被确认同法律相抵触时的处理问题。从《人大常委会监督法》这三条规定看，全国人民代表大会常务委员会有意审查最高人民法院、最高人民检察院就具体应用法律所作的解释。在承认最高人民法院和最高人民检察院具有法律解释权的基础上，该法比 1981 年《决议》增加一定的限制，即最高人民法院和最高人民检察院的法律解释，必须主动向全国人民代表大会常务委员会备案，而且它们的法律解释如果被确认为违法，则可能招致被修改、被废除或者其他命运。《人大常委会监督法》的上述规定，显然是为了进一步完善我国当前的法律解释体制，使法律解释权的配置和行使越来越严密和规范。

以上是我国现行法律当中涉及法律解释问题的有关规定。一般认为，现行《宪法》、1981 年《决议》、《立法法》和《人大常委会监督法》构成当代中国法律解释权配置的基本框架。至于《人民法院组织法》,由于仅仅规定最高人民法院在法律适用领域中的法律解释权,没有涉及其他机关的法律解释权以及它们相互之间的关系,而且最高人民法院的法律解释权在整个中国的法律解释体制当中并不占主导地位,因而对当前中国法律解释权配置框架的建构所起的作用明显低于另外四部法律。在现行《宪法》、1981 年《决议》、《立法法》和《人大常委会监督法》当中,现行《宪法》是全国人民代表大会常务委员会行使法律解释权的根本性的法律依据;《立法法》为全国人民代表大会常务委员会法律解释权的行使提供了具体的场景和方式,并宣告了法律解释的法律效力;1981 年《决议》开创了当代中国法律解释权配置的具体方式,并在法律解释实践中得到切实的贯彻实施,对中国法律解释权的配置影响最大;《人大常委会监督法》是基于我国当前法律解释权配置中出现的某些问题而采取的完善措施。它们相互补充,共同建构了当代中国的法律解释体制,对中国的社会主义法治建设产生了重大影响。

二、我国法律解释权配置和行使的特点

当代中国的法律解释权分别配置给不同的国家机关行使,配置与行使成为统一的整体。法律解释权的配置体制以及在这种配置体制下的行使方式,呈现出三个特点。

(一) 法律解释权不是独立存在的权力,而是附属于法律解释权主体的职权当中

张志铭研究员认为,当代中国法律解释体制所内含的一个基本观念是,在制度设计上,人们视法律解释为一种单独的权力,一种通过解释形成具有普遍法律效力的一般解释性规定的权力,而不是一种附属于法律制定权和法律实施权或决定权的活动。理由如下:(1) 从法律解释权与法律制定权的关系分析,人们并不把法律解释权归之于法律制定权。具体说来,这包含三个命题:一是有权制定法律,就有权解释法律;二是有权解释法律,不一定有权制定法律;三是有权制定法律,不一定要亲自解释该法律。(2) 从法律解释权与法律实施权或决定权(主要是司法权和执法权)的关系看,有权实施法律或者在法律上拥有决定权的机关,在制度上并不一定对所适用的法律拥有解释权,甚至绝大部分对所适用的法律不具有解释权;而有权解释法律的各实施机关,尽管在名义上其解释涉及的是法律的“具体应用”,却基本上脱离

了具体个案或问题的法律实施或决定过程。[①] 这种观点非常有道理,对我国法律解释权的定位也比较准确。但是,这种观点是站在某一个特定的角度来看法律解释权,如果换一个角度来看的话,可能会得出与此相反的结论。

从我国行使法律解释权的主体看,任何一种主体都有自己专门的职责,本身都不是专职的法律解释机关,而是在其日常工作中"顺便"解释法律。具体分析如下:

全国人民代表大会常务委员会是我国的立法机关,负有创制和完善法律的职责,因而1981年《决议》规定,凡关于法律、法令条文本身需要进一步明确界限或作补充规定的,由全国人民代表大会常务委员会进行解释或用法令加以规定。

最高人民法院、最高人民检察院是国家最高司法机关,分别肩负着指导、监督全国审判和检察活动的职责,尤其是要对下级司法机关运用法律的情况进行督导,因而最高人民法院对审判中具体应用法律、法令的问题进行解释,最高人民检察院对检察中具体运用法律、法令的问题进行解释。

除了立法、司法领域外,其余的事情主要涉及行政领域,主管全国行政事务的国务院和主管全国某一行业的国务院主管部门便理所当然地拥有对审判、检察工作以外的其他法律、法令的具体应用问题的解释权。

地方性法规具有明显的地方特色,当然不能由中央国家机关解释。省级人民代表大会常务委员会是地方立法机关,肩负对地方立法进行补充完善的使命,地方性法规条文本身需要进一步明确界限或作补充规定的,当然应由制定法规的省、自治区、直辖市人民代表大会常务委员会进行解释或作出规定。

省级人民政府是地方最高的综合性行政机关,一般不会具体运用地方性法规处理具体问题,而省级人民政府职能部门是具体实施地方性法规的最高职能部门,对全省(自治区、直辖市)的其他各级人民政府职能部门实施地方性法规的情况进行领导和监督,所以凡属于地方性法规如何具体应用的问题,由省、自治区、直辖市人民政府主管部门进行解释。

1981年《决议》通篇对我国法律解释权的配置都体现了这种思想。即使1981年《决议》没有规定的有关主体,如省级人民代表大会、省会城市的人民代表大会常务委员会、省会城市的人民政府及其职能部门等,事实上也在行使法律解释权,它们的法律解释权也始终和它们的具体职权相关。

正是基于这样的理念,我国的法律解释权并没有统一授予某个机关行

① 参见张志铭:《法律解释操作分析》,中国政法大学出版社1999年版,第233—234页。

使,而是配置给一定层级以上的各个具有特定职能的国家机关,由它们在自己的职责范围内对法律进行解释。由此看来,法律解释权在我国并没有被视为一种单列的权力,而是附属于各个法律解释权主体的职权当中,每一个法律解释权主体在其各自的职责范围内毋庸置疑地具有对它所制定或者实施的法律进行解释的权力。

这种判断还可以在其他法律当中得到证实。例如现行《宪法》在第 67 条以列举方式规定全国人民代表大会常务委员会的职权,其中第 2 项是“制定和修改除应当由全国人民代表大会制定的法律以外的其他法律”;第 3 项是“在全国人民代表大会闭会期间,对全国人民代表大会制定的法律进行部分补充和修改,但是不得同该法律的基本原则相抵触”;第 4 项是“解释法律”。这三项职权是相连贯相统一的,其实就是制定非基本法律、修改基本法律,解释基本法律和非基本法律。《立法法》第 42 条规定解释法律的情形是:当法律的规定需要进一步明确具体含义的,或者法律制定后出现新的情况,需要明确适用法律依据的,由全国人民代表大会常务委员会进行解释。第 47 条规定全国人民代表大会常务委员会的法律解释同法律具有同等效力。从这些规定可以看出,全国人民代表大会常务委员会解释法律的职权其实都来源于它的低于全国人民代表大会的立法权。同样的道理,国务院的法律解释权实际上来源于它的最高行政管理权,最高人民法院和最高人民检察院的法律解释权分别来自于它们的最高审判权和最高检察权。

张志铭研究员认为,人们并不把法律解释权归之于法律制定权,因而有权解释法律,不一定有权制定法律;而且有权制定法律,不一定要亲自解释该法律。这一结论令人赞同,但还应当看到,某些主体的法律解释权同它的法律创制权有非常大的关系,法律解释权可以被理解成为法律创制权的延伸。比如全国人民代表大会作为最高立法机关,每年召开一次会议,要它对自己制定的法律进行解释是不现实的,由它的常设机关全国人民代表大会常务委员会进行解释即可。全国人民代表大会常务委员会制定法律常常要求国务院或者国务院主管部门进行解释,实际上是把自己的法律解释权授予国务院及其主管部门,因为这些法律所规定的事务一般与国务院或者国务院主管部门的职权最为接近,由它们进行解释会更接近于实践。

张志铭研究员还认为,有权实施法律或者在法律上拥有决定权的机关,在制度上并不一定对所适用的法律拥有解释权,甚至绝大部分对所适用的法律不具有解释权;而有权解释法律的各实施机关,尽管在名义上其解释涉及的是法律的“具体应用”,却基本上脱离了具体个案或问题的法律实施或决定过程。他的这一判断基本上符合中国的法律解释现状,但这一判断并不能用来否定法律解释权附属于法律解释权主体的职权当中。实际上,正是因为那些较高层级的机关有权实施法律,才具有对法律的解释权。

（二）以全国人民代表大会常务委员会为主导,多种较高层级的国家机关分工负责共同行使法律解释权

当代中国的法律解释权配置给许多层级较高的国家机关,但这些解释权主体在各自的法律解释活动中基本上保持一个比较有序的局面,而没有出现较大的混乱,主要有两方面的原因。一方面,不同的解释权主体在法律解释活动中实行的是分工负责的方式,每一个解释权主体仅仅对自己职责范围内的法律进行解释。另一方面,不同的解释权主体之间形成一种鲜明的层级关系,能够在很大程度上减少它们相互之间的冲突。在诸多法律解释权主体当中,全国人民代表大会常务委员会处于主导地位,作出的法律解释具有最高的效力,而且能够协调不同解释权主体在法律解释活动中出现的冲突。

全国人民代表大会常务委员会在我国的法律解释权主体当中处于主导地位,是由多种原因决定的。前文已经谈到,由于受原苏联最高苏维埃主席团解释法律的影响,以及全国人民代表大会常务委员会作为国家最高权力机关的常设机关在我国整个国家机构当中所处的显著地位,我国的每一部宪法都规定由全国人民代表大会常务委员会来解释法律。虽然1981年《决议》把法律解释权配置给包括全国人民代表大会常务委员会在内的诸多国家机关,但《立法法》又明确宣布由全国人民代表大会常务委员会行使法律解释权。这样做虽然无法在事实上取消全国人民代表大会常务委员会之外其他主体的法律解释权,却至少宣告了全国人民代表大会常务委员会在整个法律解释权主体当中的突出地位。由于全国人民代表大会常务委员会是我国最高立法机关的常设机关,是地位仅次于最高立法机关的第二个立法机关,它的法律解释自然不同于其他主体的解释。从法律效力上说,按照《立法法》的规定,全国人民代表大会常务委员会对法律作出的解释具有法律效力。因而,包括国务院、最高人民法院、最高人民检察院在内的任何法律实施机关,和包括省级人民代表大会及其常务委员会在内的任何地方国家机关,都必须遵守全国人民代表大会常务委员会对法律的解释;它们无论是在制定行政法规、作出司法解释或者制定地方性法规时,还是在自己职权范围内进行法律解释时,都不得与全国人民代表大会常务委员会的解释相冲突。

树立全国人民代表大会常务委员会的法律解释在我国整个法律解释当中的突出地位,对于消除当前中国法律解释中的混乱局面有很大的现实意义。毕竟,由于各个法律解释权主体往往只存在职权分工,并无上下级的隶

属关系,例如国务院、最高人民法院、最高人民检察院、省级人民代表大会等,它们作出的法律解释必然有许多相互冲突的地方,靠它们自身无法解决这些冲突,只能由一个更高层级的法律解释权主体来协调,这个法律解释权主体只能是全国人民代表大会常务委员会。于是 1981 年《决议》规定,最高人民法院和最高人民检察院的解释如果有原则性的分歧,报请全国人民代表大会常务委员会解释或决定。但它并没有规定如果国务院的解释和省级人民代表大会常务委员会的解释发生冲突了怎么办。这主要是因为 1981 年《决议》规定的国务院的解释是审判、检察活动以外的关于法律应用问题的解释,地方解释仅仅是对地方性法规的解释,它们属于不同的领域,应当不会发生冲突。特别是在当时法律制度较为简单的情况下,不同国家机关的法律解释活动本身就比较少,发生冲突的几率非常低。然而随着社会的发展和我国法制建设的进步,它们之间在法律解释甚至在法律制定方面的冲突越来越多,于是《立法法》专门宣布全国人民代表大会常务委员会的法律解释具有法律效力,并在第五章"适用与备案"中规定法律、行政法规、地方性法规、自治条例、单行条例、规章之间发生冲突的裁决问题,确立全国人民代表大会常务委员会对同宪法和法律相抵触的行政法规、地方性法规、省级人民代表大会常务委员会批准的违背宪法和《立法法》第 66 条第 2 款规定的自治条例和单行条例的撤销权。1981 年《决议》和《立法法》的这种规定,树立了全国人民代表大会常务委员会在审查其他法律解释权主体制定的抽象性法律文件和作出的法律解释方面的最高地位,便于使各种法律解释形成一个相互协调和共同发展的良好局面。

在全国人民代表大会常务委员会之下,由多种较高层级的国家机关在各自的职权范围内分工负责,共同行使法律解释权:全国人民代表大会常务委员会对法律进行解释和完善;国务院及其主管部门在行政管理领域中行使法律解释权,国务院的法律解释在这一行政解释体制当中处于最高地位,国务院的各个主管部门在自己的主管行业中对所执行的法律和行政法规作出解释;最高人民法院在审判领域中作出审判解释,最高人民检察院在检察领域中作出检察解释;较高层级的地方国家机关在自己的职权领域内作出法律解释。这种法律解释体制正是 1981 年《决议》所确立的法律解释体制,它希望通过把法律解释权配置给诸多主体来不断完善法律。尽管今天看来,这种法律解释权的配置引发了不少问题,但在当时却有较大的进步意义。当时的中国刚刚从"文化大革命"的阴影当中走出来,社会主义法制建设正处在起步阶段,在相当大的社会领域中,法律还是空白。虽然党和国家确立了加强社会主义民主与法制建设的方针,但由于新中国成立以来对法制建设不够重视,又加上"文化大革命"的破坏,法律状况非常糟糕,全国人民代表大会及其常务委员会、国务院制定的法律法规寥寥无几,远远不能满足社会对法律的需求,需要通过法律解释来对法律进行充实和完善。而各个中央国家机关在其职责范围内进行法律活动容易发现法律的不足,并且能结合其工作情况对法律的完善提出有价值的建议。同时,中国各地区在社会状况、经济发展水平、法制建设等方面差距相当大,需要发挥省级国家机关在法律制定和实施当中的作用。因而,赋予这些国家机关与自己职权相关的法律解释权,有助于推进刚刚起步的法制建设。

1981 年《决议》正是在这种情况下对法律解释权做了分配,确立了当代中国的法律解释体制。它在开篇就指出:"第五届全国人民代表大会第二次会议通过几个法律以来,各地、各部门不断提出一些法律问题要求解释。同时,在实际工作中,由于对某些法律条文的理解不一致,也影响了法律的正确实施。为了健全社会主义法制,必须加强立法和法律解释工作。现对法律解释问题决定如下:……"它在最后还做了如下说明:"由于林彪、江青反革命集团对社会主义法制的严重破坏和毒害,有些人的法制观念比较薄弱。同时,对法制的宣传教育还做得很不够,许多人对法律还很不熟悉。全国人民代表大会常务委员会认为,各级国家机关、各人民团体,都应当结合实际情况和问题,并利用典型案例,有计划有针对性地加强社会主义法制的宣传教育工作,使广大干部、群众了解有关的法律规定,逐步普及法律的基本知识,进一步肃清林彪、江青反革命集团破坏社会主义法制的流毒,教育广大干部、群众,特别是各级领导干部和公安、检察、法院等司法工作人员,认真遵守和正确执行法律,依法处理人民内部的各种纠纷,同时要善于运用法律武器,同一切破坏社会主义法制的违法犯罪行为进行斗争。"这显然是针对当时法制不完善、法制观念淡薄的状况,全国人民代表大会常务委员会希望通过多种主体共同行使法律解释权来推进中国的法制建设。事实证明,这种法律解释体制确实对中国法制的完善做出了重大贡献,当前我国对许多法律做的较为完善的修改,都充分吸收了诸多法律解释。

(三)法律解释权多以隐含方式行使,法律解释权演变为规范性法律文件创制权

从现有的法律解释文本看来,几乎所有的法律解释权主体在对法律作出解释时,很少直接以"解释"的名义进行,而是以"规定"、"办法"、"实施意见"、"条例"等方式进行的。这种方式虽然没有"解释"之名,实际上却是对法律的解释。

就全国人民代表大会常务委员会而言，从1981年《决议》规定它的法律解释权以来的十几年里，它几乎没有以“解释”的名义作出过法律解释，而是以“规定”、“补充规定”等名义对法律作出补充性说明，例如它于1983年3月5日颁布《关于县级以下人民代表大会代表直接选举的若干规定》，于1984年7月7日通过《关于刑事案件办案期限的补充规定》①。这些“规定”和“补充规定”实际上就是新的立法或者补充性立法，但是也可以把它们理解为是对法律的解释。全国人民代表大会常务委员会《关于县级以下人民代表大会代表直接选举的若干规定》是对《全国人民代表大会和地方各级人民代表大会选举法》的解释，因为它在开篇声称：“为了便于实施《中华人民共和国全国人民代表大会和地方各级人民代表大会选举法》，对县级以下人民代表大会代表直接选举中的若干问题作如下规定：……”而且规定的10项内容都是对选举中有关事项的说明。全国人民代表大会常务委员会《关于刑事案件办案期限的补充规定》更是对1979年7月1日制定的《刑事诉讼法》的解释，它在开篇指出：“刑事诉讼法根据尽量缩短办案期限、保障公民人身权利的精神，对刑事案件规定的办案期限是适当的、正确的，公安、司法机关应当继续改进工作，提高办案质量和工作效率，认真按照刑事诉讼法规定的办案期限执行，并且实事求是地尽可能缩短办案期限。同时，为了解决实施中的一些特殊的、具体的问题，特作如下补充规定：……”它补充规定的内容也是解释性的，例如它规定：“人民检察院和人民法院改变管辖的公诉案件，从改变后的办案机关收到案件之日起计算办案期限。”“人民法院退回检察院补充侦查的案件，人民检察院应当在一个月以内补充侦查完毕。补充侦查完毕移送人民法院后，人民法院重新计算审理期限。”“第二审人民法院发回原审人民法院重新审判的案件，原审人民法院从收到发回案件之日起，重新计算审理期限。”“对被告人作精神病鉴定的期间不计入办案期限。”这些补充规定正是对办案期限的解释。

全国人民代表大会常务委员会第一次明确行使法律解释权是1996年5月15日，第八届全国人民代表大会常务委员会第十九次会议通过《关于〈中华人民共和国国籍法〉在香港特别行政区实施的几个问题的解释》，它开篇声明：“根据《中华人民共和国香港特别行政区基本法》第十八条和附件三的规定，《中华人民共和国国籍法》自1997年7月1日起在香港特别行政区实施。考虑到香港的历史背景和现实情况，对《中华人民共和国国籍法》在香

① 全国人民代表大会常务委员会《关于刑事案件办案期限的补充规定》已经随着1996年3月17日《刑事诉讼法》的修正而废止，它的有关内容被吸收到修正后的《刑事诉讼法》当中。

港特别行政区实施作如下解释：……"1998 年 12 月 29 日，全国人民代表大会常务委员会通过《关于〈中华人民共和国国籍法〉在澳门特别行政区实施的几个问题的解释》，随后的几年里，全国人民代表大会常务委员会又通过《关于〈中华人民共和国香港特别行政区基本法〉第二十二条第四款和第二十四条第二款第（三）项的解释》和对《刑法》有关条文的一系列解释。从全国人民代表大会常务委员会行使法律解释权的情况看，它作出的法律解释并不在少数，但大多不是以"解释"名义作出的，以明示方式行使解释权是近些年的事。

其他法律解释权主体行使解释权的情形和全国人民代表大会常务委员会也差不多，无"解释"之名而行"解释"之实，这可以国务院为例说明。国务院 1989 年 2 月 27 日通过的《药品管理法实施办法》是对《药品管理法》的解释，例如它在第 10 条规定："《药品管理法》第十条第一款规定的审批程序，是指药品经营企业（包括专营或者兼营的批发、零售商店或者公司）按照以下规定申请办理《药品经营企业许可证》：……"1995 年 11 月 22 日国务院发布的《预算法实施条例》是对《预算法》的解释，例如它在第 3 条规定："预算法第四条第一款所称'中央各部门'，是指与财政部直接发生预算缴款、拨款关系的国家机关、军队、政党组织和社会团体；所称'直属单位'，是指与财政部直接发生预算缴款、拨款关系的企业和事业单位。"第 4 条规定："预算法第五条第三款所称'本级各部门'，是指与本级政府财政部门直接发生预算缴款、拨款关系的地方国家机关、政党组织和社会团体；所称'直属单位'，是指与本级政府财政部门直接发生预算缴款、拨款关系的企业和事业单位。"倒是最高人民法院、最高人民检察院在的司法解释中，有不少是以"解释"的名义发布的。尤其是最高人民法院《关于司法解释工作的若干规定》和最高人民检察院《司法解释工作暂行规定》发布后，它们以"解释"的名义作出的司法解释明显增多。

总的来说，我国的各个法律解释权主体在进行法律解释时，以"解释"之名作出的并不多。相当一部分法律解释冠以各种各样的名目，而无法律解释之名，但这并不影响它们作为法律解释的效力。与此同时，有很多法律解释不仅是对法律的说明，更是进一步对法律作出的详尽规定，比被解释的法律条文还要多，这种解释实际上成为象法律一样的抽象性规定，法律解释进而演化为规范性法律文件。因此可以说，我国各法律解释权主体在行使法律解释权时往往不以明示方式行使，它的法律解释权隐含在它创制规范性法律文件的过程中，法律解释权进一步演化为规范性法律文件创制权。产生这种情况的原因可能是，法律解释权主体对"解释"一词不大喜欢，认为解释似乎不够正规，给人的感觉不够严肃，效力显然也不够高；而且大多数法律解释权主体本身也具有制定规范性法律文件的权力，它们把对法律的解释转换为制定规范性法律文件，规范性法律文件显然要比“法律解释”好得多。当《立法法》规定全国人民代表大会常务委员会作出的法律解释与法律具有同等效力后，全国人民代表大会常务委员会以“解释”名义进行法律解释的次数明显增多，或许也是这个原因。

第十章　我国当前法律解释权配置的不足

我国法律解释权的配置,开始于新中国法制建设落后、法律制度很不完善的起点上。把法律解释权配置给不同主体,由它们在自己的职权范围内通过行使法律解释权来充实和发展法律,确实对我国的法制建设起到了积极的推动作用。特别是在全面建设社会主义市场经济的大背景下,由于我国调整市场经济的法律处在探索阶段,没有现成答案,更需要各个法律解释权主体不断地通过法律解释来修正和丰富社会主义市场经济法律制度。因此,应当充分肯定当代中国法律解释权的配置对法制建设的贡献。然而,随着我国社会主义市场经济体制的日益完善和社会主义法制建设的逐步深入,特别是在依法治国、中国特色社会主义法律体系已经建成的今天,当代中国法律解释权的配置开始从各个方面暴露出其不足。这些不足主要表现为我国当前法律解释权配置所引发的各种矛盾以及法律解释权的行使所凸现出的问题上。

一、我国法律解释权配置引发的矛盾

我国的法律解释权配置给中央的立法机关、行政机关、司法机关和一定层级的地方国家机关,这四种主体行使法律解释权都存在不合理之处,并在它们各自的解释活动中体现出来。一些主体行使法律解释权时,特别是各个主体共同行使法律解释权时,会引发一系列矛盾,这些矛盾在逻辑上讲不通,在实践中行不通,反倒会带来混乱。下文仅仅列举法的一解与多解的矛盾、法律解释与规范性法律文件的矛盾、地方解释与法制统一的矛盾、联合解释与权力制约的矛盾,并对这四对矛盾进行详细探讨。

(一) 法的一解与多解的矛盾

法的一解与多解的矛盾可能是当代中国法律解释权配置引发的最大的矛盾。法无二解是法律解释学中的一条基本原理,它旨在说明,尽管法律条文的含义在不同的语境下各不相同,尽管不同的主体对法律的理解各不相同,但对法律作出的具有效力的解释应当是唯一的。“在解释主体上,必须由法定身份(经过授权)的主体进行解释,否则,法律的权威性、法律意义的安全性便没有保障。”①

在我国当前的解释体制中,立法机关、行政机关和司法机关都握有法律解释权,它们作出的解释都具有法律效力。按照解释学原理,只要有理解,理解便会不同,因为解释者在理解时加入了自己的前见。显然,不同的解释主体对同一法律作出的具有效力的解释必然会存在各种各样的抵触。虽然法律对不同主体的解释效力及解释中的冲突规定了处理办法,但实际状况要比立法者当初的想象复杂得多。每当一部法律出台后,不同主体往往会对它作出远远比法律本身繁琐的有权解释,进一步加剧法的一解与多解的矛盾。

举例来说,1997 年 1 月 1 日《刑事诉讼法》实行后,最高人民法院、最高人民检察院、公安部、国家安全部、司法部、全国人大常委会法制工作委员会《关于〈中华人民共和国刑事诉讼法〉实施中若干问题的规定》于 1998 年 1 月 19 日通过,其第 39 条规定:“刑事诉讼法第一百五十四条规定,开庭的时候,审判长查明当事人是否到庭。根据上述规定,应当由审判长查明当事人是否到庭,不能规定由书记员查明。”紧接着,最高人民法院于 1998 年 6 月 29 日通过《关于执行〈中华人民共和国刑事诉讼法〉若干问题的解释》,其第 124 条规定:“开庭审理前,书记员应当依次进行下列工作:(一) 查明公诉人、当事人、证人及其他诉讼参与人是否已经到庭;……”这里面暴露出的问题非常明显,即最高人民法院等六机关对刑事诉讼法作出的第 39 条解释实际上是对法律条文的简单重复,没有任何意义;更重要的是,这一解释与最高人民法院独自对《刑事诉讼法》作出的第 124 条解释明显矛盾,让人无所适从。

再比如,《刑法》第 294 条第 1 款规定了“黑社会性质的组织”,最高人民法院审判委员会于 2000 年 12 月 4 日通过《关于审理黑社会性质组织犯罪的案件具体应用法律若干问题的解释》,第九届全国人民代表大会常务委员会于 2002 年 4 月 28 日通过《关于〈中华人民共和国刑法〉第二百九十四条第一款的解释》,对“黑社会性质的组织”重新作了解释。二者作出的解释在含义

① 陈金钊:《法律解释的哲理》,山东人民出版社 1999 年版,第 42 页。

上非常相近,但也不能说二者的解释是相同的。[①] 如果说最高人民法院的解释和全国人民代表大会常务委员会的解释一样,那么全国人民代表大会常务委员会的解释就是多余的,它作出解释的理由只能被理解为是向全社会特别是向最高人民法院宣布,按照《立法法》的规定,它才是真正具有法律解释权的主体,最高人民法院的法律解释权不具有法律依据。如果说二者的解释在含义上相左,那么法官在审判中应当按照哪一种解释进行审判呢? 无论法官选择哪一种解释,都把另一种解释置于尴尬地位,法律解释的严肃性和法律解释权主体的"尊严"都将受损。最高人民法院和全国人民代表大会常务委员会争夺对法律的解释权,竞相对"黑社会性质的组织"作出法律解释,加剧了法的一解与多解的矛盾。

我国当前法律解释权的配置导致的法的一解与多解的矛盾,直接带来法律适用的混乱,危及法律的严肃性和安定性。

(二) 法律解释与规范性法律文件的矛盾

我国拥有法律解释权的主体,一般都会在其日常事务中充分行使法律解释权,它们对法律的解释数量远远超过法律本身。1981 年《决议》规定,凡是对法律的具体应用问题的解释,由国务院及主管部门、最高人民法院、最高人民检察院在各自的职责范围内进行解释,省级人民政府主管部门对地方性法规的具体应用问题进行解释。但是从当前解释的实际状况看,这些部门作出的解释似乎并不是具体应用中的问题,而是脱离具体案情对法律法规进行抽象解释,而且每当一部法律出台后,有权对它作出解释的主体都会"不失时机"地主动作出抽象解释,而不是有针对性地对具体应用过程中出现的问题进行解释。这种法律解释并不像是一种解释,而更像一种新的较为具体的规范性法律文件,或者说像是法律解释权主体进行的一种立法。国务院及其主

---

① 最高人民法院的解释称:"刑法第二百九十四条规定的'黑社会性质的组织',一般应具备以下特征:(一) 组织结构比较紧密,人数较多,有比较明确的组织者、领导者,骨干成员基本固定,有较为严格的组织纪律;(二) 通过违法犯罪活动或者其他手段获取经济利益,具备一定的经济实力;(三) 通过贿赂、威胁等手段,引诱、逼迫国家工作人员参加黑社会性质组织,或者为其提供非法保护;(四) 在一定区域或者行业范围内,以暴力、威胁、滋扰等手段,大肆进行敲诈勒索、欺行霸市、聚众斗殴、寻衅滋事、故意伤害等违法犯罪活动,严重破坏经济、社会生活秩序。"全国人民代表大会常务委员会的解释称:"刑法第二百九十四条第一款规定的'黑社会性质的组织'应当同时具备以下特征:(一) 形成较稳定的犯罪组织,人数较多,有明确的组织者、领导者,骨干成员基本固定;(二) 有组织地通过违法犯罪活动或者其他手段获取经济利益,具有一定的经济实力,以支持该组织的活动;(三) 以暴力、威胁或者其他手段,有组织地多次进行违法犯罪活动,为非作恶,欺压、残害群众;(四) 通过实施违法犯罪活动,或者利用国家工作人员的包庇或者纵容,称霸一方,在一定区域或者行业内,形成非法控制或者重大影响,严重破坏经济、社会生活秩序。"

管部门、最高人民法院、最高人民检察院的法律解释活动，都呈现这种特征。

国务院解释的是关于行政管理方面的法律，它的解释把有关的管理活动具体化了。例如，第九届全国人民代表大会常务委员会第十七次会议修正、自 2001 年 7 月 1 日起施行的《专利法》共 69 条，国务院 2001 年 6 月 15 日公布、分别经 2002 年 12 月 28 日和 2010 年 1 月 9 日修订的《专利法实施细则》共 123 条。第九届全国人民代表大会第四次会议 2001 年 3 月 15 日修订的《中外合资经营企业法》共 16 条，国务院 2001 年 7 月 22 日修订的《中外合资经营企业法实施条例》共 105 条。

国务院主管部门的解释同样如此，无论是解释法律还是解释行政法规，往往都是制定一部更为具体的抽象性规范。例如，1985 年 11 月 22 日第六届全国人民代表大会常务委员会第十三次会议通过的《公民出境入境管理法》和《外国人入境出境管理法》分别为 20 条和 35 条。而 1986 年 12 月 3 日国务院批准，1986 年 12 月 26 日公安部、外交部、交通部发布，1994 年 7 月 13 日国务院批准修订，1994 年 7 月 15 日公安部、外交部、交通部发布施行的《公民出境入境管理法实施细则》达 28 条；1986 年 12 月 3 日国务院批准，1986 年 12 月 27 日公安部、外交部发布，1994 年 7 月 13 日国务院批准修订、1994 年 7 月 15 日公安部、外交部发布施行的《外国人入境出境管理法实施细则》达 57 条。1994 年 7 月 5 日第八届全国人民代表大会常务委员会第八次会议通过的《劳动法》共 107 条，劳动部 1995 年 8 月 4 日发布的《关于贯彻执行〈中华人民共和国劳动法〉若干问题的意见》共 100 项内容。

最高人民法院、最高人民检察院在作出司法解释时，制定的抽象性规则更是远比法律本身复杂详尽。例如，1996 年 3 月 17 日第八届全国人民代表大会第四次会议修正的《刑事诉讼法》共 225 条，而 1998 年 6 月 29 日最高人民法院审判委员会通过、自 1998 年 9 月 8 日起施行的《关于执行〈中华人民共和国刑事诉讼法〉若干问题的解释》共 367 条；1997 年 1 月 15 日最高人民检察院第八届检察委员会通过、1998 年 12 月 16 日最高人民检察院第九届检察委员会修订的《人民检察院刑事诉讼规则》共 468 条。1995 年 6 月 30 日第八届全国人民代表大会常务委员会第十四次会议通过的《担保法》共 96 条，2000 年 9 月 29 日最高人民法院审判委员会通过的《关于适用〈中华人民共和国担保法〉若干问题的解释》共 134 条。最高人民法院、最高人民检察院对司法过程中某些个别问题单独或者联合作出的解释条文也不在少数。

总的来说，这些法律解释权主体在解释法律时，往往不是通过具体应用而对法律在具体应用过程中出现的问题作出解释，它们仅仅是机械地行使法律解释权，对法律作出比法律本身具体一些的抽象解释，解释的条文数目一般会比法律本身的条文数目多。倒是按照1981年《决议》,全国人民代表大会常务委员会在法律、法令条文本身需要进一步明确界限或作补充规定时所作出的解释或者规定,在条文数目上远不及法律本身。例如全国人民代表大会常务委员会在冠名为“解释”的法律解释中,作出的解释都是简短的几项内容。

综合国务院及其主管部门、最高人民法院、最高人民检察院等机关的法律解释活动可以看出,它们的解释相当一部分是在制定抽象性规则,具有明显的“立法”特征。它们名为解释,实际上是法律解释权主体站在自己的立场上,在原有的法律之下进行的更为明细的立法活动,而且很多法律解释权主体在法律解释中宣称自己作出的解释具有法律效力。而从另一方面说,按照《立法法》的规定,我国相当一部分实际上拥有法律解释权的机关,本身又具有制定规范性法律文件的权力,例如国务院可以根据宪法和法律制定行政法规、国务院主管部门可以根据法律和国务院的行政法规、决定、命令,在本部门的权限范围内制定部门规章,省级人民代表大会及其常务委员会可以在不同宪法、法律、行政法规相抵触的前提下制定地方性法规,省级人民政府可以根据法律、行政法规、地方性法规的规定制定地方政府规章。如果这些部门对上位法作出具有立法特征的解释,那么这些解释到底是对上位法的解释呢,还是根据上位法制定的法规、规章等规范性法律文件呢?

看作是法律解释,还是法规、规章等规范性法律文件,显然具有不同的法律意义。比如,《行政诉讼法》第52条规定:“人民法院审理行政案件,以法律和行政法规、地方性法规为依据。地方性法规适用于本行政区域内发生的行政案件。人民法院审理民族自治地方的行政案件,并以该民族自治地方的自治条例和单行条例为依据。”第53条规定:“人民法院审理行政案件,参照国务院部、委根据法律和国务院的行政法规、决定、命令制定、发布的规章以及省、自治区、直辖市和省、自治区的人民政府所在地的市和经国务院批准的较大的市的人民政府根据法律和国务院的行政法规制定、发布的规章。人民法院认为地方人民政府制定、发布的规章与国务院部、委制定、发布的规章不一致的,以及国务院部、委制定、发布的规章之间不一致的,由最高人民法院送请国务院作出解释或者裁决。”简单地说就是,人民法院在审理行政案件时要依据法律、法规,参照规章。而对于法律解释,人民法院在审判中到底应当“依据”还是应当“参照”,《行政诉讼法》并无规定。如果把国务院根据某个法律制定的“实施条例”或者“实施细则”视为行政法规,人民法院在审理行政案件时就必须“依据”它;如果把国务院根据某个法律制定的实施条例或者实施细则视为法律解释,人民法院在审理行政案件时就不必“依据”它,至多是“参照”它,甚至也不需要“参照”它。如果把国务院主管部门根据法律、行政法规制定的“实施意见”视为规章,人民法院在审理行政案件时就应当“参照”它;如果把国务院主管部门根据法律、行政法规制定的“实施意见”视为法律解释,人民法院在审理行政案件时就无需“参照”它,认为它们之间不一致的,也无需由最高人民法院送请国务院解释或者裁决。可以说,把国务院及其主管部门、省级人民代表大会及其常务委员会、省级人民政府等部门依据上位法制定的抽象性规则视为法律解释,还是视为它们在自己职权范围内制定的规范性法律文件,会产生完全不同的法律后果。而事实上,这些国家机关制定的许多抽象性规则既可以视为是对上位法律的解释,也可以视为是它们根据上位法制定的规范性法律文件。这样,就带来法律解释与规范性法律文件的矛盾。

(三) 联合解释与权力制约的矛盾

在我国诸多的法律解释形式中,联合解释具有显著的“特色”。所谓联合解释,是指两个或者两个以上主体联合起来共同对某一规范性法律文件作出解释。联合解释的情形非常多,大约可以归纳为如下几类:

(1) 多个拥有法律解释权的主体联合对某一法律作出解释。这种情形更为常见,如最高人民法院和最高人民检察院联合发布司法解释,国务院多个主管部门联合作出法律解释,国务院主管部门和最高人民法院、最高人民检察院联合作出法律解释。

(2) 无法律解释权但有业务关系的主体联合作出解释。如 1992 年 3 月 4 日,最高人民法院、外交部、司法部以外发[1992]8 号文件,向全国各有关法院、各驻外使领馆下发关于执行《关于向国外送达民事或商事司法文书和司法外文书公约》有关程序的通知。同年 9 月 19 日,三部门又根据该通知,向有关人民法院、驻外使领馆和司法厅(局)发出通知,公布《关于执行海牙送达公约的实施办法》。通知和实施办法实际上是对《海牙送达公约》在我国执行问题的解释,它涉及最高人民法院、司法部和外交部的分工合作关系,但没有哪一个主体或者哪一部法律授权它们制作这样的法律解释。

(3) 有法律解释权的主体和无解释权但有业务关系的主体联合作出解释。如 2000 年 3 月最高人民法院、最高人民检察院、公安部、民政部、司法部、全国妇联颁布的《关于打击拐卖妇女儿童犯罪有关问题的通知》,向各省、自治区、直辖市高级人民法院,人民检察院,公安厅、局,民政厅、局,司法厅、局,妇联下发。该《通知》共 7 项内容,尽管是在部署工作,但也涉及法律解释问题。如第 4 项内容如下:“四、正确适用法律,依法严厉打击拐卖妇女、儿童的犯罪活动。这次‘打拐’专项斗争的重点是打击拐卖妇女、儿童的人贩子。凡是拐卖妇女、儿童的，不论是哪个环节，只要是以出卖为目的，有拐骗、绑架、收买、贩卖、接送、中转、窝藏妇女、儿童的行为之一的，不论拐卖人数多少，是否获利，均应以拐卖妇女、儿童罪追究刑事责任。对收买被拐卖的妇女、儿童的，以及阻碍解救被拐卖妇女、儿童构成犯罪的，也要依法惩处。出卖亲生子女的，由公安机关依法没收非法所得，并处以罚款；以营利为目的，出卖不满十四周岁子女，情节恶劣的，借收养名义拐卖儿童的，以及出卖捡拾的儿童的，均应以拐卖儿童罪追究刑事责任。出卖十四周岁以上女性亲属或者其他不满十四周岁亲属的，以拐卖妇女、儿童罪追究刑事责任。”这明显是对相关法律的解释。在作出联合解释的主体中，全国妇联仅仅是与此项工作有业务关系，但它作为一个民间团体和社会组织，并不具有法律解释权。

(4) 有法律解释权的主体和无解释权且无业务关系的主体联合作出解释。如最高人民法院、最高人民检察院、司法部《关于适用普通程序审理“被告人认罪案件”的若干意见(试行)》和最高人民法院、最高人民检察院、司法部《关于适用简易程序审理公诉案件的若干意见》，它们都声称为了“提高审理刑事案件的质量和效率，根据《中华人民共和国刑事诉讼法》的规定，制定本意见”；而且其内容是对《刑事诉讼法》某些问题的说明。因此，这种“意见”实际上就是法律解释。但是，所有的规定只涉及人民法院、人民检察院在刑事诉讼方面的工作，与司法部及其下辖的各省市县的司法行政机关的工作没有关系。而且，最高人民法院和最高人民检察院有权在其审判、检察工作中解释《刑事诉讼法》，而司法部显然不具此项职权。

(5) 有法律解释权的主体和不具有独立主体资格的主体联合作出解释。如1998年1月19日通过的最高人民法院、最高人民检察院、公安部、国家安全部、司法部、全国人大常委会法制工作委员会《关于〈中华人民共和国刑事诉讼法〉实施中若干问题的规定》，对《刑事诉讼法》作了解释。如果说最高人民法院、最高人民检察院、公安部、国家安全部的职权与所解释的法律有联系，它们还算得上是正当解释主体的话，在业务上与解释的内容毫不相干的司法部、全国人民代表大会常务委员会法制工作委员会在这份解释中到底算是什么身份，不禁让人疑惑。即使不考虑业务联系，司法部作为国务院主管部门，单从形式上看，姑且可以被认为有权解释某些法律。但全国人民代表大会常务委员会法制工作委员会就不同了，它仅仅是全国人民代表大会常务委员会的一个工作机构，既不具有立法权，也不具有法律解释权，更不实施法律，却也要来解释一番，显然不妥。

当然，联合解释中，有些主体的解释也可以理解为是制作规范性法律文件。但最高人民法院和最高人民检察院没有制作规范性法律文件的权力,它们联合其他主体共同发布的通知、实施细则、规定、意见等,只能被理解为法律解释。联合解释的以上诸多情形中,没有解释权的主体和没有业务关系的主体参与解释,除了在形式上不符合法律规定,给人以"添乱"的感觉外,并无大碍,因为它们或者并非国家机关,不行使国家权力,或者虽为国家机关,但所行使的职权与解释的内容无关,总之它们不会因为行使职权而侵犯公民合法权利,当然也不会造成严重后果。但那些既有权解释法律又要实施所解释法律的机关联合作出法律解释,就可能引发严重后果。这里面有三种情形:(1)国务院有关部门联合作出解释。(2)最高人民法院、最高人民检察院联合作出法律解释。(3)最高人民法院、最高人民检察院与国务院有关部门联合作出解释,如以公通字[1999]59号文件发布的最高人民法院、最高人民检察院、公安部、国家安全部《关于取保候审若干问题的规定》,可以看作是对《刑事诉讼法》中取保候审有关规定的解释。这三种情形中,各个不同的国家机关之间具有明显的分工合作和监督制约关系,其中一方总是在监督制约另一方。如果它们联合作出法律解释,则合作关系密切了,分工却模糊了,监督制约也无从实现。

在现代政治法律理念中,权力的分立和制衡已经成为公认的准则,相互分立和制衡的各方如果合作过于紧密,必然难以相互制约,最终受害的是公民。我国虽然不实行三权分立,但在全国人民代表大会主导下存在分权与制衡。如刑事诉讼中公安机关、人民法院和人民检察院的分工合作与制约关系,行政诉讼中人民法院对政府机关的监督制约关系,行政活动中不同行政机关之间的合作与制约关系等。这些制约关系的存在,是各个机关各司其职、各负其责的重要保证。具有制约关系的主体联合起来解释法律,意味着它们在法律的实施中达成共识。这些共识虽然可以消除它们各自的下级机关在工作中的某些分歧,但也关闭了当事人在某一机关受到不公正待遇后向另一机关申请救济的大门。显然,联合解释与权力制约的理念是不相容的。

二、我国法律解释权的行使凸现的问题

透过法律解释权的配置所引发的诸多矛盾可以看到,我国法律解释权实际上的行使状况更加不容乐观,凸现出一系列问题。比如法律解释权主体泛滥,法律解释的逐级延续,法律解释权的不规范行使等。

(一) 法律解释权主体的泛滥

在我国,凡是具有较高层级的国家机关,似乎都可以对法律作出解释,而且它们对解释法律达到了"乐此不疲"的地步。以国家行政机关中有权作出法律解释的主体为例,按照1981年《决议》,只有国务院、国务院主管部门、省级人民政府主管部门能够行使法律解释权。然而,其他有关法律法规不断授权另外一些主体进行法律解释。

除了全国人民代表大会及其常务委员会在自己制定的法律当中,省级人民代表大会及其常务委员会和省会城市的人民代表大会及其常务委员会在自己制定的地方性法规当中,授予某些行政主体法律解释权外,国务院也在自己制定的行政法规当中授予某些行政部门法律解释权。2001年11月16日,国务院以第321号令发布《行政法规制定程序条例》,其第31条规定:"行政法规条文本身需要进一步明确界限或者作出补充规定的,由国务院解释。国务院法制机构研究拟订行政法规解释草案,报国务院同意后,由国务院公布或者由国务院授权国务院有关部门公布。行政法规的解释与行政法规具有同等效力。"第33条规定:"对属于行政工作中具体应用行政法规的问题,省、自治区、直辖市人民政府法制机构以及国务院有关部门法制机构请求国务院法制机构解释的,国务院法制机构可以研究答复;其中涉及重大问题的,由国务院法制机构提出意见,报国务院同意后答复。"这是在授予国务院及其法制机构对行政法规的解释权。同一天,国务院以第322号令公布《规章制定程序条例》,其第33条规定:"规章解释权属于规章制定机关。……规章的解释同规章具有同等效力。"这是在授予规章制定机关(国务院各部委、中国人民银行、审计署和具有行政管理职能的直属机构,省级人民政府,经国务院批准的较大的市的人民政府)对规章的解释权。地方性法规和规章当中赋予某些地方国家机关行使法律解释权的情况更是不在少数。

以行政机关的法律解释权为例,当前各种法律、法规、规章以及其他规范性文件明文"授权"可以作出法律解释的行政主体至少有以下几种:

(1) 国务院。

(2) 国务院主管部门。

(3) 国务院工作部门。如国务院办公厅《关于行政法规解释权限和程序问题的通知》授予国务院法制局(国务院法制办公室)对行政法规的解释权,分别授予国务院法制办公室、国务院办公厅对国务院、国务院办公厅的法律解释和其他规范性文件的解释权。[①] 再如1993年7月19日国务院发布的《归侨侨眷权益保护法实施办法》第30条规定:“本办法由国务院侨务办公室负责解释。”

(4) 省级人民政府。如国务院2003年发布的《企业国有资产监督管理暂行条例》第44条规定:“国务院国有资产监督管理机构,省、自治区、直辖市人民政府可以依据本条例制定实施办法。”

(5) 省级人民政府主管部门。如1990年4月12日河南省第七届人民代表大会常务委员会第十五次会议通过的《河南省计划生育条例》[②]第56条规定:“本条例的具体应用问题,由河南省计划生育委员会负责解释。”

(6) 省级人民政府工作部门。如安徽省人民政府办公厅以“皖政办〔1999〕24号”发布的《安徽省人民政府办公厅转发国务院办公厅关于行政法规解释权限和程序问题的通知》,授予安徽省人民政府法制局对省人民政府规章的解释权,分别授予省人民政府法制局、省人民政府办公厅对省人民政府、省人民政府办公厅的法律解释和其他文件的解释权。

(7) 省会城市人民政府。如2002年4月25日郑州市第十一届人民代表大会常务委员会第二十八次会议通过修改、2002年7月27日河南省第九届人民代表大会常务委员会第二十九次会议批准修改的《郑州市燃气管理条例》第55条规定:“市人民政府可以根据本条例制定具体实施办法。”

(8) 省会城市人民政府工作部门。如杭州市人民政府办公厅2003年11月3日颁布的《杭州市征用集体所有土地房屋拆迁争议裁决办法》,宣称是根据杭州市人民政府制定的《杭州市征用集体所有土地房屋拆迁管理条例》而“制定本办法”。

(9) 省会城市人民政府主管部门。如1997年5月30日南昌市第十一届人民代表大会常务委员会第二次会议通过、1997年6月20日江西省第八届人民代表大会常务委员会第二十八次会议批准的《南昌市城市供水用水管理条例》[③]第56条规定:“本条例具体应用中的问题,由市市政公用事业管理局负责解释。”

---

① 国务院办公厅分别于1993年3月3日和1999年5月10日发布的《关于行政法规解释权限和程序问题的通知》,对国务院、国务院办公厅文件的解释权主体的规定略有不同,后者规定得更为详细。

② 《河南省计划生育条例》条例于2000年3月30日经河南省第九届人民代表大会常务委员会第十五次会议修订。2002年11月30日河南省第九届人民代表大会常务委员会第三十一次会议通过的《河南省人口与计划生育条例》宣布《河南省计划生育条例》于2003年1月1日废止。

③ 该条例于2005年4月29日南昌市第十二届人民代表大会常务委员会第三十四次会议修改,2005年5月27日江西省第十届人民代表大会常务委员会第十五次会议批准。

仅仅行政系统当中有权作出法律解释的部门就这么多,足以说明我国法律解释权主体的泛滥状况,法律解释权主体的泛滥自然带来法律解释的混乱。法律解释权主体泛滥并引发法律解释的混乱,可以从以下几个方面寻找原因:

第一,1981 年《决议》把法律解释权赋予全国人民代表大会常务委员会、最高人民法院、最高人民检察院、国务院及其主管部门、省级人民代表大会常务委员会和省级人民政府主管部门,仅仅这些部门作出法律解释就足以导致一法多解的后果,使法律的执行者在实践中对各种解释难以取舍。而且,一些法律又同时把对自己的解释权分别授予不同的主体,它们的解释必然会有矛盾,法律解释权主体的混乱可见一斑。

第二,1981 年《决议》并未授权进行法律解释的国家机关,在其他的法律或者法规甚至规章当中同样拥有作出解释的授权,实践中,它们大量地解释法律,加剧了解释的混乱。比如,省级人民代表大会常务委员会在自己制定的地方性法规中把对该法规的解释权授予省级人民政府,国务院在自己制定的行政法规中把对该法规的解释权授予某个主管部门,省会城市的人民代表大会常务委员会在自己制定的地方性法规中把对该法规的解释权授予省会城市的人民政府和人民政府主管部门等。一些原本没有法律解释权的国家机关因而取得法律解释权,使法律解释显得相当混乱。

第三,被 1981 年《决议》授予法律解释权的主体,对自己内设的职能部门没有统一的要求,使它们胡乱行使法律解释权。如全国人民代表大会常务委员会的法制工作委员会、最高人民法院的审判庭或研究室等根本不具有独立主体资格的部门,也加入法律解释的行列,导致本来就很混乱的法律解释变得更加混乱。

第四,不同法律解释权主体常常联合作出法律解释,似乎这样的解释效力更为广泛,遵守解释的下级部门更多,可以在一定程度上消除解释的混乱局面。岂不知这种做法不但难以达到预期目的,反而会因为解释主体的庞杂而使人难以明白它到底是什么性质的法律解释,到底对哪些法律执行者具有约束力。

(二) 法律解释的逐级延续

按照一般的理解,所谓解释就是把原本不明白的地方说得清楚明了。法律解释权主体作出的法律解释应当是对有关需要解释的问题进行的明确肯定的解释。经过解释,得到的结果应当是,法律文本中原本模糊的地方清楚了,原本矛盾的地方理顺了,原本空缺的地方补充了,原本有歧义的地方消除了歧义。法律经过解释之后如果没有达到这种结果,至少意味着这种解释没有实现它的本意。我国这么多国家机关拥有法律解释权,而且它们常常不等法律的具体应用者提出解释请求,就积极主动地从各个方面对它们认为需要说明的地方详尽细致地解释一番,因此法律解释应当是非常明确的,无需再对该法律解释作进一步说明了。然而这只是一种理论上的天真想法,事实并非如此。我国的法律解释现状是,全国人民代表大会及其常务委员会制定出一部法律后,会有全国人民代表大会常务委员会或者国务院对它作出"解释"。然而这种"解释"除了把原本简单的法律文本变得较为详细外,并不能消除法律文本中的不明白之处。为了消除法律文本和对法律文本的解释中的不明白之处,这种解释再规定由法律解释权行使者的下一级国家机关对该解释再次进行解释,这就出现"法律解释的解释"。而该下一级国家机关作出的"法律解释的解释"同样不能消除法律解释中的不明白之处,于是"法律解释的解释"只好规定由更下一级的国家机关再次对该"法律解释的解释"再进一步作出解释,进而出现"法律解释的解释的解释"。于是,整个法律解释活动中依次出现"法律解释"、"法律解释的解释"、"法律解释的解释的解释"等逐渐往下延续的解释不尽的局面,这种局面可以称为法律解释的逐级延续。每当法律文本被修正之后,对它的解释也就会相应地作出修正,自然会引发一系列解释的变更。

法律解释的逐级延续在我国法律解释体制当中很常见,随便在一些法律法规当中就能看到。例如,1991 年 3 月 22 日,国务院发布《城市房屋拆迁管理条例》,它在第 42 条规定:"省、自治区、直辖市人民政府可以根据本条例制定实施细则。"第 43 条规定:"本条例由国务院房地产行政主管部门负责解释。"建设部在随后的几年里围绕城市房屋拆迁管理下达一系列通知。北京市人民政府 1998 年 10 月 15 日发布《北京市城市房屋拆迁管理办法》,北京市房屋土地管理机关随即发布对《北京市城市房屋拆迁管理办法》的实施意见。2001 年 6 月 13 日,国务院发布修订后的《城市房屋拆迁管理条例》,于 2001 年 11 月 1 日起实施,它没有再规定由哪个部门对它进行解释。北京市人民政府以第 87 号令发布修订后的《北京市城市房屋拆迁管理办法》,宣布 2001 年 11 月 1 日起开始施行。杭州市人民代表大会常务委员会于 2002 年 5 月 8 日发布《杭州市城市房屋拆迁管理条例》。杭州市人民政府于 2002 年 6 月 5 日发布《关于贯彻实施〈杭州市城市房屋拆迁管理条例〉的若干意见》,它在最后规定:"《杭州市城市房屋拆迁单位资格管理办法》和《杭州市城市房屋拆除施工单位资格管理办法》由市房屋拆迁主管部门制定后报市政府备案。"在城市房屋拆迁的有关法律法规当中,可以看到法律解释的逐级延续。

法律解释的逐级延续在土地管理法当中表现得更为明显。1986 年 6 月 25 日第六届全国人民代表大会常务委员会通过、1988 年 12 月 29 日第七届全国人民代表大会常务委员会修正的《土地管理法》,在第 56 条规定:"国务院土地管理部门根据本法制定实施条例,报国务院批准施行。省、自治区、直辖市人民代表大会常务委员会根据本法制定实施办法。"国务院于 1991 年 1 月 4 日发布《土地管理法实施条例》,它在第 39 条规定:"本条例由国家土地管理局负责解释。"国家土地管理局在 1988—1994 年间,对贯彻、执行《土地管理法》、《土地管理法实施条例》的有关问题作出"答复"、"批复"。1998 年 8 月 29 日第九届全国人民代表大会常务委员会修订的《土地管理法》①没有再规定由哪些部门制定实施细则和实施条例。国务院于 1998 年 12 月 24 日通过修订后的《土地管理法实施条例》,它在第 1 条宣布:"根据《中华人民共和国土地管理法》制定本条例。"同时,它也没有规定由哪个部门对它进行解释。但这并不妨碍有关机关对它作出解释,因为这些机关行使法律解释权不需要被解释的法律、法规再专门授权。国土资源部于 1999 年 9 月 17 日发布《关于贯彻执行〈中华人民共和国土地管理法〉和〈中华人民共和国土地管理法实施条例〉若干问题的意见》。浙江省第九届人民代表大会常务委员会于 2000 年 6 月 29 日通过《浙江省实施〈中华人民共和国土地管理法〉办法》,它在第 1 条宣布:"为了加强土地管理,促进我省社会经济的可持续发展,根据《中华人民共和国土地管理法》、《中华人民共和国土地管理法实施条例》及其他有关法律、法规,结合本省实际,制定本办法。"杭州市第十届人民代表大会常务委员会于 2003 年 1 月 28 日通过《杭州市土地管理规定》,它在第 1 条宣布:"为了加强土地管理,保护、开发和合理利用土地资源,促进全市经济和社会可持续发展,根据《中华人民共和国土地管理法》、《中华人民共和国城市房地产管理法》、《基本农田保护条例》和《浙江省实施〈中华人民共和国土地管理法〉办法》等法律法规,结合本市实际,制定本规定。"

司法解释中出现的"对解释的解释"也不少。最高人民法院、最高人民检察院 2002 年 5 月 20 日发布的《关于办理组织和利用邪教组织犯罪案件具体应用法律若干问题的解答》,是对它们 2001 年 6 月 4 日发布的《关于办理组织和利用邪教组织犯罪案件具体应用法律若干问题的解释(二)》所进行的解释;最高人民法院、最高人民检察院 2001 年 2 月 1 日发布的《关于适用

① 我国《土地管理法》的最新版本是 2004 年 8 月 28 日第十届全国人民代表大会常务委员会第十一次会议修正的版本,它同样没有再规定由哪些部门制定实施条例或者实施细则。

〈关于办理人民法院、人民检察院共同赔偿案件若干问题的解释〉有关问题的答复》,是对它们1997年6月27日发布的《关于办理人民法院、人民检察院共同赔偿案件若干问题的解释》的解释。

法律解释的逐级延续之所以在我国的法律解释体制当中凸显出来,具有一定的必然性。首先,它来自于我国国家机关的层级管理体制。上一层级的国家机关制定的规范性法律文件一般需要它的下一层级的专门国家机关去实施,下一层级的专门国家机关"自然"具有解释上一层级的规范性法律文件的职权。因而,上一层级的国家机关在进行法律解释或者制定规范性法律文件时,往往表述得很原则,很模糊,它更愿意把作出明确规定的职责看成是下一层级国家机关的任务,毕竟自己是"领导机关",不能事必躬亲地把什么都规定得那么详细。其次,它来自于我国的法律解释体制本身。我国行使法律解释权的机关更多地是在每一部法律法规出台后,主动作出法律解释。虽然很多国家机关是对"具体应用"的问题制定实施细则或者实施意见,但它们基本脱离法律的具体运用,成为变相的立法活动。这样,无论它怎么解释,最终都是冠以"解释"或者"实施意见"等名义的规范性法律文件,因而逃脱不了继续被解释的命运,这种继续进行的解释就是更下一级的国家机关或者作出解释的机关自身继续对该"解释"或者"实施意见"制定"具体应用"中的"实施意见"或者"解答"。这两个原因决定了我国法律解释的逐级延续最终成为法律解释中走不出的怪圈,使法律解释一直这样依次"解释"下去,除了导致法律解释的数量远远大于最初的法律文本,增加法律解释在适用中的混乱以外,并没有太大的积极意义。

(三) 法律解释权的不规范行使

法律解释权的不规范行使在我国的法律解释当中表现得较为明显,它既表现为法律解释名称的不统一,又表现为法律解释程序的混乱。

从法律解释的名称上说,不仅不同的法律解释权主体作出的解释各有不同的名称,而且同一个法律解释权主体作出的解释在名称上也不一样,下面以最高人民法院、最高人民检察院的法律解释为例说明。

由对下级所提问题的解答而引起的解释,名称多为"批复"、"答复"、"复函"等。如最高人民法院1996年7月24日发布的《关于受理房屋拆迁、补偿、安置等案件问题的批复》,1996年8月7日发布的《关于被判处无期徒刑的罪犯未交付执行即保外就医后依法减刑程序问题的答复》,1996年6月6日发布的《关于信用社擅自解冻被执行人存款造成款项流失能否要求该信用社承担相应的偿付责任问题的复函》;最高人民检察院2002年2月6日发布的《关于非法经营国际或港澳台地区电信业务行为法律适用问题的批复》,2000 年 4 月 30 日发布的《对〈关于中国证监会主体认定的请示〉的答复函》。

由法律解释权主体主动作出,要求下级机关遵守的法律解释,名称多为"规定"、"意见"、"解释"、"通知"等。如最高人民法院以"法发〔1996〕15 号"发布的《关于人民法院执行〈中华人民共和国国家赔偿法〉几个问题的解释》,以"法发〔1997〕10 号"发布的《关于审理行政赔偿案件若干问题的规定》,以"法〔1988〕40 号"发布的《关于人民法院撤销涉外仲裁裁决有关事项的通知》,以"法发〔2002〕13 号"发布的《关于规范人民法院再审立案的若干意见(试行)》;最高人民检察院 1999 年 8 月 6 日通过的《关于人民检察院直接受理立案侦查案件立案标准的规定(试行)》,2000 年 10 月 16 日发布的《关于擅自销售进料加工保税货物的行为法律适用问题的解释》,1994 年 8 月 4 日发布的《关于当前查办贪污贿赂等经济犯罪案件应注意的几个问题的通知》等。

这种不规范的名称直接影响到法律解释的严肃性,也带来法律解释在运用过程中的混乱。特别是有些法律解释,在名称最后出现"(试行)"字样,更是让人捉摸不定,试行的法律解释到底是"行"还是"不行"?如果需要下级执行,就是"行"而不是"试行",如果不需要下级执行,就是"不行"而不是"试行"。有些法律解释哪怕仅仅施行一天就因为种种原因而被修正或者废止,也是"行"而不是"试行"。对于所谓"试行"的效力,让人找不到一个圆满的理解。在本来很严肃的法律解释当中出现这样不严肃的名称,必然会使解释的权威性打折扣。

从法律解释的程序看,各个法律解释权主体进行的法律解释程序仍然是各行其是,特别是法律解释权主体的内设机构,往往对下级机关的内设机构的有关请示径行作出批复、批示、解答,甚至通过电话答复,具有很大的随意性,在程序上是完全讲不通的。

关于解释名称的不统一和解释程序的混乱,存在于几乎所有法律解释权主体的解释活动中,已经成为我国法律解释体制当中的一种通病。为了规范法律解释活动,国务院办公厅 1993 年 3 月 3 日和 1999 年 5 月 10 日发布《关于行政法规解释权限和程序问题的通知》;最高人民检察院 1996 年 12 月 9 日发布《司法解释工作暂行规定》,2006 年 5 月 10 日发布《司法解释工作规定》取代前者;最高人民法院 1997 年 6 月 23 日发布《关于司法解释工作的若干规定》,2007 年 3 月 23 日发布《关于司法解释工作的规定》取代前者。这对改善法律解释权的不规范行使起到一定的作用,特别是最高人民法院、最高人民检察院此后作出的法律解释比以前规范多了。但是,法律解释实践中仍然存在很大的问题。例如,最高人民法院《关于司法解释工作的若干规定》第9条规定,司法解释的形式分为“解释”、“规定”、“批复”三种;最高人民检察院《司法解释工作暂行规定》第8条规定,司法解释文件采用“解释”、“规定“、“意见”、“通知”、“批复”等形式,统一编排文号。然而,最高人民法院、最高人民检察院2002年5月20日发布的《关于办理组织和利用邪教组织犯罪案件具体应用法律若干问题的解答》,仍然运用了“解答”形式。最高人民法院、最高人民检察院2001年2月1日发布的《关于适用〈关于办理人民法院人民检察院共同赔偿案件若干问题的解释〉有关问题的答复》仍然用了“答复”的形式。当然,这两件法律解释都是对原法律解释的解释,运用“解答”、“答复”等名称可能是为了避免出现“解释的解释”。

第十一章　立法机关的法律解释权评析

在我国，由于立法机关在国家权力体系中所处的地位无与伦比，立法机关的法律解释权在所有的法律解释权中居于主导地位。现行《宪法》赋予全国人民代表大会常务委员会解释宪法的权力，《立法法》又明确宣布法律由全国人民代表大会常务委员会解释，因此，全国人民代表大会常务委员会的法律解释权可谓非常正统。但是，立法机关的法律解释权在实际运作中并不如当初设计的那样理想，其引发的问题不容忽视，进而有人对立法机关到底能否解释法律提出质疑。

一、我国立法机关行使法律解释权出现的问题[①]

全国人民代表大会常务委员会虽然拥有合法的法律解释权，但这种权力它一开始并没有积极行使，几乎处于停滞状态。直到《立法法》颁布后，它解释法律的情况才越来越多。

从 1954 年宪法开始，每一部宪法都宣告全国人民代表大会常务委员会具有解释法律的职权，并在 1981 年《决议》和《立法法》当中作了更为细致的规定。全国人民代表大会常务委员会作为立法机关，似乎有能力对法律作出"符合立法原意"的解释。然而几十年来，全国人民代表大会常务委员会却几乎不曾动用过自己的法律解释权，至少没有直接声明它在对哪些法律进行解释。它常常在法律本文中对法律的某些内容作出解释性的说明，或者针对法律实施过程中出现的问题作出"补充规定"。准确地说，这并不是法律解释，前一种做法是立法本身的一部分，是立法活动中对法律正文的未尽事项做的说明，而后一种做法只是对法律的补充性说明而已，实际上是一种补充

---

① 地方立法机关法律解释权的行使将在后文地方国家机关的法律解释权当中予以介绍，因此这里仅以全国人民代表大会常务委员会法律解释权的行使为例，对立法机关的法律解释权进行剖析。

性的立法。① 倒是全国人民代表大会常务委员会的法制工作委员会常常应某些请求对法律适用中的问题进行“解答”，虽然它本身并不具有法律解释权，但由于它冠名为“全国人民代表大会常务委员会法制工作委员会”，往往使人们认为它的解答具有权威性，因而这种解答在实践中得到了遵循。例如全国人民代表大会常务委员会于1992年9月7日发布针对国家土地管理局的请示而由其法制工作委员会作出的全国人大常委会法制工作委员会《关于对〈土地管理法〉第四十八条有关法律问题的答复》。1996年5月15日，第八届全国人民代表大会常务委员会第十九次会议通过《关于〈中华人民共和国国籍法〉在香港特别行政区实施的几个问题的解释》，这被认为是全国人民代表大会常务委员会第一次以明示方式进行法律解释。

《立法法》规定全国人民代表大会常务委员会的法律解释权后，全国人民代表大会常务委员会似乎得到了鼓励，以“解释”名义对法律解释权的行使明显增多。《立法法》通过一个半月后的2000年4月29日，第九届全国人民代表大会常务委员会第十五次会议就通过《关于〈中华人民共和国刑法〉第九十三条第二款的解释》，随后全国人民代表大会常务委员会又相继对《刑法》的某些条文或者某些问题作了多次解释。特别是最高人民法院于2000年12月4日通过《关于审理黑社会性质组织犯罪的案件具体应用法律若干问题的解释》后，第九届全国人民代表大会常务委员会仍然于2002年4月28日通过《关于〈中华人民共和国刑法〉第二百九十四条第一款的解释》，对“黑社会性质的组织”的含义作了解释。全国人民代表大会常务委员会此举似乎在向世人特别是最高人民法院“显示”自己才具有法律解释权，最高人民法院的解释“不算数”。从全国人民代表大会常务委员会解释法律的情况看来，它近年来非常重视自己的法律解释权，并通过这一权力的行使而不

---

① 张志铭研究员指出，关于立法者对法律的解释，人们主要提到四种存在形式：(1) 在法律本文的附则中规定解释性条款；(2) 有关部门基于法律(如商标法、专利法、著作权法、婚姻法等)中的授权所制定的“实施细则”或“补充性规定”；(3) 法律在提请审议时所附带的说明；(4) 全国人大常委会针对法律实施过程中提出的问题作出的“决定”、“决议”或“补充规定”。见张志铭：《法律解释操作分析》，中国政法大学出版社1999年版，第223页脚注。严格说来，这四种存在形式都难以称得上是全国人民代表大会常务委员会的解释。第(1)种形式是立法本身的组成部分；第(2)种形式显然不是立法机关来解释法律；最多称得上是经立法机关授权而进行的解释；第(3)种形式只能是理解和解释法律的参考资料，附带的说明并不是法律或者对法律的正式解释。关于第(4)种形式，“补充规定”其实就是补充性立法，而“决定”、“决议”既可能是对法律的补充性修改，也可能是针对某一专门问题的特别立法。例如1998年12月29日第九届全国人民代表大会常务委员会第六次会议通过的《关于惩治骗购外汇、逃汇和非法买卖外汇犯罪的决定》，指出：“为了……对刑法作如下补充修改：……”而2004年8月28日第十届全国人民代表大会常务委员会第十一次会议通过的《关于完善人民陪审员制度的决定》，实际是对人民陪审员制度的立法；2005年2月28日第十届全国人民代表大会常务委员会第十四次会议通过的《关于司法鉴定管理问题的决定》，实际是对司法鉴定管理问题的专门立法，只不过这些立法较为简短。

断完善法律,弥补法律的不足。但是,全国人民代表大会常务委员会对其法律解释权的行使,暴露出一系列的问题。

(一) 全国人民代表大会常务委员会法律解释权的行使不规范

从宪法和《立法法》的授权看,只有全国人民代表大会常务委员会才能行使法律解释权,而且这种解释权也只能以全国人民代表大会常务委员会的名义作出。但在实践中,全国人民代表大会常务委员会的解释权有时被异化为全国人民代表大会常务委员会法制工作委员会及其办公室的解释权,而且有时解释的内容与它的身份和提出解释请求的主体的职权非常不相称。

如在《固体废物污染环境防治法》执行过程中,有些地方环保部门对该法第 77 条的有关规定存在理解上的差异。国家环境保护总局 2005 年 9 月 1 日请全国人民代表大会常务委员会法制工作委员会对《固体废物污染环境防治法》第 77 条的有关规定进行解释。同年 12 月 21 日,全国人民代表大会常务委员会法制工作委员会以法工委复字〔2005〕34 号文件形式,函复国家环境保护总局《关于申请解释固体废物污染环境防治法第七十七条有关规定的答复意见》,对《固体废物污染环境防治法》第 77 条和第 55 条中有关违法所得的理解和处置危险废物责任主体的认定,给出答复意见。2005 年 12 月 30 日,国家环境保护总局以环发[2005]166 号文件形式下发《关于转发全国人大常委会法制工作委员会〈关于申请解释固体废物污染环境防治法第七十七条有关规定的答复意见〉的通知》,要求下级环境保护机关遵照执行。

在这一法律解释活动中,显然是地方环境保护部门在法律的理解上出现歧义而请示国家环境保护总局,根据 1981 年《决议》应由国家环境保护总局作出解释。但是,《固体废物污染环境防治法》在法律文本中并没有授权任何主体对其解释,按照《立法法》的规定,当然是全国人民代表大会常务委员会作出解释。《立法法》第 43 条规定:"国务院、中央军事委员会、最高人民法院、最高人民检察院和全国人民代表大会各专门委员会以及省、自治区、直辖市的人民代表大会常务委员会可以向全国人民代表大会常务委员会提出法律解释要求。"据此,国家环境保护总局没有资格提请全国人民代表大会常务委员会作出法律解释,而且全国人民代表大会常务委员会法制工作委员会也没有资格作出法律解释。国家环境保护总局要解决这一法律上的疑惑,可以制定规章,在规章中把《固体废物污染环境防治法》的某些法律条文说清楚。但是,国家环境保护总局这一不具有申请法律解释资格的主体,偏偏请求不具有法律解释资格的全国人民代表大会常务委员会法制工作委员会来解释法律,而且后者居然解释法律,令人匪夷所思。对这种“一唱一和”的行为比较可信的解释是,国家环境保护总局和全国人民代表大会常务委员会法制工作委员会故意违反法律,前者有正当职权而不积极履行,后者超越职权范围而滥用职权。

全国人民代表大会常务委员会法制工作委员会似乎对各种主体的解释请求来者不拒,有求必应。不仅国务院工作部门在法律实施中的疑问,而且不少主体提出的请示或者解释法律的请求,全国人民代表大会常务委员会法制工作委员会都毫不客气地作出批复或者解释。如2002年7月24日,它以法工委复字[2002]12号文件,对最高人民检察院作出《关于已满十四周岁不满十六周岁的人承担刑事责任范围问题的答复意见》;2002年7月23日,它以法工委复字[2002]13号文件,对全国总工会办公厅作出《关于工会法第五十二条如何适用问题的答复意见》;2006年11月22日,它对某省人民代表大会常务委员会法制工作委员会作出《关于如何理解〈中华人民共和国道路交通安全法〉的有关规定的答复》;2004年8月25日,它对某省人民代表大会常务委员会选举任免联络工作委员会作出《关于在县级管理区设置的基层人民法院的法官如何任免问题的答复》等。对有些主体提出的不属于该主体职权范围的疑问,它也照样解释。如2002年1月14日,全国人民代表大会常务委员会法制工作委员会以法工委复字[2002]3号文件,对审计署作出《关于对“隐匿、销毁会计凭证、会计账簿、财务会计报告构成犯罪的主体范围”问题的答复意见》,这种解释显然与审计署的职权无甚关系。

在全国人民代表大会常务委员会法制工作委员会行使法律解释权的同时,全国人民代表大会常务委员会法制工作委员会办公室竟然也加入解释法律的行列,如2004年8月4日,它以法工办复字[2004]7号文件,对湖北省人民代表大会常务委员会法规工作室作出《关于渔业法有关条款适用问题请示的答复意见》。就是这样一个办公室,甚至能解释宪法。如2004年4月9日,全国人民代表大会常务委员会法制工作委员会办公室以法工办复字[2004]3号文件,对湖南省人民代表大会常务委员会法制工作委员会作出《关于如何理解宪法第四十条、民事诉讼法第六十五条、电线条例第六十六条问题的交换意见》。

（二）全国人民代表大会常务委员会法律解释权的行使缺乏有效的规范制约

全国人民代表大会常务委员会的法律解释权演变为全国人民代表大会常务委员会法制工作委员会及其办公室的法律解释权，从一定程度上说明立法机关解释法律时解释权的主体、权限和运行程序的混乱，这种混乱在一定程度上是由《立法法》关于法律解释的规定本身不明确导致的。

就立法机关行使法律解释权的主体来说，《立法法》第42条宣布"法律解释权属于全国人民代表大会常务委员会"，这就是说全国人民代表大会常务委员会是行使法律解释权的唯一主体，至少是立法机关中行使法律解释权的唯一主体。但是，该法第55条规定："全国人民代表大会常务委员会工作机构可以对有关具体问题的法律询问进行研究予以答复，并报常务委员会备案。"这两个条文的关系让人难以捉摸，使全国人民代表大会常务委员会的解释和全国人民代表大会常务委员会法制工作委员会的解释常常成为一体。

从形式上看，这两条不但不矛盾，而且相互连贯。这是因为，一方面，这两条规定的是不同主体的不同权力，即全国人民代表大会常务委员会行使法律解释权，解释法律，而全国人民代表大会常务委员会工作机构仅仅是答复法律咨询，不是解释法律。另一方面，《立法法》在第二章中专门列出第四节规定法律解释，第42条至第47条都纳入第四节中，而第55条并没有列入法律解释这一节中，也说明全国人民代表大会常务委员会工作机构所作的答复并不是法律解释。

但是，从内容上看时，它们之间的界限却无法分清。全国人民代表大会常务委员会工作机构对有关法律问题的答复，如果不是法律解释，那么它是什么呢？全国人民代表大会常务委员会的法律解释和全国人民代表大会常务委员会法制工作委员会针对法律歧义而作的答复，二者在内容上到底有什么区别，可能永远也无法说清。而且，如果全国人民代表大会常务委员会法制工作委员会的答复不是法律解释，仅仅是法律咨询意见，那么它与专家学者的意见没有什么区别，得到答复的主体可以按照该意见实施法律，也可以不遵守该意见，既然如此，《立法法》就不应该规定第55条的内容，因为这种规定可以改为"有关专家学者可以对有关具体问题的法律咨询进行研究予以答复"，这样的内容在法律中出现显然很可笑。而当全国人民代表大会常务委员会工作机构对法律咨询问题做出"批复"时，又有谁会相信这种批复仅仅是供法律实施机关参考的法律咨询答复意见呢？

更重要的是，全国人民代表大会常务委员会的法律解释权和全国人民代表大会常务委员会工作机构的“答复权”,相互之间不存在明确的分工。《立法法》第42条第2款规定:“法律有以下情况之一的,由全国人民代表大会常务委员会解释:(一)法律的规定需要进一步明确具体含义的;(二)法律制定后出现新的情况,需要明确适用法律依据的。”这可以理解为是对全国人民代表大会常务委员会法解释权的权限规定,即只有出现这两种情形时全国人民代表大会常务委员会才能解释法律。《立法法》第55条规定:“全国人民代表大会常务委员会工作机构可以对有关具体问题的法律询问进行研究予以答复,并报常务委员会备案。”这可以看作是对全国人民代表大会常务委员会工作机构的“答复权”的权限规定。问题是,这两种权限之间也不存在界限。法律的规定需要进一步明确其含义的情形往往存在于具体问题中,因为只有在具体问题中法律才会出现歧义;而法律制定后出现新情况,需要明确法律适用依据的情形,当然也属于具体问题。由此看来,全国人民代表大会常务委员会的法律解释权和全国人民代表大会常务委员会工作机构对具体问题的答复权,二者是重叠的,只要全国人民代表大会常务委员会法制工作委员会作出了答复,当然就不需要全国人民代表大会常务委员会再作出法律解释了。

立法机关行使法律解释权的程序也明显不够清晰。《立法法》第44条规定:“常务委员会工作机构研究拟订法律解释草案,由委员长会议决定列入常务委员会会议议程。”第45条规定:“法律解释草案经常务委员会会议审议,由法律委员会根据常务委员会组成人员的审议意见进行审议、修改,提出法律解释草案表决稿。”第46条规定:“法律解释草案表决稿由常务委员会全体组成人员的过半数通过,由常务委员会发布公告予以公布。”这三条可以看做是关于解释程序的规定,但这种规定显然太模糊了。不管最高人民法院、最高人民检察院的法律解释权存在什么样的问题,它们都制定了制作法律解释的详细规则,以规范其法律解释权的运作。拥有法定的法律解释权、在法律解释体制中居于主导地位的全国人民代表大会常务委员会,除了《立法法》的几条简单规定外,竟然没有制作法律解释的规则。全国人民代表大会常务委员会(包括其法制工作委员会及该委员会办公室)解释了很多法律,。但对《立法法》中关于法律解释程序的模糊规定,却没有作出任何解释。也就是说,它只对其他主体在执行法律中的问题通过解释的形式进行规范,却不规范自己解释法律的活动特别是当全国人民代表大会常务委员会的法律解释权演变为全国人民代表大会常务委员会法制工作委员会的解答权、批复权时,它连《立法法》关于法律解释程序的简单规定都无需遵守。

由于缺乏明确的规范制约,立法机关法律解释权的行使不可能不出现混乱局面。在主体、权限都不明确的前提下,无论内容具有多大的合法性和合理性,无论在实践中多么可行,这种解释的合法性都成问题。

(三)全国人民代表大会常务委员会行使法律解释权引发立法解释与立法的矛盾

现行《宪法》在第67条赋予全国人民代表大会常务委员会解释法律的职权,《立法法》又重申法律解释权属于全国人民代表大会常务委员会,并在第47条强调:"全国人民代表大会常务委员会的法律解释同法律具有同等效力。"这使全国人民代表大会常务委员会作出的立法解释在我国的法律解释中处于非常显著的地位。从法律的规定看,全国人民代表大会常务委员会垄断了法律解释权,而当其他机关作出的法律解释发生冲突难以适用时,最终又要由全国人民代表大会常务委员会作出解释或者规定,这有利于维护法制统一。

但是,由全国人民代表大会常务委员会进行解释,会使人很难界定立法解释到底是法律解释还是新的法律文本。如果它是法律解释而不是法律文本,那么它对法律实施者来说就不是必须适用的,因为行政机关是执行法律而不是执行法律解释,司法机关是依法判案而不是依法律解释判案。如果它是新的法律文本而不是法律解释,那么它就是法律的组成部分,它的效力应当与法律相同,而不仅是高于其他解释。立法者似乎想二者兼得,在《立法法》中明确宣布全国人民代表大会常务委员会作出的法律解释同法律具有同等效力,这就使立法解释等同于法律。可是根据《立法法》的规定,全国人民代表大会常务委员会作出法律解释的程序要比全国人民代表大会及其常务委员会的立法程序简单得多。同样效力的法律(原法律文本和立法解释),以及同一机关制定的法律(如果该法律文本由全国人民代表大会常务委员会制定),却仅仅因为名称分别为"法律"和"法律解释",而适用相差甚远的程序,在法律逻辑上讲不通,带来立法解释和法律的矛盾。

或许有人认为,立法机关的法律解释和法律虽然具有同等的效力,但二者毕竟不是一回事。立法机关的法律解释仅仅是对法律中某些不明确的地方进行说明,而法律是一部完整的法律文本,它们的内容有很大不同,因而不能苛求二者在出台时适用同样的程序。这种说法似乎行得通,然而应当看到作出立法解释的主体是全国人民代表大会常务委员会。它作为国家立法机关,作出的每一个决议、决定都会对整个国家机关产生巨大影响,无论是国务院及其领导下的所有行政机关,还是最高人民法院、最高人民检察院,以及地方各级国家机关，都要遵循全国人民代表大会常务委员会的决议、决定，就像要遵守它制定的法律一样。全国人民代表大会常务委员会按照《立法法》所规定的那种简单的程序作出法律解释，怎么能保证这种解释的民主性和科学性呢？缺乏民主性和科学性的法律解释一旦出台，对于整个国家机关的运转将会产生非常不良的影响。也就是说，全国人民代表大会常务委员会以非常简单地程序作出具有法律效力的法律解释，是不妥当的，它混淆了法律解释与法律的不同。

为了保证效力相同的"法律"和"法律解释"在制定程序上不发生矛盾，可以假设《立法法》规定，立法机关作出法律解释时要遵循立法程序。但这会陷入另一个悖论中，即立法机关作出法律解释的程序和效力与制定法律的程序和效力完全相同，既然如此，为什么还要分别把它们命名为"法律解释"和"法律"呢？如果仅仅因为它们在条文多少、篇幅长短、内容宽窄等方面不同而分别称谓，那么许多特别法都可以看作是一般法的法律解释，这显然是荒诞的。

我国立法机关行使法律解释权所引发的问题，尽管原因是多样的，但其根源在于立法机关能否成为法律解释权的主体，立法机关该不该行使法律解释权。下面撇开我国的具体情况，根据法学原理对这一问题进行剖析。

二、立法机关行使法律解释权的根据剖析

在立法机关能否行使法律解释权的问题上，向来都存在很大的争议。在制度层面上，立法机关成为法律解释主体的现象也存在，国家立法机关对法律所作的解释被称为立法解释。① 但从总体上说，世界上多数国家并不承认立法机关有解释法律的权力，甚至在一些国家看来，立法机关不能解释法律这一命题是无需讨论的。在我国，由于立法解释制度的存在，学者们针对立法机关拥有法律解释权的现状提出了各种各样的看法，有的完全肯定，有的完全否定，有的部分肯定部分否定。近年来，随着对法律解释问题研究的逐渐深入，不少学者认识到立法机关不应成为法律解释权的主体，并从各个角度进行了论述。我们认为，分析立法机关能否行使法律解释权，首先应当分析它行使法律解释权的根据能否成立。

---

① 立法解释有广义和狭义两种含义。狭义上的立法解释专指国家立法机关对法律所作的解释；广义上的立法解释泛指所有依法有权制定法律、法规的国家机关或其授权机关，对自己制定的法律、法规进行的解释。这里所说的立法解释仅指狭义的立法解释。

根据张志铭研究员的分析,立法解释得以确立的认识依据与两个命题分不开,一个是“立法归立法,实施归实施”,另一个是“有权制定法律,就有权解释法律”。其中的逻辑关系是:前一个命题——之所以要确立立法解释,是因为它具有不同于实施者解释的独特内容,或者说,它要解释的是实施者解释无法解决的独特问题;后一命题——立法者比实施者更有资格解释法律,即便立法解释没有自己的独特内容也有存在的必要。① 他对这两种认识依据进行了驳斥。事实上,主张应由立法机关解释法律的根据不只是这两个命题,还有其他命题,如立法解释是监督、保障法律正确实施的方法之一;立法解释可以维护法律的安定性,防止法律适用的混乱等。下文对这些论点逐一进行分析。

(一) 关于“立法归立法,实施归实施”

根据这一命题,法律解释实际上要弥补的是法律本身的各种缺陷,使法律更加完善。但对法律的补充和完善应当是立法机关的职责,法律的实施者不能介入此事。法律的实施者在适用法律过程中发现法律的不足,只能向立法机关反馈,由立法机关解决,否则就是越权。即使法律的实施者发现法律的缺陷后在法律适用中进行了弥补,它的弥补最多只能在个案中有效,并不能改变法律的面貌,法律的缺陷依然存在,对其他的适用者没有帮助。因此,让立法机关对法律进行权威性的解释才能从根本上改变法律的不理想状态,消除法律适用者对法律的随意性的解释。这种分析看似在说明立法机关行使法律解释权的问题,实际上是在说明立法机关修改法律的问题,因为立法机关按照这种思路所进行的解释不过是一种补充性立法或者法律的修改而已。

有的学者对立法解释和法律的修改作了详细的区分,认为二者的要求和效果不同,立法解释应当忠于法律的原意,只能在立法原则允许的范围内阐明法律明显包括或可能包括的含义,而不能作改变法律原意的扩张或缩小的解释,且立法解释不能取消(变更)所解释法条的原有内容,被解释的对象仍然有效;法律的修改则可突破现有法条的规定,增加、修改或废除相关的内容,且法律的修改是以新的内容取代旧的内容。② 立法解释与法律的修改在这些细微之处的差异确实存在,但由此得出结论认为立法机关应当行使法律

---

① 参见张志铭:《法律解释操作分析》,中国政法大学出版社 1999 年版,第 246 页。

② 参见周振晓:《也论立法解释》,载《中国法学》1995 年第 1 期,第 31 页。该文还谈到立法解释与法律的修改在主体、程序和效力上有所差异。

解释权却经不起推敲。这是因为：

第一，既然要解释法律就是因为法律的原意模糊，难以说清楚。在这种情况下，又如何让立法解释忠于法律的原意呢？立法机关只是以具有新的意思的解释性法律文本取代了原来的模糊性法律文本罢了。

第二，立法解释要在法律允许的范围内阐明法律明显包括或可能包括的含义而不能作扩张或限缩的解释，实则是对法律条文的简单重复，这样的解释毫无意义。

第三，立法解释与被解释的法律同时存在，会使适用者左右为难，不知道是适用立法解释还是适用被解释的法律，如果适用被解释的法律，则立法解释就没有存在的必要了；如果适用立法解释，则实际上是以立法解释废除了被解释的法律，这样的话，立法解释最终又变成法律的修改，在实践中法律适用者可能会选择适用立法解释使被解释的法律名存实亡。

因此，无论怎样说，立法机关所进行的解释实质上都是一种立法活动，而不是解释活动。真正的法律解释，只有在具体的法律适用中才存在，即使按照“立法归立法，实施归实施”的原则，作为法律实施之一部分的法律解释也只能由法律的实施者进行，法律解释权无论如何都不能由立法机关行使。

（二）关于“有权制定法律，就有权解释法律”

这一命题同“谁制定，谁修改，谁解释”的说法是一致的，实际上是在坚持西方19世纪在法律解释的目标上的主观解释论的立场。为什么有权制定法律就有权解释法律呢？因为这一观点认为立法行为是立法者的意思行为，立法者通过立法表达他们的看法和企图，通过制定法律来实现他们所追求的目标。所以，当法律条文出现模糊时，只有立法机关知道法律作这样的规定到底是什么意思，再也没有谁能比立法者更有资格来解释法律了。这一命题长期以来一直受到批评。张志铭研究员认为，立法原意以及从立法者那里寻找立法原意，实际上并不像人们想象的那样可靠；更重要的是，尽管必须肯定立法原意在法律解释中的重要作用，但是在一般情况下，不应该超越法律条文本身所能容纳的限度去确定立法原意。①

但是，所谓由立法机关行使解释权可以达致立法者原意的说法难以成立，这是因为：

第一，正如许多学者早已经指出的那样，所谓立法者的原意其实根本不存在。在民主社会的立法活动中，立法者并非一人，而是由众多代表组成的

① 参见张志铭：《法律解释操作分析》，中国政法大学出版社1999年版，第250—251页。

委员会。法律是众多代表协商、争论和表决的产物，是公共意志的体现，而且一般说来也不是全部代表意志的体现，只是大多数代表意志的体现。立法活动充满斗争与妥协，即使一些代表同意某个法律也可能只是同意它的部分内容而非全部内容。所以有学者指出："那些投票赞同获得通过的法案的人可能共同拥有国会的意图。但是非常重要的一点是，我们应当记住是法案本身展示了意图。由此看来，反对派的成员仅仅是因为他们认为法案拥有多数派的意图而投票反对该法案，他们当中也应当被认为存在国会的必不可少的意图。如果投票赞同一个法案的人不是以同样的方式阅读它，被国会多数派认定的法案的意义就可能会出现不同的意图。在对成文法进行解释的时候，我们应当怎样选择？这依赖独立于这些意图之外、以根本不参阅这些意图的方式妥善处理它们而作出的判断。"①

第二，即使有立法者的原意，立法者的原意也未必能完全渗透到法律条文中，或者说法律本身未必能完全表达立法者的原意。毕竟，立法者只能用文字把自己的意思表述为法律，但文字本身具有多种含义，文字的确切含义在某些特定的语境下才有可能确定下来，而在整个法律文本当中，能明确每个字每个词每句话的确切含义就更难了。"即使以定义的方式确定法律的语言用法，仍然不能保证，该用法在该当法律的每个地方都作相同的理解。"②立法者的原意与法律文本体现出的立法者的意思完全可能脱节，通过对法律文本的解释来寻求立法者的原意似乎不大可能。

第三，即使立法者的原意客观存在而且也能找到，但这只是立法当时的意思。随着社会的发展，这些意思可能已经不具有现实意义而应予抛弃，如果这时还要不顾时过境迁而坚持按照立法者的原意去解释，则未免有"死人统治活人"之嫌。

第四，就算立法者当时的意思至今仍未过时，立法机关还是当初的立法机关，但由于世事变迁，立法机关早已物是人非，当今立法机关的成员又怎能确切地知道当时立法者的意思呢？又有谁能说立法机关解释出的所谓立法者的原意是当初的立法者的原意而不是现在的立法者的原意呢？

总之，立法机关出于寻找立法原意的目的而行使法律解释权，在理论上是站不住脚的。

---

① Legislation and the Courts, Edited by Michael Freeman, Published by Dartmouth Publishing Company Limited, 1997, pp. 137—138.

② 〔德〕拉伦茨：《法学方法论》，陈爱娥译，商务印书馆 2003 年版，第 202 页。

（三）关于“立法解释是监督、保障法律正确实施的方法之一”

这一命题认为，国家立法机关具有监督法律正确实施的职责，其监督方法也很多。但通过行使立法解释权，作出相关的立法解释，以指导行政机关正确理解法律的确切含义或纠正执行机关对法律原意的错误理解，同样也是一种监督法律实施的方法，并且也是一种较为有效的监督方法，它能更全面、准确地体现立法思想，从而保证法律统一并得到正确的执行与遵守。① 这种看法背后所隐藏的含义仍然是，只有立法机关理解法律的真实含义，法律实施机关对法律的理解可能会五花八门，因而在适用时常常会通过对法律作出不同理解而不当地行使职权。

这种担心有一定的道理，但由此认定立法机关应当通过行使法律解释权来监督法律的实施就值得商榷了。原因在于：

第一，如同前文所言，立法者的原意是不存在的，即使存在，立法机关也未必清楚，让立法机关通过行使解释权来明确法律的原意勉为其难。

第二，任何法律只要最终被实施，都难以避免被法律实施者所解释，因为理解、解释和应用是三位一体的过程。“仅就法律的施用而言，确认法律条文确切含义是执法者的天然权力，而正是在适用法律的过程中，在执法机关确认法律条文的确切含义并使之产生效力的过程中，才使‘公正、正义、衡平’的理性原则得以发挥。”②

第三，立法机关对法律实施机关的监督方式非常多，但所有的监督都应当以不侵犯法律适用机关权力的正当行使为界。当法律已经进入适用阶段时，对法律含义的说明自然就属于法律适用者的正当权利。法律适用机关在适用过程中怎么理解和解释法律是它自己分内的事，这是权力分立的要求，立法机关不能因为对法律适用机关的解释活动不放心就要亲自参与到解释活动中，亲自为法律适用机关制作法律解释。“如果说立法解释的目的即在于法律的‘原意’能不失真实地通过解释体现出来，那么，由此推论，由立法者来同时行使司法权，要比由法官来行使司法权合适得多，然而这种假设一旦成立，所谓法治就成了暴政的牺牲品。”③

第四，立法机关的监督权同样也要依法行使，其监督权的权限、内容和方式都必须符合法律的规定。如果立法机关有权解释法律的话，则它的一切监

---

① 参见周振晓：《也论立法解释》，载《中国法学》1995 年第 1 期，第 32—33 页。

② 袁吉亮：《再论立法解释制度之非》，载《中国法学》1995 年第 3 期，第 47 页。

③ 陈丽琴：《质疑立法解释》，载《法学论坛》2002 年 5 月，第 24 页。

督活动就不可能再受到法律的约束了。当它的监督行为违法时,它可以行使法律解释权而使之合法化,如此下来这种监督就会变成恣意妄为。

另外,在三权分立的国家,司法机关对立法机关也有监督和制约之责,其监督方式就是解释和适用法律,如果由立法机关掌握法律解释权,则司法机关的监督和制约就会落空。因此,虽然立法机关拥有法律监督权,但由此认为立法机关通过行使法律解释权来监督、保障法律的实施,在逻辑上是行不通的。

(四) 关于"立法解释可以维护法律的安定性,防止法律适用的混乱"

这一论调是西方 19 世纪在法律解释的目标上坚持主观论的人所坚持的观点之一。在这种观点看来,任何一部法律都有其确定含义,但是,不同的解释者可能会出于某种需要或者由于其他原因而对法律作出不同的理解,最终会导致法律被解释得面目全非,适用起来极不统一。不同的案件在适用同一部法律时不能受到同样的对待,必然带来司法活动的混乱,因此,需要立法机关对法律的含义作出统一的解释,来保障法律的安定性,消除法律适用中的混乱。

这种观点的出发点是好的,但在认识上是错误的。从法律适用的角度来说,法律适用本身就是把抽象的法律规定具体应用于各种纷繁复杂的案件当中。每个案件都有其具体情况,在法律适用中不可能做到完全一样,而应由法官有针对性地把案件事实与相关法律结合起来。因此,同一法律在不同案件中被法官作出不同解释,并不是法律适用的混乱,恰恰是司法活动的机动灵活性和创造性的表现。立法机关出于维护法律安定性的目的,通过对法律进行解释来限制法律适用的灵活性,不仅违背司法活动的规律,而且是徒劳的。它的统一性的解释在法律的适用中同样面临被法官进行创造性解释的命运,就像统一性的法律面临被解释的命运一样。从立法的角度说,立法机关在制定法律时就应当把法律的含义说清楚,这是对立法的基本要求。在立法中本应说清楚的事情,却非要来一个立法解释,实属多此一举。

当然,法律条文的意义不明也有客观原因,主要表现为三种情况:第一种是立法机关的故意,第二种是立法者之间的某种妥协,第三种是立法的失误。① 但无论是哪一种情况引起的,法律一旦制定出来就成为独立的法律文本而具有稳定性,成为一种客观存在,不同主体对法律作出不同的理解和解释是很正常的事。除立法机关之外的解释者无论在解释上有怎样大的分歧,

---

① 参见袁吉亮:《论立法解释制度之非》,载《中国法学》1994 年第 4 期,第 29 页。

都不会触动条文本身，当然也不可能危及法律的安定性，因为他们所有的解释都只是解释，法律文本并没有受到干扰。但是，当立法机关对法律文本进行解释时，情况就发生了变化，因为立法机关是立法者，它的解释事实上成为法律文本的一部分，是对法律文本的一种变动。立法机关对法律文本作出解释反倒让人觉得法律是不确定的，毕竟，立法解释会给人造成一种错觉，认为法律是由立法机关制定的，立法机关对法律怎样进行解释都是合法的。由此看来，立法机关行使法律解释权不仅不能维护法律的安定性，反倒"会使法律的客观性和可预测性受到质疑"①，出现适得其反的结果。

三、立法机关行使法律解释权面临的诘难

立法机关行使法律解释权的根据不成立，意味着它不应当行使法律解释权。立法机关行使法律解释权，面临着多种诘难。

（一）立法机关行使法律解释权不符合解释学原理

按照哲学解释学原理，一切理解都是自我理解，而不是作者的理解，因为作品一旦完成，作者就已经"死去"，作品的意蕴只能由读者来理解和解释。加达默尔指出："谁想理解某个本文，谁总是在完成一种筹划。一当某个最初的意义在本文中出现了，那么解释者就为整个本文筹划了某种意义。一种这样的最初意义之所以又出现，只是因为我们带着对某种特殊意义的期待去读本文。作出这样一种预先的筹划——这当然不断地根据继续进入意义而出现的东西被修改——就是对这里存在的东西的理解。"②理解是解释者预先筹划的东西，是解释者自己的理解，与文本的作者并无关系。理解者在解释时把自己的理解融入到文本当中，他作出的解释名义上是文本的意思，其实更多地是他自己的意思，"因此解释者筹划的东西是他自身，他自己理解的可能性。但是，如此筹划的意义也被筹划为文本的可能性，即文本能够意指的某种东西，如果它是这样，他将已经理解了它。这就是说，如果解释者仅被动地等待意义而不预期意义，将没有什么会出现"③。

法律作为一种作品，其作者是立法者，立法机关一旦把法律表述出来，它的使命就完成了，法律的意义应当由法律的读者来理解和解释。在谢晖教授

---

① 陈斯喜：《论立法解释制度的是与非及其他》，载《中国法学》1998 年第 3 期，第 65 页。
② 〔德〕加达默尔：《真理与方法》（上卷），洪汉鼎译，上海译文出版社 2004 年版，第 345 页。
③ 洪汉鼎：《理解的真理》，山东人民出版社 2001 年版，第 194—195 页。

看来,法律的读者有三类:其一是民众,他们在行动中进行阅读和解释;其二是法律家,他们在应用中进行阅读和解释;其三是法学家,他们在批判中进行阅读和解释。① 显然只能由这三类读者对法律进行解释,尽管他们并非都愿意或者都能够解释法律。谢晖教授在这里没有把立法者也列入法律的读者之列,或许是因为已经在前文突出强调它是法律的作者。事实上立法者也是法律的一个读者,因为法律制定出来不仅是让立法机关以外的主体来遵守的,包括立法机关在内的一切主体都应当受制于法律的约束。当法律文本完成之后,立法机关已经与该法律文本脱离了关系,而成为该法律文本调整的内容或者对象中的一部分,自然也就是法律的读者。因而,立法机关也可以对法律进行理解和解释,但它的理解和解释不再是以立法机关的身份进行的,而是以普通读者身份进行的。它作出的解释是把自己作为读者所作的筹划而非作为作者所作的筹划融入法律文本当中,这种解释只是众多有权解释和无权解释当中的一种,而不是所谓的立法解释,所谓的立法解释是不存在的。因此,根据解释学原理来看,立法机关不能行使法律解释权。

(二)立法机关行使法律解释权有悖于权力分立原则

权力分立是现代民主与法治社会的一项基本原则。不论是严格坚持三权分立原则的西方资本主义社会,还是坚持在人民代表机关集中统一行使国家权力之下进行权力分离的社会主义国家,都在不同程度上认可权力分立与权力制衡的科学性,并贯彻到自己的政治法律实践当中。关于权力的分立,不管思想家们与政治家们作了怎样不同的表述,实际上最终只能分为立法权、行政权与司法权三种,而且这三种权力只有互相牵制方能保持权力的平衡,维护社会的民主制度和保障公民的权利,这些原理在启蒙思想家的著作当中已经讲得很清楚了。从三权分立的原意上讲,立法机关行使的是立法权,是向社会输出法律文本,然后这些文本由行政机关去贯彻实施,最后由司法机关根据法律文本对各种纠纷作出最终的裁决。因此,法律文本制定出来之后,立法机关在法律文本上的职权便结束了,不能再对法律的意义进行任何说明,如果要说明也只能在法律文本的制定过程中说明,而不是制定之后说明,否则这种说明会超越它的职权范围。毕竟,对法律含义的解释属于法律应用过程中的事情,立法机关运用职权对法律所作的任何解释在权力分立的理论上都构成对法律适用的干扰和破坏以及对行政权和司法权的侵犯。

19世纪盛行的主观解释论认为,法律解释的目标在于探求立法者在制

---

① 参见谢晖:《法律的意义追问》,商务印书馆2003年版,第201页以下。

定法律当时事实上的意思,其理论根据在于:其一,只有立法者知道自己所要的是什么;其二,可以确保法律的安定性价值,防止法院的判决捉摸不定;其三,基于三权分立原则,法律只能由立法机关制定,法院的职能只是依法裁判。但是,主观说的根据是站不住脚的。法律解释的客观说对此予以反驳,认为法律一经制定,即与立法者分离而成为一种客观存在,立法者当时赋予法律的意义、观念及期待,并不具有拘束力。具有拘束力的是作为独立存在的法律内部的合理意义。而且,一个具有意思能力的立法者并不存在,即使存在,法律与立法者的意思也不是一回事。[①] 法律解释的主观说在为立法机关行使法律解释权制造理论根据,但这些理论根据最终是不堪一击的。现在法律解释学当中探求立法者原意的主观解释论已经没有市场了。立法机关解释法律的行为,有既当运动员又当裁判的嫌疑,受到了来自权力分立立场上的质疑。诚如谢晖教授所言,立法者是法律的作者,他最清楚立法的动机和背景,因而对立法中的遣词造句、法言法语在客观上具有解释权。然而,法律文本不是普通的供人们欣赏的文学艺术作品,而是与政治权力的享有、行使和社会权利的分配、处分不可分割的规范文本。在此意义上讲,法律文本的出世,虽然不意味着立法者的死亡,但至少立法者应自我谦抑,自觉地走向解释的旁观者。否则,立法权力就会失去必要的制约,立法者就会走向霸权。[②] 当立法机关握有法律解释权时,它的解释难免会有各种随意性,法律会成为它手中的橡皮泥。这不仅不利于维持法律的稳定性,而且会使立法机关通过解释法律而干扰正常的司法活动。

(三) 立法机关不需要行使法律解释权

法律解释的存在来自于对法律解释的客观需要。关于法律需要解释的原因,理论界的普遍认识主要有以下几点:(1) 法律具有概括性、抽象性的特点,需要法律解释化抽象为具体、变概括为特定。(2) 法律具有相对的稳定性,只有经过解释,才能适应不断变化的社会需求,解决法律的稳定性与社会发展的矛盾。(3) 人的能力的有限性导致法律出现缺陷,需要通过法律解释来改正、弥补法律规定的不完善。(4) 人们由于在认识能力、利益动机等方面的差别,会对同一法律有不同的理解,需要通过法律解释说明法律的含义。(5) 各部门法、法律制度和法律规范之间存在的矛盾,需要通过解释予以协

---

① 参见梁慧星:《民法解释学》,中国政法大学出版社 1995 年版,第 206—208 页。

② 参见谢晖:《法律的意义追问》,商务印书馆 2003 年版,第 199 页。

调和解决。[①] 除了这些认识之外，还有学者从本体论角度对法律解释问题进行探讨，认为法律需要解释的原因来自于法律的特性。这些特性在于：(1) 法律的生命在于理解、解释和应用；(2) 法律的任务决定了法律必须与其所欲调整的行为相结合，而这一结合的过程就是法律主体理解、解释法律的过程；(3) 法律所具有的概括性特点决定了成文法律不可能涵盖社会生活的各个方面，它必定为司法者等留下了可以进行解释的许多空间；(4) 法律本身的开放性决定了应利用解释使法律不断地充实、发展；(5) 法律是用文字表达的，而语言本身的特性决定了首先应有理解和解释，然后才有法律的适用；(6) 法律的解释者能比立法者更好地理解法律。[②]

以上观点是从不同角度对法律解释存在的原因所进行的梳理，各有其合理性。对这些原因进行归纳，可以发现它们分为两个方面：一方面是法律有各种不足，需要通过解释来完善，另一方面是法律在适用的过程中只有经过解释才能具体应用于个案，而这两个方面的落脚点都在法律的适用上，第一个方面所讲的通过解释来完善法律的最终目的仍然是适用法律。这就是说，法律解释与法律应用有密切联系，或者说法律解释是为法律适用服务的。毕竟，法律是定分止争的工具，是社会利益的调解器，它在被制定出来后不是供人们欣赏玩味的，而是用来解决问题的。“法律的解释通常在与一个特定事实的问题（一个案件，或者一个行政管理记录）相连接时出现，它使相关的法律具有了独特性、具体性和实用性。”[③]所以说，有法律适用才有法律解释，法律的各种缺陷也只有在法律被适用时才能暴露出来，才有解释的必要，没有法律适用也不存在法律解释。

但是，对法律的适用显然不是立法机关的职权。立法机关作为法律文本的制定者，在制定法律时，从理论上说应当认为法律是没有缺陷和无需解释的，否则它就会把这些缺陷消灭于法律制定的过程中，或者阻止漏洞百出的法律草案成为法律文本。总之，法律文本在立法机关眼里应当是完美的，即使有缺陷也只可能是法律的适用机关在适用时，在把抽象的法律同具体的案件相结合时发现的，立法机关不可能发现法律的缺陷并进行解释。

当然，也可能存在另一种情况，即立法机关由于能力所限，虽然认识到法

---

① 这些观点见诸多种法理学教科书，如沈宗灵主编：《法理学》，北京大学出版社 2003 年版，第 379—380 页；张文显主编：《法理学》，高等教育出版社 2003 年版，第 321—322 页；公丕祥主编：《法理学》，复旦大学出版社 2002 年版，第 408—409 页等。

② 参见陈金钊：《法律的特性与法律解释》，载《广西师范大学学报（哲学社会科学版）》2003 年第 4 期，第 22—26 页。

③ William N. Eskridge, Jr., Dynamic Statutory Interpretation, Harvard University Press, 1994, p. 48.

律草案的缺陷却无力弥补,但迫于某种需要仍使该草案成为法律,或者立法机关有意地制定有缺陷的至少是不完善的法律。即使是这种情况,也意味着立法机关把对法律进行解释的权力留给了法律的适用者,不然的话,它为什么不自己去完善法律呢?即使立法机关在后来的补充性立法或者法律文件中对以前法律的缺陷作了解释,这些立法解释(姑且把它称为立法解释而不称作补充性立法)最后仍要被法律适用者去适用,因而还免不了被法律适用者解释的命运。"有理由认为,立法机关制定出的那些所谓界限不明确的法律条文,就是要执行机关来根据具体情况来解决问题的,否则立法时就会予以明确了的。"①显然,从立法机关的职责上来讲,它不需要行使法律解释权。

(四)立法机关行使法律解释权没有意义

行使法律解释权的目的是,通过某种有权机关的解释活动对法律的模糊之处作以权威性的说明,使法律适用者在处理具体案件的过程中根据这种权威性的说明来实施法律。立法机关行使法律解释权从表面上看似乎也可以达到这一目的,但经过分析就会发现并非如此。立法机关之所以要对法律进行解释,可能有两种原因,一是因为法律自身暴露出模糊之处,且不管这种模糊是立法者能力不及而导致的,还是立法者有意留下的;二是因为社会发展导致法律与社会相脱节,不能适应社会的需要。

如果是第一种原因,立法机关行使法律解释权就是要把法律的模糊之处说清楚,让法律的调整对象,特别是让案件当事人和法律适用机关明白法律的真正含义。无论立法机关怎样努力,它所作的解释只能用文字进行抽象的概括,而不能指明某个具体的人能否从事某种具体的活动或者是否承担某种法律责任,因为这是法律适用机关的事情。"法律语言不能像其他一些学术语言,能独立于一般语言的用法之外。法律语言是一般语言的特例,但绝不是与后者完全脱离的符号语言。就像我们一再强调的,其影响是:法律语言不能达到像符号语言那样的精确度。它总是需要解释。"②所以,立法机关自以为自己在解释中把问题说明白了,法律的适用者却未必明白,到了法律的适用过程中还要由法律适用者来解释才能最终用来处理案件,相对于法律适用者的解释,立法机关的解释又成了被解释的文本,没有最终的效力。由此看来,在澄清法律的含义方面,立法机关所作的法律解释并没有什么意义。

如果是因为第二种原因,立法机关根据社会发展的需要重新界定法律的

---

① 袁吉亮:《论立法解释制度之非》,载《中国法学》1994 年第 4 期,第 29 页。

② 〔德〕拉伦茨:《法学方法论》,陈爱娥译,商务印书馆 2003 年版,第 201 页。

含义,其实是对原来法律的修改,准确地说这是一种立法行为而非法律解释行为。立法机关所具有的立法权本身就意味着它可以制定、修改和废止自己制定的法律,何必要多此一举地行使一个所谓的法律解释权呢？当然,立法机关在这种情况下对法律作的解释最终同样要被法律适用者解释。

因此,立法机关行使法律解释权无论是由哪种原因引起的,其所作的所谓"立法解释"都不是能够直接适用于具体案件的终局性解释。这种解释虽然不能说毫无意义,但它如同其他无权解释一样,只是为法官的最后解释提供一种文本。同时,立法机关无论在哪种情况下进行法律解释,实际上都是在行使立法权而不是在行使法律解释权,其作出的立法解释实质上都是行使立法权而非行使解释权的结果,这种解释与其称为"立法解释",倒不如称为"解释性立法"更为妥当。"我们可以粗略地把这种解释性立法称为是对'法律的解释',但要把它从立法的范畴中分割出来,却是失之荒谬了。因为,这种解释照样是法律!(假如发生了以解释的形式制定法律的话)"[①]在立法机关的立法权之外再增加一个实际上是立法权的一部分的法律解释权,显然没有意义。

---

① 袁吉亮:《再论立法解释制度之非》,载《中国法学》1995 年第 3 期,第 47 页。

第十二章　行政机关的法律解释权评析

我国现行的法律解释体制强调了行政机关的法律解释权,因而出现了行政解释。① 在整个法律解释体制中,行政解释并不突出。因为从效力上说,行政机关的解释不及立法机关的解释;从在司法中被遵守的程度看,行政机关的解释不及司法机关的解释。但是,行政权所处理的事务覆盖面极为宽广,而且行政机关的数量远远多于立法机关和司法机关,这导致行政机关作出的法律解释内容广泛、数量众多、层次分明、形式多样。因而,研究法律解释权的配置问题,不能不对行政机关的法律解释权进行探讨。

一、我国当前行政机关行使法律解释权的状况②

关于行政机关的法律解释权,在我国前期的各种法律当中并无规定。1981 年《决议》是行政机关行使法律解释权的法律依据,它规定:"不属于审判和检察工作中的其他法律、法令如何具体应用的问题,由国务院及主管部门进行解释。"此后国务院及其主管部门对法律的解释便在我国整个法律解释当中占据非常大的比重,它们的解释也被学界称为行政解释。除此之外,不少法律授权国务院或者国务院主管部门对该法律制定实施细则,这也可以理解成是在授权国务院及其主管部门对该法律作出法律解释。国务院及其主管部门行使法律解释权,在我国确实有其现实意义。特别是在法制并不健全的情况下,行政机关的管理活动遍及社会生活的各个领域,由行政机关行使法律解释权可以充实法律的内容,对法律作出更为详尽的规定,使各种管理活动能够顺利进行。

国务院的解释在行政解释当中占据主导地位。国务院是我国最高行政

---

① 我国关于行政解释的含义同样是模糊的。一种观点认为,行政解释是国家行政机关对它本身制定的法律规范如何具体应用的问题所作的解释;另一种观点认为,行政解释是指国家行政机关在依法行使职权时,对有关法律、法规、规章如何具体应用的问题所作的解释。这里所说的行政解释指的是后一种观点。

② 地方行政机关的法律解释权将在后文地方国家机关的法律解释权当中予以介绍,因而这里探讨行政机关的法律解释权时所列举的例证仅限于中央行政机关行使法律解释权的情况。

机关,管理全国行政事务,它作出的解释在行政解释当中具有最高的效力。然而迄今为止,几乎未见国务院以“解释”为名对法律作出解释,倒是常常见它在一部法律出台之后,对该法律制定“实施细则”、“实施条例”等,并且随着该法律被修订而修订“实施细则”、“实施条例”。例如,全国人民代表大会常务委员会 1992 年 9 月 4 日通过的《税收征收管理法》共 62 条,国务院 1993 年 8 月 4 日发布《税收征收管理法实施细则》,共 86 条;经过 1995 年 2 月 28 日修正后,全国人民代表大会常务委员会 2001 年 4 月 28 日通过修订的《税收征收管理法》,共 94 条,国务院 2002 年 9 月 7 日发布修订后的《税收征收管理法实施细则》,共 113 条。再如全国人民代表大会常务委员会 1986 年 6 月 25 日通过的《土地管理法》①,在 1988 年 12 月 19 日修正后,国务院 1991 年 1 月 4 日发布《土地管理法实施条例》;全国人民代表大会常务委员会 1998 年 8 月 29 日修订《土地管理法》并宣布 1999 年 1 月 1 日起施行后,国务院 1998 年 12 月 24 日第十二次常务会议通过《土地管理法实施条例》,宣布 1999 年 1 月 1 日起施行。国务院发布的这些实施条例、实施细则不但具有 1981 年《决议》作为法律依据,同时还有被解释的法律本身作为依据。例如现行《税收征收管理法》第 93 条规定:“国务院根据本法制定实施条例。”现行《个人所得税法》②第 14 条规定:“国务院根据本法制定实施条例。”

国务院下辖的各个主管部门行使法律解释权的状况与国务院相仿,它们也很少以“解释”的名义作出行政解释,而是通过制定“实施细则”、“暂行规定”、“实施意见”等形式来行使法律解释权。从解释的对象上看,它们既解释法律,如 1995 年 8 月 4 日劳动部发布的《关于贯彻执行〈中华人民共和国劳动法〉若干问题的意见》,是对 1994 年 7 月 5 日第八届全国人民代表大会常务委员会第八次会议通过的《劳动法》的解释;也解释行政法规,例如劳动部 1990 年 3 月 20 日颁布的《〈特别重大事故调查程序暂行规定〉有关条文解释》,是对国务院 1989 年 3 月 29 日发布施行的《特别重大事故调查程序暂行

① 该法 1986 年 6 月 25 日第六届全国人民代表大会常务委员会第十六次会议通过,先后经过 1988 年 12 月 19 日第七届全国人民代表大会第五次会议修正,1998 年 8 月 29 日第九届全国人民代表大会常务委员会第四次会议修订,2004 年 8 月 28 日第十届全国人民代表大会常务委员会第十一次会议修正。

② 该法于 1980 年 9 月 10 日第五届全国人民代表大会第三次会议通过,1993 年 10 月 31 日第八届全国人民代表大会常务委员会第四次会议第一次修正,1999 年 8 月 30 日第九届全国人民代表大会常务委员会第十一次会议第二次修正,2005 年 10 月 27 日第十届全国人民代表大会常务委员会第十八次会议第三次修正,2007 年 6 月 29 日第十届全国人民代表大会常务委员会第二十八次会议第四次修正,2007 年 12 月 29 日第十届全国人民代表大会常务委员会第三十一次会议第五次修正,2011 年 6 月 30 日第十一届全国人民代表大会常务委员会第二十一次会议第六次修正。

规定》有关文的解释。从解释权的来源看，除了1981年《决议》外，既有被解释的法律的授权，也有行政法规或者国务院作出的行政解释的授权。被解释的法律的授权例如2000年10月31日第九届全国人民代表大会常务委员修正的《中外合作经营企业法》和《外资企业法》，分别在第26条和第23条规定："国务院对外经济贸易主管部门根据本法制定实施细则，报国务院批准后施行。"行政法规的授权例如1993年4月24日国务院第二次常务会议通过的《国家公务员暂行条例》①，在第87条规定："本条例由国务院人事部门负责解释。"国务院作出的行政解释的授权例如，2000年8月25日第九届全国人民代表大会常务委员会修正《专利法》后，国务院在2001年6月15日公布的《专利法实施细则》第121条规定："国务院专利行政部门根据专利法和本细则制定专利审查指南。"②

由于行政解释的主体比较庞杂，解释中出现职权划分不明、程序不清等问题。为了规范行政解释，1993年3月3日，国务院办公厅以"国办发〔1993〕12号"文件发布《关于行政法规解释权限和程序问题的通知》。它指出：近年来，行政法规（包括法律的实施细则、实施条例）发布后，有些地方、部门在实施中提出一些问题要求解释。按照行政法规的规定，这些问题应由国务院有关行政主管部门负责解释。但是，由于对某些条文的理解不一致或者牵涉不同部门的职责分工，有关行政主管部门感到解释有困难或者其他有关部门对其作出的解释异议时，往往向国务院请示。为了做好行政法规的解释，现就有关问题通知如下：

（1）凡属于行政法规条文本身需要进一步明确界限或者作补充规定的问题，由国务院作出解释。这类立法性的解释，由国务院法制局按照法规草案审查程序提出意见，报国务院同意后，根据不同情况，由国务院发布或者由国务院授权有关行政主管部门发布。

（2）凡属于行政工作中具体应用行政法规的问题，按照现行做法，仍由有关行政主管部门负责解释；有关行政主管部门感到解释有困难或者其他有关部门对其作出的解释有不同意见，提请国务院解释的，由国务院法制局提出答复意见，报国务院同意后，直接答复有关行政主管部门，同时抄送其他有关部门。

（3）凡属于国务院、国务院办公厅文件的解释问题，仍按现行做法，由国

① 《国家公务员暂行条例》已被2005年4月27日第十届全国人民代表大会常务委员会第十五次会议通过、2006年1月1日起施行的《公务员法》所取代。

② 经2002年12月28日和2010年1月9日国务院修订的《专利法实施细则》保留了此规定。

务院办公厅承办。涉及行政法规的问题,国务院办公厅可征求法制局的意见;涉及法律解释的,按照全国人民代表大会常务委员会《关于加强法律解释工作的决议》办理。

1999年5月10日,国务院办公厅又以"国办发〔1999〕43号"文件发布《关于行政法规解释权限和程序问题的通知》,它声称:近年来,行政法规(包括法律的实施细则、实施条例)和国务院、国务院办公厅有关贯彻实施法律、行政法规问题的规范性文件发布后,地方、部门在实施中提出一些问题要求解释。为了保证法律、行政法规的正确实施,进一步做好行政法规和国务院、国务院办公厅有关贯彻实施法律、行政法规的规范性文件的解释工作,现就有关问题通知如下:

(1) 凡属于行政法规条文本身需要进一步明确界限或者作补充规定的问题,由国务院作出解释。这类立法性的解释,由国务院法制办公室按照行政法规草案审查程序提出意见,报国务院同意后,根据不同情况,由国务院发布或者由国务院授权有关行政主管部门发布。

(2) 凡属于行政工作中具体应用行政法规的问题,有关行政主管部门在职权范围内能够解释的,由其负责解释;有关行政主管部门解释有困难或者其他有关部门对其作出的解释有不同意见,要求国务院解释的,由国务院法制办公室承办,作出解释,其中涉及重大问题的,由国务院法制办公室提出意见,报国务院同意后作出解释,答复有关行政主管部门,同时抄送其他有关部门。

(3) 凡属于国务院、国务院办公厅有关贯彻实施法律、行政法规的规范性文件的解释问题,由国务院法制办公室承办,作出解释,其中涉及重大问题的,由国务院法制办公室提出意见,报国务院同意后作出解释。国务院、国务院办公厅其他文件的解释,仍按现行做法,由国务院办公厅承办。

对比这两份通知,除了后者把前者中的"国务院法制局"改成"国务院法制办公室"外,还作了个别内容的变动。如从前者第三项内容看,国务院办公厅是国务院、国务院办公厅有关文件的解释主体,即国务院办公厅除了不能解释法律外,可以解释国务院及其办公厅发布的各种规范性文件,当然也包括国务院对有关法律作出解释的规范性文件。从后者第三项内容看,国务院贯彻实施法律的规范性文件的解释和国务院办公厅贯彻实施行政法规的规范性文件的解释,即国务院对法律的解释和国务院办公厅对行政法规的解释,由国务院法制办公室负责;国务院及其办公厅其他文件的解释,由国务院办公厅负责。也就是说,后者把前者中国务院办公厅的解释权,分出一部分授予国务院法制办公室。总的来说,后者对前者基本内容的改变不大,它们对国务院各部门在解释权限和程序问题上并无分歧。因而，后者可以理解为是对前者的进一步规范和完善。

这两份通知在遵循 1981 年《决议》的基础上，对行政法规的解释问题作了规范，甚至规范了国务院、国务院办公厅的规范性文件的解释问题。它们增加的非常明显的内容是，授权国务院有关部门对行政法规作出解释，并特别强调了国务院法制办公室在行政法规解释中的重要作用。

从 1981 年《决议》、有关法律和国务院办公厅《关于行政法规解释权限和程序问题的通知》看，我国当前的行政解释既包括国务院及其主管部门对法律的解释，还包括国务院主管部门、国务院办公厅、国务院法制办公室对行政法规的解释，以及国务院办公厅对国务院、国务院办公厅其他规范性文件的解释，解释的主体和对象都很复杂。

然而实践中，行政解释更加复杂，而且不少无权解释的主体也加入到解释中。例如，劳动部作出的《关于贯彻执行〈中华人民共和国劳动法〉若干问题的意见》明显是对《劳动法》的解释，而《劳动法》并未授权劳动部对该法作出解释或者制定实施细则。如果说劳动部的这种解释还能以 1981 年《决议》为法律依据，那么国务院主管部门内设的工作机构也直接对法律、行政法规和部门规章进行解释则明显于法无据了。例如，卫生部法监司以“卫法监食发[1999]第 113 号”文件，作出《关于明确食品生产经营人员体检范围问题的批复》，对《食品卫生法》①第 26 条的规定作出解释；劳动部办公厅 1994 年 10 月 25 日以“劳办发[1994]340 号”文件下发《关于贯彻执行〈国有企业富余职工安置规定〉中有关职工辞职后的工龄计算问题的批复》，对国务院的《国有企业富余职工安置规定》②作出解释；公安部法制司 1995 年 2 月 28 日作出《关于审批劳动教养案件有关程序问题的批复》，对公安部制定的《劳动教养试行办法》③第 12 条进行解释；而这些被解释的法律、行政法规和部门规章并没有授权国务院主管部门的内设机构对其作出解释。

二、我国当前行政机关行使法律解释权存在的问题

我国当前行政机关行使法律解释权的状况并不能令人满意。尽管行政管理中确实面临法律解释的问题，但当前的行政机关对法律作出解释不但不

---

① 该法 1995 年 10 月 30 日第八届全国人民代表大会常务委员会第十六次会议通过。

② 该规定 1993 年 4 月 20 日国务院令第 111 号发布。

③ 该办法由公安部制定，国务院 1982 年 1 月 21 日以“国发[1982]17 号”文件发布的《国务院关于转发公安部〈劳动教养试行办法〉的通知》转发。

能从根本上解决行政管理中出现的问题,反而会带来一些新的问题。这些问题主要是,行政机关行使法律解释权的法律依据明显不足,行政机关行使法律解释权会冲淡行政法规、部门规章的效力。

(一)行政机关行使法律解释权的法律依据明显不足

我国行政机关行使法律解释权的法律依据,仅有1981年《决议》和某些法律的附则,国务院及其主管部门也常常据此行使法律解释权。然而,1981年《决议》经不起推敲。

1981年《决议》是全国人民代表大会常务委员会作出的,即全国人民代表大会常务委员会授予国务院及其主管部门对不属于审判、检察工作中的法律的具体应用问题作出解释。从这一授权可以看出,国务院及其主管部门的法律解释权覆盖了除审判、检察工作以外的几乎所有的法律实施工作。问题是,全国人民代表大会常务委员会是否有权作出此项"决议"?《宪法》一直强调,全国人民代表大会常务委员会解释法律,后来的《立法法》又重申这一点,显而易见,现行法律下的全国人民代表大会常务委员会拥有法律解释权。1981年《决议》的规定,可以理解为是全国人民代表大会常务委员会把自己的法律解释权"转授"给国务院及其主管部门。全国人民代表大会常务委员会作为一个国家机关,不能把宪法和法律授予自己的职权转授给国务院及其主管部门,更何况被授予的权力波及除审判、检察工作之外的几乎所有法律实施领域,这种大规模的授权显然不是全国人民代表大会常务委员会能够作出的。

1981年《决议》作出后,全国人民代表大会1982年通过的现行《宪法》和《国务院组织法》①都没有授予国务院及其主管部门相应的法律解释权。现行《宪法》第89条规定的国务院职权,其第18项是"全国人民代表大会和全国人民代表大会常务委员会授予的其他职权",这似乎是在承认,1981年《决议》授予国务院及其主管部门的法律解释权具有合法性。然而,现行《宪法》仅仅是承认全国人民代表大会常务委员会可以把某些职权授予国务院,而并没有规定国务院各主管部门也可以行使全国人民代表大会常务委员会授予的职权。所以,全国人民代表大会常务委员会即使可以授予国务院法律解释权,也不能授予国务院主管部门法律解释权。《国务院组织法》并没有授予国务院更多的职权,只规定了国务院的组织机构及其运作程序。它在第3条

---

① 该法1982年12月10日第五届全国人民代表大会第五次会议通过,同日全国人民代表大会常务委员会委员长令第十四号公布施行。

规定:“国务院行使宪法第 89 条规定的职权。”显然,《国务院组织法》也没有承认国务院及其主管部门的法律解释权。1981 年《决议》属于非基本法,它的效力当然低于《宪法》和《国务院组织法》,因而它关于国务院主管部门行使法律解释权的规定应当是无效的。

至于国务院办公厅发布的《关于行政法规解释权限和程序问题的通知》,更不能成为国务院及其主管部门行使法律解释权的依据。《国务院组织法》第 7 条规定:“国务院秘书长在总理领导下,负责处理国务院的日常工作。国务院设副秘书长若干人,协助秘书长工作。国务院设立办公厅,由秘书长领导。”这是国务院办公厅作为国务院机构得以立足的法律依据。从这一依据看,国务院办公厅作为在秘书长领导下处理国务院日常事务的机构,无论如何都不能授予国务院各主管部门相应的法律解释权。因此,国务院办公厅《关于行政法规解释权限和程序问题的通知》只能被理解为协调国务院各部门工作程序的内部文件,它只对国务院各主管部门有效,对外不具有任何法律效力。法律解释权作为一种非常重要的权力,当然也不是国务院办公厅的一个通知就能规范的。国务院各部门依据此通知而行使法律解释权,显然不成立。

无论是法律还是行政法规,即使授予国务院各主管部门法律解释权,也只是授给主管部门本身的,而不是授予主管部门的某一内设机构。因此,国务院主管部门下设的办公厅、法制司、法监司等机构,居然也作出相应的法律解释,其荒谬性不言而喻。

总的来说,国务院及其主管部门行使法律解释权的法律依据不足。如果说国务院行使法律解释权还可以成立的话,国务院主管部门的法律解释权肯定是不成立的,遑论国务院主管部门的内设机构了。除了审判、检察工作之外,关于法律实施的几乎所有领域的法律解释,居然有相当一部分是不具有法律解释权的主体作出的,不能不让人质疑这种解释的合法性。

(二) 行政机关行使法律解释权冲淡行政法规、部门规章的效力

行政机关行使法律解释权的另一些依据就是某些法律的明文规定。有些法律会在附则中规定国务院或者其主管部门可以根据本法制定实施办法、实施细则等,这是在授权国务院及其主管部门对该法律作出进一步规定,也即是对法律作出解释。同时,《宪法》和《国务院组织法》、《立法法》等相关法律授予国务院制定行政法规的权力和国务院主管部门制定部门规章的权力。因而,国务院或者国务院主管部门依据法律或者行政法规制定的实施条例、实施细则等,既可以理解为法律授权国务院或者国务院主管部门对该法律作

出的解释,也可以理解为国务院或者国务院主管部门根据该法律制定的行政法规或者部门规章。

事实上,国务院已经把自己根据法律制定的实施办法、条例,视为行政法规了。国务院2001年11月16日公布的《行政法规制定程序条例》第4条规定:"行政法规的名称一般称'条例',也可以称'规定'、'办法'等。国务院根据全国人民代表大会及其常务委员会的授权决定制定的行政法规,称'暂行条例'或者'暂行规定'。"从这一条可以看出,国务院把它根据法律的授权制定条例、规定的活动,列入自己制定行政法规的活动中了。同时,国务院主管部门根据法律或者行政法规制定的实施细则,也被有关主管部门视为规章。如中国地震局2000年1月18日发布的《地震行政规章制定程序规定》,在其第3条规定:"地震行政规章按内容不同,称为'规定'"、'办法'或者'实施细则'。对某一方面的行政管理关系作比较全面、系统的规范,称'规定'。对某一项行政管理关系作比较具体的规范,称'办法'。对国务院行政法规所作的具体实施规范,称为'实施细则'。" 再如国家工商行政管理总局2008年9月1日公布的《工商行政管理规章制定程序规定》第2条规定:"本规定所称工商行政管理规章,是指国家工商行政管理总局为履行其市场监管与行政执法职责,根据法律、行政法规和国务院有关决定、命令,在本部门的权限范围内制定的,或者与国务院有关部门在各自权限范围内联合制定的,以工商总局令的形式公布的规范性文件。"第5条规定:"规章的名称一般称'规定'、'办法'或者"实施细则",但不得称"条例。"由此可见,国务院下属单位因解释或者细化上位法而制定的实施细则,也属于它制定的部门规章。

然而,对国务院或者其主管部门就法律或者行政法规制定的实施办法、实施条例或者实施细则作出双重理解,必然带来其效力上的矛盾。如果这些实施办法、实施条例或者实施细则被理解为行政法规或者部门规章,那么它们就属于广义上的法律,具有当然的法律约束力;而如果它们被理解为法律解释,那么它们的效力就会明显下降。这在行政诉讼中表现得非常突出,因为行政法规是行政审判的依据,部门规章是行政审判的参照,而行政解释则对行政审判没有什么意义。更重要的是,不少法律不但国务院及其主管部门可以解释,最高人民法院也可以解释,有些法律同时存在国务院或者其主管部门作出的法律解释和最高人民法院作出的法律解释。如全国人民代表大会常务委员会2000年8月25日修正的《专利法》并未授权国务院和最高人民法院对其作出解释,但国务院于2001年6月15日以"国务院令第306号"公布修订后的《专利法实施细则》,最高人民法院于2001年6月19日以"法释[2001]21号"文件发布《关于审理专利纠纷案件适用法律问题的若干规定》。根据1981年《决议》,《专利法实施细则》和最高人民法院《关于审理专利纠纷案件适用法律问题的若干规定》都可以被视为对《专利法》的解释。尽管国务院和最高人民法院分别是从不同视角解释《专利法》的,而且它们的解释主要在不同领域实施,但两种解释之间难免会发生冲突。当冲突发生在审判领域中时,如果国务院制定的实施细则被视为法律解释,则它的效力要让位于最高人民法院的司法解释,这当然会降低行政法规的效力。国务院主管部门制定的兼有行政解释性质的部门规章在司法中的效力也会遇到同样的问题,规章的效力也不好确定。

可以肯定的是,无论是把国务院及其主管部门根据法律、行政法规制定的实施办法、实施规定或者实施细则理解为行政法规或者行政规章,还是理解为法律解释,都将使它们处于非常尴尬的地位,以至于行政法规、部门规章的效力也相应受到影响。毫无疑问,行政机关行使法律解释权,必然会冲淡行政法规、部门规章的效力。

行政机关行使法律解释权存在的这些问题,根本原因在于行政机关行使了本来不应当行使的法律解释权。如果没有法律解释权,国务院只是负责制定行政法规,国务院主管部门只是负责制定部门规章,那么上述问题也就无从产生了。接下来需要进一步探讨的是,行政机关是否应当行使法律解释权呢?

三、行政机关行使法律解释权的根据剖析

我国有许多学者对行政机关作为法律解释权的主体津津乐道,并从多个角度论证了行政解释的必要性和重大意义,还对如何完善我国的行政解释体制提出设想。作为一种学术研究活动,这些学者们所作的努力及其意义令人赞赏。但应当看到,之所以有这么多人肯定行政机关行使法律解释权,在很大程度上是因为我国存在这种解释体制。

行政机关行使法律解释权在理论界受到肯定并在一些国家的法律实践中得以体现,并非毫无根据。相当一部分人看到了行政机关作出行政解释的客观需要,因而呼吁由行政机关解释法律。有些人甚至主张建立以行政解释为主体、司法解释为补充、行政解释受司法审查的分工制约机制,明确规定除少数不涉及行政工作的法律由司法机关解释外,其余法律的解释均由行政机关作出,最高司法机关对行政解释进行审查后,有权宣布不符合法律的精神、

原则的行政解释无效并且不将其作为审理案件的依据或参考。① 这种设想虽然有很大的创新性,但显然是不符合逻辑的。举这个例子只是说明,强调行政机关的法律解释权在我国还有很大的市场。在一些人看来,行政解释存在的理由主要有以下几点:社会的发展要求行政机关行使法律解释权;行政机关作为法律实施机关应当行使法律解释权;法律解释权是行政机关的当然职权等。下面对这些观点分别进行剖析。

(一) 关于"社会的发展要求行政机关行使法律解释权"

这种观点认为:(1) 现代社会是一个变化发展非常快的社会,法律制定出来之后稍微过一段时间就可能无法适应社会的发展而变成一纸空文,因而需要有权机关对它进行解释。行政机关是专门的执法机关,它的职责就是去具体地落实法律的规定,由它来解释最为合适。(2) 进入 20 世纪以来,尤其是在第二次世界大战以来,整个人类社会正在发生急剧的转变,由传统社会向现代社会转变,由农业文明向工商业文明转变,由自然经济向商品经济转变,其转变的速度远远超过立法更改的速度,立法机关也难以不断地修改法律,只好由行政机关进行解释。(3) 许多国家都在进行大刀阔斧的改革,由于改革只是一种尝试,在改革的效果尚不明确的情况下,不能由立法机关直接把有关规定或者要求制定成法律,但可以由行政机关在不违反法律原则的情况下,对原先的法律进行创新性解释,或者把原先法律未规定的方面按照法律的原则作出规定,已经规定的方面进一步作出实施细则,等时机成熟时再由立法机关用立法手段进行调整。

这种观点有其合理性的一面,却经不起逻辑上的推敲,原因在于:

首先,法律需要解释,而且正如前文所说,需要法律的实施机关进行解释,但这并不意味着法律需要行政机关的解释。行政机关只需要按照法律的规定执行其职权就行了,其执法是否具有合法性和合理性,自有司法机关来裁决。

其次,认为社会的转变过快导致立法机关难以不断地修改法律,需要行政机关以行政解释代替的论调,具有很大的片面性。它只看到社会的转变和行政职能的转变,而没有看到立法机关也在随着社会的转变而转变。社会进步了,为社会利益的调整和社会资源的分配提供方案的立法机关不可能是僵化的。社会的每一种转变都会反馈到立法机关那里,引起立法机关的关注,

---

① 参见彭书清、陶凯元:《关于中国行政解释若干问题的思考》,载《政法学刊》1999 年第 4 期,第 69 页。

立法机关会不断地根据社会的发展状况适时地对法律进行修改。就法律本身来说,立法机关在制定法律时它往往会考虑得较为长远,使法律具有前瞻性,能够容纳社会在一定范围内的转变。当法律真的容纳不下社会的转变时,立法机关早已经准备好新的法律。因此,虽然社会的发展会导致法律相对的滞后性,但法律的滞后性也不是像有些人说的那样耸人听闻。

再次,强调改革要求行政机关先对原来的法律进行创新性解释,等条件成熟时再由立法机关制定成新的法律的看法,实际上是在说行政机关制定抽象的规范性法律文件的权力,或者说是行政立法权,而不是法律解释权。

（二）关于“行政机关作为法律实施机关应当行使法律解释权”

这种观点认为,行政机关的执法活动是以国家名义对社会实施的全方位的管理,涉及国家和社会的各个方面,内容非常广泛。社会关系的复杂多样性和社会的不断变化,使法律的规定显得不够确定和具体。而行政机关常常要针对具体的人和事,运用法律作出处理决定,使法律显得更为模糊,行政相对人和行政机关在对法律的理解上会产生很大的分歧。如果行政机关不拥有法律解释权,它在具体行政行为中对法律的说明将难以得到行政相对人的认可,它的行政权也将无法实施。

实际上,这种担心是多余的。行政机关没有法律解释权丝毫不会影响行政权的运行和行政行为的实施,这是行政执法的特征决定的。

第一,行政机关的执法活动具有单方面性。行政法律关系不是依双方主体平等协商成立的法律关系,法律关系的主体具有不平等性。在行政法律关系中,行政机关既是一方当事人,又是执法者,代表国家在行政法律关系中处于支配地位。行政机关在法律、法规规定的职权范围内可以自行作出一定的行政处理决定,无需征得行政相对人的同意。

第二,行政机关在执法活动中具有较大的自由裁量权。法律规定的抽象模糊性和社会生活的复杂多样性给行政机关留下广泛的自由裁量的余地,行政机关可以根据具体情况,积极灵活地执行法律。即使法律在应对社会生活时有许多不足,这些不足也能够通过行政机关的自由裁量权得以克服。

第三,行政机关作出的具体行政行为具有效力先定性。行政行为一经作出,立即发生法律效力,不管它是否合法合理。即使这种行政行为真的违法而被行政相对人提起行政复议或者行政诉讼,也不影响其效力,除非行政复议决定或者生效的法院判决依法对它予以改变、撤销或者宣布违法。

第四,行政机关具有强制执行权。行政行为一经作出即生效,行政机关可以要求行政相对人履行行政法律关系所确定的义务,行政相对人拒绝履行的,相当一部分行政机关可以通过查封、扣押、冻结、划拨等手段强制行政相对人履行,另一部分行政机关可以申请法院强制执行。行政相对人明显处于弱势地位,在行政机关不履行义务时只能求助于法院。

由此看来,虽然行政机关没有法律解释权,但它权力的行使不会受到影响,更不会不利于法律的实施。如果赋予行政机关法律解释权倒显得多余。

(三)关于“法律解释权是行政机关的当然职权”

这种观点包含两层意思,一个是行政机关作为法律实施机关如果不解释法律就无法行使职权,另一个是行政机关常常会自己制定各种层次的行政法,自然会明白它自己制定的法律的真实含义。在坚持行政解释的人看来,对行政立法的解释是行政解释的一部分。如有学者认为:“行政机关对制定法的解释,即对法律、法规、规章的解释,大致可分为两种情形:一是行政机关对上级国家机关制定的法律、法规、规章如何具体应用所作的解释,这种解释是在行政执行过程中的解释,属于执行解释;另一种是行政机关对自己制定的行政法规、规章的含义和如何适用所作的解释,这种解释是制定机关的解释,可称为制定解释。前一种是如何具体适用的解释,即具体解释,而后一种则主要是抽象解释。”①这里套用“执行解释”和“制定解释”的用法来表述我们的观点:关于执行解释,前文已经讨论过,行政机关没有必要行使法律解释权。关于制定解释,其根据如同“有权制定法律,就有权解释法律”的看法一样,前文在讨论立法机关能否行使法律解释权时已经分析过,也是不成立的。

现代社会主张行政机关具有法律解释权的观点,主要是因为许多人看到社会的发展在客观上要求行政机关行使法律解释权,其论据在于社会的发展带来行政权的扩张,行政机关行使法律解释权是行政权扩张的表现。有的学者对现代社会行政权的扩张不以为然,在他们看来,“尽管行政权扩张到社会的每个角落,侵越到立法权、司法权领域,但行政权扩张至立法领域,以立法手段行使行政权,管理国家行政事务却是一种重要的、根本的方式”②。不可否认,现代社会需要扩大行政机关的职权,毕竟当今社会的跨越式发展带来许多新的社会关系和社会问题,使许多问题的处理具有较强的专业性和技术性,要求行政机关更加积极主动地行使其职权。但从法治视角看,为了维护公民权利,更应当约束行政机关不断膨胀的权力,禁止行政机关行使法律

---

① 惠生武:《论行政解释的基本范畴及其分类》,载《法律科学》1999 年第 3 期,第 41 页。

② 李燕玲:《论行政自由裁量权的几个基本理论问题》,载《兰州大学学报(社会科学版)》2001 年第 2 期,第 98 页。

解释权就是一种约束。

四、行政机关行使法律解释权面临的诘难

从法学原理来看,行政机关不能行使法律解释权。这一点和立法机关不能行使法律解释权有相似之处。当然,并不是说行政机关不能对行政法特别是自己制定的行政法的含义作出说明,而是说,行政机关的这种解释只是一般意义上的解释,不是权力意义上的解释。行政机关行使法律解释权,至少面临着三个方面的诘难。

(一)权力分立的原则要求行政机关不能行使法律解释权

西方古典自然法学家正是看到一切有权力的人都容易滥用权力和导致政府的腐败,才提出分权制衡理论,把权力分为立法权、行政权和司法权,通过不同机关掌握不同的权力来达到限制权力滥用和保障公民权利的目的。对于行政机关来说,它的职责是贯彻执行立法机关制定的法律,完成正常的国家行政管理事务,同时它还有义务接受立法机关和司法机关的监督。如果行政机关行使法律解释权,将会面临两个严重后果:

一是行政机关可以违背立法机关的意志而自行实施管理活动。立法机关虽然可以通过立法制约行政机关职权的滥用,但当这些法律交由行政机关执行时,所谓的制约都有可能被行政机关解释成为对行政权的保障。因为它有法律解释权,它可以按自己的意志解释法律,使自己成为准立法机关。法律的严肃性、安定性以及法律所保护的公民权利和利益,都会因为行政机关的解释而难以保障。孟德斯鸠早就告诫说:"当立法权和行政权集中在同一个人或同一个机关之手,自由便不复存在了;因为人们将要害怕这个国王或议会制定暴虐的法律,并暴虐地执行这些法律。"①

二是行政机关受司法机关的监督将成为一句空话。当司法机关对行政机关实施监督时,由于行政机关掌握着法律解释权,它完全可以把自己的违法行政行为解释成合法行政行为,司法机关按照行政解释进行监督,会发现行政机关根本就"不可能"违法。这时的行政机关虽然在名义上是行政纠纷的当事人,但在实际上则成了裁判自己案件的法官。

在三权当中,行政权本身就比较强大,容易滥用和侵犯公民的权利,如果立法机关和司法机关对行政机关的监督制约关系都不存在了,行政机关就会

---

① 〔法〕孟德斯鸠:《论法的精神》(上册),张雁深译,商务印书馆1982年版,第156页。

成为赤裸裸的独裁机关。现代社会里由于事务繁杂,立法机关为了适应社会的变化而广泛授权给行政机关,行政机关的地位日益突出,行政权呈现出越来越膨胀化的趋势,甚至集立法、行政和司法职能于一身。在这种形势下,更需要其他权力加强对它的监督和制约。赋予行政机关法律解释权是在扩大行政机关的权力,客观上会起到纵容行政机关滥用其职权的后果,危害法律的威严和公民的权利,与权力分立的原则和精神背道而驰。

(二)行政机关的社会角色决定了它不能行使法律解释权

现代生活中,行政机关的社会角色简单地说就是执法。执法是法律实施的重要组成部分,也是法律实现的基本方式。如果说立法是国家对社会资源制定分配方案的话,执法则是对社会资源进行分配的具体操作活动。即使在民主政体下,立法也未必是公正的,尽管法律是公众意志的体现,因为有些人及其代表者可能根本没有机会参与立法活动,作为公共意志的法律无法体现他们的意志。相比之下,执法更难以实现公正。因为执法活动不像立法那样带有公共参与的因素,执法更多地是一种靠政府力量强行贯彻实施法律的行为,是上级对下级的命令行为和下级对上级的服从行为。执法活动中行政法律关系主体的不平等性决定了行政机关无需考虑行政相对人的意志因素就可以直接作出行政行为,这种行政行为显然具有较大的不公正隐患。因此,当行政机关完全按照法律的规定去执法时,它的执法活动可能是不公正的,如果它再行使法律解释权,这种不公正就披上了"合法"的外衣。

与司法活动相比,行政机关的执法活动具有主动性,它一般都会积极主动地行使其职权和履行其职责,无需行政相对人的请求。这样做固然是行政权的本性决定的,在效果上可以使国家的行政管理活动适应复杂多变的社会需求,充分贯彻国家的法律,实现社会资源的有效分配。但是,行政机关作为一种社会资源的享有者,同样有自己的利益追求。人们不能想象行政机关是大公无私的社会资源分配者,因为它有自私的本性,它会在它的能力之内最大限度地实现自己的利益,没有理由使人相信它不会在依法分配社会资源时,利用自己的职权为自己谋取利益。因为这样做对于行政机关来说并不算难,毕竟很多政务是不可能公开的,它的行为相对立法行为和司法行为来说最难受到社会公众的监督。如果行政机关拥有法律解释权,它以权谋私的现象会更加严重,只要它把法律朝着对自己有利的方向解释就行了。

行政机关作为社会资源的管理者和分配者,在行使职权的过程中必定要和行政相对人直接打交道,发生各种联系,自然也会产生各种纠纷。"在现行法律生活中,行政机关若与行政相对人发生法律争议,由于行政机关既是执行机关,又是解释机关,同时在利益冲突中也是当事人一方,因此,行政机关解释法律,很可能作出只对自己有利的解释,这样就会破坏法治社会的公正原则。”①毫无疑问,行政机关作为社会资源的分配者,在其执法活动中如果拥有法律解释权,将会导致(至少会加重)其以权谋私行为,增加社会的不公。

(三)行政机关行使法律解释权没有意义

行政机关作为法律执行机关,其行政权的行使从一开始就要受到其他机关的制约和监督,比如立法机关、上级行政机关、专门的行政监督机关、司法机关等。在这些监督机关当中,司法机关的监督相对来说比较有力。这是因为,立法机关的监督一般来说是宏观的,难以深入细致地渗透到行政机关琐碎繁杂的具体行政行为当中,最多是监督行政机关的抽象行政行为是否合法有效。如果行政机关的主要领导人由立法机关产生,立法机关还可以通过选举或者罢免行政机关的主要领导人来实施监督。上级行政机关和专门行政监督机关的监督多属于内部监督,由于行政机关系统内部存在千丝万缕的联系,特别是在一些重大利益上有相同的立场,其监督的效果虽然比外部监督更为直接,但因为缺乏公开性和独立性而难以产生较高的可信度。司法机关的监督则要好得多,一是因为司法机关独立于行政系统之外,和行政机关没有任何隶属关系,司法机关的监督属于外部监督,具有较高的可信度;二是因为行政机关的具体行政行为可能会由于行政相对人的起诉而接受司法机关的审查,司法机关能够直接监督到行政机关作出具体行政行为的每一个详细环节,使行政行为完全暴露于司法审查之下。而行政机关的活动与公民的生活密切相关,侵犯公民权利的可能性非常大,所以在现代法治社会里,确立司法审查制度,由司法控制行政的做法已经成为一条基本原则。

如果赋予行政机关法律解释权,那么行政机关在作出具体行政行为的过程中必然要行使法律解释权,并依据其所作出的行政解释作出行政处理决定。当该具体行政行为被起诉至司法机关后,司法机关在审查具体行政行为的同时必然也要审查本案中的行政解释是否合法有效。其实在司法审查过程中,司法机关也在对法律进行理解和解释,并以自己的解释为标准来衡量行政机关的解释。这就意味着行政机关作出的解释在效力上最终还要屈从于司法机关的解释,毕竟行政权虽然具有效力的先定性,却不具有最权威的判断性和终局性,只有司法机关才能对案件作出最终裁决。

---

① 陈金钊:《法律解释的哲理》,山东人民出版社 1999 年版,第 45 页。

当然,或许有人会认为,行政机关作出的解释和司法机关作出的解释都是在理解法律的基础上进行的,很难说司法机关的解释比行政机关的解释更准确、更合法。这种认识其实说的是哪种解释者水平更高的问题,而不是应当由谁解释的问题。即使行政机关作出的解释真的比司法机关作出的解释更准确,绝大多数法律实施方面的问题也得由司法机关来审查和作出最终裁决,这是权力分立的要求。

总之,行政机关行使法律解释权,但作出的解释不具有“真正”的法律效力,这种法律解释权就没有多大意义了。

第十三章　检察机关的法律解释权评析

我国检察机关的法律解释权实际上是最高人民检察院的法律解释权,因为在现行法律解释体制下,检察机关中只有最高人民检察院才具有作出法律解释的权力。最高人民检察院行使法律解释权在我国的法律实务界似乎得到公认,它的法律解释被学界称为检察解释,与最高人民法院作出的法律解释共同构成司法解释。

最高人民检察院的法律解释权来自于 1981 年《决议》,它所规定的"凡属于检察院检察工作中具体应用法律、法令的问题,由最高人民检察院进行解释",成为最高人民检察院行使法律解释权的唯一法律依据。虽然法律依据单一,但最高人民检察院对法律解释权的行使并没有懈怠,但凡在人民检察院职权范围内需要运用的法律,最高人民检察院都会根据法律的运用情况作出解释。从解释方式上说,既有对下级人民检察院有关请示的批复和解答,也有主动对有关法律作出的解释和说明。从解释的内容上说,既有针对某些专门问题作出的解释,例如 1998 年 5 月 11 日最高人民检察院第九届检察委员会通过的《关于人民检察院直接受理立案侦察案件范围的规定》,也有对整部法律逐条进行的解释,例如 1997 年 1 月 15 日最高人民检察院第八届检察委员会通过,1998 年 12 月 16 日最高人民检察院第九届检察委员会修订的《人民检察院刑事诉讼规则》,还有结合有关法律对某些问题制定的专门规则,例如 2003 年 12 月 30 日最高人民检察院第十届检察委员会通过的《关于人民检察院保障律师在刑事诉讼中依法执业的规定》。为了规范自身的法律解释活动,最高人民检察院于 1996 年 12 月 9 日发布《司法解释工作暂行规定》,该规定被最高人民检察院 2006 年 5 月 10 日发布的《司法解释工作规定》所取代。

最高人民法院行使法律解释权尽管存在一些问题,但学界普遍赞同最高人民法院的法解释权,只是对它的行使方式提出质疑;而对最高人民检察院的法律解释权,不少学者从各个方面提出了质疑,有些人甚至强调应当完全废除最高人民检察院的法律解释权。那么,检察机关是否应当行使法律解释权呢? 这要从最高人民检察院与最高人民法院行使法律解释权引发的矛盾说起。

一、检察机关行使法律解释权带来检察解释与审判解释的矛盾

最高人民法院和最高人民检察院各自在其业务范围内行使法律解释权，二者互相配合，共同维护司法的公正性，这在最初的制度设计中好像非常有道理，然而在实践中并非如此。不可否认，在法制不健全的情况下，最高人民检察院作出法律解释有利于解决实践中的一些难题，推动检察工作的顺利开展，但检察机关行使法律解释权引发的问题显得更为突出，其中最为明显的是检察解释与审判解释的矛盾。

（一）从一起申请国家赔偿案的尴尬看检察解释与审判解释的冲突

从理论上说，最高人民法院作出的法律解释只在审判领域有效，最高人民检察院作出的法律解释只在检察领域有效，二者应当是分工合作的关系。但是，由于审判工作与检察工作具有交叉性和重叠性，二者的矛盾就不可避免了。这可以从安徽省的黄友谊申请国家赔偿案中管窥一斑。①

安徽池州市石台县某村村民黄友谊2000年12月6日因涉嫌职务侵占罪被石台县人民检察院批准逮捕，2001年7月9日县人民检察院对其作出存疑不起诉决定，2001年9月5日黄向县人民检察院申请赔偿。县人民检察院认为，对黄的批捕决定从证据上看完全符合法定批捕要件，根据《国家赔偿法》以及《人民检察院刑事赔偿工作规定》，对黄申请的司法侵权事项依法不予确认。黄不服，向池州市人民检察院申诉，市人民检察院复查维持。2002年1月21日黄向池州市中级人民法院申请赔偿，市中级人民法院于2002年5月13日作出以县人民检察院为赔偿义务机关的赔偿决定，要求县人民检察院向黄支付赔偿金9958.97元。县人民检察院认为，市中级人民法院无权将存疑不起诉决定视为县人民检察院对错捕的确认，县人民检察院已经按照最高人民检察院发布的《人民检察院刑事赔偿工作规定》对黄作出不予侵权确认的确认书，其效力不得推翻，遂拒不执行市中级人民法院的赔偿决定。

最高人民法院2003年1月28日作出《关于黄友谊申请石台县人民检察院错误逮捕赔偿一案的批复》，指出："根据《刑事诉讼法》的规定，人民检察

---

① 此案摘自张兆松:《刑事疑案赔偿问题之检察解释质疑》，载《法治论丛》2004年11月，第31—32页。

院因‘事实不清、证据不足’作出的不起诉决定是人民检察院依照刑事诉讼法对该刑事案件审查程序的终结，是对犯罪嫌疑人不能认定有罪的决定，从法律意义上讲，对犯罪嫌疑人不能认定有罪的，该犯罪嫌疑人即是无罪。人民检察院因‘事实不清、证据不足’作出的不起诉决定，应视为对犯罪嫌疑人作出的认定无罪的决定，同时该不起诉决定即是人民检察院对错误逮捕的确认，无需再行确认。根据《国家赔偿法》、最高人民法院《关于人民法院赔偿委员会审理赔偿案件程序的暂行规定》以及《关于刑事赔偿和非刑事司法赔偿案件立案工作的暂行规定（试行）》的有关规定，池州市中级人民法院受理赔偿请求人黄友谊申请石台县人民检察院错误逮捕赔偿一案程序合法，池州市中级人民法院〔2002〕池法委赔字第01号决定，认定事实清楚，适用法律正确。”

最高人民检察院2003年4月15日作出《关于黄友谊刑事赔偿案的批复》，指出：“黄友谊因证据不足被不起诉而申请国家赔偿，根据《中华人民共和国国家赔偿法》第20条和《人民检察院刑事赔偿工作规定》第8条之规定，石台县人民检察院对黄友谊的申请事项依法不予确认，池州市人民检察院依法予以维持，符合《国家赔偿法》和最高人民检察院的司法解释。对于赔偿义务机关不予确认的案件，不应当进入赔偿程序，作出的赔偿决定，不发生法律效力。”

（二）检察解释与审判解释在实施国家赔偿法中的矛盾

人民法院和人民检察院在对黄友谊是否给予刑事赔偿方面的分歧，是由于最高人民法院和最高人民检察院对《国家赔偿法》理解和解释方面的分歧造成的。全国人民代表大会常务委员会1994年5月12日通过的《国家赔偿法》[①]第20条规定：“赔偿义务机关对依法确认有本法第十五条、第十六条规定的情形之一的，应当给予赔偿。”该法第15条规定：“行使侦查、检察、审判、监狱管理职权的机关及其工作人员在行使职权时有下列侵犯人身权情形之一的，受害人有取得赔偿的权利：（一）对没有犯罪事实或者没有事实证明有犯罪重大嫌疑的人错误拘留的；（二）对没有犯罪事实的人错误逮捕的；（三）依照审判监督程序再审改判无罪，原判刑罚已经执行的；（四）刑讯逼供或者以殴打等暴力行为或者唆使他人以殴打等暴力行为造成公民身体伤害或者死亡的；（五）违法使用武器、警械造成公民身体伤害或者死亡的。”对黄友谊是否需要给予国家赔偿，关键要看他是否属于该《国家赔偿法》第15

① 该法已于2010年4月29日第十一届全国人民代表大会常务委员会第十四次会议修正。

条规定的情形。

最高人民检察院 2000 年 12 月 28 日以“高检发刑申字〔2000〕1 号”发布的《刑事赔偿工作规定》第 6 条第 1 款规定：“人民检察院对于请求赔偿的违法侵权情形，应当依法确认，未经确认有违法侵权情形的赔偿申请不应进入赔偿程序。”第 2 款规定：“本规定所称确认，是指依法认定赔偿请求人提出的赔偿请求是否属于国家赔偿法第十五条第（一）、（二）、（四）、（五）项、第十六条第（一）项规定情形的程序。”第 8 条规定：“证据不足的撤销案件、不起诉案件或者判决无罪的案件，应当由人民检察院分别下列情形对检察机关作出的逮捕、拘留决定有无侵犯人身权情形依法进行确认：（一）对不能证明有犯罪事实或者不能证明有犯罪重大嫌疑的人错误拘留的，予以确认；（二）对不能证明有犯罪事实的人错误逮捕的，予以确认；（三）对有证据证明有部分犯罪事实的人拘留、逮捕，或者有证据证明有犯罪重大嫌疑的人拘留的，不予确认。”根据第 8 条第 3 项的规定，人民检察院对有证据证明有部分犯罪事实的人拘留、逮捕，或者有证据证明有犯罪重大嫌疑的人拘留的，即使后来因为犯罪事实不清、证据不足而被撤销案件、不起诉或者无罪释放，人民检察院也不承担赔偿责任。黄友谊属于该规定第 8 条第 3 项的情形，人民检察院不予确认；根据该规定第 6 条，人民检察院不予赔偿。《刑事赔偿工作规定》第 35 条规定：“经人民检察院依法确认有违法侵权情形存在，人民法院赔偿委员会作出赔偿决定的，负有赔偿义务的人民检察院应当执行。”这就是说，如果人民检察院没有确认自己的行为有违法情形存在，即使人民法院赔偿委员会作出赔偿决定，被赔偿决定确认负有赔偿义务的人民检察院也不应当执行。

最高人民法院 1996 年 5 月 6 日以“法发〔1996〕14 号”发布的《关于人民法院赔偿委员会审理赔偿案件程序的暂行规定》第 3 条规定：“赔偿请求人提出赔偿申请，除符合赔偿法第六条规定的条件以外，还应当提供以下相关的法律文书和证明材料：（一）经依法确认有赔偿法第十五条、第十六条规定情形的法律文书，包括：人民法院一审宣告无罪并已发生法律效力的刑事判决书、人民法院二审宣告无罪的刑事判决书、人民法院依照审判监督程序再审宣告无罪的刑事判决书、人民检察院不起诉决定书或者公安机关释放证明书；……”这就是说，只要具备这些法律文书或者有关证明材料，请求赔偿的侵权事项就算被确认了。最高人民法院 2000 年 2 月 4 日发布的《关于刑事赔偿和非刑事司法赔偿案件立案工作的暂行规定（试行）》第 8 条规定：“人民法院赔偿委员会受理的赔偿案件的立案范围：（一）因犯罪嫌疑人没有犯罪事实或者事实不清、证据不足，侦查机关对犯罪嫌疑人解除刑事拘留或者检察机关不批准逮捕,或者侦查机关撤销案件,决定予以释放的;(二)因犯罪嫌疑人没有犯罪事实或者事实不清、证据不足,检察机关作出撤销拘留决定、不批准逮捕决定、撤销逮捕决定、撤销案件决定、不起诉决定的;……"从最高人民法院的这些规定看,黄友谊无需经过县人民检察院确认即可申请国家赔偿,县人民检察院应当赔偿。

显然,最高人民法院和最高人民检察院的法律解释存在矛盾。最高人民检察院的法律解释对赔偿程序和赔偿范围作了严格限制,而最高人民法院的法律解释则作了宽松的规定。最高人民检察院的严格解释也不能算作错误。《刑事诉讼法》第 60 条规定:"对有证据证明有犯罪事实,可能判处徒刑以上刑罚的犯罪嫌疑人、被告人,采取取保候审、监视居住等方法,尚不足以防止发生社会危险性,而有逮捕必要的,应即依法逮捕。"《刑事诉讼法》第 140 条第 3 款规定:"对于补充侦查的案件,人民检察院仍然认为证据不足,不符合起诉条件的,可以作出不起诉的决定。"从这两条规定看,逮捕并不要求证据确凿充分,因而有人起初会因为有证据证明有犯罪事实而被逮捕,之后却因为证据不足而被不起诉。这种情况的发生并不意味着人民检察院办了错案,人民检察院对此都要给予国家赔偿确实也很"委屈",因此才有最高人民检察院《刑事赔偿工作规定》对赔偿程序和范围的严格限制,这种限制对人民检察院有利,而不利于国家赔偿申请人。最高人民法院在这方面的解释显然有利于赔偿申请人,而且也显得更为合理。因为按照最高人民检察院《刑事赔偿工作规定》,许多人被错误拘留、逮捕却无法申请国家赔偿,《国家赔偿法》就难以发生作用了。具有现代法治精神的《国家赔偿法》应当最大限度地保护公民的权利,而不能考虑国家机关在法律实施中是否"委屈"。

黄友谊申请国家赔偿案中,最高人民法院和最高人民检察院相互"叫板",谁都不服谁,本身就说明我国的司法制度存在一定的问题。而当最高人民法院和最高人民检察院都行使法律解释权时,两种法律解释的矛盾就充分暴露出来了。审判解释和检察解释的矛盾其实仍然属于法的一解与多解的矛盾,但是对我国的司法影响最大的法律解释是审判解释和检察解释,因而需要把它们单独列出来进行分析。

(三)检察解释与审判解释的矛盾对司法工作产生不利影响

最高人民法院和最高人民检察院都拥有法律解释权,这在 1981 年《决议》中能找到法律依据。或许早就知道它们的解释会发生冲突,该决议还专门强调两院解释如有原则分歧,报请全国人民代表大会常务委员会解释或决定。全国人民代表大会常务委员会赋予最高人民法院和最高人民检察院同等的法律解释权，不仅是对法无二解原理的违背，也使人民检察院得以挑战人民法院的司法权威。我国的人民检察院是控诉和法律监督机关，其行使的检察权到底属于行政权还是司法权至今一直受到质疑，而最高人民检察院作出的检察解释居然可以对抗最高人民法院作出的审判解释，有公诉权干扰司法权的嫌疑，不仅在逻辑上讲不通，而且对司法公正也有隐患。

从实践层面上看，虽然最高人民法院和最高人民检察院都握有法律解释权，但它们作出的解释只在本系统有效。人民法院在法律适用中对检察解释往往不予理睬，最多只是参考，而人民检察院往往按照检察解释进行立案、侦查、起诉和抗诉，这就带来法律解释的混乱，同时也意味着在刑事诉讼中对当事人采用不同的诉讼规则，必然会侵犯当事人的合法权利。不同机关对同一法律作不同的解释，背后可能隐藏着各自的部门利益。它们往往会从对自己有利的角度解释法律，进一步加剧部门之间的利益争夺，破坏法制统一和司法公正。黄友谊申请国家赔偿案中检察解释和审判解释相矛盾的规定，严重损害了法律的严肃性，对司法活动产生了消极的影响，并会导致一些本来简单的案件处理起来非常棘手，甚至处于对立状态。

难怪 1981 年《决议》专门规定审判解释与检察解释若有原则性分歧，报请全国人民代表大会常务委员会解释或决定。遗憾的是，审判解释和检察解释中出现的分歧往往不是也不大可能是原则性的，因为它们都是根据法律的基本原则和基本含义进行解释，在非原则性的细微之处才会有分歧，所以也很少分歧到需要报请全国人民代表大会常务委员会决定的地步。由此看来，全国人民代表大会常务委员会这个最高等级的法律解释权主体对司法解释的混乱局面似乎起不到多大的改善作用。

二、检察机关行使法律解释权面临合法性质疑

引发审判解释与检察解释的矛盾，是检察机关行使法律解释权在司法实践中带来的比较显著的问题。而从法律层面上看，检察机关行使法律解释权面临着合法性质疑。这一点，可以从最高人民检察院与最高人民法院的法律解释权、最高人民检察院与行政机关的法律解释权在法律依据方面的比较中看出来。

（一）最高人民检察院不具有最高人民法院那样的法律解释权

与最高人民检察院的法律解释权最为相近的是最高人民法院的法律解释权，而且最高人民检察院和最高人民法院之间的联系也明显多于其他部

门,因而研究最高人民检察院的法律解释权,需要把它与最高人民法院的法律解释权进行对比。

虽然最高人民法院和最高人民检察院皆拥有法律解释权,但二者的权力来源有所不同。最高人民法院获得法律解释权的法律依据是 1979 年 7 月 1 日第五届全国人民代表大会第二次会议通过的《人民法院组织法》,该法第 33 条规定:“最高人民法院对于在审判过程中如何具体应用法律、法令的问题,进行解释。”而同期颁布的《人民检察院组织法》却没有赋予最高人民检察院法律解释权,倒是 1981 年《决议》赋予了最高人民检察院法律解释权。《人民法院组织法》后来虽然经历了两次修改,其授予最高人民法院法律解释权的规定并无变动。《人民检察院组织法》在后来的修改中,并未提及最高人民检察院的法律解释权问题。全国人民代表大会通过《人民法院组织法》直接授权最高人民法院行使法律解释权,这种授权的法律效力虽然不及现行《宪法》对全国人民代表大会常务委员会授予法律解释权的效力,但与《立法法》授予全国人民代表大会常务委员会法律解释权的效力应当是等同的。尽管 1981 年《决议》规定了最高人民法院的法律解释权,但最高人民法院的法律解释权直接来自于法律的规定,与 1981 年《决议》并无必然联系。甚至可以认为,最高人民法院的法律解释权与全国人民代表大会常务委员会的法律解释权二者是各种独立的,只不过前者存在于审判领域而后者存在于立法领域。最高人民检察院的法律解释权就不同了。规范人民检察院工作的《人民检察院组织法》、《刑事诉讼法》等相关法律都没有授予最高人民检察院法律解释权,最高人民检察院行使法律解释权的唯一法律依据是 1981 年《决议》。因而可以认为,最高人民检察院的法律解释权来自于全国人民代表大会常务委员会的授权,是全国人民代表大会常务委员会把全国人民代表大会通过《宪法》和《立法法》授予自己的法律解释权“转授”给了最高人民检察院,这种转授权的合法性很难成立。

不仅转授权的合法性难以成立,1981 年《决议》还引发了逻辑上的问题。它规定:“凡属于法院审判工作中具体应用法律、法令的问题,由最高人民法院进行解释。凡属于检察院检察工作中具体应用法律、法令的问题,由最高人民检察院进行解释。最高人民法院和最高人民检察院的解释如果有原则性的分歧,报请全国人民代表大会常务委员会解释或决定。”这一规定至少引发三个逻辑上的混乱。

第一,混同了审判解释和检察解释的效力等级。最高人民检察院的法律解释权来自于全国人民代表大会常务委员会,最高人民法院的法律解释权与全国人民代表大会常务委员会的法律解释权各自独立,因而应当认为检察解释与审判解释的效力不属于同一个层级。但1981年《决议》的规定却意味着,全国人民代表大会常务委员会把最高人民法院的法律解释和最高人民检察院的法律解释并列等同,置于一样的地位。全国人民代表大会常务委员会实际上抬高了最高人民检察院的法律解释的地位,而把最高人民法院的法律解释置于自己的下级地位,这显然是对最高人民法院法律解释权的蔑视。最高人民检察院敢于以自己的法律解释为依据而挑战最高人民法院的司法权威,也正是依据1981年《决议》的这种规定。

第二,混同了审判领域和检察领域。根据1981年《决议》,最高人民法院的法律解释在审判领域有效,最高人民检察院的法律解释在检察领域有效。无论两种解释有多大的矛盾或者分歧,它们适用的领域是明确的,即检察工作适用检察解释而审判工作适用审判解释。一个案件进入检察程序中就应当适用检察解释,进入审判程序就应当适用审判解释,两种解释的矛盾何须报请全国人民代表大会常务委员会解释或者决定呢?由于人民法院与人民检察院在工作上存在制约关系,审判解释与检察解释出现矛盾也很正常,恰恰是最高人民法院和最高人民检察院联合起来发布没有矛盾和分歧的司法解释,才显得不正常。因此,1981年《决议》的规定,显然没有弄清审判工作和检察工作的分工制约关系。

第三,混同了司法活动和立法活动。审判活动和检察活动习惯上被统称为司法活动,是有一定道理的。毕竟,无论这两种活动存在多么明显的区别,它们都是具体应用法律处理个案的活动,都是在法律出台后根据法律解决法律问题的活动。而全国人民代表大会常务委员会的活动显然是立法,它解释法律的活动也属于立法活动,是向社会输出普遍性规则的活动,它应当发生在个案处理之前,不能溯及以前的案件。当审判和检察工作中具体应用的法律、法令需要解释且审判解释和检察解释出现分歧时,意味着案件已经进入司法程序,此时如果报请全国人民代表大会常务委员会作出法律解释,全国人民代表大会常务委员会作出的具有立法性质的法律解释就具有了溯及力。司法中的法律解释可以有溯及力,但立法不能有溯及力,因而此时全国人民代表大会常务委员会的法律解释处于一种矛盾状态:一方面,它是司法中有溯及力的法律解释,另一方面,它是不具有溯及力的解释性立法。出现这种矛盾的原因在于,1981年《决议》混同了司法活动和立法活动,淡化了二者的界限。

总的来说,作为最高人民检察院行使法律解释权的唯一法律依据的1981年《决议》,并没有资格赋予最高人民检察院行使与最高人民法院等同的法律解释权,而它“强行”地使最高人民法院和最高人民检察院的法律解释权“等同”起来又引发一些逻辑上的混乱。1981 年《决议》不但不能满足最高人民检察院行使法律解释权的需要,反而制造了不少“麻烦”。

（二）最高人民检察院不具有国务院及其主管部门那样的法律解释权

与最高人民检察院的法律解释权比较相近的还有国务院及其主管部门的法律解释权。国务院及其主管部门也属于实施法律的机关,它们与最高人民检察院在实施法律方面的不同在于,它们实施的是行政法律,而最高人民检察院实施的是刑事法律和刑事诉讼法律。因此,研究最高人民检察院的法律解释权,有必要对比国务院及其主管部门的法律解释权,

1981 年《决议》在授予最高人民检察院法律解释权的同时,还授予国务院及其主管部门法律解释权,它也是国务院及其主管部门行使法律解释权的法律依据。与授予最高人民检察院法律解释权的合法性难以成立一样,全国人民代表大会常务委员会把自己的法律解释权通过 1981 年《决议》转授给国务院及其主管部门的合法性也难以成立。但是,1981 年《决议》并非国务院及其主管部门行使法律解释权的唯一法律依据,宪法和有关法律、行政法规分别授予国务院及其主管部门制定行政法规、行政规章的权力,或者对法律、行政法规制定实施办法、实施细则的权力,因而国务院及其主管部门的法律解释权在一定程度上可以理解为行政法规、部门规章的制定权。但最高人民检察院就不同了,没有任何法律授予它制定规范性文件的权力,1981 年《决议》也仅仅是授权它对检察工作中具体应用法律、法令的问题进行解释,这种具体应用方面的解释,显然不能被理解为制定抽象的规范性法律文件。

然而在实践中,最高人民检察院往往撇开具体应用法律的个案,对涉及检察工作的法律制定抽象性的法律解释。例如,它以“高检发释字[1999]1号”文件发布的《人民检察院刑事诉讼规则》多达 468 条,是《刑事诉讼法》条文数量的两倍多,几乎对《刑事诉讼法》中涉及检察工作的内容逐一作了解释。除了作出此种法律解释外,最高人民检察院还制定其他的规则、规定,如它以“高检发[2004]18 号”文件发布最高人民检察院《关于实行人民监督员制度的规定(试行)》,这种做法如同国务院及其主管部门发布行政法规或者部门规章一般。最高人民检察院似乎没有意识到自己并不具有规范性法律文件的发布权,一味地制定和发布规范性法律文件。即使不考虑 1981 年《决议》授予最高人民检察院法律解释权的合法性问题,它也只是授予最高人民检察院在检察工作中对具体应用法律、法令方面的问题作出解释,而不是制作规范性法律文件。

为了规范自己的法律解释活动,并强调自己作出法律解释的合法性,

1996年12月9日,最高人民检察院于以“高检发研字[1996]7号”文件发布《司法解释工作暂行规定》,它在第2条规定:“对检察工作中具体应用法律的问题,由最高人民检察院解释,具有法律效力。”第8条规定:“司法解释文件采用‘解释’、‘规定’、‘意见’、‘通知’、‘批复’等形式,统一编排文号。”第9条规定:“人民检察院在起诉书等法律文书中,可以引用最高人民检察院司法解释的规定。”2006年5月10日,最高人民检察院以“高检发研字[2006]4号”发布《司法解释工作规定》,取代了《司法解释工作暂行规定》。在强调司法解释的法律效力、司法解释可以被引用等方面,《司法解释工作规定》继承了前一规定。如它在第5条规定:“最高人民检察院制定并发布的司法解释具有法律效力。人民检察院在起诉书、抗诉书等法律文书中,可以引用司法解释的规定。”第17条规定:“司法解释文件采用‘解释’、‘规定’、‘规则’,‘意见’,‘批复’等形式,统一编排最高人民检察院司法解释文号。”最高人民检察院作出这样的规定,无非是想突出其法律解释的合法性,就像国务院及其主管部门制定的行政法规、部门规章的合法性一样。然而,靠自己制定的一个规定宣布自己法律解释的合法性,更会加重人们对其合法性的质疑。

总的来说,最高人民检察院行使法律解释权既缺乏法律依据,又在法律实践上行不通,在我国法治建设突飞猛进的今天,越来越显得不伦不类。而在学界,要求取消最高人民检察院法律解释权的呼声早已有之。

三、从检察权的属性看检察机关行使法律解释权面临的诘难

主张废除检察解释制度的学者,多是从法律解释学原理、司法实践中检察解释与审判解释的矛盾等方面论述的。检察解释制度是否应当废除,还可以从检察权的定性上分析。检察权到底是一种什么样的权力,至今仍然是众说纷纭。归纳起来,关于检察权的定性主要有如下四类观点:(1)检察权属于司法权;(2)检察权属于行政权;(3)检察权兼具行政权和司法权双重属性;(4)检察权属于独立的权力。不管检察权属于哪一类权力,从检察权的权力属性上说,检察机关行使法律解释权都面临着诘难。

(一)即使检察权属于司法权,检察机关也不能行使法律解释权

在传统的法律观念和法学教科书当中,人们一般把检察权归结为司法权的一部分,认为司法权可以分为审判权和检察权,分别由法院和检察院行使。这种观点一直受到许多学者支持,至今在我国仍然占据主导地位。近年来,

由于受到各种各样的质疑,特别是把检察权归结为行政权的质疑,有些学者又对此观点做了修正,认为虽然检察权在某些方面接近行政权,但并不意味着检察权就是行政权。即使按照三权分立的理论,行政权与司法权也不是绝对分立的,司法权的发展使其自身不断丰富,并在与其他权力相互作用中不断衍生出新的权力形式。检察权属于广义的司法权,是"以法律监督权为核心内容的司法权"。①

如果检察权属于司法权,那么检察机关就属于司法机关。当然,法院更是司法机关。作为法律的适用机关,司法机关行使法律解释权是应当肯定的。因此,法院(或者法官)必定要解释法律。如果此时检察机关也解释法律,由于不同解释主体的理解和解释常常是不同的,必然导致法院的解释与检察机关的解释发生矛盾。要协调这一矛盾,无非在它们解释的效力上从以下四种方案中选择其一:第一种方案是规定法院的解释效力高于检察机关的解释,第二种方案是规定法院的解释效力低于检察机关的解释,第三种方案是规定法院的解释与检察机关的解释在效力上相同,第四种方案是规定当检察机关的解释与法院的解释相矛盾时,报请另一个机关决定适用法院的解释或者检察机关的解释。如果选择第一种方案,就意味着检察机关的解释要服从法院的解释,在这种情况下检察机关作出的解释其实没有意义,因为它对案件没有决定性,充其量只是法院审判案件时的参考。如果选择第二种方案,那么法院的解释要服从检察机关的解释,法院事实上对案件没有决定权,这显然使法院形同虚设。如果选择第三种方案,就会违背法无二解的基本原则,也会导致检察机关干预法院的司法活动和法院"无法司法"的后果。如果选择第四种方案,就意味着法院和检察机关不是司法机关,作出裁定的机关才是真正的司法机关,这不仅会导致司法的混乱,更会导致整个国家权力体制的混乱。

因此,当检察机关作为司法机关而存在时,无论它怎么行使法律解释权,都无法调解它作出的解释与法院(或者法官)作出的解释的矛盾,最终会影响司法活动的正常进行。同时,如果规定检察机关的解释和法院的解释效力一个高一个低的话,也意味着法院和检察机关之间存在着领导与被领导的关系。它们之间的监督与制约机制自然都不存在了。可见,即使检察权属于司法权,检察机关属于司法机关,检察机关也不能行使法律解释权。

---

① 参见吴北战、李晓辉:《检察权的法理分析》,载《长白学刊》2001 年第 1 期,第 47 页。

(二) 即使检察权属于行政权,检察机关也不能行使法律解释权

有种观点把检察权视为行政权的一部分。例如有学者认为,其一,在检察机关的设置上,目前世界各国普遍的做法是实行"检察一体",即检察机关对外是一个整体,对内自上而下是一种领导关系。将检察权归属于行政权,既体现了检察权的本质,又符合世界潮流。其二,将检察权归属于行政权,符合诉讼构造理论。将检察权归入行政权,使检察机关成为刑事诉讼中名副其实的控诉方,才能改变检察机关目前所处的尴尬局面,正确确立符合刑事诉讼构造要求的控辩审三方关系,进一步实现控辩双方的平等对待,保障司法审判的独立与公正。其三,将检察权归入行政权,有利于树立司法的权威性,实现司法独立。检察权作为司法权,是根本无法实现司法中立的。其四,检察权归入行政权,既不会弱化对执法活动的监督,也能保障检察机关集中精力行使控诉职能。[①] 还有学者提出了更激进的观点,从检察机关的起源和历史传统、检察官的历史使命和应当承担的诉讼职能、诉讼机制的公正性和科学性、法律监督法律关系的本质属性四个方面分析,认为检察机关与专门的法律监督机关没有必然的内在联系,将检察机关定性为专门法律监督机关或其他类似表述都缺乏科学的理论根据。同时,作者从检察机关享有法律监督权与法治社会国家权力配置的基本原理以及诉讼职能区分理论相悖、强调法律监督同检察机关必须享有法律监督权没有必然联系等方面"揭示检察机关享有法律监督权这一国家权力配置模式的反科学性",最后,作者认为,"检察机关的权力特征与国家司法权并不存在任何内在的、必然的联系,而恰与国家行政权的基本特征趋于吻合"。"检察官在刑事诉讼中只能是承担控诉职能的具有国家公务员性质的公诉人。"[②]

如果检察权属于行政权,那么检察机关就属于行政机关。一般说来,行政机关不能行使法律解释权,最起码不能行使可以对抗司法的法律解释权。由此而论,检察机关同样不能行使我国检察机关目前正在行使的法律解释权。

也许有人会说,检察机关不是一般的行政机关,而是专职实施刑事法律的机关,它比一般的行政机关更具有法律的专门性,由检察机关解释法律要比一般行政机关解释法律更加准确和专业,因此应由检察机关行使法律解释权,至少要行使刑事法律解释权。这种观点看到了检察机关组成人员的法律

---

① 参见王美丽:《检察权的本质及其定位》,载《社会科学论坛》2002 年第 12 期,第 65—67 页。

② 参见郝银钟:《检察权质疑》,载《中国人民大学学报》1999 年第 3 期,第 71—76 页。

职业素质较强，是值得肯定的，却忽略了检察机关的职责和检察权行使的特性。

一方面，在检察机关与被追诉人的关系上，检察机关所行使的检察权的一个非常重要的内容就是追诉，代表国家提起刑事诉讼，执行控诉职能。这种职能会使检察机关养成一种职业思维，把许多人的违法行为都当成犯罪行为而予以追究。同时，检察机关一般会主动地行使其职权，主动地追究其认为有罪的人。当它进行追究时，其实就已经认为被追究的人构成了犯罪，而且检察机关一旦把被追究的对象确认为是犯罪行为，就很难再改变其看法。在检察机关行使其职权的过程中，被追诉人处于弱势地位，无法同检察机关相抗衡，他们的各种权利也会受到不同程度的限制。在这种情况下，由检察机关作出的法律解释不可能是公正的，只可能是倾向于维护检察机关职权的行使，而损害相对人的合法权利。

另一方面，在检察机关内部普遍存在着上下级之间的领导与被领导关系。如果检察机关有权解释法律，那么直接受理案件的下一级检察机关对案件的解释具有不确定性，因为它很可能被未受理案件的上一级检察机关所修改，最终要按照上一级甚至更上一级检察机关的解释来定案。而上级检察机关由于没有直接参与案件，难以把案件事实与相关法律结合起来，它作出的法律解释必然不具有针对性，在适用于案件时可能会导致不公正的结果。

因此，检察机关即使被看做是专司刑事法律的行政机关，它这种作为行政机关的性质也决定了它不能解释法律。

（三）即使检察权兼具行政权和司法权双重属性，检察机关也不能行使法律解释权

有种观点认为，检察权具有行政权的部分特征，表现在：检察权以法律的实现为目的；检察权贯彻积极干预、主动追究的原则；检察权采取行政权的结构和运作方式。同时，检察权也具有较强的司法权特征，表现在：检察权的运作追求合法性，以维护法律和公共利益为目标；检察机关的地位和作用在国家权力体系中具有相对独立性。可见，检察权以及检察机关的准确定位应当是过渡性的，即检察权具有行政和司法的双重属性。将检察权定性为行政权或司法权，甚至法律监督权，都失之片面。[①] 有的学者赞同检察权的双重属性说，认为我国的检察权也具有双重属性，但在法制上将我国的检察权定位

---

① 参见万毅：《论检察权的定位》，载《南京师范大学学报（社会科学版）》2004 年第 1 期，第 32—38 页。

为司法权，检察机关定位为司法机关，检察官定位为司法官为宜。在我国，这样定位的原因在于：其一，有利于保障检察权行使的独立性；其二，检察机关担任着法律监督职能，而且在体制上已经脱离行政系统成为相对独立的另一类司法权；其三，从世界范围看，强调检察权的司法性并由此强化检察机关的独立性，应当说具有普遍的趋势。①

根据这种观点，检察机关既是行政机关又是司法机关。前面已经分析过，检察机关无论是作为行政机关还是作为司法机关都是不能行使法律解释权的。而当它同时作为行政机关和司法机关时，更不能行使法律解释权。因为此时它作出的法律解释既是行政机关的解释又是司法机关的解释，这些解释当然会直接应用于它的法律实践活动中。当它以司法机关的身份活动时，也在把行政机关的解释贯彻到它的活动中；当它以行政机关的身份活动时，也在把司法机关的解释贯彻到活动中，显然有行政干扰司法和司法干扰行政之嫌，无论从哪个角度都是讲不通的。

（四）即使检察权属于独立的权力，检察机关也不能行使法律解释权

有种观点认为，检察权是一项独立于行政权和司法权而与之并列的权力。例如有学者认为，检察权中的侦查权具有鲜明的行政性，“检察官一体化”是检察权的运作方式之一，这两方面使检察权具有行政性，但它们只是检察权的局部特征，不能反映检察权的全面和根本特征。同时，检察权还具有浓厚的司法色彩，比如公诉权是具有司法性质的权力；检察官在诉讼活动中具有相对独立性；检察权以实现法律和维护公共利益为宗旨；检察官与法官享有同等或接近的职业保障。但检察权不具备司法权最根本、最本质的属性，即中立性和终局性，所以检察权不属于司法权的范畴，也不是“另一类司法权”。作为检察权主要内容的公诉权实质上是一种监督权，法律监督是检察权的本质特点，司法属性和行政属性都只是检察权的兼有特征和局部特征。因而，在我国国家权力结构中，检察权是一项独立的国家权力，既不隶属于行政权，也不隶属于审判权。检察权与行政权、审判权处于同一系列之中，并对行政机关的执行行为和审判机关的司法行为的合法性依法负有监督的职责。② 还有学者认为：其一，检察权与审判权的“接近度”以及检察官与法官的“近似性”并不具有充分理由告诉我们检察权就是司法权，“接近度”、“近似性”本身就表明它们之间有距离，而且检察权的特征和机构设置同司

① 参见龙宗智：《论检察权的性质与检察机关的改革》，载《法学》1999年第10期，第2—6页。

② 参见谢鹏程：《论检察权的性质》，载《法学》2000年第2期，第14—17页。

法权的内在属性是完全不同的，称检察权为司法权或者检察机关为司法机关都是一种不科学的、不规范的概念。其二，检察机关的组织体系和行动原则与行政机关有相似之处，也不能说明检察机关就是行政机关，检察权就是行政权，毕竟它们有不同之处，将检察权等同于一般的行政权抹杀了检察官在一定程度上的独立判断权和处置权。把检察权归属于行政权易导致行政恣意，把检察权归结为司法权则产生司法不公，因而应跳出“三权分立”的思维定式，在三权之外寻求检察权的合理位置。检察权作为社会利益的代表者，是专司国家追诉权的社会公共权力，是社会发展的选择，客观上具有独立的地位，它应当定位于与行政权、司法权共享的执行和实施法律这一平台上。①

此时，检察权或者被定位为独立的法律监督权，或者被定位为独立的追诉权，这可以从两个方面来说明。

一方面，当检察权是独立的法律监督权时，检察机关作为专门的法律监督机关，它的职责是监督其他国家机关的活动是否具有合法性。如果检察机关行使法律解释权，不仅意味着其他法律实施机关的一切活动都处在检察机关的监督之下，更意味着其他法律实施机关在其职权活动中都要以检察机关的法律解释为准，否则它们的活动最终都会被检察机关监督为违法。因为检察机关的监督活动最终不是完全依法进行的，而是依自己的法律解释进行的。这样的话，检察机关事实上会变成法院和行政机关的“太上皇”，必然导致权力的专断和腐败。已经有人对诉讼过程中检察机关的法律监督活动提出了质疑，认为现代诉讼程序内部本身就已经设置了防止司法权力异化的制衡机制，在其内部根本就不需要任何一种公共权力来充当所谓“站着的法官”的角色。“如果我们不顾诉讼机制内在公正性和规律性的要求，在其内部再设立一种由检察官主持进行的法律监督机制，不但会完全打破诉讼程序自身的平衡性，使权力分立制衡机制成为虚无，容易滋生司法专断和司法腐败，使所有的民主诉讼原则有可能完全失去本来的意义而成为一种达到某种非法目的的摆设，而且这种具有高度集中统一倾向的一体化权力运作机制，很容易演变成一种失去制约的专断性权力，明显带有极其浓厚的人治社会的色彩，在本质上与封建社会的诸权合一体制并没有太大的区别。”②这种观点似乎有点危言耸听，但是如果行使独立法律监督权的检察机关行使了法律解释权，这种观点所描述情况的出现不是没有可能的。

---

① 参见唐素林：《对检察权属性定位的重新认识》，载《江汉论坛》2002 年第 8 期，第 88—91 页。

② 郝银钟：《检察权质疑》，载《中国人民大学学报》1999 年第 3 期，第 72 页。

另一方面,当检察权是独立的追诉权时,检察机关如果有权作出法律解释,它实际上是按照自己的解释行使的追诉权,而案件最终要由法院来作出审判结果,检察机关的解释未必会得到法院的认可,这种解释事实上没有意义。而且检察机关和审判机关由于各自的解释不同,实际上是分别依据不同的标准对犯罪嫌疑人(被告人)进行了追诉和审判,既不利于保护当事人的合法权利,也不利于检察机关行使其追诉权。

所以,无论检察权是一项独立的法律监督权,还是一项独立的追诉权,检察机关都不能行使法律解释权。

(五)结论:检察机关不行使法律解释权并不影响其职权的行使

在检察权和检察机关定性的争论中,任何一种观点都有说服力,观点的不同是从不同的立场和视角去审视而导致的。相比之下,我们更赞同视检察权为一种行政权,认为其他行政机关的行政权是执行一般的行政法的行政权,检察机关的行政权是执行刑事法的行政权。其中的根据,以前的论述已经很多了,在此不再赘述。但是,正如以上分析的那样,不管检察权是什么性质的权力,不管检察机关是什么性质的机关,检察机关都不能行使法律解释权。

如果检察机关不行使法律解释权,就意味着它的解释不具有法律效力,这样怎能约束当事人呢?会不会妨碍检察权的行使呢?这种担心没有必要。因为检察权是一种权力,具有强制性。就像行政机关不具有法律解释权也能正常行使其职权一样,检察机关职权的行使也不会受到影响。提出检察机关不应当行使法律解释权,并不是说检察机关不能作出任何有法律约束力的法律解释,而仅仅是想强调检察机关不能像审判机关那样作出法律解释,更不能作出对抗审判机关的法律解释。

第十四章　司法机关的法律解释权评析

在我国,人民法院和人民检察院都被定位为司法机关,但真正的司法机关应当是人民法院。因为司法的本质是依据法律裁决纠纷,这正是人民法院的工作。人民检察院行使的权力更像是行政权。当然,人民检察院有权监督人民法院的审判活动,但即使人民检察院提出了抗诉,案件的审判结果最终还得由人民法院作出。人民法院是法律纠纷的最终裁决者,因而它才是地地道道的司法机关。这里所评析的司法机关的法律解释权,仅限于人民法院的法律解释权。

一、司法机关行使法律解释权的理由

从世界范围来看,不少国家和地区的法律解释权都由司法机关行使,这已经成为法律解释权配置的基本规律。司法机关行使法律解释权并不是排除了立法机关、行政机关、检察机关的法律解释权后所不得不作出的选择,而是有其特定的理由。

(一) 法律解释活动的本性要求司法机关行使法律解释权

按照法律解释学的原理,必要的法律解释活动只能存在于应用的过程中。因为法律真正需要解释的原因都跟法律的应用有关,没有对法律的应用就不存在法律解释。在加达默尔看来,理解、解释和应用是三位一体的过程。他说:“如果我们反复思考一下,我们将达到这样一种观点,即在理解中总是有某种这样的事情出现,即把要理解的文本应用于解释者的目前情况。这样,我们似乎不得不超出浪漫主义诠释学而向前迈出一步,我们不仅把理解和解释,而且也把应用认为是一个统一的过程的组成要素。这倒不是说我们又回到了虔信派所说的那三个分离的‘技巧’的传统区分。正相反,因此我们认为,应用,正如理解和解释一样,同样是诠释学过程的一个不可或缺的组成部分。"①法律解释活动必然包含对法律的理解和应用,脱离了应用的纯粹的解释活动没有意义。法律的应用最终还要落脚到司法机关那里。司法机关是法律的应用者,必然也是法律的解释者,司法机关适用法律的过程,同时也是对法律的解释过程。"一方面立法者只有在社会生活中理解、发现法律,才可能抽象出成文法来;另一方面,司法者也只有理解了成文法,才能把它正确地贯彻到现实生活中。没有理解,立法者不可能发现法律,没有解释,司法者不可能表述法律。同时,没有理解,司法者不可能正确地贯彻立法意图,并在司法判决中叙明判决理由。"②司法机关把抽象的法律文本运用到具体的案件事实时,一定会先对法律进行理解和解释,把法律的含义弄清楚。同时,司法机关还必须对案件事实进行理解和解释,阐发案件事实的法律意义。

司法机关对法律和案件事实的理解和解释并不是孤立地进行的,而是根据法律去理解和解释案件事实,根据案件事实去理解和解释法律文本,在法律与案件事实的循环性理解和解释中,实现法律文本与案件事实的结合。这种结合过程正是司法机关对法律的应用过程,也是真正进行法律解释的过程。因为只有在这种结合过程中,法律的诸多缺陷才能暴露出来。司法机关正是根据案件事实来阐明法律的意义,使模糊的、僵化的或者残缺的法律变得明确和具体,法律的意义在这种结合中被固定化为某个特定的含义。

司法机关所进行的这一切活动显然不是它自身的意志和愿望决定的,而是法律解释活动的客观、必然要求。这种要求已经完全渗入司法活动的全过程,对整个司法活动都发挥着影响,成为司法机关无法摆脱的附属性活动。在司法活动中,如果司法机关拒绝对法律和事实的解释,就等于拒绝司法活动本身。

(二)司法机关行使法律解释权是法律适用的必然要求

"法院的一个非常重要的任务,是把成文法实施到特定的案件中,通过审判对争议的问题作出具有权威性和法律效力的判决。在完成这一任务的过程中,它们必须在每一个案件中对成文法的意义作出可以运用到个案中的恰当的意见。这是清晰的意见,特别是当法院对成文法应当被怎样理解而公

---

① 〔德〕加达默尔:《真理与方法》(上卷),洪汉鼎译,上海译文出版社2004年版,第399页。

② 陈金钊:《法律的特性与法律解释》,载《广西师范大学学报(哲学社会科学版)》2003年4月,第23页。

开表述意见时,应当认定法院的活动是一种解释。”①西方学者的这番话道出了法律适用与法律解释的关系。

成文法是国家立法机关制定的,但立法机关所制定的成文法一定有各种不足。从深层次上说,所谓的法律不是制定出来的,而是生成的。一个社会的生产关系有什么样的客观需求,就会对立法产生什么样的客观需要。立法者的职责是发现法律并且把它表述成为文字。但是,立法者毕竟不是圣人,他的能力是有限的,他的发现可能是社会生产关系的客观要求,也可能不是。由于语言文字本身的模糊性,即使立法者发现了真实的法律,也未必能够准确地表述出来,成文法因而存在着各种各样的不足。所以,法律一出台就可能有缺陷。同时,由于社会的不断发展,即使是完美的法律也会跟不上时代的进步而呈现出僵化性和滞后性。因此,成文法无论怎样都会存在诸多缺陷。成文法的缺陷立法者难以发现,有些缺陷即使立法者发现了也会因为文字本身的歧义、立法技术落后等原因而无法消除。所以,在立法者眼里,法律总体上说是完美的。

但是,当法律制定出来进入适用阶段后,它的很多缺陷就会暴露无遗。法律适用从狭义上说也即是司法,是司法机关具体应用法律处理案件的专门活动。在这一专门活动中,司法机关需要把具体的案件事实同抽象的法律条文相结合。由于自身的抽象性,即使完美的法律遇到具体的事实时也会显得僵化和模糊,而本身就具有各种缺陷的法律更显得千疮百孔。抽象的法律同具体的案件相结合的过程就是发现成文法缺陷的过程,也是司法机关对法律进行理解和解释的过程。“司法过程的特点就是把共性的法律施于案件之中。它既要保证一般正义的实现,又要衡平一般正义与个别正义的关系。这样,法律适用就必须伴之以法律解释,不解释就不可能有法律应用。”②这是因为,首先,司法机关不可能把有缺陷的法律退回到立法机关那里,由立法机关再作出说明,而且即使立法机关再作出说明,这种说明也是抽象的,适用起来照样有缺陷。其次,司法机关也不能求助于其他机关对法律进行解释,因为该其他机关如果不是法律适用机关,它对法律的解释同样是抽象的,它的解释最后还要由司法机关来解释;该其他机关如果是法律适用机关,就等于司法机关背后还有一个最终的司法机关真正地掌握着司法权,它剥夺了现在正在审理案件的司法机关的司法权。所以,无论在什么情况下,司法机关要

---

① Interpret Statutes: A Comparative Study, edited by D. Neil MacCormick and Robert S. Summers, Published by Dartmouth Publishing Company Limited, 1991, pp. 11—12.

② 陈金钊:《法律的特性与法律解释》,载《广西师范大学学报(哲学社会科学版)》2003 年 4 月,第 24 页。

适用法律都必须对法律进行解释,否则它将无法处理案件,它的司法权也将无法行使。同时,司法被称为维护社会正义的最后一道防线。司法机关不能以法律有缺陷为由而拒绝审理案件,凡是需要司法权作出最终裁决的案件,它必须依法审判。此时的法律即使不明确对它来说也不会形成障碍,只要它掌握法律解释权,法律上的一切模糊和矛盾问题都会迎刃而解。

(三)司法机关行使法律解释权是权力分工制约的体现

在现代社会里,几乎所有的民主国家都实行了权力分立制度,以实现权力的制衡。在立法权、行政权与司法权三者当中,司法权是最弱小的权力,无论怎样行使都难以抗衡立法权和行政权。为了保持权力的平衡,维护国家的民主制度和保障人民的权利,需要扩大司法机关的权力。

早在美国开国之时,美国民主制度的创立者就认识到了这一问题。汉密尔顿认为,行政部门不仅具有荣誉、地位的分配权,而且执掌社会的武力。立法机关不仅掌握财权,而且制定公民权利义务的准则。与此相反,司法部门既无军权、又无财权,不能支配社会的力量与财富,不能采取任何主动的行动。故可正确断言,司法部门既无强制,又无意志,而只有判断;而且为实施其判断亦需借助于行政部门的力量。因此,需要采取措施增强司法部门的权力,以实现三权之间有效的牵制,赋予法院法律解释权就是其中之一。他宣称:“解释法律乃是法院的正当与特有的职责。而宪法事实上是,亦应被法官看作根本大法。所以对宪法以及立法机关制定的任何法律的解释权应属于法院。”①由于司法权本身较弱,司法机关掌握法律解释权难以形成法官的专断与独裁,但能增强司法权同立法权、行政权相制约和抗衡的能力,避免立法权、行政权过于庞大而侵犯公民的权利。美国民主制度开创者的这种设想在他们的国家变成了现实。尽管美国司法机关在保障人民权利方面所起的作用同样是有限的,而且联邦最高法院的判决中也不时地出现侵犯人权的不光彩记录,但司法机关在限制立法机关和行政机关的权力扩张、保持三种权力之间的平衡方面功不可没。对此不能戴着有色眼镜去过分地指责权力分立理论和在此基础上的司法不公现象,把它们看成只是某个特定社会的产物或者只适合于某种特定的社会。毕竟产生司法不公的原因有很多,更多的并不是由法院行使法律解释权引起的。我们应当客观地、冷静地对权力分立理论进行分析研究,承认其所具有的合理性成分。

即使在不信仰三权分立理论的民主制国家中,赋予司法机关法律解释权

---

① 〔美〕汉密尔顿等:《联邦党人文集》,程逢如等译,商务印书馆 1980 年版,第 392—393 页。

也不会导致司法权危害社会的发展和公民的权利，而剥夺司法机关的法律解释权则会进一步削弱司法权，导致行政权或者立法权的膨胀，使立法权和行政权这两个最容易侵犯公民权利的权力难以得到有效遏制，作为社会正义最后防线的司法却无力保护公民的权利。

由此看来，司法机关行使法律解释权对于一个民主社会来说不会是一件坏事，只会是一件好事，毕竟这能够体现权力的分立与制衡。正是基于这样的认识，西方学者断言："宣布一部法律的法律意义只能是法院的权威性职责。其他任何人，比如法律的起草者或者促成法律的政治家，声称放弃法律的意义由法院决定，将会带来对法院的宪法领域职权的侵犯。"①

（四）司法机关能够更好地解释法律

施莱尔马赫有句一再被重复的名言："我们（指解释者）必须比作者理解他自己更好地理解作者。"加达默尔对这句话解释说，施莱尔马赫把理解活动看成对原来的创造所进行的重构，这种重构必然使许多原作者尚未意识到的东西被意识到。他进一步推导说："创造某个作品的艺术家并不是这个作品的理想解释者。艺术家作为解释者，并不比普通的接受者有更大的权威。就他反思他自己的作品而言，他就是他自己的读者。他作为反思者所具有的看法并不具有权威性。"②他还说："后来的理解相对于原来的作品具有一种基本的优越性，因而可以说成是一种完善理解（eni Besserverstehen）——这完全不是由于后来的意识把自身置于与原作者同样位置上（如施莱尔马赫所认为的）造成的，而是相反，它描述了解释者和原作者之间的一种不可消除的差异，而这种差异是由他们之间的历史距离造成的。"③

诠释学的这种原理运用到法律解释学领域中，就是法律适用者要比立法者能够更好地理解和解释法律。拉德布鲁赫说："解释者对法律的理解可能比其创制者对它自己作出的解释更好，法律可能比它的编纂者更明智，——它甚至必定要比其编纂者明智。"④法律适用者在适用法律时，并不是机械地照搬法律的条文进行判决，而是在对法律进行创造性的理解和解释，不断赋予法律新的时代内涵，并在其所作出的法律解释中体现出来。可以说，是法律适用者不断地通过法律解释使法律具有新的生命力。"现代社会法律渗

① F. A. R. Bennion, Understanding Common Law Legislation: Drafting and Interpretation, New York: Oxford University Press Inc., 2001, p. 17.

② 〔德〕加达默尔：《真理与方法》（上卷），洪汉鼎译，上海译文出版社2004年版，第250页。

③ 同上书，第382—383页。

④ 〔德〕拉德布鲁赫：《法律智慧警句集》，舒国滢译，中国法制出版社2001年版，第139页。

透到了社会生活的每一个角落,几乎所有的人或事都会触及法律问题,这就使得法律适用无处不在,无时不在。法律适用就为司法解释提供了这样一个广阔的时空舞台。司法解释是法律适用过程中的解释,司法解释是由于法律适用中所适用的法律对现实社会生活的不适应而发生的,所以,没有法律适用司法解释就会失去它存在的场合和表现的机会。"①由此看来,司法机关通过法律适用活动解释法律会比法律制定者的解释更好。陈金钊教授认为,这一判断是成立的。因为立法者多考虑事物的共性,它不可能太多地考虑个案中的所有问题。如果过分考虑个案,共性的法律就不可能制定出来。但法律的适用就不同了,它应把个案与共性的法律结合起来。这样,作为法律共性的规范要求与个案中的正义法官都必须考虑。不仅法律在这里被贯彻,法律的精神和社会的价值也在这里体现。立法者考虑到的(通过法律条文的文字表述)法官应该知晓,立法者没有考虑到的(如法律价值等)法官也应予以考虑。②

二、司法机关中法律解释权的具体行使者

司法机关包含很多主体,既包括各级法院,还包括各级法院中具体行使裁判权的法官。到底谁才是真正的法律解释权的行使者呢?这里根据法律解释的分类对法律解释权的具体行使者加以界定。

有人认为,司法解释根据其是否针对具体案件所作出,可分为抽象解释与具体解释。凡在司法过程中针对具体案件任何适用法律所作的解释称为具体解释,在审判工作中就适用法律普遍存在的问题进行解释即为抽象解释。③ 有人认为,根据法律解释权可以把法律解释主体分为两类,一类是特定的国家机关(主要是法院),一类是法官。法院作为法律解释的主体,主要负责规范统一的法律解释,这种解释具有一般的规范效力,下级司法机关和法官都必须遵照执行。而法官在个案中对法律的解释属于裁判规范,其效力只涉及个案,不具有一般规范的效力。④ 关于中国司法机关的法律解释,有的学者认为包括最高司法机关的法定解释和一审法院在适用法律过程中所作的适用解释⑤;也有学者认为,司法解释分为法院规范解释和法官裁量解

---

① 董皞:《司法解释论》,中国政法大学出版社 1999 年版,第 293 页。

② 参见陈金钊:《法治与法律方法》,山东人民出版社 2003 年版,第 236 页脚注。

③ 参见董皞:《司法解释论》,中国政法大学出版社 1999 年版,第 15 页。

④ 参见陈金钊:《论法律解释权的构成要素》,载《政治与法律》2004 年第 1 期,第 47—48 页。

⑤ 参见郭华成:《法律解释比较研究》,中国人民大学出版社 1993 年版,第 127 页。

释两种，前者指依据法律授权的最高人民法院在审判工作中就适用法律普遍存在的问题作出的抽象性、规范性解释，后者指虽然未经法律明文授权但在实践中存在的普通审判人员将一般法律规定和法院规范解释适用于具体案件时所进行的解释。①

尽管学者们对法律解释作出的这些分类有不同之处，但他们都强调了法律解释应当分为有权机关作出的普遍性解释和法官在个案中作出的针对性解释两大类。这种分类既符合法律解释的实际情况，又有利于对不同的法律解释进行专门性的研究，有很大的启发意义。基于这种分类，在司法机关当中，法律解释权的具体行使者可以分为最高司法机关和法官，最高司法机关对法律进行统一解释，法官在个案中对法律进行解释。② 下面对这两者行使法律解释权的情况作以说明。

（一）最高司法机关对法律进行统一解释

由最高司法机关对法律进行统一解释，既具有其必要性，也对法律解释活动本身具有重要意义。具体表现在：

第一，由最高司法机关对法律进行统一解释，是法律解释权作为一种权力的客观要求。权力具有明显的权威性和约束力，要求被它调整的对象都要遵守和服从。依据法律解释权作出的解释同样如此，否则这种解释就很难称得上是有权解释。这种有权解释之所以具有很大的权威性，除了它是依据法定程序作出的，具有合法性的内容和形式之外，还在于它是由权威性的主体作出的。而最高权威性的主体就是最高法院。由于法院本身就是法律的适用机关，专门依据法律解决纠纷，具有解释法律的资格和能力，它作出的解释往往具有较高的权威性，而最高法院则是最高司法机关，其解释应当具有最高的权威性。

第二，由最高司法机关对法律进行统一解释，是解决法律解释现实问题的客观需要。在法律适用的实践中，各种法律职业者都会参与进去，站在各自的立场上对案件所适用的法律进行解释，他们的解释必然是不同的，而且也难以形成一致意见。虽然法官有权作出选择并作最后的裁判，但这种选择毕竟需要费一番周折，既不利于案件的尽快审理，也可能导致其他人员对法

---

① 陈春龙：《中国司法解释的地位与功能》，载《中国法学》2003 年第 1 期，第 26 页。

② 这种观点陈金钊教授曾经提出过。他说："法律解释权（即成文法律与个案相遇时阐明法律意义的权力）应属于司法机关与审案法官。具体地说，最高人民法院（或成立一专门的隶属于司法机构的法律解释委员会）负责对法律文本意义的阐明或发布在实践中带有典型意义的判例，而法官则在具体案件中阐明法律的意义。"见陈金钊：《法治与法律方法》，山东人民出版社年 2003 版，第 242 页。

官的决定持不信任态度。这就需要有一种权威性的解释统一各种解释意见，以便维护法律解释的严肃性和法官在法律适用中作出选择。“如果存在一些标准，可以用来判断一个对法律作出解释的判决正确与否，或者用来说明一种解释比另一种解释更恰当，这些标准应当得到最高法院的权威性认可，如果它们不是最高法院颁布的。”①

第三，由最高司法机关对法律进行统一解释，便于提高效率和促进法律的完善。法律本身的缺陷不言自明，在每一次的法律适用过程中都需要法官作出解释。法官在个案中的解释具有很强的针对性，能够在很大程度上实现个案的正义，但他的解释对其他案件不具有约束力，他通过解释对法律所作的贡献随着个案裁判的终结而终结，难以为其他法官所借鉴和吸收。同样的案件再次发生时，审案法官在法律适用过程中的解释又必须重新开始，既浪费了司法资源，又不利于法律自身的完善。如果由最高司法机关采纳各种有说服力的意见后，对法律作出统一性的解释，凡是同类案件的审理一律适用这种解释，则会大大提高法律解释的效率。而且这种统一解释会对立法产生积极的意义，为立法机关以后修订法律提供参照的蓝本。诚如陈金钊教授所言：“由机关对法律统一来进行解释是有其必要性的。这是完善法律的重要手段，也对解决在法律意义问题上的纠纷有重要作用。不然的话，关于某些法律的许多争论就会无休止地进行下去，这不利于法律权威的形成。”②

为了保证最高司法机关对法律作出的统一解释具有最大的权威性和公正性，便于其他法律适用机关遵照执行，防止出现负面影响，应当对机关作出的统一解释进行严格限制。

首先，应当对作出解释的机关进行严格限定。在我国当前的法院体系当中，具有最高权威的机关是最高人民法院，它负有监督其他法院裁判权的公正行使、维护社会正义的职责。它作出的裁决具有终极性，因而它在适用法律过程中作出的解释在法律效力上也具有终极性。而且，最高人民法院的判决在全国具有巨大的影响力和约束力，它所作出的解释会受到下级法院的尊崇并在下级法院的审判过程中得以适用。同时，最高人民法院一般汇聚一个国家最杰出的法官，他们既对法律有着精深的理解和把握，又具有极为丰富的法律实践经验，是一个社会中的法律精英群体。因此，由他们代表最高人民法院作出法律解释最具有权威性，也最能赢得社会的认可。而其他下级法

① Interpret Statutes: A Comparative Study, edited by D. Neil MacCormick and Robert S. Summers, Published by Dartmouth Publishing Company Limited, 1991, p. 14.

② 陈金钊：《论法律解释权的构成要素》，载《政治与法律》2004 年第 1 期，第 46 页。

院与最高人民法院相比显然不具有这些优势,不宜对法律作出统一解释。应当明确的是,由最高人民法院作出统一的法律解释,指的是以最高人民法院本身或者最高人民法院的专门法律解释机构作出的解释,而不是以最高人民法院法官的名义作出解释,这样才能维护统一解释的效力和威信。

其次,应当对统一解释的解释程序作出严格限定。最高人民法院的解释具有抽象性和普遍适用性,近似于立法活动。必须防止最高人民法院的统一解释成为新的立法,防止最高人民法院的法律解释权侵犯立法权,这就需要明确规定最高人民法院的法律解释活动只能被动行使,也就是只能应下级法院或者其他有关人员的申请,才能对法律作出解释。法律解释权被动行使,就意味着它属于司法权而不属于立法权,因而可以把法律解释活动和立法活动明显区分开。

最后,需要对解释的条件作出严格限定。法律解释属于法律适用过程中的解释,没有法律适用就不存在法律解释。因而,即使是下级法院或者有关人员向最高人民法院法律解释机构申请解释法律,也必须是在法律适用过程中出现需要解释的情况时才能提出解释的请求,而不是无论什么情况下出现法律的模糊之处都可以申请。最高人民法院法律解释机构应当对申请进行审查,凡是属于法律在适用中的问题才予以解释,不属于此种情形的一律驳回。

(二) 法官在个案中对法律作出解释

最高司法机关解释法律在很多国家得到认可,但是对于法官能否行使法律解释权存在较大争议。当然,不管人们是否承认和赞同,法官在法律适用过程中必须解释法律,这一点已经为许多学者所强调。

法官行使法律解释权的原因,归纳起来表现在以下几点:

第一,理解和解释是有理性的人进行的活动。法院是司法机关,但机关毕竟是机关,它的具体活动要由活生生的人来进行。虽然案件的裁判一般是以法院的名义作出的,但对法律的理解和解释事实上是由法官作出的,而且也只能由法官作出。因为法官是生活在社会中的人,有着人的理性思维能力,可以对法律的含义站在人的立场上进行理解。而法院不过是一个无意识的国家机关,不可能完成这项活动。

第二,法官是案件的真正审理者,有资格解释法律。每一宗案件都需要法官去行使具体的审判权,法官在审判过程中,不可能把法律的规定完全生搬硬套到案件当中,他必须先理解法律,再把他所理解的含义运用于案件当中。这就是说,法官看起来是按照法律条文判案,事实上是按照自己对法律的理解来审理案件的。法官的理解渗透到法律适用过程中就意味着法官在对法律进行解释,而且这种解释是直接对个案发生法律效力的解释。

第三,法官是法律问题的专家,有能力解释法律。在一个民主与法治的社会里,法官应当是深谙法律原理和精神的法律家,有着丰富的法律适用经验和法律解释方法,能够在案件审理中把握法律的准确含义。

第四,法律解释活动的本性要求法官解释法律。法律解释是法律在调整案件时,抽象的法律规定与具体的案件事实相结合而出现缺陷时才发生的解释。这种情况要求法官必须结合案件事实理解法律,结合法律理解案件事实,在事实与法律之间进行创造性的解释,形成审理个案的具体规范。法律解释的创造性决定了只能由具体裁判案件的人——法官来解释法律。

第五,司法独立要求法官解释法律。如果法官在个案中不能解释法律,就要动辄向上级请示,以上级的批复作为审判依据。这就意味着法官实际上并不能真正地行使审判权,上级才是真正的审判者。法官不能独立于上级,自然就不能做到依法独立审判,司法独立就成为一句空话。

第六,法官解释法律是保护当事人正当权利的需要。为了保护当事人的正当权利,诉讼制度中设置了上诉申诉制度。一旦法官不能解释法律,就只能按照上级法院或者上级法院法官的意见审判。如果当事人对原审判决不服而提起上诉或者申诉,上级法院或者上级法院的法官在审理时很难对按照自己的解释作出的判决进行改判,所谓的上诉或者申诉制度只能流于形式。

法官行使的法律解释权是个案中的法律解释权,它是法官司法权的具体体现。与最高法院的统一解释相比,法官的解释是更加具体的解释,法官在作出解释时,要更多地理解法律文本和案件事实,在法律与事实的互动中形成解释意见。而且,法官在作出解释时不可避免地会遵守最高法院的统一解释。从效力上说,法官的解释只能针对个案有效,对其他案件不具有约束力,但法官在个案中作出的优秀的解释会影响其他案件中法官的解释活动,甚至对最高法院的统一解释也会有影响。法官在个案中的解释与最高法院的统一解释形成互补,共同推动法律解释的进步和司法公正的实现。

总之,法律解释权的主体只能是司法机关,准确地说是法官,是个案审理中的法官和最高司法机关法律解释机构中的法官集体。加达默尔认为,法律解释和神学解释一样,都属于独断解释。“福音宣告的真正具体化产生于牧师的布道中,正如法律制度的具体化产生于法官的判决中一样。”①陈金钊教授对此解释说:“这种解释的独断性是由解释主体的单一性所决定的。对

① 〔德〕加达默尔:《真理与方法》(上卷),洪汉鼎译,上海译文出版社 2004 年版,第 428 页。

《圣经》意义阐释的主体是牧师,而对法律文本意义进行阐释的是法官。牧师对《圣经》的解释仰仗的是人们对上帝的信仰,而法官对法律的解释则倚仗着法律的权威和法官政治上的优势。这种独断解释保障着法律解释的权威性,保障着法律文本不因多主体解释而失去效力。"①董皞法官指出:"大凡在西方国家,每每提到法律解释总是指法官对法律的解释,在那里一般没有司法解释一说,法律解释就是司法解释的代名词,二者通用。它不仅指最高司法机关对法律的解释,而且包括各个不同层级的法院的法官对法律的解释。"②法律解释实际上指的也正是这种法官的解释。只有明确法官的法律解释权,司法过程中的一切问题才能展开进一步的研究。

以上分析表明,能够行使法律解释权的应当是最高人民法院和审案法官。而在我国,法官在个案中并不具有明确的法律解释权,当前的司法制度也不利于法官在个案审理中行使法律解释权,倒是最高人民法院一直在行使具有统一性的法律解释权。那么,我国最高人民法院法律解释权的行使状况又如何呢?

三、我国最高人民法院行使法律解释权的状况

最高人民法院的司法解释,可以概括为"名目繁多,方式多样,内容广泛,领域齐全,主体杂乱"。

从名目上说,除了"解释"外,常见的还有"批复"、"答复"、"复函"、"意见"、"规定"、"决定"、"办法"、"纪要"等。

从方式上说,既有对下级法院请示的解答或者批复,例如针对广东省高级人民法院的请示,以"法(民)复〔1990〕12 号"发布的《关于中国当事人向人民法院申请承认外国法院离婚判决效力问题的批复》,针对各级人民法院在审理名誉案件中提出的问题,1993 年 8 月 7 日最高人民法院审判委员会通过的《关于审理名誉权案件若干问题的解答》;更有主动对法律作出的解释,这在最高人民法院的各种解释中数量最多。

从内容上说,既有对某个具体内容的解释,例如 2002 年 6 月 4 日最高人民法院审判委员会通过的《关于行政诉讼证据若干问题的规定》,2003 年 12 月 4 日最高人民法院审判委员会通过的《关于审理人身损害赔偿案件适用法律若干问题的解释》;又有对整个法律逐条进行的全面细致详尽的解释,而

---

① 陈金钊:《何谓法律解释》,载《法学论坛》2001 年第 1 期,第 23 页。

② 董皞:《司法解释论》,中国政法大学出版社 1999 年版,第 298 页。

且解释的内容和条文远远多于法律本身，如《民法通则》共156条，而1988年1月26日最高人民法院审判委员会通过的《关于贯彻执行〈中华人民共和国民法通则〉若干问题的意见（试行）》有200条，1989年4月4日第七届全国人民代表大会第二次会议通过的《行政诉讼法》共75条，而1999年11月24日最高人民法院审判委员会通过的《关于执行〈中华人民共和国行政诉讼法〉若干问题的解释》有98条。

从解释所涉及的领域上说，既有对实体法的解释，例如2000年9月29日最高人民法院审判委员会通过的《关于适用〈中华人民共和国担保法〉若干问题的解释》；又有对程序问题的解释，例如2001年10月18日最高人民法院审判委员会通过的《关于刑事再审案件开庭审理程序的具体规定》。

从具体的解释主体上说，既有最高人民法院审判委员会通过、以最高人民法院名义发布的各种解释，也有以最高人民法院内设业务部门名义作出的解释，例如以“法（经）发〔1991〕35号”发布的《关于贯彻执行〈中华人民共和国企业破产法（试行）〉若干问题的意见》，以“法（办）发〔1988〕3号”发布的《关于执行中外司法协助协定的通知》，以“法（民）发〔1985〕22号”发布的《关于执行〈中华人民共和国继承法〉若干问题的意见》等。

张志铭研究员认为，除了正式的审判司法解释外，在司法实践中还存在其他一些具有司法解释功能的“准司法解释”，如最高人民法院每月一期的机关刊物《人民司法》辟有“司法信箱”专栏，以“本刊研究组”的名义对各地法院尤其是基层法院的法官提出的各种问题给以解答，这些解答对于具体个案的解决往往具有决定性作用。① 不可否认，这种所谓的“准司法解释”对具体个案确实起到影响甚至是决定性作用，但这种解答不具有法律上的任何效力，对下级法官也不产生任何强制性的影响。下级法官遵守这种解答的主要原因可能在于，下级法院特别是基层法院的法官们认为，作出解答的主体是专门研究法律问题的专家，具有非常高的水平，因而他们作出的这种解答具有更高的可信度。这种解答对下级法官所起到的作用和法学家的解释所起到的作用大致相当，因而它们带有更多学理解释的色彩。

最高人民法院认识到自己作出的司法解释中有许多不规范的情形，便着手对自己的司法解释活动进行统一要求。1997年6月23日，最高人民法院发布《关于司法解释工作的若干规定》，对司法解释的立项、讨论、发布、名称、形式、清理、编纂、在司法文书中的援引等问题作了专门规定，于同年7月1日开始施行。它在第3条规定：“最高人民法院发布的司法解释，必须经审

① 张志铭：《法律解释操作分析》，中国政法大学出版社1999年版，第227页。

判委员会讨论通过。”第4条规定：“最高人民法院制定并发布的司法解释，具有法律效力。”第9条规定：“司法解释的形式分为‘解释’、‘规定’、‘批复’三种。对于如何应用某一法律或者对某一类案件、某一类问题如何适用法律所作的规定，采用‘解释’的形式。根据审判工作需要，对于审判工作提出的规范、意见，采用‘规定’的形式。对于高级人民法院、解放军军事法院就审判工作中具体应用法律问题的请示所作的答复，采用‘批复’的形式。”第14条规定：“司法解释与有关法律规定一并作为人民法院判决或者裁定的依据时，应当在司法文书中援引。援引司法解释作为判决或者裁定的依据，应当先引用适用的法律条款，再引用适用的司法解释条款。”此后，最高人民法院的司法解释活动明显规范了，对法律解释也规定了统一的发布文号样式。随着《人大常委会监督法》的制定和实施，最高人民法院于2007年3月23日发布《关于司法解释工作的规定》，同时废除《关于司法解释工作的若干规定》。新的规定把“决定”也列入司法解释的形式，对司法解释的制定程序做了更为细致和严格的规定，突出了最高人民法院常务副院长和院长在司法解释制作过程中的权力，并强调“司法解释应当自发布之日起30日内报全国人民代表大会常务委员会备案”。

最高人民法院除单独作出司法解释之外，还会同其他部门制作联合解释。最高人民检察院《司法解释工作暂行规定》第16条规定：“最高人民检察院在必要时，可以商请最高人民法院等部门联合发布司法解释。”后来的最高人民检察院《司法解释工作规定》重申这一点，它在第21条规定：“对于同时涉及检察工作和审判工作中具体应用法律的问题，最高人民检察院应当商请最高人民法院联合制定司法解释。”最高人民法院《关于司法解释工作的若干规定》并无类似规定，后来的最高人民法院《关于司法解释工作的规定》明确了最高人民法院联合发布司法解释的权力，它在第7条规定：“最高人民法院与最高人民检察院共同制定司法解释的工作，应当按照法律规定和双方协商一致的意见办理。”在实践中，最高人民法院、最高人民检察院联合发布司法解释的现象并不少见。例如，2001年4月5日最高人民法院审判委员会通过、2001年3月30日最高人民检察院第九届检察委员会通过的《关于办理生产、销售伪劣商品刑事案件具体应用法律若干问题的解释》，2004年11月2日最高人民法院审判委员会通过、2004年11月11日最高人民检察院第十届检察委员会通过的《关于办理侵犯知识产权刑事案件具体应用法律若干问题的解释》。不仅如此，最高人民法院、最高人民检察院还与其他部门联合发布了多种法律解释。例如，2003年3月14日起试行的最高人民法院、最高人民检察院、司法部《关于适用普通程序审理“被告人认罪案件”的若干意见(试行)》,以“公通字〔1999〕59号”发布的最高人民法院、最高人民检察院、公安部、国家安全部《关于取保候审若干问题的规定》,1998年1月19日通过的最高人民法院、最高人民检察院、公安部、国家安全部、司法部、全国人大常委会法制工作委员会《关于〈中华人民共和国刑事诉讼法〉实施中若干问题的规定》等。

四、我国最高人民法院行使法律解释权存在的问题

关于我国当前法律解释权的配置产生的不足,前面已经分析过。然而,由于最高人民法院作出的司法解释在中国法律解释当中的特殊地位,还需要对最高人民法院法律解释权的有关问题进行更深入的剖析。毕竟在当前的中国,在法律解释体制当中处于主导地位的全国人民代表大会常务委员会作出的法律解释并不多见,各种行政机关作出的法律解释主要体现在它们日常的行政管理过程中,专门运用法律处理各种纠纷的是司法活动,而在司法领域运用最为普遍的是最高人民法院和最高人民检察院的法律解释。最高人民检察院的检察解释,无论是从检察权本身的属性、检察解释的权力来源、检察解释的数量还是在司法过程中的终局效力来看,都无法与最高人民法院的审判解释相提并论,以至于有些学者在研究司法解释时,往往特别指明他所研究的司法解释仅指最高人民法院的司法解释。最高人民法院掌握我国最高审判权,它作出的判决从法律意义上说是对一个案件的最终判决,它的解释贯彻到我国各级人民法院的审判实践中,直接影响很多案件的审理。这一切都决定了我们需要对最高人民法院的法律解释给予充分的重视,因此这里专门对最高人民法院的法律解释状况单独进行分析。

我国当前法院系统中的法律解释权完全掌握在最高人民法院手中,这是有法律依据的。按照1955年《决议》、1981年《决议》和《人民法院组织法》的规定,最高人民法院对于在审判过程中“具体应用法律、法令”的问题进行解释。这些法律的规定表明以下两点:(1) 我国法院系统中行使法律解释权的主体只能是最高人民法院,其他任何法院和法院系统中的任何人员都无权解释法律;(2) 最高人民法院的法律解释权仅限于对法律、法令的具体应用问题进行解释,也就是说它只能针对在具体案件中的情况而对法律、法令的含义作出说明。然而最高人民法院的实际做法并不是严格按照法律的规定进行,导致我国当前的司法解释出现了立法化、集权化和泛滥化的现象。

（一）司法解释的立法化

不光是司法解释，几乎所有的法律解释都在朝着“立法化”的方向发展，使各个国家机关的法律解释权最终演化为规范性法律文件的创制权。然而，司法解释的立法化还不能与国务院及其主管部门、省级人民代表大会常务委员会、省级人民政府等机关的法律解释立法化相提并论。毕竟那些法律解释权主体本身就拥有法规、规章等规范性法律文件的创制权，当它们把对法律的解释制作成为一种明细的“实施细则”、“实施办法”等规范性法律文件时，这些规范性法律文件既可以被视为法律解释，也可以被视为法规或者规章。而最高人民法院却没有被赋予制定规范性法律文件的职权，它除了行使审判权之外，就是监督地方各级人民法院的审判工作，因而它把自己的法律解释权演变为规范性法律文件的创制权导致司法解释出现立法化的特征，则显得非常不合适。

最高人民法院不断地用类似立法的形式对法律作出解释，最明显的例子就是每当一部与法院的审判活动相关的法律出台后，最高人民法院都会主动地以“实施意见”、“若干问题的解释”等名目对它作出解释，而且解释条文的数量远远大于法律条文的数量本身。这样做的结果，不仅使法律条文的含义得到了具体化，更使具体审理案件的法官在司法过程中从对法律条文的关注转移到对司法解释的关注上。这些司法解释看起来是最高人民法院在“具体应用”领域作出的解释，其实并非如此，因为很多解释虽然是对法律的进一步说明，但并没有与具体的案情结合起来，最高人民法院仍然是站在立法者的立场上解释的，而且这些解释一旦遇到具体的案件事实便面临被解释的命运，出现所谓“解释的解释”。为了进一步确立司法解释在审判中的“法律地位”，最高人民法院通过发布《关于司法解释工作的若干规定》（后来更改为《关于司法解释工作的规定》），宣称它发布的司法解释具有法律效力，可以作为人民法院判决或者裁定的依据，人民法院作为裁判依据的应当在司法文书中援引。这无疑是在强调，各级人民法院的法官在审判中应当像对待法律那样对待司法解释，司法解释其实已经成为最高人民法院以法律为基础而进行的部门性立法。

“当我们用‘立法化’、‘泛立法化’或类似的词语描述司法解释运作的实际状况时，这就意味着司法机关在行使这种由审判权派生的‘适用、解释法律的权力’，进而对法律文本进行阐释、说明甚至上升到创立法律未曾明确的事实范畴和行为规则时，已经超越了司法权本身，具备了立法活动的实质内容和立法活动的外观结构，而演变为一种实实在在的立法行为或‘准立法’行为,其权力基础也不再是司法权,而是立法权。”[①]司法解释的立法化是最高司法机关侵犯立法机关的立法权的表现,它制定的抽象性规则又不可避免地会改变法律的某些意义,在法律之外为公民设置某些权利或者义务,增设或者削减人民法院的某些职权,不具有形式上的合法性。同时,最高人民法院的立法性法律解释是它在不受任何外界制约的情况下,在缺乏民主、科学的立法程序和没有法律监督的情况下制定的,必然带有维护本部门利益的色彩,其公正性难免会受到质疑。人民法院依据这样的司法解释进行审判,又怎么可能作出公正合法的判决呢?

(二)司法解释的集权化

把司法解释权配置给最高人民法院,带来的是最高人民法院在法院系统中的集权。本来最高人民法院的职责是监督地方各级人民法院的审判活动,下级人民法院依法独立审判案件,在审判过程中不受上级人民法院的干扰,上级人民法院只有在上诉程序或者审判监督程序中,认为下级人民法院的审判过程或者审判结果违法或者不当,才能动用其职权改变或者撤销下级人民法院的审判结果。审判权的这种设置是为了防止上下级人民法院之间成为领导关系,避免上级人民法院越权对下级人民法院的审判活动进行干预,努力保证各级人民法院在自己的职权范围内依法独立审判案件。然而当最高人民法院积极主动地行使法律解释权时,上下级人民法院之间的这种监督关系便演化为领导关系。“由于在作出司法解释时,最高法院过于主动的、扩张的活动方式,将判案法官天然拥有的裁量解释权压缩成狭小的、零碎的状态。最高法院通过司法解释,重新配置法律的解释权,以十分明显的方式,改变了上下级法院的关系。这样,下级法院有的不负责任的法官在遇到棘手的案件时顺水推舟地层层上报最高法院,不愿行使解释权;即使有主见的法官面对规模日益扩展的司法解释,可能也搞不准哪些该自己解释、哪些该最高法院解释,不敢主动行使解释权。”[②]这样下来,司法活动中对法律的解释权,包括个案中的法律解释权,都集中到最高人民法院手中,真正具体处理案件的下级人民法院及审案法官虽然了解案件的具体情况,却不具有法律解释权。

司法解释集权化带来的后果非常严重。

---

① 袁明圣:《司法解释“立法化”现象探微》,载《法商研究》2003 年第 2 期,第 4 页。

② 刘风景:《权力本位:司法解释权运行状况之分析》,载《中国青年政治学院学报》2005 年第 1 期,第 100—101 页。

首先,它干扰了下级人民法院的正常司法活动,妨碍了司法独立的实现。因为下级人民法院及审案法官不得不服从司法解释,而不能有自己的解释和判断,即使遇到司法解释的不明白之处,或者司法解释有漏洞时,下级人民法院及审案法官也不能"擅自"作出解释,只能向上级请示,上级又向上级请示,最终请示到最高人民法院。于是,几乎所有的案件,特别是疑难案件,都是按照最高人民法院的"意思"进行判决的,下级人民法院和审案法官的创造性和独立性便消失了,人民法院依法独立行使职权因而成了一句空话。

其次,它导致了案件的不公正审理。在具体的审判过程中,法官只有把法律与案件事实充分结合起来,用法律衡量具体的案件事实,用具体的案件事实应对法律,实现法律与事实的互动,才能真正建构出针对个案的裁判规范,作出公正的裁决。而当法律解释权集中在最高人民法院手中,下级人民法院和审案法官需要对法律的具体应用问题向上级人民法院直至最高人民法院请示时,对案件的最终裁判权实际上掌握在仅仅是听取汇报而并没有亲自审理案件的最高人民法院手中,真正审理案件了解案件事实的法官却不具有裁判权,出现了"审"与"判"的分离,案件结果的公正性必然要打折扣。

最后,它变相剥夺了当事人的诉讼权利。如果法律解释权不是掌握在最高人民法院手中,而是由审理案件的法官掌握,那么当事人不服其判决时可以向上级人民法院上诉或者申诉,也就有机会使上级人民法院改判。而法律解释权完全垄断在最高人民法院手中,案件通过层层请示之后作出判决,就意味着无论是审理案件的人民法院还是它的上级人民法院对于此案所持的裁判意见是一样的。特别是正在审理的案件,最高人民法院对下级法院的"请示"作出"批复"、"复函",使人很难相信是审判案件的人民法院作出判决,人们宁愿相信是最高人民法院在作出判决,这无异于"先定后审",下级人民法院不过是按照最高人民法院的决定"走过场"地审判而已。即使当事人上诉或者申诉,所得到的结果跟原审的判决结果也不会有什么区别。当事人仅仅是在形式上行使了诉讼权利,实质上他的诉讼权利已经被剥夺,诉讼法当中规定的二审、再审等维护当事人权利的法定程序形同虚设。

(三)司法解释的泛滥化

司法解释的泛滥化指的是最高人民法院不是仅仅对于疑难案件中的法律应用问题进行解释,而是几乎对所有的法律问题都要解释一番,对有些问题的解释几乎达到了令人啼笑皆非的程度。陈兴良教授认为,现在的司法解释有时把法官素质大大低估了,并举了一个很典型的例子说明这种情况。例如《刑法》第 435 条(逃离部队罪)规定:"(第 1 款)违反兵役法规,逃离部队,情节严重的,处3年以下有期徒刑或者拘役。(第2款)战时犯前款罪的,处3年以上7年以下有期徒刑。”显然,第1款规定的是非战时逃离部队的行为,第2款规定的是战时逃离部队的行为,这是一个不满14岁的幼童也会有的逻辑理解。就是这样一个问题,2000年9月28日最高人民法院审判委员会第1132次会议、2000年11月13日最高人民检察院第九届检察委员会第74次会议通过的《关于对军人非战时逃离部队的行为能否定罪处罚问题的批复》作了如下司法解释:“中国人民解放军军事法院、军事检察院:〔1999〕军法呈字19号《关于军人非战时逃离部队情节严重的,能否适用刑法定罪处罚问题的请示》收悉。经研究,答复如下:军人违反兵役法规,在非战时逃离部队,情节严重的,应当依照刑法第四百三十五条第一款的规定定罪处罚。此复。”按照这样一个标准,那么每一个刑法条文都需要一个司法解释。这种问答式的司法解释,几乎把我国法官的理解能力假定为小学生水平,简直令人诧异![①] 事实上,类似这样简单重复法律条文的司法解释有不少。从这一司法解释来看,它反映出以下三个问题:(1) 最高人民法院的司法解释太泛滥,对于最起码的常识性问题也要进行解释。(2) 最高人民法院在这里的司法解释等于没有解释,仅仅是重复法律条文的规定。而从这一被解释的法律条文看,真正意义模糊需要被解释的可能是“情节严重”,因为什么样的情节才算得上“严重”,以什么样的标准来衡量“严重”,并不是一个明确的法律语言。因而,对这样的司法解释,最终还面临着进一步的解释,必然会出现“解释的解释”。(3) 下级司法机关连这样的问题都要请示,我们实在是不能想象,它们还有什么样的问题不需要请示就可以自行解决。

下级人民法院对于那样简单的问题都要请求最高人民法院作出解释,固然说明它们具有惰性,懒于思考,动辄依靠上级,但这也跟最高人民法院的纵容有关。最高人民法院连这样可笑的问题也要作一个司法解释,解释得太泛滥,它好像对于什么样的解释请求都不拒绝,非常乐于对下级人民法院的“请教”进行“教导”,当然会“鼓励”更多的下级人民法院把更多的简单问题请示到最高人民法院。这样做的结果只能是培养下级人民法院和法官的惰性和依赖心理,并增加最高人民法院的工作负担,最终形成一个恶性循环,下级人民法院和审案法官忙于层层向上“请示”,最高人民法院忙于“解答”、“批复”,司法工作的成本增加了,审判效率却大大降低了。而且,如果最高人民法院忙于作出泛滥化的司法解释,就难以专心研究作出真正需要的司法解释,司法解释的质量也会下降。

---

① 参见陈兴良:《司法解释功过之议》,载《法学》2003年第8期,第53页。

我国最高人民法院行使司法解释权的弊端，不仅表现为司法解释的立法化、集权化和泛滥化，而且在名称、程序、文号编排等许多形式方面都还存在着较多的问题。鉴于最高人民法院职权的特殊性和在我国法律解释体制当中的重要地位，应当对最高人民法院的法律解释权进行改进，使之在我国当前的法治建设中充分发挥积极作用。

第十五章　地方国家机关的法律解释权评析

立法机关、行政机关、检察机关和司法机关的法律解释权，是我国当前法律解释权的主体，而且一般来说，法律解释权也只能在这些机关之间进行配置。然而，我国 1981 年《决议》在规定立法机关、行政机关、检察机关和司法机关的法律解释权时，还规定了地方国家机关的法律解释权。在当前的法律解释体制下，地方的人民法院、人民检察院都不具有法律解释权，只有地方的立法机关和行政机关具有法律解释权，因而从一定程度上说，地方国家机关的法律解释权可以归入立法机关的法律解释权和行政机关的法律解释权这两类中。由于地方国家机关的法律解释权被 1981 年《决议》确立为一种独立的法律解释权，且这种权力与中央立法机关、行政机关的法律解释权有一定的区别，因而需要对地方国家机关的法律解释权单独研究。

一、地方国家机关行使法律解释权的现状

1981 年《决议》规定："凡属于地方性法规条文本身需要进一步明确界限或作补充规定的，由制定法规的省、自治区、直辖市人民代表大会常务委员会进行解释或作出规定；凡属于地方性法规如何具体应用的问题，由省、自治区、直辖市人民政府主管部门进行解释。"由此看来，能够行使法律解释权的地方国家机关只能是省级人民代表大会常务委员会和省级人民政府主管部门。省级人民代表大会常务委员会的法律解释是以立法者的身份作出的，省级人民政府主管部门的法律解释是以行政执法者的身份作出的，因而有些学者把它们划归到立法解释和行政解释当中，在论及我国的法律解释体制时，仅仅从立法解释、行政解释和司法解释三个方面来探讨，而不谈地方解释。这里不把地方解释划归为立法解释、行政解释和司法解释三者中的任何一类，仅仅研究地方国家机关行使法律解释权的问题。

1981 年《决议》规定了省级人民代表大会常务委员会而不是省级人民代表大会具有法律解释权，而且它的法律解释权只是针对地方性法规。当然，省级人民代表大会常务委员会作出的解释一般不以"解释"来冠名，而是冠

以"实施办法"、"实施细则"等名。

而事实上，省级人民代表大会也有法律解释权，而且省级人民代表大会及其常务委员会法律解释权的行使在很多时候针对的是全国人民代表大会及其常务委员会制定的法律。全国人民代表大会及其常务委员会也非常乐于让省级人民代表大会及其常务委员会对自己的法律作出解释。全国人民代表大会制定的法律赋予省级人民代表大会及其常务委员会法律解释权的例子较多，例如1979年7月1日第五届全国人民代表大会第二次会议通过的《全国人民代表大会和地方各级人民代表大会选举法》第44条规定："省、自治区、直辖市的人民代表大会常务委员会根据本法可以制定选举实施细则，报全国人民代表大会常务委员会备案。"该法经过多次修正①，第一次、第二次修正都保留了这一条规定。在第三次修正时，该法进一步规定："省、自治区、直辖市的人民代表大会及其常务委员会根据本法可以制定选举实施细则，报全国人民代表大会常务委员会备案。"现行的《全国人民代表大会和地方各级人民代表大会选举法》保留了这一规定。

全国人民代表大会常务委员会制定的法律赋予省级人民代表大会常务委员会法律解释权的例子更多，例如1990年9月7日第七届全国人民代表大会常务委员会第十五次会议通过的《归侨侨眷权益保护法》第29条规定："国务院根据本法制定实施办法。省、自治区、直辖市的人民代表大会常务委员会可以根据本法和国务院的实施办法，制定实施办法。"这一法律把对自己的解释权授予国务院和省级人民代表大会常务委员会。再如1998年11月4日第九届全国人民代表大会常务委员会第五次会议修订通过的《村民委员会组织法》第29条规定："省、自治区、直辖市的人民代表大会常务委员会可以根据本法，结合本行政区域的实际情况，制定实施办法。"

省级人民政府主管部门的法律解释权来自于1981年《决议》的直接授权，它解释的对象是地方性法规。同时，一些地方性法规也授权省级人民政府主管部门行使对地方性法规的解释权，例如，河南省人民代表大会常务委员会1993年10月22日修正的《河南省农作物种子管理条例》②第57条规定："本条例的具体应用问题由河南省农业行政部门解释。"省级人民政府主

① 《全国人民代表大会和地方各级人民代表大会选举法》1979年7月1日第五届全国人民代表大会第二次会议通过后，1982年12月10日第五届全国人民代表大会第五次会议第一次修正，1986年12月2日第六届全国人民代表大会常务委员会第十八次会议第二次修正，1995年2月28日第八届全国人民代表大会常务委员会第十二次会议第三次修正，2004年10月27日第十届全国人民代表大会常务委员会第十二次会议第四次修正。

② 该条例1984年4月3日河南省第六届人民代表大会常务委员会第六次会议通过，1989年11月8日河南省第七届人民代表大会常务委员会第十二次会议第一次修正，1993年10月22日河南省第八届人民代表大会常务委员会第四次会议第二次修正。

管部门还解释省级人民政府的规章,这种解释权来自于规章本身。例如,以“北京市人民政府令第 87 号”命令发布的《北京市城市房屋拆迁管理办法》第 42 条规定:“本办法第三十一条、第三十二条、第三十三条规定的搬迁补助费、提前搬家奖励费和停产停业综合补助费的具体标准,由市国土房管局制定,报市人民政府批准后公布实施。”这一规定看似要求市房屋土地管理局制定抽象的实施细则,实际上是在要求对该法进行解释,这一点可以从市房屋土地管理局下发的实施意见当中看出。《北京市城市房屋拆迁管理办法》第 44 条宣布:“本办法自 2001 年 11 月 1 日起施行。市人民政府 1998 年 10 月 15 日发布的《北京市城市房屋拆迁管理办法》同时废止。”而北京市房屋土地管理局曾多次对《北京市城市房屋拆迁管理办法》进行解释。该局 2000 年 8 月 4 日在以“京国土房管拆字[2000]第 168 号”文件对北京市各区县房地局、各房地产开发公司、各拆迁单位下发的通知中指出:“根据《北京市人民政府关于调整本市城市房屋拆迁补偿办法的批复》(京政函[2000]60 号)规定,结合近期房屋拆迁实践,我局制定了《〈北京市城市房屋拆迁管理办法〉实施意见》,现予印发,请遵照执行。本通知自发布之日起施行,原北京市房屋土地管理局《关于实施〈北京市城市房屋拆迁管理办理〉有关问题的通知》(京房地拆字[1998]第 1126 号)、《关于〈北京市城市房屋拆迁管理办法〉执行中有关问题的通知》(京房地拆字[1999]第 717 号)同时废止。”紧接着,这一通知所下发的《〈北京市城市房屋拆迁管理办法〉实施意见》从关于暂停办理有关事项问题、关于拆迁期限与搬迁期限问题、关于房屋补偿问题等十七个方面对《北京市城市房屋拆迁管理办法》规定了 53 项实施意见。例如,它在第 10 项规定:“《办法》所称拆迁期限是指房屋拆迁许可证规定的拆迁人应当完成该拆迁项目的期限。”第 11 项规定:“《办法》所称搬迁期限是指区、县房地局发布的拆迁公告规定的被拆迁人应当与拆迁人签订拆迁补偿协议并搬离拆迁范围的期限。”通篇几乎都是类似的规定。从它所规定的内容和语句的表述可以看出,《〈北京市城市房屋拆迁管理办法〉实施意见》是对《北京市城市房屋拆迁管理办法》的解释。

尽管 1981 年《决议》仅仅规定了省级人民代表大会常务委员会和省级人民政府主管部门的法律解释权,实际上相当一部分地方国家机关在行使法律解释权。按照目前有关法律、法规、规章及其他文件的授权,在事实上能够行使法律解释权的地方国家机关至少有以下几种:

(1) 省级人民代表大会。

(2) 省级人民代表大会常务委员会。

(3) 省级人民代表大会常务委员会法制工作委员会。如江苏省人民代表大会常务委员会法制工作委员会会同省人大财政经济委员会就江苏省劳动和社会保障厅请示的有关问题研究后,以"苏人法工函[2002]43号"文件作出《关于〈江苏省外商投资企业劳动管理办法〉废止后有关终止劳动合同支付经济补偿金问题的答复》;上海市人民代表大会常务委员会法制工作委员会针对上海市市容环境卫生管理局《关于询问本市一般镇城镇地区可否视为城市化地区适用〈上海市市容环境卫生管理条例〉的函》,于2004年8月20日作出复函。

(4) 省级人民政府。例如1985年2月8日国务院发布的《城市维护建设税暂行条例》第9条规定:"省、自治区、直辖市人民政府可以根据本条例,制定实施细则,并送财政部备案。"又如,1999年9月28日国务院发布的《城市居民最低生活保障条例》,第16条规定:"省、自治区、直辖市人民政府可以根据本条例,结合本行政区域城市居民最低生活保障工作的实际情况,规定实施的办法和步骤。"再如,2000年4月21日北京市第十一届人民代表大会常务委员会第十八次会议通过的《北京市见义勇为人员奖励和保护条例》第24条规定:"本条例实施办法由市人民政府制定。"

(5) 省级人民政府主管部门。

(6) 省级人民政府工作部门。如1999年5月27日安徽省人民政府以"皖政办〔1999〕24号"发布的安徽省人民政府办公厅转发国务院办公厅《关于行政法规解释权限和程序问题的通知》,在转发国务院办公厅通知的同时,仿照国务院办公厅《关于行政法规解释权限和程序问题的通知》,就省人民政府规章解释权限和程序做了规定①,其中第2项规定了省人民政府法制

---

① 该通知文后附有国务院办公厅《关于行政法规解释权限和程序问题的通知》,通知正文内容如下:

各市人民政府、行政公署,各县〔市〕人民政府,省政府各部门、各直属机构:

现将国务院办公厅《关于行政法规解释权限和程序问题的通知》转发给你们,并结合我省实际,就省人民政府规章解释权限和程序作如下通知,请一并贯彻执行。

一、凡属于省人民政府规章条文本身需要进一步明确界限或者作补充规定的,由省人民政府作出解释。这类立法性的解释,由省人民政府法制局按照行政规章审查程序提出意见,报省人民政府同意后,根据不同情况,由省人民政府发布或者由省人民政府授权有关行政主管部门发布。

二、凡属于行政工作中具体应用省人民政府规章的问题,有关行政主管部门在职权范围内能够解释的,由其负责解释;有关行政主管部门解释有困难或者其他有关部门对其作出的解释有不同意见,要求省人民政府解释的,由省人民政府法制局承办,作出解释,其中涉及重大问题的,由省人民政府法制局提出意见,报省人民政府同意后作出解释,答复有关行政主管部门,同时抄送其他有关部门。

三、凡属于省人民政府、省人民政府办公厅有关贯彻实施法律、法规的规范性文件的解释问题,由省人民政府法制局承办,作出解释,其中涉及重大问题的,由省人民政府法制局提出意见,报省人民政府同意后作出解释。省人民政府、省人民政府办公厅其他文件的解释,仍按现行做法,由省人民政府办公厅承办。

安徽省人民政府办公厅

一九九九年五月二十七日

局对省人民政府规章的解释权,第3项规定了省人民政府法制局对省人民政府、省人民政府办公厅的"法律解释"的解释权,以及省人民政府办公厅对省人民政府、省人民政府办公厅其他文件的解释权。

(7) 省会城市和民族自治地方的人民代表大会常务委员会。如2001年1月18日贵州省第九届人民代表大会第四次会议通过的《贵州省地方立法条例》第49条规定:"贵阳市地方性法规由贵阳市人民代表大会常务委员会负责解释。自治条例、单行条例由民族自治地方人民代表大会常务委员会负责解释。贵阳市人民代表大会常务委员会、民族自治地方人民代表大会常务委员会作出的解释,应当报省人大常委会备案。"

(8) 省会城市的人民政府。如杭州市第九届人民代表大会常务委员会审议通过,经浙江省第九届人民代表大会常务委员会批准,于2002年5月8日公布实施的《杭州市城市房屋拆迁管理条例》实施后,杭州市人民政府即于同年6月5日发布《杭州市人民政府关于贯彻实施〈杭州市城市房屋拆迁管理条例〉的若干意见》。

(9) 省会城市的人民政府工作部门。如1997年10月17日杭州市第九届人民代表大会常务委员会第五次会议通过、1998年6月26日浙江省第九届人民代表大会常务委员会第五次会议批准的《杭州市征用集体所有土地房屋拆迁管理条例》公布和实施后,杭州市人民政府办公厅于2003年11月3日发布根据《杭州市征用集体所有土地房屋拆迁管理条例》制定的《杭州市征用集体所有土地房屋拆迁争议裁决办法》。

(10) 省会城市的人民政府主管部门。例如,1990年11月14日杭州市人民政府发布的《杭州市实施土地管理法规若干问题的规定》①第37条规定:"本规定由杭州市土地管理局负责解释。"

(11) 较大的市的人民代表大会常务委员会。例如1998年12月4日深圳市第二届人民代表大会常务委员会第二十八次会议通过,2002年10月25日深圳市第三届人民代表大会常务委员会第十八次会议修正的《深圳市人民代表大会常务委员会关于法规解释的规定》第2条规定:"深圳市人民代表大会及其常委会制定的法规,有下列情形之一,需要进一步明确界限的,由深圳市人民代表大会常务委员会(以下简称市人大常委会)解释:……"

(12) 较大的市的人民政府。例如深圳市政府三届一一〇次常务会议审议通过,以"政府令第128号"发布,自2004年3月1日起施行的《深圳市人

① 《杭州市实施土地管理法规若干问题的规定》已经被2003年1月28日杭州市第十届人民代表大会常务委员会第六次会议通过、2003年8月1日起施行的《杭州市土地管理规定》宣布废止。

民政府规章解释规定》第 3 条规定:“市政府统一行使规章解释权。市政府法制机构具体负责规章解释的审查工作。”

从以上内容可以看出,我国当前地方国家机关中,具有法律解释权(包括地方性法规、地方政府规章的解释权)的主体非常繁杂。解释权主体的繁杂必然导致解释内容和形式的五花八门,解释的合法性也无法保障。

二、地方国家机关行使法律解释权的利弊分析

从我国当前地方国家机关行使法律解释权的现状可以看出,地方国家机关法律解释权的配置,明显具有模仿中央国家机关法律解释权配置的特征。也可以说,地方国家机关的法律解释权是按照我国立法解释、行政解释的解释体制配置的,除了地方人民法院、地方人民检察院没有被授予法律解释权外,地方其他国家机关都具有法律解释权,只不过这种法律解释权仅仅限制在省级、省会城市级和较大的市级的立法机关和行政机关。

地方国家机关行使法律解释权有一定的合理性,基本体现为两方面。

一方面,有利于立足地方实际情况,恰当地理解和实施法律。我国许多法律的规定往往是原则性的,即使一些细节性的规定也不够具体,因而这些法律在不同地域实施中可能会导致不同的理解。一般来说,法律实施地方的国家机关对当地的风土人情、社会习俗、民间规则、生活状况等比较熟悉,由它们对法律作出解释,可以更多地结合当地的实际情况,这种解释更易于当地的居民和其他国家机关接受,法律因而能够得到更好的实施。

另一方面,有些法律解释主体和法律实施主体合而为一,便于法律的贯彻实施。严格说来,除了立法机关以外的其他国家机关,包括国务院、最高人民法院、最高人民检察院在内,都属于法律实施机关。但中央的行政机关、司法机关虽然名义上实施法律,实际上它们并不亲自实施,而是对法律作出解释或者具体规定后要求下级国家机关实施,并监督、指导下级国家机关实施法律。相对来说,地方国家机关往往亲自实施法律,地方国家机关的层级与它亲自实施法律的程度成反比,级别越低其亲自实施法律的几率就越大。地方国家机关中,除了地方人民代表大会及其常务委员由于职权的原因只能监督法律的实施外,不少地方政府及其主管部门都要亲自贯彻实施法律。由地方国家机关行使法律解释权,可以实现法律的实施者与解释者合而为一,使法律解释既切实可行又能够真正贯彻实施。

然而,地方国家机关行使法律解释权的弊端更为突出,主要表现为如下几点:

第一,不少机关行使法律解释权的合法性不足。1981 年《决议》和相关法律仅仅授予省级人民代表大会及其常务委员会、省级人民政府及其主管部门法律解释权,一些地方性法规和地方政府规章也仅仅授予个别主体行使法律解释权。但从当前实际看,行使法律解释权的地方国家机关远远多于被授权的主体,而且其行使法律解释权的依据本身的合法性也受到质疑。没有法律解释权的地方国家机关行使法律解释权,且其行使的依据不合法,不但不能正确实施法律,还会导致法律实施的违法性。

第二,导致解释逐级向下被解释,越来越远离法律的"原意"。地方国家机关行使法律解释权的实例已经证明,法律解释的逐级延续在地方国家机关的法律解释中表现得最为突出。一般情况是,一部法律、法规制定出来后,中央有关机关便开始对法律制定实施意见,省级机关再对该实施意见制定实施意见,这样逐级制定下去,法律解释因而一直向下顺延,最后顺延到实施法律的具体工作人员,该工作人员再对他所实施的法律解释作出解释,并按照他自己的解释作出处理结果。由于法律解释具有明显的创造性,每被解释一次都会加入解释者自身的主观因素,因而解释得越多就可能越远离法律的"原意"。无论法律的"原意"是否存在,但可以肯定的是,法律被逐级解释得越多,解释的结果与法律自身的距离就越远。而且这种逐级解释还导致一个后果,即法律实施者最终不是在实施法律,而是在实施早已"变味"的法律解释。这样的逐级解释,又怎能使法律得到很好的实施呢?

第三,作出解释的主体并非作出法律实施最终结果的主体,导致解释与审判依据不符。从法治角度看,只有司法机关作出的判决才是法律实施的最终结果,除此之外的任何法律实施机关对法律的实施都不是最终结果,因为它们对法律的实施还面临着被法院审查而宣布违法或者无效的危险。就我国来说,除《行政诉讼法》第 12 条规定的行政行为外,其他行政行为大多属于行政诉讼的受案范围,这些行政行为的实施结果都不是法律上的最终结果。《行政复议法》第 30 条规定:"根据国务院或者省、自治区、直辖市人民政府对行政区划的勘定、调整或者征用土地的决定,省、自治区、直辖市人民政府确认土地、矿藏、水流、森林、山岭、草原、荒地、滩涂、海域等自然资源的所有权或者使用权的行政复议决定为最终裁决。"由此可见,在地方国家机关中,只有省级人民政府在某些具体行政行为上的决定可以成为最终的法律结果。省级人民政府在其他具体行政行为上的实施结果,省级人民政府主管部门在任何具体行政行为上的实施结果,其他地方人民政府及其主管部门在任何具体行政行为上的结果,都不是法律上的最终实施结果。如果这些无权作出最终法律实施结果的主体行使法律解释权并根据自己的法律解释实施法律,一旦它们的具体行政行为进入行政诉讼领域,必然导致具体行政活动中和行政诉讼活动中所适用的法律依据和法律解释不相符。以前后两个规则和两种解释来评判具体行政行为,无论是对行政主体还是对行政相对人都显得不合适。

第四,突出了立法机关和行政机关,无视审判机关和检察机关在法律解释中的地位和作用。从中央国家机关与地方国家机关职权对应的角度看,一般来说地方国家机关在其所管辖的领域都拥有类似于中央国家机关在全国所拥有的职权。如全国人民代表大会常务委员会行使全国人民代表大会所制定的法律的解释权,省级人民代表大会常务委员会就行使省级人民代表大会所制定的地方性法规的解释权;国务院主管部门能够解释法律和行政法规,省级人民政府主管部门也能够解释地方性法规和地方政府规章。但是,最高人民法院和最高人民检察院都具有法律解释权,省级人民法院和人民检察院却不具有相应的法律解释权。1981 年《决议》和其他法律、法规并没有规定地方人民法院、人民检察院的法律解释权,地方人民法院、人民检察院在司法实践中也不具有法律解释权。地方人民法院、人民检察院在工作中即使需要请示关于法律的理解和应用的问题,也只能逐级请示到最高人民法院、最高人民检察院。总之,地方人民法院和人民检察院不能解释法律。这就让人产生疑问:为什么地方的行政机关和立法机关可以解释法律,而人民法院和人民检察院却不能解释法律呢?无论 1981 年《决议》和其他相关法律、法规不授予地方人民法院、人民检察院法律解释权的原因是什么,都给人一个感觉,即审判机关和检察机关没有受到应有的重视。这倒不是说地方人民法院、人民检察院也应当拥有法律解释权,而是说,人民法院在许多领域的法律实施方面都具有最终的裁决权,行政机关实施法律的合法性要受地方人民法院的审查,人民法院这样一个拥有最后决定权的司法机关靠什么抗衡地方行政机关作出的法律解释等问题,很值得人们思考。

第五,引发地方保护主义,不利于法制的统一。地方国家机关的法律解释固然可能因为立足于当地的实际情况而具有一定的生命力,但这样的解释与一个国家的法制统一是难以调和的。特别是地方国家机关在法律解释中,往往立足本地利益,站在本地的立场上对法律作出有利于本地的解释,这样的解释可能过于保护本地利益而阻碍全国法制的统一。我国的地方保护主义一直比较严重,地方国家机关行使法律解释权时,由于其作出解释的权限、程序、内容等本身并不明确,它们的解释往往倾向于保护地方利益,法律解释的公正性值得怀疑。

总的来说,在我国当前的法律解释体制下,地方国家机关行使法律解释权成绩少,问题多,这种法律解释体制的弊端远远大于它所具有的合理性。在我国的法制日益健全的情况下,在市场经济体制带来的法制越来越统一的情况下,地方国家机关行使法律解释权越来越不相宜。

三、地方国家机关行使法律解释权面临的诘难

目前我国地方国家机关中行使法律解释权的主体仅仅是地方立法机关和地方行政机关,或者是地方立法机关和地方行政机关内设的某些部门。前文关于立法机关和行政机关行使法律解释权的评析,已经论述了立法机关和行政机关行使法律解释权所面临的诘难,同样适用于地方的立法机关和行政机关。此外,地方立法机关和行政机关行使法律解释权,还面临着特殊的诘难。有学者指出,从当前的审判实践中可以看出,地方人民代表大会倾向于认为地方各级人民法院在审理案件时应当将地方性法规作为审判依据,不得以其违反上位法为由径行拒绝适用;而人民法院所持的见解与此相反。由于地方各级人民法院在组织上受制于地方人民代表大会,这就使得地方各级人民法院在审理案件认为地方性法规违反上位法时将处于极其尴尬的境地:如果拒绝适用地方性法规,直接选择适用上位法,承办案件的法院和法官很可能会受到地方人民代表大会的责难;如果直接适用地方性法规,将会严重破坏法制的统一,并且承办案件的法院和法官作出的裁判因适用法律错误很可能被最高人民法院通过上诉或者再审程序判决撤销;承办案件的法院和法官也可以向最高人民法院请示报告,但这样既不符合宪法关于人民法院依法独立审判的规定,又严重影响审判效率。① 如果地方立法机关和行政机关行使法律解释权,地方法院和法官的这种尴尬地位将更加突出。因为一方面,地方性法规作为一种立法,具有明显的抽象性、概括性,地方立法机关和行政机关对此作出的法律解释则比较具体、详细。抽象的立法由于具有较强的模糊性,它与法律、行政法规的冲突不明显,有些冲突还可以通过法律解释的形式予以消除。但是地方立法机关和行政机关的法律解释由于详细具体,它与法律和行政法规的冲突就变得十分明显,而且难以通过法律解释的形式予以消除,地方法院和法官不能在它们二者之间“和稀泥”,只能选择其一而适用。而地方立法机关和行政机关作出的法律解释,一般被视为地方性法规或者地方政府规章的组成部分,地方法院和法官在司法中绝对不能轻视,这就加剧

---

① 参见崔文俊:《人民法院审理案件适用地方性法规问题的探讨》,载《天津商学院学报》2007年第4期,第64页。

了地方司法机关的尴尬局面。要消除地方司法机关的这种尴尬,维护法制统一,就必须取消地方立法机关和行政机关的法律解释权。

那么,地方司法机关是否应当行使法律解释权呢?前文关于司法机关(即人民法院)行使法律解释权的评析已经表明,法律解释权应当由司法机关行使。但无论从理论上看还是从世界上法治发达国家的实际做法看,法律解释权一般分为统一解释权和个案解释权,前者由最高司法机关行使,后者由审理个案的法官行使。因而地方司法机关(即地方人民法院)作为一个机关,是不能行使法律解释权的。地方司法机关不应当行使法律解释权的原因还在于以下几个方面:

首先,司法活动与立法活动、行政活动有本质区别。一个国家的法制应当是统一的。法制的统一要求立法、行政和司法活动都应当是统一的。而在某些特殊情况下,由于各地的实际情况差别较大,立法和行政活动可能出现较小范围内的特殊性。从立法上说,我国民族自治地方的人民代表大会可以制定自治条例和单行条例;从行政上说,各地方政府在执行法律时采取的行政措施和发布的行政命令各不相同。但是,司法活动不应当出现这种情形。原因在于,立法活动和行政活动都带有明显的政治色彩,这就决定了它们可能是不公平的,会因为所面对的实际问题不同而出现一定的差别。但司法活动不应当有政治色彩,即使有政治色彩,其政治色彩也应当是最淡的。作为维护社会正义的最后防线,司法应当平等地依据法律处理个案,一视同仁对待所有的人和事。“法律面前人人平等”这一原则最主要的体现就是司法领域。如果说,法律在制定中人们可以是不平等的,那么,在已经制定的法律面前,在法律被最后实施的环节,人们应当是平等的。因而,司法活动应当全国统一,不能出现各地司法的差异性。即使有差异性,也只能是个案的差异性而不能是制度性的差异性。理所当然的是,地方司法机关不能行使法律解释权。

其次,地方司法机关与国家最高司法机关有本质区别。最高司法机关是国家司法权的最终行使者,它对法律作出的解释在所有解释中具有最高效力,而且其统一解释能够规范全国司法机关在法律适用上的混乱,消除法律解释上出现的分歧。地方司法机关显然不是这样。地方司法机关的裁判要受最高司法机关的监督,最高司法机关可以改变或者撤销地方司法机关的判决,这本身就意味着地方司法机关作为一个机关,其作出的法律解释不具有终局效力,这种解释的效力如同行政解释的效力一样,只有被最高司法机关确认才可能成为裁判的依据。一旦最高司法机关不确认或者推翻了地方司法机关的法律解释,地方司法机关的法律解释就没有什么意义了。

再次,地方司法机关行使法律解释权有害而无利。从我国目前的情况看,地方司法机关不行使法律解释权对地方司法活动并无实质影响。当前地方司法活动中出现的问题不少,但这些问题主要是司法所处的外部环境不理想、法院的行政化、法官在个案中没有法律解释权等原因导致的,而非地方司法机关不能行使法律解释权导致的。地方司法机关如果行使法律解释权,不但不能解决当前地方司法机关所面临的问题,还会因为地方司法机关作出了具有地方"特色"的"统一"的法律解释而为司法的地方化披上"合法"的外衣,到那时,地方法院就真的变成"地方性法院"或者"地方的法院"了。如果法官在个案中的法律解释权能够得到有效的保障,司法的公正性就能在很大程度上得以实现。因此,对地方司法机关来说,最重要的是解决个案中法官的法律解释权问题,而不是地方司法机关行使法律解释权的问题。

由以上分析可知,地方立法机关、行政机关和司法机关都不应当行使法律解释权。当然,地方检察机关也没有行使法律解释权的理由。也就是说,一切地方国家机关都不应当行使法律解释权。这又引出一个问题,地方性法规、地方政府规章如果在司法中被适用,应当由谁来解释呢?其实这种担心并无必要。只要保障法官在个案中的法律解释权,地方性法规、地方政府规章一旦进入司法领域,审理个案的法官自然就会对其作出解释。这种解释由于是个案法官作出的,即使解释得不恰当而面临质疑,质疑所针对的也只是个案法官的审判水平和地方司法的公正性,与地方人民代表大会及其常务委员会、地方人民政府无甚关系。如果法官恰当地解释和适用地方性法规或者地方政府规章,则能够增强地方性法规和地方政府规章在司法中的地位。

第十六章　改进我国法律解释权配置的现实思考

法律解释体制的诸多优点和不足都取决于法律解释权配置的合理性和科学性。只有调整好法律解释权的配置，法律解释体制中出现的许多问题才能得到圆满解决，法律解释在国家法治建设中的作用才能充分发挥出来。在中国特色社会主义法律体系已经建成的今天，在国家机关的一切活动正逐渐步入法治轨道的今天，我国更应当以务实的态度积极探索科学合理而又切实可行的法律解释权配置方式，通过改进法律解释权的配置来消除当前法律解释体制的不足，建立能够顺应社会主义法治建设的完善的法律解释体制。

一、我国学者关于改进我国法律解释权配置的理论探索

近年来，许多学者已经认识到我国当前法律解释体制暴露的缺陷，在总结现行法律解释体制弊端的基础上，从不同角度为我国法律解释体制的完善提出了许多有益的见解。不管他们的见解是否切实可行，每一种见解对于增进交流开阔思路，都发挥着积极作用。有的学者主要针对我国的司法解释体制进行探讨，希望消除司法解释当中的弊端，有些学者对我国整个法律解释体制做了研究，提出了建设性的建议。下面简单列举一些学者的观点，并对其作以简单的评论。

（一）对司法解释体制的基本观点或建议

有司法工作经历的董皞先生认为，“司法解释就是法官对法律的解释，而不是其他任何机关或个人对法律的解释”①。他对检察机关作为司法解释的一元主体提出质疑，进而认为，司法解释的主体应该是解释者而不是一个机关或者一个部门。因此，法院不能成为司法解释的主体，法官和审判组织

① 董皞：《司法解释论》，中国政法大学出版社 1999 年版，第 12 页。

才是司法解释的主体。法官作为法律适用者直接地、真正地在理解和说明法律,毫无疑问他们是实实在在的司法解释主体。审判组织是针对案件作出裁判的主体,它是由法官组成的并根据法官个人意见以少数服从多数原则来确定判决结果的,所以法院的合议庭和审判委员会才是司法解释的主体。① 他在另外的文章中表达了同样的观点,指出应当从主体、形式和内容方面对我国的司法解释进行完善。他认为,在主体的完善上,只有法官和审判组织而且各级人民法院的法官和审判组织才有权进行司法解释。在形式完善上,要逐步取消对正在审理的具体案件请示批复的司法解释形式;改革和完善最高人民法院公布案例的形式并赋予其司法解释的效力;改革"解释"这种司法解释形式,使其成为名副其实的解释而不带有准立法的色彩。内容完善上也应从改革准立法性的解释和改革最高人民法院公报的案例着手。②

韶关学院王少青老师指出,我国司法解释制度存在的问题是司法解释主体的不合理性、司法解释立法化倾向和司法解释内容存在不合理之处。要解决我国司法解释体制中的问题,必须首先解决司法解释主体不合理的问题。司法解释主体不合理表现为行政机关、检察机关都参与司法解释。最高人民法院和最高人民检察院联合发出司法解释,从形式上混淆或掩盖了司法权与检察权的区别,从根本上否定或抹杀了司法解释是针对个案适用法律作出裁决这一实质,即所谓对具体适用法律、法令问题的解释。同时,人们也会对最高人民检察院的监督能力表示怀疑。最应具有司法解释权的法官在我国现有的司法解释体制下却被排除在外。③

韶关学院的竹怀军老师认为,刑事司法解释法外"立法"、悖于刑法基本理论、语言模糊不清等现象十分严重。刑事司法解释必须坚持罪刑法定原则、合理性原则、明确性原则。④

北京大学陈兴良教授认为,应当限制立法性的法律解释,扩大个案性司法解释,在条件成熟的情况下,从个案性司法解释过渡到判例,以此作为全国法制统一的途径。⑤

安徽工业大学王菊英教授指出,法律解释应该是法官应用法律的解释,

---

① 参见董皞:《我国司法解释体制及其改革刍见》,载《法商研究》2001 年第 5 期,第 23—28 页。又见董皞:《司法解释论》,中国政法大学出版社 1999 年版,第 196 页以下。

② 参见董皞:《我国司法解释的现状及其完善》,载《法学论坛》2001 年第 5 期,第 96—97 页。

③ 参见王少青:《我国现行司法解释制度评析》,载《中共成都市委党校学报》2005 年 6 月,第 58—59 页。

④ 参见竹怀军:《论我国刑事司法解释的不足与完善》,载《学术交流》2004 年 7 月,第 25—28 页。

⑤ 参见陈兴良:《司法解释功过之议》,载《法学》2003 年第 8 期,第 54 页。

是法官个人的行为。我国审判领域的法律解释权不应全部由最高人民法院垄断行使,应承认法官对法律的解释,承认法律解释是法官个人的行为,以适用法律解释的发展趋势。当然承认法官对个案适用法律的解释,并不是否定最高人民法院的法律解释权,最高人民法院的解释工作应是进行一般解释和针对某类问题的专门解释,而不是进行个案解释。①

云南师范大学李涛老师对完善我国现行司法解释制度提出如下建议:(1) 强化司法解释权的独立行使;(2) 提高立法质量,充分发挥立法机关的职能作用;规范司法解释的形式和程序,加强全国人民代表大会常务委员会对司法解释的监督;(3) 取消检察解释;(4) 司法解释应当针对个案进行解释,体现"司法性";(5) 赋予法官适当的自由裁量权。②

福建省漳州市中级人民法院姚若贤法官认为,要完善司法解释工作,应采取以下措施:司法解释法律化、制度化;司法解释必须公开;司法解释应建立监督机制;明确司法解释的时间效力;试行判例制度。③

江西财经大学研究生蒙柳、湖北鹏展律师事务所万勇律师认为,从根本上解决司法解释存在的问题,需要取消检察解释和行政解释,承认各级法院享有司法解释权,加强对司法解释的监督,完善司法解释的程序。④

南开大学刘风景博士认为,最高人民法院司法解释权运行的状况明显具有权力本位的特征,即具有强权(从国家权力与公民权利的关系而言)、越权(从最高法院与最高立法机关的职权关系而言)和集权(从最高法院与地方各级法院的职权关系而言)倾向。应当在社会主义司法体制改革的背景下,重新审视司法解释问题,使最高人民法院作出的司法解释能够保障在全社会实现公平和正义,从制度上保证审判机关依法独立公正地行使审判权。具体说来,可以从三方面着手:在国家权力和公民权利之间,奉行权利本位;在国家权力与国家权力之间,实行权力制约;在权力意志与审判经验之间,注重知识积累。⑤

中共江苏省委党校姜孟亚老师、南京审计学院盖世梅老师认为,我国的

---

① 参见王菊英:《论审判领域法律解释权的垄断对法官之影响》,载《河北法学》2002 年 3 月,第 159 页。

② 参见李涛:《略论我国司法解释的问题及对策》,载《云南师范大学学报》2004 年 1 月,第 52—53 页。

③ 参见姚若贤:《关于改革和完善我国司法解释工作的若干思考》,载《福建政法管理干部学院学报》2000 年 8 月,第 83—84 页。

④ 参见蒙柳、万勇:《论我国的司法解释》,载《行政与法》2003 年第 4 期,第 78 页。

⑤ 参见刘风景:《权力本位:司法解释权运行状况之分析》,载《中国青年政治学院学报》2005 年第 1 期,第 96—102 页。

司法解释属于权力模式，不同于西方的手段模式。我们可以对两种模式进行整合创新，在保留司法解释权力模式的同时，吸收手段模式的基本内核；改造“批复”，建立有中国特色的判例制度；在制度上赋予法官司法解释的权力，同时为判决书的说理性、论证性等技能制定制度上的要求和标准。①

宁波大学法学院张兆松老师举例说明最高人民检察院的刑事赔偿司法解释是违法的，也违反了最高人民法院的司法解释。他认为，最高人民检察院作出的司法解释如果违法，最高人民法院应当主动报请全国人民代表大会常务委员会作出立法解释。② 他看到刑事检察解释的制度缺陷，提出完善刑事检察解释的如下对策：(1) 加强检察解释的合法性和合理性，杜绝越权解释；(2) 进一步完善检察解释程序，如加强制定检察解释的民主性，专家参与，统一格式，及时废除，做好汇编等；(3) 加强检察解释与审判解释的协调性，如扩大联合解释，加强法、检两家联系，在解释上求得共识等；(4) 加强立法解释，建立司法解释备案审查和撤销制度；(5) 加强对刑事司法解释的监督检查；(6) 制定《司法解释法》。③ 他在早年任职于浙江衢州市人民检察院时，在一篇文章中也表明了同样的观点。对于如何消除检察解释和审判解释的矛盾，他认为，取消最高人民检察院司法解释权的做法过于简单化，划分检察解释、审判解释的权限也是不可取的。他的建议是：加强检察解释和审判解释的合法性、科学性、合理性和协调性，并要求最高人民检察院和最高人民法院要相互承认对方司法解释的效力，发现对方司法解释有悖于法律的，主动向对方提出纠正或者通过立法机关要求对方纠正或者撤销。他还提出要加强立法解释，建立司法解释审查制度，并制定《司法解释法》。④

河南省政法管理干部学院张玖利老师认为，在我国现实的情况下，应把我国的司法解释权归属于最高人民法院和各省、自治区、直辖市的高级人民法院。各高级人民法院的司法解释应当报最高人民法院备案，与最高人民法院的司法解释相违背的，最高人民法院可以撤销。各中级人民法院、基层人民法院在司法过程中需要司法解释的，由所属高级人民法院解释。最高人民法院要及时公布和汇编它和各高级人民法院的司法解释，这些司法解释对于

---

① 参见姜孟亚、盖世梅：《我国司法解释现状研究》，载《中共南京市委党校南京市行政学院学报》2004 年第 4 期，第 45—50 页。

② 参见张兆松：《刑事疑案赔偿问题之检察解释质疑》，载《法治论丛》2004 年 11 月，第 28—33 页。

③ 参见张兆松：《刑事检察解释存在的问题及对策》，载《宁波大学学报（人文科学版）》2005 年 1 月，第 116—118 页。

④ 参见张兆松：《检察解释与审判解释冲突的解决》，载《法学》1997 年第 5 期，第 61—63 页。

以后各级人民法院审理同类案件都有约束力。① 北京大学博士研究生马冬梅、石家庄市中级人民法院的邢荣允也表达了类似的观点。二位作者认为，我国应当建立一元二级司法解释体制，除最高人民法院外，各省、自治区、直辖市高级人民法院可以制作在本行政区内普遍适用的司法解释，报最高人民法院备案，最高人民法院认为该司法解释不当的，可以撤销或者作出新的司法解释。②

武汉大学贺日开老师认为，司法解释不是一项独立的权力，而是司法权中一项不可或缺的权能。基于误解而形成的最高法院"司法解释权"缺乏宪法依据，成为我国宪政建设中的制度性障碍。要打破我国宪法实施的怠滞状态，就必须让宪法能够在各种案件中被人民法院适用，就必须让各级法院在具体案件中行使宪法解释的权能，就必须将包括宪法解释在内的司法解释权能复位，回到它应有的位置——各级人民法院的司法权中，让司法机关行使完整的司法权。对相关制度的调整措施是：让宪法进入已有的诉讼；建立宪事诉讼制度；建立判例制度。③

中国社会科学院陈春龙研究员专门研究了我国审判领域的司法解释，认为事实上存在法院规范解释和法官裁量解释两种，前者指依据法律授权的最高人民法院在审判工作中就适用法律普遍存在的问题作出的抽象性、规范性解释，后者指虽然未经法律明文授权但在实践中存在的普通审判人员将一般法律规定和法院规范解释适用于具体案件时所进行的解释。对于中国法律解释的发展与完善，他提出两点：提升判例的地位和作用；司法解释主体应当从审判机关、检察机关的二元向一元转变。④

上海市第一中级人民法院郑肇芳女士、杨路先生认为，我国应将司法解释权归并于审判机关，更多地关注法官审判案件时的"职权解释"以及最高人民法院公报的案件，并将司法解释的内容界定在立足于法律文本的解释，合理地运用其拾遗补缺的功能完善现行法律。⑤

---

① 参见张玖利：《论我国司法解释权的归属》，载《山东社会科学》2002年第1期，第140页。

② 参见马冬梅、邢荣允：《论我国司法解释的主体》，载《河北大学学报（哲学社会科学版）》2004年第1期，第92页。

③ 参见贺日开：《司法解释权能的复位与宪法实施》，载《中国法学》2004年第3期，第5—13页。

④ 参见陈春龙：《中国司法解释的地位与功能》，载《中国法学》2003年第1期，第26—32页。

⑤ 参见郑肇芳、杨路：《我国司法解释的机能转换》，载《上海市政法管理干部学院学报》2000年1月，第26—30页。

（二）对整个法律解释体制的基本观点或建议

四川省高级人民法院罗书平法官对立法解释和司法解释中存在的问题作了梳理，认为它们产生各种问题的原因在于：立法机关对立法解释工作长期疏于职守，“有权不用”；立法机关对司法解释中存在的“越权”现象熟视无睹；有权制定司法解释的机关“重制定，轻清理”；制定司法解释缺少“章法”和监督。据此，他对完善司法解释、强化立法解释提出以下建议：强化立法解释工作，把立法解释工作作为经常性的立法工作常抓不懈；取消司法解释“多元化”格局，实行司法解释的“一元化”制度；制定立法解释和司法解释应当坚持合法性原则，在法律授权范围内行使职权；强化抽象司法解释，弱化具体司法解释；立法解释和司法解释都应当正式公布和在裁判文书中引用；建立司法解释的备案审查制度。①

山东工商大学法学院杨曙光老师认为，从法学理论的角度出发，法律解释应归属于法律适用的阶段，我国最高人民检察院拥有法律解释权没有法律依据，立法机关拥有法律解释权也不妥。《立法法》的颁行使最高人民法院、最高人民检察院丧失了法律解释权，更是与法学理论背道而驰。②

华东政法学院丁戊老师建议取消立法解释，建构一元多极的司法解释体系，限制行政解释的效力范围。在建构一元多极的司法解释体系中，应当否认最高人民检察院的司法解释权，改变一元一级的司法解释体系，让各级法院审判组织、法官能解释法律，让司法解释回归到真正意义上。在限制行政解释的效力范围中，具有法律效力的行政解释只能局限于行政主体在执行具体法律的过程中作出的解释，一旦涉及行政诉讼领域，行政主体的解释不再具有法律效力，而只是一种当事人的解释。司法机关的裁判者应当以通常人的理解来解释法律、法规、规章，无需报请国务院解释。对于基本法律，行政部门更不能通过制定细则条例来垄断解释权，否则行政机关就可能取代立法机关和司法机关的部分职能。③

广西师范大学黄竹胜教授对完善我国行政法解释主体制度提出四点建议：(1) 确定和实行“谁适用、谁解释”的原则；(2) 转变行政法律解释观念，放弃效力绝对的观念；(3) 确认司法解释的最终效力；(4) 建构理性的行政

---

① 参见罗书平：《论立法解释与司法解释》，载《云南大学学报（法学版）》2002 年第 2 期，第 66—68 页。

② 参见杨曙光：《法律解释主体评析》，载《烟台教育学院学报》2004 年 3 月，第 32—35 页。

③ 参见丁戊：《法律解释体系问题研究》，载《法学》2004 年第 2 期，第 22—27 页。

法解释主体制度。①

清华大学胡夏冰认为,完善我国法律解释体制的基本思路是,取消立法解释,将法律解释权归还给司法机关;废除检察机关的法律解释权,将法律解释权交由法院行使,纯化法律解释权的主体;将司法解释权由最高司法机关下放给各个法官,实现司法解释主体的多元化;建立健全司法解释的制约和监督机制,使司法解释在最大程度上符合法律的精神和人类的理性。②

中国社会科学院张志铭研究员认为,在我国当前体制下,行政解释权有可能演化为一种行政法律割据或行政主管部门法律割据的局面,这种割据不仅表现在行政法规和规章由于制定权和实施解释权的行政独占局面而呈现出的封闭性,而且还表现在法律、地方性法规的"应用"解释权通过直接或间接的授权也被纳入行政机关的职能范围。司法审判领域的法律解释权垄断问题在根本上应该结合司法审判职能的性质和特点来加以认识。虽然在目前情况下,由于司法体制和司法职能在社会转型的整体环境中尚需不断变化和调整,我们还难以在一个比较确定的基础上讨论这一问题,但以下几点是值得肯定的:第一,区分司法活动中法律解释的不同层次。最高法院审判解释权的垄断,不应当是把所有的法律解释需要都从法律适用的过程中剥离出来由最高法院统一行使。第二,重新厘定最高法院司法解释与立法机关立法活动的界限。应该在肯定最高法院司法解释的意义的前提下,更实际地考虑使它不具有立法性。第三,司法解释应以司法裁判为背景。司法解释只有以司法裁判为背景,与具体案件的裁判过程结合或者联系起来,才能体现其合理性,并显示其正当性或合法性。③

山东大学威海分校陈金钊教授一直主张由最高人民法院统一行使规范性的法律解释权,法官行使个案中的法律解释权。他在早年的一部著作中提出,立法机关、行政机关和检察机关的法律解释权都应当取消,只能由法院垄断行使法律解释权。法律解释可以分为规范性的法律解释和针对个案的解释即非规范性的法律解释。他建议把规范性的法律解释权授予最高人民法院大法官会议,或者在最高人民法院内部设置一专门机构负责规范性法律解释活动。同时应当明确授予法官自由裁量权,使审案法官能够自由地理解和解释法律。④ 对我国《立法法》设置"法律解释"一节,由全国人民代表大会

---

① 参见黄竹胜:《行政法解释的主体制度初探》,载《广西师范大学学报(哲学社会科学版)》2005年4月,第9—10页。

② 参见张卫平等:《司法改革:分析与展开》,法律出版社2003年版,第161—162页。

③ 参见张志铭:《法律解释操作分析》,中国政法大学出版社1999年版,第256—259页。

④ 参见陈金钊:《法律解释的哲理》,山东人民出版社1999年版,第47—49页。

常务委员会行使法律解释权,他从三个方面提出质疑。他认为,从理论上看,立法机关是向社会输入法律文本,它作出的任何法律文本都具有法律意义,在《立法法》中区分立法和解释,对于法律适用者来说没有太大的意义。从实践上看,立法机关很少行使法律解释权。从法治的要求看,立法机关既制定法律又解释法律,难免任意和专断。因而他建议:首先,取消立法解释制度,使立法机关真正成为向社会输入法律文本、输入法律规则的机构。其次,在最高司法机关设立专门解释机构,并对之作出明确要求,规定只能就人民声请或下级法院等申请解释的问题作出解释。最后,明确法官在具体案件中对法律的解释权。① 在其他的著作和文章中,他也表达了同样的观点。②

(三) 对上述观点的综合分析评论

以上各种观点具有较大的代表性,基本反映了我国法学界和法律实务工作者对改进我国法律解释体制的大致看法。总的来说,更多的人建议取消立法机关和检察机关的法律解释权,突出人民法院作为司法解释的主体,并认识到个案中的法律解释活动,强调法官的法律解释权。还有学者对判例制度非常向往,希望通过判例而不是规范性的司法解释来改变司法解释的立法化现象。这些观点具有一定的合理之处,但在我国实施起来有很大难度,明显不现实。同时也应当看到,有些观点虽然不失探讨的意义,但是无论在理论上还是在实践中都是难以成立的。比如由最高人民法院和地方各高级人民法院共同行使法律解释权,使最高人民法院法律解释的"立法化"延伸到地方各高级人民法院,不仅难以消除我国当前司法解释的混乱局面,反而会进一步加剧混乱。再如实行审判解释与检察解释的协调和人民法院、人民检察院相互承认对方司法解释的效力,明显有悖于法律原则,违反人民法院、人民检察院各自的职责,而且我国当前已经有最高人民法院、最高人民检察院联合发布司法解释的实践,正是这种实践表明了审判解释与检察解释的冲突。毕竟只要有理解,理解就会不同,最高人民法院和最高人民检察院怎么可能产生相同的理解和解释呢?至于实行最高人民法院、最高人民检察院的司法解释接受全国人民代表大会常务委员会的审查,更是变相承认了司法解释的立法性了。

总的来说,除了一些明显难以成立的观点外,对于法学界和法律实务界

---

① 参见陈金钊:《何谓法律解释》,载《法学论坛》2001 年第 1 期,第 24—27 页。

② 参见陈金钊:《法治与法律方法》,山东人民出版社 2003 年版,第 242 页;陈金钊:《论法律解释权的构成要素》,载《政治与法律》2004 年第 1 期,第 47—48 页。

提出的改进我国法律解释权配置的意见和建议，不能持简单的肯定或者否定的态度，因为这些观点都是基于不同立场，从不同视角和不同方面探讨的，其中合理的因素不容忽视，而不合理的因素也不能回避。还应当看到，我国的法治建设在近些年已经获得很大的成就，尤其是中国特色社会主义法律体系建成后，法律解释权的配置将在这一法律体系之下发挥更为突出的作用。遗憾的是，目前关于我国法律解释权配置的各种评论和改进我国法律解释权配置的建议，对我国法治建设的现实基础关注不够，因而有些主张难免显得基础薄弱和操作性差。基于这种认识，笔者认为，在研究我国法律解释权的配置时，应当从更加务实的角度，以我国当前的现实条件为基础，以解决实际问题为突破口。

二、改进我国法律解释权的配置应当立足的现实条件

法律解释权是用来消除人们对法律的理解和解释方面的分歧而明确法律的含义的权力，因而关于法律解释权配置的研究尽管具有不可低估的理论意义，但关键要突出它的现实意义。法律解释并不是一个孤立存在的社会现象，它与一个国家的政治制度、法律状况、历史文化传统等社会现实都有着千丝万缕的联系，因而研究法律解释权的配置必须立足于本国的实际情况。就我国来说，法律解释权的配置状况受制于我国各种现实条件，也应当服务于法治建设的现实需要。因而，改进我国法律解释权的配置，应当立足我国的现实条件，确保改进的主张和措施能够适应现实并服务于现实，否则一切美好的理论假设都可能是纸上谈兵。改进我国法律解释权的配置应当立足的现实条件，基本可以分为法律解释权配置的政治基础、法律基础和文化基础三个方面。

（一）政治基础——中国特色社会主义民主政治

通过对比我国和西方法治国家在法律解释权配置方面的差异可以看出，我国的法律解释权倾向于配置给立法机关，特别是最高立法机关被认为当然拥有法律解释权，而西方法治国家的法律解释权最终都配置给司法机关，最高司法机关的法律解释权在法律解释体制中处于显著地位。中西方在法律解释权配置方面的这种巨大反差，跟每个国家自己的政治基础有很大的关系。西方国家坚持三权分立的政治制度，立法机关与司法机关即使在职权的大小上有明显差别，它们在权力的等级上也是一样的，即立法机关和司法机关的职权各自独立，不存在司法机关依附或者低于立法机关的情况，因而立

法权和司法权能够实现相互制约。但我国已经建成的中国特色社会主义民主政治制度明显不同于西方国家,西方国家那种法律解释权的配置方式在我国会面临诸多问题。改进我国法律解释权配置的各种建议,都必须立足于中国特色社会主义民主政治完全不同于西方国家这一政治基础之上。

首先,我国坚持民主集中制的政治原则,抵制三权分立的政治原则。民主集中制是我国的一项基本政治原则和制度,并且得到了宪法的确认。《宪法》第3条规定:“中华人民共和国的国家机构实行民主集中制的原则。全国人民代表大会和地方各级人民代表大会都由民主选举产生,对人民负责,受人民监督。国家行政机关、审判机关、检察机关都由人民代表大会产生,对它负责,受它监督。”民主集中制原则强调民主基础上的集中和集中指导下的民主相结合,民主是集中的前提,集中是民主的结果。显然,这一政治原则与西方国家的三权分立原则具有本质上的不同。民主集中制原则与三权分立原则在所代表的阶级力量、所体现的阶级意志、所具有的政治功能等方面都是对立的,因而我国坚决抵制西方法治国家所坚持的三权分立原则,坚持民主集中制这一中国特色社会主义民主政治原则。由于政治原则的根本不同,西方国家在三权分立基础上形成的法律解释权的配置方式我国能否借鉴,能够借鉴到什么程度等,都值得深思。如何配置法律解释权不仅是一个法律问题,更是一个政治问题,因为它涉及不同国家机关之间的政治地位和职权划分。我国如果贸然引进西方国家配置法律解释权的做法,可能导致司法机关挑战立法机关的权威,这显然不能为我国当前的政治原则所接受。因此,探讨如何改进我国法律解释权的配置问题,不能不考虑我国民主集中制的政治原则这一首要的现实基础。

其次,我国的最高立法机关是最高国家权力机关,不受其他国家机关的制约。我国国家机关是按照民主集中制原则组建的代表人民意志和利益的机关,民主集中制原则决定了我国的根本政治制度只能是人民代表大会制度。根据人民代表大会制度的要求,全国人民代表大会及其常务委员会分别是我国的最高权力机关及其常设机关,最高行政机关和最高司法机关都由全国人民代表大会产生并对全国人民代表大会负责,全国人民代表大会及其常务委员会不受最高行政机关和最高司法机关的制约。当然,全国人民代表大会及其常务委员会还是我国的最高立法机关,严格意义上的法律只能出自它们,行政机关和地方国家机关的立法权来自于它们的授权。在这一制度之下,最高立法机关制定的法律只能由它自身进行修改或者解释,在没有明确授权的情况下不允许行政机关、司法机关对法律进行修改或者解释。如果行政机关或者司法机关擅自对法律作出具有法律效力的解释,则可能构成对立法机关的制约和对人民代表大会制度的违背。

再次,我国的人民法院在国家权力体系中地位不高,不具有制约立法机关和行政机关的能力。在我国以人民代表大会制度为基础所组建的国家权力体系中,立法机关处于最高地位,行政机关和司法机关都处于从属地位。更重要的是,我国并没有严格意义上的"司法机关"的称谓,《宪法》规定人民法院是国家的审判机关,最高人民法院是国家的最高审判机关,人民检察院是国家的法律监督机关,最高人民检察院是国家的最高法律监督机关。正是基于这样的规定,学界不少人认为人民法院和人民检察院都是司法机关,我国的司法权因而也被分为审判权和检察权。在这种政治制度下,人民法院的地位不但低于人民代表大会及其常务委员会这一立法机关,而且在事实上也低于以人民政府为代表的行政机关,人民法院仅仅与人民检察院在权力等级上是平等的。人民法院在整个国家权力体系中的地位并不高,当然也没有力量制约立法机关和行政机关,人民法院虽然能制约人民检察院,但也必须接受人民检察院的法律监督,因此人民法院和人民检察院实际上是互相制约的关系。在这种权力体系中,人民法院作出的法律解释让人民检察院遵守都有很大难度,如果由人民法院行使法律解释权,让立法机关和行政机关在法律活动中遵守人民法院所作出的法律解释,在实践中几乎行不通。

通过以上三点分析可以看出,中国特色社会主义民主政治制度决定了我国法律解释权的配置不能仅从理想化的制度设想出发,也不能简单照搬西方国家的法律解释体制。这并不是说强化司法机关的法律解释权是错误的,而是说纯粹的理论主张和一些法治发达国家法律解释权的配置方式同我国的政治原则和政治制度相冲突,采用理想化的法律解释权配置方式无法适应我国当前的政治基础。研究如何改进我国法律解释权的配置,当然不能违背相关的法学原理,但更应当尊重和服从我国当前的政治原则和政治制度,更应当关注我国当前的权力体系和政治现实。

(二)法律基础——中国特色社会主义法律体系

研究法律解释权的配置问题,既要关注如何科学合理地配置法律解释权,使该权力能够有效地服务于国家的法治建设,推动各项法律活动按照法治的要求开展,又要明确法律解释权是依法配置的权力,深受当前法治建设状况、法律制度完备程度等各种条件的制约。因此,依法配置是法律解释权配置的最基本的要求,法律解释权的配置必须建立在当前法律制度的基础之上。

我国《宪法》和其他相关法律分别确立了不同主体行使法律解释权的制

度,其中立法机关的法律解释权在整个法律解释体制中处于最高和主导地位。经过新中国成立六十多年的发展特别是改革开放三十多年的发展,我国已经建成中国特色社会主义法律体系,国家在经济建设、政治建设、文化建设、社会建设以及生态文明建设的各个方面实现有法可依。正如国务院2011年10月发布的《中国特色社会主义法律体系》白皮书所指出的那样:"中国特色社会主义法律体系,是中国特色社会主义永葆本色的法制根基,是中国特色社会主义创新实践的法制体现,是中国特色社会主义兴旺发达的法制保障。"我国的法治建设所依据的法律正是中国特色社会主义法律体系中的法律,这一法律体系中关于法律解释权配置的规定正是我国当前既引发矛盾和冲突又在一定程度上推动法治建设不断走向进步的法律解释权配置的现实依据。显然,探讨我国法律解释权配置的相关问题,提出改进我国法律解释权配置的各种主张,都必须立足于中国特色社会主义法律体系,而不能与之相违背。毕竟,无论法律解释权的配置在法治建设中居于多么重要的地位,它都应当是依据法律进行的配置,中国特色社会主义法律体系中的相关法律制度是法律解释权配置的最直接的法律依据。

我国当前的法律制度所确认的法律解释权的配置方式,有三个明显的特点:(1) 它构建了以立法机关为主导,由行政机关、司法机关和地方国家机关共同参与的法律解释体制。尽管《宪法》和《立法法》都强调全国人民代表大会常务委员会行使法律解释权,但《人民法院组织法》授予最高人民法院对审判过程中具体应用法律的问题进行解释,还有一些相关法律授予行政机关、检察机关和地方国家机关行使法律解释权,这种法律解释权的配置方式得到了中国特色社会主义法律体系的认可。(2) 它把法律解释基本划分为抽象解释和具体应用解释两类。抽象解释是有权制定规范性法律文件的主体,对自己制定的规范性法律文件的含义作出的解释,也即是广义上的立法解释。具体应用解释是实施法律的主体,结合法律实施中的具体问题对法律的含义作出的解释,解释的对象既可以是其他主体制定的规范性法律文件,也可以是自己制定的规范性法律文件。(3) 个案审理中法律实施者的法律解释权没有受到重视。法官在个案审理中结合案件事实解释法律的权力,在当前的法律体系中并未涉及。尽管根据法律解释学原理,法官在个案审判中不可能不行使法律解释权,但是法官这种事实上的权力并没有明确的法律依据。如果法律实施者在实施中遇到疑惑需要解释可以向上级逐级请示,甚至一些基层人民法院遇到的疑难案件能够逐级请示到最高人民法院,由最高人民法院通过批复的形式行使法律解释权。

这种具有中国特色的法律解释权的配置方式和由此带来的法律解释体

制，与西方法治国家的情况相去甚远。西方一些国家基于三权分立原则把法律解释权分别配置给立法机关和司法机关，或者把法律解释权完全配置给司法机关，当然有其合理性的一面，而且在它们自己的国家具有可行性，但这种配置方式如果搬到我国则会遇到一些问题，其中最明显的问题是与中国特色社会主义法律体系不协调，出现法律解释权配置方面的困境。如果一概拒绝其他法治国家在法律解释权配置方面的合理做法，仍按照我国法律体系中关于法律解释权配置的各种规定进行，即一味地维护当前的法律解释体制，则我国当前法律解释权配置的各种不足很难克服，关于法律解释权配置的各种研究也难以取得实质性的突破。如果全面借鉴西方法治国家在法律解释权配置方面的做法，由司法机关行使主要或者全部的法律解释权，则会遇到法律制度的阻碍，需要对现行的关于法律解释权配置的各种法律作较大范围的修改，这可能会破坏中国特色社会主义法律体系的完整性。

对于我国来说，出于维护法律制度稳定性的目的而维持法律解释权配置的现状并非明智之举，也难以适应法治建设不断深入的需要，出于改进我国法律解释权配置的目的而对我国的法律制度作较大修改也不大现实。以中国特色社会主义法律体系为基础，在这两者之间选择一个折中方案，既能合理配置我国的法律解释权，消除当前法律解释权配置中存在的各种问题，又能有效地维护现行法律制度的稳定性，或许是最好的选择。

（三）文化基础——以社会主义法律文化为主导的法律文化

清末修法宣告了中华法系的逐渐解体，清末修法和中华民国时期的立法都大量借鉴了大陆法系国家的法制制度，因此中华法系和大陆法系都曾对我国的法律制度产生过重大影响。新中国成立后，我国彻底废除了既受中华法系影响又明显带有大陆法系色彩的“六法全书”，建立了崭新的社会主义法律制度，开创了社会主义法律文化。社会主义法律文化在当代中国法律文化中占据主导地位，但中华法系所孕育的传统法律文化和大陆法系带来的西方法律文化仍然发挥着重大作用。

当前我国这三种主要的法律文化所提倡或者赞同的法律解释权的配置方式，具有较大的近似性。传统法律文化重视立法机关在法律解释中的作用，主张把法律解释权配置给立法机关，或者由立法机关授权的主体行使，同时为民间注律留下了空间。大陆法系的法律文化最初强调完全由立法机关行使法律解释权，后来认可了司法机关的法律解释权，但仍重视立法机关在法律解释中的作用。当前的社会主义法律文化强调立法机关在法律解释中的主导作用，司法机关的法律解释权处于辅助地位。显然，无论是社会主义法律文化,还是中国传统法律文化抑或外来的大陆法系法律文化,都是立法中心主义的法律文化,突出立法机关的作用,强调立法机关的法律解释权,是它们的重要主张。相比之下,司法机关的地位自然难以受到应有的重视,完全由司法机关行使法律解释权的做法不易被接受。

在这种文化基础之上探讨我国法律解释权的配置,必须关注我国当前法律文化与法律解释权配置的协调问题。这里有两种简单的选择。第一种选择是一味地强调法律解释权配置的理想状态,按照理想化的设想构建我国的法律解释体制。这样做难免会带来法律解释权的配置与当前的法律文化不协调的问题,导致法律解释权的配置得不到社会各界特别是各种法律实施机关的支持和配合。当然,并不能否认改进我国法律解释权的配置会对当前的法律文化起反作用,促进法律文化发生一定程度的改变。如果按照理想化的要求改进我国法律解释权的配置,重新建立一套法律解释体制,最终或许会得到我国法律文化的认可,并与之融为一体,但这个过程会很漫长,而且会产生很多冲突,所付出的代价不会小。第二种选择是一味地强调我国当前法律文化的现状,按照法律文化的要求对我国现行的法律解释权配置状况进行一定程度的修改,在维护不同主体分别行使法律解释权的前提下促进法律解释权的配置和行使越来越完善和规范。这种选择的积极意义很明显,能够得到更多的认可和支持,并有效避免法律解释权的配置和行使在实践中可能遇到的各种障碍。但是,这种改进并不能从更深程度和更广范围上消除当前法律解释权配置所引发的矛盾和问题,反而会使矛盾和问题进一步加剧。这是因为,在法律不够完善的情况下不同主体行使法律解释权的空间较大,矛盾和问题表现得还不算突出,而随着中国特色社会主义法律体系的建成和完善,法律解释权运行的空间变小了,而需要作出解释的场合却越来越多,爆发矛盾的几率会越来越大。撇开这两种简单的选择,在以社会主义法律文化为主导的当前法律文化所许可的范围内,立足我国的实际状况,按照法律解释权配置原理的要求,对我国法律解释权的配置进行最大程度的改进,或许能得到更好的结果,这就需要对我国法律解释权的配置问题进行更深入的反思。

总之,思考如果改进我国法律解释权的配置这一问题时,我国当前以社会主义法律文化为主导的法律文化是一个绕不过的因素,对法律文化影响力的忽视可能导致完美的改进主张在实践中失败的后果。只有高度重视我国法律文化的基础,以当前法律文化能够接受的方式进行改进,促进改进主张与法律文化的充分融合,改进我国法律解释权配置的主张才能具有旺盛的生命力,才能达到理想的效果。

三、改进我国法律解释权的配置应当关注的重点问题

在理顺我国法律解释权配置的基本现状、厘清我国法律解释权配置存在的问题、了解改进我国法律解释权配置的各种意见建议和明确我国法律解释权配置的现实条件后，要根据法律解释权配置的基本原理找准改进我国法律解释权配置的切实可行的对策，仍然不是一件容易的事情。毕竟，我国国情和法治建设的实际状况等都具有明显的中国特色，而法律解释权的配置这一问题在我国法学界和法律实务界尚未引起足够的重视，人们的探讨还不够深入。如何配置我国的法律解释权或者对当前的法律解释权配置状况进行改进，并不是一个简单的问题，有许多方面需要兼顾，有许多问题需要考虑，有许多障碍需要克服，有许多措施需要配套。只有全面考虑我国社会主义民主法治建设的理论与实践，充分借鉴各种合理因素，深入思考改进我国法律解释权配置的良策，才能完善具有中国特色的法律解释权配置制度。总之，从现实的角度看，改进我国法律解释权的配置不能一蹴而就，必须从长计议。这其中有三个重要问题，在改进我国法律解释权的配置时应当充分重视和高度关注。

（一）立法机关与司法机关法律解释权的协调性

从当前其他国家法律解释权的配置状况和法律解释权配置的基本原理看，法律解释权应当由司法机关行使，至少司法机关在整个法律解释权主体中应当处于主导地位。与其他国家不同的是，我国立法机关的法律解释权一直处于非常突出的地位，司法机关的法律解释权并没有受到足够的重视，司法机关对法律解释权的行使处于从属地位并且需要接受立法机关的监督。显然，在我国当前，立法机关的法律解释权和司法机关的法律解释权之间存在一定的矛盾。尽管行政机关的法律解释权与司法机关的法律解释权之间也存在一定的矛盾，但行政机关和司法机关同属于法律实施机关，而司法机关是法律实施环节的最后完成者，行政机关作出的法律解释对司法机关的约束力显然比不上立法机关作出的法律解释，因而行政机关的法律解释权与司法机关的法律解释权之间的矛盾所产生的影响相对来说小得多。由此可见，在改进我国法律解释权配置的研究领域，如何理顺立法机关的法律解释权与司法机关的法律解释权之间的关系，实现二者的协调，是一个非常值得关注的重点问题。

立法机关的法律解释权与司法机关的法律解释权之间的冲突，表现在两个方面：一方面，两种主体分别对同一法律作出抽象解释，到底谁才是真正的

法律解释权主体，让人捉摸不透。如前文已经提及，全国人民代表大会常务委员会和最高人民法院分别对《刑法》中的“黑社会性质的组织”作出解释。它们的解释在文字表述上不可能是完全一样的，因而在理论上会导致法律适用上的混乱，而且无论法官在审判中选择适用哪一个主体的解释，都意味着另一主体的解释被弃之不用。即使全国人民代表大会常务委员会和最高人民法院对某一法律作出完全相同的解释，也会导致法律适用上的尴尬局面，因为只要二者的解释完全相同，就意味着其中一方的解释是多余的，当然也意味着它们对法律解释权的行使不严肃。另一方面，立法机关直接介入司法机关对个案的审判，导致立法机关与司法机关的职权界限不明。一旦遇到某些稍微特殊的案件，司法机关就可能不积极履行自己的职权，而是动辄向立法机关请示，逃避自己的审判责任。以南京同性卖淫案①为例，可以看到司法机关逃避行使职权的行为。从本案由江苏省高级人民法院向最高人民法院请示来看，江苏省的法院系统在请示前应当是受理了此案的。无论哪个法院审理此案，都应当由审案法官作出解释。在我国现行体制下，法官名义上不具有对个案的法律解释权，但在事实上是有的。即使法官对此案拿捏不准，按照《刑事诉讼法》的规定交由本院审判委员会解释和裁判就行了。但法院却抓住“同性”这个本案中唯一的“卖点”而拒绝审判，一再上交案件。

---

① 案情如下：2003 年 1 月至 8 月，南京“正麒吧”老板李宁先后伙同刘某、冷某某等人经预谋后，采取张贴广告、登报招聘“公关”等手段，招募、组织多名男青年在其经营的“金麒麟”、“廊桥”及“正麒吧”演艺吧内，先后 7 次与男性消费者从事同性卖淫活动，从中牟取利益。2003 年 8 月 18 日，李宁等人归案。警方根据李宁等的口供以及先期掌握的其他证据，以涉嫌犯有组织卖淫罪将李宁等人刑事拘留。但检察机关认为《刑法》对组织同性卖淫行为没有明确界定，按照“法无明文规定不为罪”的原则，李宁等人的行为难以定罪，而将其释放。后在江苏省政法委的召集下，省级政法部门召开了案件协调会，会议决定由江苏省高级人民法院向最高人民法院请示。最高人民法院接到请示后，随即向立法机关全国人大常委会汇报。同年 10 月下旬，全国人大常委会法制工作委员会作出口头答复：“可以参照《刑法》第 358 条第 1 款第 1 项进行定罪量刑。1992 年 12 月 11 日，最高人民法院、最高人民检察院印发的《关于执行全国人民代表大会常务委员会〈关于严禁卖淫嫖娼的决定〉的若干问题的解答》的通知中，第 9 条第 1 项规定：组织、协助组织、强迫、引诱、容留、介绍他人卖淫中的“他人”，主要是指女人，也包括男人。根据此条通知，应立即对李宁等 2 名组织同性卖淫者，采取刑事强制措施。”接到立法机关的指示，南京警方迅速展开抓捕行动。李宁很快再次落入法网。检察院认为，李宁等组织多人卖淫，其行为触犯了我国《刑法》第 358 条第 1 款第 1 项，且犯罪事实清楚，证据确实充分，应当以组织卖淫罪追究其刑事责任。2004 年 2 月 6 日，此案在南京市秦淮区人民法院开庭，因为案件涉及个人隐私，法院依法进行不公开审理。法院认为，被告人李宁的行为构成组织卖淫罪，据此一审以组织卖淫罪判处李宁有期徒刑 8 年，罚金 6 万元；违法所得予以追缴。一审判决后，李宁不服，以“组织同性卖淫不构成犯罪及量刑过重”为由提起上诉。南京市中级人民法院经审理，认定一审判决事实清楚，遂作出终审裁定：驳回上诉，维持原判。

案情根据以下两则资料整理：(1) 奚彬：《江苏省首起组织男子同性卖淫案开审》，载中国法院网，2004 年 2 月 7 日，http://www.chinacourt.org/public/detail.php? id = 102638。(2)《江苏首例同性卖淫案曾惊动全国人大》，作者不详，载法律快车，2010 年 9 月 19 日，http://www.lawtime.cn/info/xingfa/xingfaanli/20100919/67233.html。访问时间皆为 2011 年 3 月 31 日。

在现行法律解释体制下,最高人民法院有权作出法律解释,却仍把解释的任务推给了全国人民代表大会常务委员会。整个法院系统兴师动众地争论并请立法机关"解释"一番,本身就说明法院和法官对法律不忠诚,不信任,非要请上级机关解释,明显是在推卸责任。而法院的请求最终不过是得到全国人民代表大会常务委员会法制工作委员会"口头"答复的一个简单常识,《刑法》的效力竟然比不上立法机关内设机构的一个口头答复！这样的法律还有什么权威可言？这样的法院和法官还有什么权威可言？尽管现在看来,本案并不属于典型的疑难案件,但当时审理过程中出现的一波三折的轰动,足以说明本案的影响。本案的判决结果令人欣慰,而判决的过程却值得深思。此案审判后,从媒体报道不少地方组织同性卖淫案的审判情况看,被告人因组织同性卖淫而被判处组织卖淫罪已经没有争议,或许跟本案请示到最高立法机关最终仍然按照组织卖淫罪定罪量刑有一定关系。

从我国目前关于法律解释权配置的法律依据看,立法机关的法律解释权与司法机关的法律解释权有一定的区别。《宪法》在第 67 条赋予全国人民代表大会常务委员会行使解释宪法和解释法律的权力,《人民法院组织法》在第 33 条授权最高人民法院对在审判过程中具体应用法律的问题进行解释,《立法法》第 42 条宣布法律解释权属于全国人民代表大会常务委员会。1981 年《决议》中,全国人民代表大会常务委员会把自己的法律解释权作了分解并分别授予不同主体。《人大常委会监督法》在第 31 条规定最高人民法院作出的属于审判工作中具体应用法律的解释应当自公布之日起 30 日内报全国人民代表大会常务委员会备案。从这些法律依据可以看出两点:(1) 全国人民代表大会常务委员会的法律解释权是全面的、最高的法律解释权,而且应当是唯一的法律解释权。然而由于《人民法院组织法》的规定,全国人民代表大会常务委员会的法律解释权丧失了唯一性,其他主体也可以在某些领域行使法律解释权。最高人民法院只能对具体应用法律的问题进行解释,因而它的法律解释权仅限于审判领域,而且必须针对具体问题。当然,最高人民法院对法律解释权的行使不能违背全国人民代表大会常务委员会对法律所作的解释。(2) 由于不同主体共同行使法律解释权,全国人民代表大会常务委员会的法律解释权应当是立法意义上的法律解释权,即全国人民代表大会常务委员会的法律解释权实际上与立法权融为一体,全国人民代表大会常务委员会是以立法者的身份对法律的模糊含义进行说明,使法律的意义更为清晰,它的解释应当与法律的具体应用没有直接关系。最高人民法院的法律解释权则是纯粹出于解决具体问题而行使的,它不能脱离具体问题而空洞地解释法律。

基于这两种认识可知：一方面，当前立法机关针对司法机关就法律实施中的具体问题而提出的解释请求，应当予以拒绝。即使是立法机关内设的一些机构（如全国人民代表大会常务委员会法制工作委员会等），也不应当接受司法机关的解释请求，因为它的解释很容易被理解成是全国人民代表大会常务委员会的解释，破坏全国人民代表大会常务委员会法律解释权行使的严肃性。另一方面，最高人民法院脱离具体应用问题而对法律进行抽象性解释的行为应当停止。因为这种行为具有明显的立法性特征，超越了最高人民法院法律解释权的行使范围，侵犯了立法机关的法律解释权。同时，最高人民法院对于审判中出现的法律问题，应当自己作出解释，而不能请示并不从事审判活动的立法机关及其内设机构。在现行的法律解释体制下，立法机关和司法机关只有分别做到这两方面，它们的关系才能真正理顺，它们在法律解释权行使中所出现的矛盾才能得到正确解决。

（二）不同主体行使法律解释权的统一性

我国不同国家机关都具有法律解释权，而且这些机关都非常热衷于行使法律解释权，由此导致不同主体法律解释权行使的冲突和不同法律解释之间的矛盾。立法机关与司法机关在法律解释权的行使上当然也存在矛盾，但它们之间的矛盾可以通过不同的领域划分来解决，即它们各自在不同的领域，针对不同的情况而分别行使法律解释权，而且司法机关作出的法律解释不能违背法律和立法机关对法律作出的解释。除立法机关外，共同作为法律实施机关的行政机关和司法机关在法律解释权的行使上发生的矛盾尽管不算复杂，数量上却相对较多。因为无论是行政机关还是司法机关，在法律实施活动中都面临着许多具体问题，它们对具体问题的解决往往涉及对法律的具体解释，而对法律的解释过于具体就会出现外延过窄、包容性差等特点，同一解释放到类似的案件中可能无法适用，或者同一案件中不同主体作出的解释难以同时成立。因此，在协调好立法机关与司法机关法律解释权的关系后，还必须高度重视法律实施中不同主体在法律解释权行使方面的矛盾，实现法律解释权行使的统一性。

实现法律实施中不同主体法律解释权行使的统一性，涉行政机关、司法机关、检察机关和地方国家机关等主体的法律解释权行使问题。由于地方国家机关的法律解释权基本可以划分为地方立法机关和地方行政机关的法律解释权，而检察机关的权力与行政机关的权力较为接近，因而对它们法律解释权的行使问题不再单独探讨，这里只探讨作为法律实施机关的行政机关和司法机关在法律解释权行使上的统一性问题。对于这一问题，可以考虑从两方面来解决。

一方面，严格区分行政机关的法律解释权和规范性文件制定权，并限制行政机关法律解释的效力范围。根据现行法律，我国一定层级的行政机关既具有制定规范性法律文件的权力，又具有作出法律解释的权力，但这两种权力的界限并不清晰。当然，由于规范性法律文件往往是对某些问题进行较为全面、详细和系统的规定，而法律解释往往是对某一具体问题的某些方面专门进行详尽细致的规定，缺乏全面性和系统性，人们基于常识可以比较容易地看出哪些是行政机关制作的规范性法律文件，哪些是行政机关作出的法律解释。但是，这只是一种常识判断，并不能由此而否认行政机关作出的全面、详尽和系统的规定是法律解释，也不能由此而否认缺乏全面性和系统性的详细规定是规范性法律文件。而有些规定从形式上看介于规范性法律文件和法律解释之间，它到底应当归属于规范性法律文件还是归属于法律解释，更难以说得清楚。考虑到规范性法律文件和法律解释在效力上明显不同，为了防止二者相互混淆，我国应当对行政机关制定规范性法律文件的行为和行使法律解释权的行为进行严格区分，使它们在内容、形式、制作程序、具体要求等方面，都存在明确的界限，这样才能便于社会各界和其他法律解释权主体判断识别并分别加以运用或者遵守。同时，由于法律解释活动比制定规范性法律文件的活动简单得多，法律解释内容的合法性、合理性显然不如规范性法律文件，因而应当对行政机关法律解释的效力范围进行严格限制，即行政机关作出的法律解释只在行政机关的行政管理活动中有效，一旦这种法律解释所涉及的事项进入司法领域，不能强行要求司法机关采用行政机关作出的法律解释。在这种外在压力下，行政机关行使法律解释权时会非常谨慎，力争使其法律解释具有显著的合法性和合理性，以求获得司法机关的认同，避免自己在行政诉讼中败诉和出现其他令自己尴尬的局面。经过这种区分和限制，在法律实施中行政机关与司法机关法律解释权的矛盾可以在很大程度上得到解决。

另一方面，取消不同主体联合作出法律解释的做法，凡是需要共同作出解释的报请共同上级机关作出解释。不同法律实施主体在法律解释权行使中发生矛盾的另外一种常见情形是联合解释的矛盾。不同主体联合起来共同对某一法律作出解释，看似可以统一法律解释，避免法律适用中出现混乱，实际上却会导致法律解释出现进一步的矛盾。这些联合解释往往以某一个解释权主体的名号来发布，很容易让人认为这一解释是某一主体单独作出后联合其他主体共同署名的，法律解释的严肃性受到了质疑。实践中，若干法律解释权主体联合作出法律解释后，其中的某些主体又单独作出与联合解释相矛盾的法律解释的情形也不少见,更强化了人们的这种认识。而从法律依据上说,现行的关于法律解释权配置的法律都没有涉及授予不同主体共同行使法律解释权的内容,因而实践中若干法律解释权主体共同行使法律解释权作出联合解释的行为在法律上也讲不通。显然,应当取消不同主体联合作出法律解释的做法,这样才能维护法律解释权行使的严肃性,减少不同法律解释之间出现的矛盾。在此基础上,为了避免不同主体对同一法律作出解释可能出现的矛盾,可以考虑由原拟共同作出法律解释的主体共同或者单独报请它们的共同上级机关作出法律解释。比如,国务院不同部、委员会需要对同一法律作出解释的,可以报请国务院作出解释,国务院部、委员会需要与最高人民法院对同一法律作出解释的,可以报请全国人民代表大会常务委员会作出解释。这样既减少了法律解释的数量,又提高了法律解释的效力,而且由于增加了作出法律解释的难度,法律解释的严肃性、合法性和合理性也随之增强。

(三) 所有主体法律解释权行使的规范性

在理顺了立法机关与司法机关法律解释权的协调性、不同主体行使法律解释权的统一性后,还必须关注所有主体法律解释权行使的规范性问题。我国当前具有法律解释权的主体在行使法律解释权时,存在明显不规范的情形,并引发了法律解释权行使的混乱,大致表现为如下几个方面:(1) 在权力主体上,一些国家机关的法律解释权演化为国家机关内设机构的法律解释权。如全国人民代表大会常务委员会的法制工作委员会及该法制工作委员会的办公室,国务院办公厅,国务院各部、委员会的办公厅或者法制司局、最高人民法院的办公厅或者业务审判庭等,都曾经或者目前仍然在行使法律解释权。内设机构行使法律解释权,所引发的问题不仅表现在导致法律解释活动的混乱,更表现在它们对法律解释权的行使具有非法性。首先,这些内设机构没有行使法律解释权的依据,因为相关法律把法律解释权授予不同国家机关而不是授予这些国家机关的内设机构。其次,这些内设机构并不具有独立的法律地位,当然也不能代表所在的国家机关行使法律解释权,而且具有法律解释权的国家机关也无权把自己的法律解释权转授给其内设机构行使。(2) 在行使方式上,一些主体随意行使法律解释权,作出的法律解释缺乏完备的形式要件。如有的主体以口头方式作出法律解释或者答复,有的主体本应结合具体案件行使法律解释权却脱离法律适用的具体情形而作出抽象解释,有的主体对不属于自己职权范围内的事项作出解释,有的主体作出的法律解释名目混乱繁杂等,法律解释权的行使具有随意性,法律解释也丧失了基本的严肃性。(3) 在法律依据上,一些主体自行制定关于法律解释权配置和行使的规范性文件，为自己法律解释权的行使披上“合法”外衣。如国务院办公厅发布《关于行政法规解释权限和程序问题的通知》，随后一些省级政府办公厅在转发这一通知时又规定了本省人民政府行政规章的解释权限和程序。这样做看似在规范法律解释权的运作，但其法律依据不足，而且可能形成“地方割据”或者“部门割据”。

当前法律解释权行使的不规范已经严重危机法律解释的严肃性，导致法律实施活动出现各自为政的局面。为此，必须采取有效措施，对法律解释权的行使进行统一规范。统一规范法律解释权的行使，需要从内容和形式入手，具体来说需要做到如下四点：

首先，必须明确法律解释权属于被法律明确授权的国家机关，而不是国家机关的内设机构。尽管事实上国家机关的很多活动都是通过其内设机构完成的，而且一些内设机构的决策、决定、意见、态度也代表该国家机关的立场，但国家机关和其内设机构本身是两个不同的概念。因此，在没有明确法律依据的情况下，应当取消内设机构行使法律解释权的做法，所有法律解释权的行使必须以国家机关的名义进行，而不能由内设机构代劳。

其次，国家机关法律解释权的行使必须在自己的职权范围内依法进行。行政机关只能就行政管理的相关活动行使法律解释权，司法机关只能在司法活动中行使法律解释权，它们应当各司其职，而不能侵越其他主体的职权，也不能对与自己职权无关的法律活动作出法律解释。最高司法机关只能对具体应用法律的问题作出解释，而不能看到某一法律出台就主动作出抽象的法律解释。

再次，法律解释权的行使应当具有统一的格式。任何主体在行使法律解释权时，必须以明确的方式标示出来，让社会各界和有关主体一目了然，而不能以隐含的、默示的方式行使。这样才能使法律解释与规范性法律文件之间有明确的区分，赋予法律解释真正的名分，使法律解释权在不混淆、不干扰正常的规范性法律文件创制活动的同时，切实发挥其应有的作用。

最后，制定统一的《法律解释法》规范法律解释权的配置和行使。目前世界上不少国家和地区有专门性的法律解释法，在推动法律解释权配置和运行的规范性方面发挥了重要作用。我国虽然没有明确的法律解释立法，但与法律解释有关的法律、法规、规章和其他规范性法律文件也不少。当然，这些规范性法律文件由于不够统一而出现了一些混乱。我国可以在此基础上制定统一的《法律解释法》，根据我国法治建设的成功经验，针对我国法律解释权配置和行使中出现的一些问题，规定法律解释权配置和行使的具体要求，实现法律解释权行使的规范化。

主要参考文献

说明:本参考文献按中文著作、中文译著、中文论文和外文原著分类,并主要按首字的汉语拼音顺序或者英文字母顺序排列。

一、中文著作

1. 陈金钊:《法律解释的哲理》,山东人民出版社 1999 年版。

2. 陈金钊:《法治与法律方法》,山东人民出版社 2003 年版。

3. 陈涛:《中国法制史》,陕西人民出版社 2001 年版。

4. 董皞:《司法解释论》,中国政法大学出版社 1999 年版。

5. 范明辛、雷晟生编著:《中国近代法制史》,陕西人民出版社 1988 年版。

6. 封丽霞:《法典编纂论——一个比较法的视角》,清华大学出版社 2002 年版。

7. 公丕祥主编:《法理学》,复旦大学出版社 2002 年版。

8. 郭华成:《法律解释比较研究》,中国人民大学出版社 1993 年版。

9. 何勤华:《西方法学史》,中国政法大学出版社 2000 年版。

10. 何勤华主编:《德国法律发达史》,法律出版社 2000 年版。

11. 何勤华主编:《法国法律发达史》,法律出版社 2001 年版。

12. 何勤华主编:《外国法制史》,法律出版社 1997 年版。

13. 何勤华主编:《英国法律发达史》,法律出版社 1999 年版。

14. 洪汉鼎:《理解的真理》,山东人民出版社 2001 年版。

15. 怀效峰主编:《中国法制史》,中国政法大学出版社 1998 年版。

16. 廖与人编著:《中华民国现行司法制度》(上册),台湾黎明文化事业股份有限公司 1982 年版。

17. 梁慧星:《民法解释学》,中国政法大学出版社 1995 年版。

18. 潘华仿:《英美法论》,中国政法大学出版社 1997 年版。

19. 彭小瑜:《教会法研究——历史与理论》,商务印书馆 2003 年版。

20. 丘汉平:《罗马法》,朱俊勘校,中国方正出版社 2004 年版。

21. 任东来、陈伟、白雪峰等:《美国宪政历程:影响美国的 25 个司法大案》,中国法制出版社 2005 年版。

22. 沈宗灵主编:《法理学》,北京大学出版社 2003 年版。

23. 宋冰编:《读本:美国与德国的司法制度及司法程序》,中国政法大学出版社 1998 年版。

24. 宋冰编:《程序、正义与现代化:外国法学家在华演讲录》,中国政法大学出版社1998年版。

25. 谢晖:《法律的意义追问》,商务印书馆2003年版。

26. 薛梅卿、叶峰:《中国法制史稿》,高等教育出版社1990年版。

27. 严存生主编:《西方法律思想史》,法律出版社2004年版。

28. 杨永华:《陕甘宁边区法制史稿》(宪法、政权组织法篇),陕西人民出版社1992年版。

29. 张晋藩:《中国法律的传统与近代转型》,法律出版社2005年版。

30. 张晋藩主编:《中国法制史》,群众出版社1982年版。

31. 张晋藩等编著:《中国法制史》(第一卷),中国人民大学出版社1981年版。

32. 张卫平等:《司法改革:分析与展开》,法律出版社2003年版。

33. 张文显主编:《法理学》,高等教育出版社2003年版。

34. 张志铭:《法律解释操作分析》,中国政法大学出版社1999年版。

35. 赵尔巽等撰:《清史稿》(第十二册),中华书局1976年版。

36. 周枏:《罗马法原论》,商务印书馆1994年版。

37. (春秋)孔子:《论语》,杨伯峻、杨逢彬注,岳麓书社2000年版。

38. (春秋)左丘明:《左传》,覃遵祥等注,岳麓书社2001年版。

39. (东汉)王充:《论衡》,上海人民出版社1974年版。

40. (西汉)司马迁:《史记》,中州古籍出版社1996年版。

41. (战国)商鞅等:《商君书》,章诗同注,上海人民出版社1974年版。

42.《尚书》,周秉钧译注,岳麓书社2001年版。

43.《诗经全译注》,樊树云译注,黑龙江人民出版社1986年版。

二、中文译著

1. 〔爱尔兰〕凯利:《西方法律思想简史》,王笑红译,法律出版社2002年版。

2. 〔德〕茨威格特、〔德〕克茨:《比较法总论》,潘汉典、米健、高鸿钧、贺卫方译,法律出版社2003年版。

3. 〔德〕加达默尔:《真理与方法》(上卷),洪汉鼎译,上海译文出版社2004年版。

4. 〔德〕拉德布鲁赫:《法律智慧警句集》,舒国滢译,中国法制出版社2001年版。

5. 〔德〕拉伦茨:《德国民法通论》(上册),王晓晔、邵建东、程建英、徐国建、谢怀栻译,法律出版社2003年版。

6. 〔德〕拉伦茨:《法学方法论》,陈爱娥译,商务印书馆2003年版。

7. 〔德〕穆勒:《恐怖的法官》,王勇译,中国政法大学出版社2000年版。

8. 〔德〕魏德士:《法理学》,丁小春、吴越译,法律出版社2003年版。

9. 〔法〕勒内·达维:《英国法与法国法:一种实质性比较》,潘华仿、高鸿钧、贺卫方译,清华大学出版社2002年版。

10. 〔法〕孟德斯鸠:《论法的精神》(上册),张雁深译,商务印书馆1982年版。

11. 〔意〕莫诺·卡佩莱蒂:《比较法视野中的司法程序》,徐昕、王奕译,清华大学出版社2005年版。

12. 〔意〕朱塞佩·格罗索:《罗马法史》,黄风译,法律出版社1994年版。

13. 〔英〕尼古拉斯:《罗马法概论》,黄风译,法律出版社2004年版。

14. 〔美〕阿瑟·库恩:《英美法原理》,陈朝璧译注,法律出版社2002年版。

15. 〔美〕汉密尔顿等:《联邦党人文集》,程逢如、在汉、舒逊译,商务印书馆1980年版。

16. 〔美〕梅利曼:《大陆法系》,顾培东、禄正平译,法律出版社2004年版。

17. 〔美〕莫理斯:《法律发达史》,王学文译,中国政法大学出版社2003年版。

18. 〔美〕庞德:《普通法的精神》,唐前宏、廖湘文、高雪原译,法律出版社2001年版。

19. 〔美〕威格摩尔:《世界法系概览》,何勤华等译,上海人民出版社2004年版。

三、中文论文

1. 陈春龙:《中国司法解释的地位与功能》,载《中国法学》2003年第1期。

2. 陈金钊:《法律的特性与法律解释》,载《广西师范大学学报(哲学社会科学版)》2003年4月。

3. 陈金钊:《何谓法律解释》,载《法学论坛》2001年第1期。

4. 陈金钊:《论法律解释权的构成要素》,载《政治与法律》2004年第1期。

5. 陈丽琴:《质疑立法解释》,载《法学论坛》2002年5月。

6. 陈斯喜:《论立法解释制度的是与非及其他》,载《中国法学》1998年第3期。

7. 陈兴良:《法的解释与解释的法》,载《法律科学》1997年第4期。

8. 陈兴良:《司法解释功过之议》,载《法学》2003年第8期。

9. 崔文俊:《人民法院审理案件适用地方性法规问题的探讨》,载《天津商学院学报》2007年第4期。

10. 丁戊:《法律解释体系问题研究》,载《法学》2004年第2期。

11. 董皞:《我国司法解释体制及其改革刍见》,载《法商研究》2001年第5期。

12. 董皞:《我国司法解释的现状及其完善》,载《法学论坛》2001年第5期。

13. 恩格斯:《反杜林论》,载《马克思恩格斯全集》第20卷,人民出版社1971年版。

14. 郝银钟:《检察权质疑》,载《中国人民大学学报》1999年第3期。

15. 何敏:《从清代私家注律看传统注释律学的实用价值》,见梁治平编:《法律解释问题》,法律出版社1998年版。

16. 贺日开:《司法解释权能的复位与宪法实施》,载《中国法学》2004年第3期。

17. 惠生武:《论行政解释的基本范畴及其分类》,载《法律科学》1999年第3期。

18. 黄竹胜:《行政法解释的主体制度初探》,载《广西师范大学学报(哲学社会科学版)》2005年4月。

19. 姜孟亚、盖世梅:《我国司法解释现状研究》,载《中共南京市委党校南京市行政学院学报》2004年第4期。

20. 李涛:《略论我国司法解释的问题及对策》,载《云南师范大学学报》2004年1月。

21. 李燕玲:《论行政自由裁量权的几个基本理论问题》,载《兰州大学学报(社会科学版)》2001年第2期。

22. 刘风景:《权力本位:司法解释权运行状况之分析》,载《中国青年政治学院学报》2005年第1期。

23. 龙宗智:《论检察权的性质与检察机关的改革》,载《法学》1999年第10期。

24. 罗书平:《论立法解释与司法解释》,载《云南大学学报法学版》2002年第2期。

25. 马冬梅、邢荣允:《论我国司法解释的主体》,载《河北大学学报(哲学社会科学版)》2004年第1期。

26. 蒙柳、万勇:《论我国的司法解释》,载《行政与法》2003年第4期。

27. 彭书清、陶凯元:《关于中国行政解释若干问题的思考》,载《政法学刊》1999年第4期。

28. 秋风:《立宪失败的个案:阿克顿论法国大革命》,载〔英〕阿克顿:《法国大革命讲稿》,秋风译,贵州人民出版社2004年版,译者后记。

29. 唐素林:《对检察权属性定位的重新认识》,载《江汉论坛》2002年第8期。

30. 万毅:《论检察权的定位》,载《南京师范大学学报(社会科学版)》2004年第1期。

31. 王菊英:《论审判领域法律解释权的垄断对法官之影响》,载《河北法学》2002年3月。

32. 王美丽:《检察权的本质及其定位》,载《社会科学论坛》2002年第12期。

33. 王少青:《我国现行司法解释制度评析》,载《中共成都市委党校学报》2005年6月。

34. 吴北战、李晓辉:《检察权的法理分析》,载《长白学刊》2001年第1期。

35. 谢鹏程:《论检察权的性质》,载《法学》2000年第2期。

36. 杨曙光:《法律解释主体评析》,载《烟台教育学院学报》2004年3月。

37. 姚若贤:《关于改革和完善我国司法解释工作的若干思考》,载《福建政法管理干部学院学报》2000年8月。

38. 袁吉亮:《论立法解释制度之非》,载《中国法学》1994年第4期。

39. 袁吉亮:《再论立法解释制度之非》,载《中国法学》1995年第3期。

40. 袁明圣:《司法解释"立法化"现象探微》,载《法商研究》2003年第2期。

41. 张玖利:《论我国司法解释权的归属》,载《山东社会科学》2002年第1期。

42. 张兆松:《刑事疑案赔偿问题之检察解释质疑》,载《法治论丛》2004年11月。

43. 张兆松:《刑事检察解释存在的问题及对策》,载《宁波大学学报(人文科学版)》2005年1月。

44. 张兆松:《检察解释与审判解释冲突的解决》,载《法学》1997年第5期。

45. 郑肇芳、杨路:《我国司法解释的机能转换》,载《上海市政法管理干部学院学报》

2000 年 1 月。

46. 竹怀军:《论我国刑事司法解释的不足与完善》,载《学术交流》2004 年 7 月。

47. 周振晓:《也论立法解释》,载《中国法学》1995 年第 1 期。

四、外文原著

1. D. Neil MacCormick and Robert S. Summers, *Interpret Statutes: A Comparative Study*, Dartmouth Publishing Company Limited, 1991.

2. D. Neil MacCormick and Robert S. Summers, *Interpret Precedents: A Comparative Study*, Dartmouth Publishing Company Limited, 1997.

3. Eva Steiner, *French Legal Method*, The United States: Oxford University Press Inc., 2002.

4. F. A. R. Bennion, *Statutory Interpretation: A Code*, Butterworth & Co(Publishers) Ltd, 1992.

5. F. A. R. Bennion, *Understanding Common Law Legislation: Drafting and Interpretation*, New York: Oxford University Press Inc., 2001.

6. Michael Freeman, *Legislation and the Courts*, Dartmouth Publishing Company Limited, 1997.

7. Peter de Cruz, *Comparative Law in a Changing World*, Cavendish Publishing Limited, 1999.

8. R. C. von Caenegem, *A Historical Introduction to Private Law*, Cambridge University Press, 1992.

9. Roger T. Simonds, *Rational Individualism: The Perennial Philosophy of Legal Interpretation*, Amsterdam-Atlanta, GA, 1995.

10. William N. Eskridge, Jr., *Dynamic Statutory Interpretation*, Harvard University Press, 1994.

后　记

四年前法律出版社出版了我的博士学位论文《法律解释权研究》，本书是在该文基础上的进一步研究。

在我读博士学位期间，导师陈金钊先生命我研究法律解释权问题，并通过他的研究生胡敏敏向我提供了论文的大致提纲，于是有了我的博士学位论文和同名著作。依据论文提纲，在学位论文初稿中，我用些许篇幅探讨法律解释权的配置问题，后来接受导师的建议而删除。但是，法律解释权的配置由此成为我不断思考的问题。以《法律解释权的配置研究》为题申报的教育部 2009 年度人文社会科学研究项目获准立项后，我就着手对法律解释权的配置问题进行专门研究，研究成果获得 2011 年度国家社会科学基金后期资助项目支持，内容不断充实完善。

本书能够顺利完成，首先应当感谢我的导师。本书的写作创意，来源于他向我提供的论文提纲；本书的许多观点，深受他发表的系列论文的启发。更重要的是，在三年的博士研究生学习中，他引导我走上了研究法律解释问题的学术之路，培养了我对学术研究的兴趣和从事学术研究的能力。

本书能以当前面目出现，还要感谢匿名评审专家，他们在肯定我的研究成果的同时，指出了成果中的诸多不足，使我有机会修正文稿，提高自己的研究能力和学术水平。

在本书的写作和出版过程中，不少老师、同学和朋友为我提供了各种帮助，在此一并表示感谢。

由于本人水平有限，书中鲁鱼亥豕定然不少，欢迎各位读者指正！

魏胜强

2013 年 6 月